·本研究先后受到华中科技大学2010年优秀博士论文自主创新基金项目、2011年复旦大学社会科学高等研究院学术工作坊一般项目和2011年西北农林科技大学博士科研启动经费项目的资助

新 社 会 学 文 丛

Gong and Si Law:
The State Regime Construction from
the Perspective of the Village

# 公私定律

## 村庄视域中的国家政权建设

赵晓峰/著

社会科学文献出版社
SOCIAL SCIENCES ACADEMIC PRESS (CHINA)

作者从国家政权建设的视角，将当代中国一个小农村的发展纳入民族国家的构建中，细致分析了农民如何开始公共建设，如何形成了现代的"公"的观念（即"私"的概念），如何成为公民，以及还存在何种问题。作者继承了华中乡土学派的学术传统，有开阔的学术视野和广博的知识，分析细致，个案研究也颇为到位，很有说服力。全书结构合理，文字流畅，引证规范，是一部出色的学术著作。

——北京大学法学院教授　朱苏力

不可否认，这是一项体现研究者主体意识的研究。这种体现研究者主体意识的研究注意到了中国社会结构中的基本问题。借助公与私的讨论，作者似乎抓住了理解中国乡村社会的枢纽，这枢纽可能便是作者用了极大篇幅论证的公私定律。

——中国人民大学人类学研究所所长、教授　赵旭东

# 序 言

## 贺雪峰

### 一

晓峰是一个行动派。大约是 2005 年，晓峰托何慧丽老师带话，说想考我的研究生。为什么要考我的研究生呢？晓峰在河南大学读本科期间参与发起成立河南大学三农发展研究会，立志研究三农、服务三农，并担任了三农发展研究会的第二任会长。正好中国农业大学何慧丽老师到兰考县挂职当副县长，很快就与三农发展研究会建立了亲密友好关系。而何慧丽老师于 20 世纪 90 年代初在武汉读研究生时，即与我一起主持过一个"现代化与乡村建设"沙龙，是老朋友。晓峰大概是从何慧丽老师那里听说我是乡村建设派，愿意跟我一起搞乡村建设的吧。晓峰因此考到华中科技大学跟我读研究生。不过，晓峰刚来时，很不适应我们这边的氛围，因为我们特别强调硕士研究生读书，读社会学、政治学、人类学和经济学等学科的经典著作，我们的口号是"两不要一要"，就是说，在读硕士研究生期间，不要参加课题，不要发表论文，而只做一件事，就是读书。虽然我也是乡村建设派，喜欢行动，尤其是常到农村调研，却不希望硕士研究生参与到这些事情中，因为硕士研究生缺少基本的理论训练，就无法做出专业的学术研究。我要求研究生每天"早八晚十"到图书馆读经典，要求

"午睡只睡五分钟"，这对于热衷于行动的晓峰来说，就不只是未曾预料，而且是颇难适应。

硕士研究生读经典的要求是不容商量的。磨合之后，晓峰进入潜心读经典的状态。研究生期间的经典阅读为晓峰走上学术道路奠定了第一块基石。

## 二

硕士阶段阅读大量社会科学经典，到了博士阶段，则是进行以驻村为基本特点的饱合调研。我要求博士研究生在写博士论文前，一般要到10个省（每省1~2个村）进行不少于15天/村的驻村调查。驻村调查，没有课题任务，不搜集专门资料，而是对所在村庄各个方面（政治、经济、社会、文化、宗教等）作全面系统的调查，以厘清农民生活逻辑和村庄治理逻辑。这样的调查，我们称为"村治模式"调查，调查目的是提高调查人对经验的认识，形成贯通的经验。有了200天的"村治模式"调查，一般都可以形成我们所说的"经验质感"，然后再开始博士论文选题、调研和写作。

晓峰在博士论文选题前也一直在做"村治模式"调查。每年暑假，既是中国乡村治理研究中心最大规模的集体调查，又是博士研究生进行"村治模式"训练的好机会。2009年暑假，中心有近百人分别在全国4个地区进行集体调研，其中晓峰和我同在湖北岳平县保安镇调研。

当时，我们有20多人，分别在5个村调研。基本调研模式是，每村一个调研小组，由4~5人组成，小组成员白天分开调研，晚上进行小组讨论，隔3~4天，5个小组再集中讨论。这样高强度的调查和高频度的讨论，很快就形成了很多有趣的问题意识。据说2009年7月是岳平历史上最热的一个月，我们调查期间，碰上停水停电，衣服一天被汗浸湿很多次，很快就又干了，晚上也是酷热难耐。有一次大组讨论，没有电，20多人围坐在一起，点蜡烛讨论到深夜，然后大家踏着皎洁的月光回到自己调查村庄的住地。炎热的气候与纷飞的灵感，相映成趣。

岳平是鄂东南地区，与一般湖北农村有很大区别。岳平语言上属于赣方言，文化上仍然保留有比较浓厚的传统色彩，最重要的是，以岳平为代表的鄂东南地区，宗族房头势力仍然是农村中基本且重要的结构，而湖北其他地区大都是我们所说的"原子化农村地区"。宗族房头对村庄治理、农民行为和心理都有着重要影响。2009 年正是岳平进行新农村建设的重要时期，岳平在自然村一级成立新农村建设理事会，由自然村每个房头的代表人物组成。新农村建设理事会有效地化解了新农村建设中的各种矛盾，且能够有效地使用自上而下的国家转移资源。而之前由村委会来进行新农村建设却总是矛盾重重。

也就是说，岳平在新农村建设中，是将房头当作治理资源在用，且用得颇有成效。岳平以宗族房头为基础组成的理事会，是自上而下的国家力量与农村社会传统内生结构巧妙结合的产物。这样看来，在中国现代化进程中，高度公共化的国家与高度私人化的农民如何对接，是颇为值得研究的问题。

更重要的是，宗族房头显然不同于一家一户甚至单个人的"私"，若将一家一户或一个人称为"私"，则宗族房头就是"大私"。自上而下的国家权力到了村庄也有体制内的代表人物，主要是村支书、村主任，还包括村民组长，因为村民组长也是国家行政建制的产物。若将国家当作"公"，在村庄内的村组干部就成为"小公"，是"公"在村庄内的代表。这样一来，"小公"与"大私"就在村庄层面形成了相当有趣的错综复杂的关系。这种关系会极大地影响村庄治理的效果，也极大地影响国家政策在村庄层面实施的效果。如何设计"小公"与"大私"的关系，以及过去"小私"与"大私"的关系及其效能，追究起来就太有趣了。

"小公"与"大私"关系的提出及其追究，是 2009 年暑假岳平调研组众多的田野灵感之一。晓峰这时正考虑博士论文选题，有深入追究"小公"与"大私"关系的强烈热情。因此，晓峰于 2010 年初再次踏入岳平农村进行了为期半年的田野调研，写出了题为《公私定律》的博士论文。

晓峰的博士论文显然不只是要讨论岳平农村的特殊，还要讨论中国现代化进程中国家政权建设的一般。岳平农村至今仍然存在的宗族房头势力是当前中国南方农村普遍存在的结构，更是中国历史上尤其是宋明以后中国农村社会中的一般结构。这样一种特殊的"大私"结构，塑造了中国农民的基本行为逻辑。2009 年暑假调查结束，我便写了《大私与小公：特殊主义逻辑的锻造及运行》一文，来讨论中国人的特殊主义行动逻辑。晓峰则更多地讨论了国家政权建设的社会基础问题。对此问题的研究，有助于深化我们对中国农村、对中国现代化建设、对中国社会政治的认识与理解。只有真正深入到对中国特殊的历史、现实的研究中，我们才能得出靠谱的研究结论，才能借对中国本土的研究来发展有主体性的中国社会科学。我以为，晓峰的博士论文是真正摸到了中国社会的脉搏，正确提出了问题，且有创见地回答了问题。因此，我认为晓峰的博士论文是当下并不多见的具有原创性的博士论文。

## 三

晓峰是我们研究生培养模式的产物。晓峰当过会长的河南大学三农发展研究会似乎颇受晓峰由行动派到学院派转变的影响，在此后的社团活动中尤其强调读经典。2013 年 5 月 19 日是河南大学三农发展研究会成立 10 周年纪念日，应该说，这个社团也是我看着一路走过来的，这个社团的历任会长中的多数竟然都来读了我的研究生。10 年，一个学生社团培养了大批优秀人才，这个现象也颇值得研究。

那么，我们的研究生培养模式又是什么呢？我称之为"三经一专"，"三经"就是经典、经验和团队，"一专"就是专业。经典主要指硕士研究生期间社会科学经典的阅读。我一般要求学生有 150 ~ 200 本社会科学经典的阅读量，再进入经验。博士研究生期间主要是贯通经验，经验一般从农村调查切入，大量的我称之为饱合式的经验调查，可以让博士研究生们经历真正严格的经验训练，从而形成贯通的经验。贯通的经验质感可以让我们有"很硬的常识"。经典、经验之外的第三"经"则是团队，即前面所说的集体调查和以此为基础的集体学术。社会科学研究必须要有积累，积累的前提是学术交流、学术对话、学术批评，面对面的学术对话尤其关键。我们期待有一个亲密且开放的学术共同体协力推进既有研究，并在既有研究基础上形成学术积累。一旦建立了学术积累的机制，则无论目前研究水平高低，只要坚持下去，必定会取得高水平的研究成果。

在"三经"之后是"一专"，"专"必须在"经"之后，因为"经"是基础。没有大量的社会科学经典阅读，没有深厚的经验积累，没有建立有效的学术积累机制，"专业化"是盲目的、肤浅的、没有意义的。当前中国社会科学研究中出现了严重的"专业化"崇拜，这种缺少基础的"专业化"崇拜是有害的，也一定是行之不远的。

我们在"三经"之后开始"一专"的专业化训练，应是从博士论文调查和写作开始，博士论文开了头，却没有结束。在这个意义上，晓峰和他的同学们现在还远未成熟，他们还继续跋涉在学术的田野上，继续在专业研究中成长。我希望，过去经典阅读和经验调查所积累下来的丰富营养，让晓峰他们可以变成参天大树。我期待在中国学界，有那么一群总是不愿成熟、常常犯各种错误的青年学子艰苦地探索，不断地成长。他们将是中国社会科学的希望。

2013 年 4 月 29 日晚

于华中科技大学东七楼附五楼

# 目　录

# 导　论

## 一　中心主题与研究缘起

本研究探讨的中心主题是农民的公私观念是如何形塑地方社会秩序，影响基层治理模式变迁，决定国家政权建设演进路径与实践成效的。问题意识缘起于 2009 年暑假的湖北省岳平县[①]农村调查。

取消农业税费以后，岳平县农村以乡镇政权和村级组织为主体的正式治理实践像全国大多数农村地区一样陷入新的治理困境当中（赵晓峰，2009a），乡村两级组织"去农化"的迹象非常明显。但是，岳平县农村地方政府却通过借用传统资源，倡导组织创新和制度创新，推进了以自然湾为单位的新农村建设进程，取得了巨大的实践成效。正式治理陷入困境，非正式治理浮出水面，其中的奥妙自然就引起了我们的关注。

从 2005 年起，岳平县宝恩镇政府开始动员农民以自然湾为单位组建新农村建设理事会，充分发挥农民精英的积极性和主动性，较好地解决了村庄里的公共品供给问题。在调查中，我们发现，理事会的前身一般就是房头会，理事会的成员在刚开始的时候基本上就是各个房

---

① 　按照已有的学术惯例，本书中所有的人名、地名均已做过技术处理。

头的房头长。即便是经过多次调整之后，理事会的成员也都是湾子里各个房头各自推荐出的代表。也就是说，理事会是通过在改造中利用房头这个宗族性力量发挥实践效力的。

理事会从本质上讲是一个"私"的组织，行使的是一种农民认同的"私权力"，与村委会等代表的"公"的权力组织有着根本的不同。当地绝大多数理事会成立后做的第一件事就是修路。修路就要占地，如果是村委会统筹、组织，农民理所当然就会坚持维护自身的土地承包权益，索取高额的占地补偿款，甚至还会有"钉子户"提出一些严重不合理的要求。一旦提出的要求得不到满足，"钉子户"就有可能无休无止地去上访，以迫使村委会退让。最后的结果往往是路没修成，村干部却受到了上级政府的批评。而理事会组织农民修路就不同，如果有"钉子户"拒不出让自家的承包地，妨碍了湾子的"公共利益"，理事会就可以在湾子里召开户主大会或是村民会议，经过讨论后，签名形成一致决议，强制性占地以推进修路进程。当然，那些不服气的"钉子户"也会通过各种途径去上访，但基本上都是无果而终，被信访部门的工作人员挡了回来："湾子里修路，是你们湾子自己的事情，我们管不了。回去吧，这是好事。"同样是为承包地被占而上访，结果却截然不同。

理事会存在的合法性在于地方政府的"授权"，而发挥作用的基础在于农民的"自己人认同"意识，在于他们不是为了个人的利益，而是"为了我们湾子，为了姓××的，为了子孙后代……"的整体利益。因为有了户主大会上村民的一致授权，理事会就成了一个"公"的组织，实施的工程就成了"公"的事业。一旦一己一家为了坚守个人私利而阻碍了"公事"，其维护正当权益的行为在自然湾里就丧失了合理性，这就是"个人之小道理要服从社区之大道理"的地方"公理"。在农民看来，他们的行为属于村民自治的范畴，是国家法律允许与保护的，而且乡村干部也是这样认为并倡导农民去积极实践的。反而是村委会，国家法律规定的真正的村民自治组织，在村干部和村民眼中俨然成了国家行政体系在乡村社会的延伸，不被看作农民自己的自治组织。房头会、理事会从本质上看是一个"大私"的组织，解决的是宗族性村落内部急需解决而国家又没有足够能力面对的公共品供给难题，其成功的关键在于地方政府利用了农民的"自己人"认同观念与群体意识，利用了农民"扩大了的私心"。

在这里，理事会既是一个"小公"的组织，又是一个"大私"的组织（贺雪峰，2010b），是公与私的结合体。与之相比较，国家则是一个"大公"的单位，单个农民及其家庭则只能算是一个"小私"的单位。由此，"大公""小公与大私""小私"就成为理解农民公私观念理想图式的三个关键层级，并且这三个不同的公与私的层次推崇的是截然不同的行为规则，"大公"推崇普遍主义的国家法的行为规范，"小公与大私"践行的是"（地方）大道理要管小道理"的特殊主义的行为规范，而"小私"也有自己的行为逻辑。

从理事会的实践机制中可以发现，农民的公私观念决定着农民的行动逻辑，为构建自然湾的社会秩序提供了社会心理文化基础，深深地影响着基层治理实践的成效。将历史倒回到百余年前，我们会发现，理事会并不是新鲜事物，宗族自治是传统中国村落社会的常态，理事会借用的实质上就是农民的宗族认同意识。但问题在于，宗族在中国共产党领导的革命和建设实践中长期以来都被视为封建落后保守势力，是革命、改造的对象。随着时间的不断流逝、国家政权建设的逐步推进以及市场要素的逐日渗透，实体的宗族不复存在了，但农民观念上的宗族并没有消亡，宗族认同意识仍然在影响着农民的日常行为实践。在岳平农村，理事会的出现无疑阻隔了国家普遍主义的法律与农民个体主义的行为之间全面有效的对接，持续锻造了中国农民特殊主义的行为逻辑。这显然与现代国家政权建设的目标和方向不相符。然而，正是这种与现代国家建构发生方向性偏差的村庄实践在一定程度上缓解了乡村社会的治理性危机，为农民提供了其他地方农村所想要却无力自我提供的公共品。所有这些就构成了本项研究问题意识之重要来源。

鉴于此，本研究将试图通过解读房头会、理事会的"大私"的属性，构建农民心目中的公私观念的理想图式，重新理解传统村庄的社会性质及秩序生成机制，重构近代以来尤其是新中国成立以来基层治理逻辑的变迁轨迹，挖掘村庄视域中国家政权建设的本土化实践逻辑，进而理解近代以来中国农村社会的变迁历程。本研究将试图证明持续有效地改造、利用好村社内部传统资源，将最基层的治理单位建立在最能整合农民"自己人认同"意识的"大私"单位之上，恰切地把握公与私的价值性与实践性的辩证统一关系将是决定不同历史时段国家政权建设成败得失的关键因素。以上构成本项研究的中心主题。

## 二 国家政权建设研究：理论反思与方法创新

清末新政以来，在内忧外患的压力之下，中国掀起了救亡图存运动的阵阵高潮。为了实现中华民族重新崛起于世界东方的梦想，就必须尽快实现国家的工业化和现代化，在一缺国际资本注入，二缺国内工商资本支持的发展环境中，执政者不得不把目光转向了有限的农业资本剩余，通过国家权力不断向乡村社会渗透，企图强化攫取小农经济剩余的能力。因为这一进程与近代早期的欧洲相似，从事海外中国研究和本土中国乡村研究的大多数学者都接受了蒂利"国家政权建设"的理论分析框架，用来解释近代以来中国乡村社会的变迁。综合学界已有的研究，笔者将之区分为两种不同的理论视角：国家权力渗透论和农民权利启蒙论。

### （一）国家权力渗透论视域下的国家政权建设

蒂利（2007）认为，在近代早期欧洲民族国家的形成过程中都出现了一个国家权力向乡村社会渗透的过程，通过政权的官僚化和合理化，国家强化了对基层社会的控制能力，为军事和民政扩大了税源，与此同时，乡村社会为反抗政权侵入和财政榨取而不断斗争，国家为了巩固其权力与新的"精英"结为联盟。

受蒂利的启发，杜赞奇（2006）对 1900～1942 年华北平原的农村进行了研究。在他看来，这一历史时段的国家政权建设无疑是失败的，失败的主要表现是基层政权的内卷化和赢利型经纪的盛行，国家对乡村社会的控制能力低于其榨取能力，民国政府无力从小农经济剩余中提取现代化建设所必需的原始积累资本，农民不堪忍受税赋的重压而导致了革命的发生、政权的更迭。虽然杜赞奇提出并分析了"权力的文化网络"的概念，但是对村庄如何反向形塑自上而下的国家政权建设的逻辑缺乏必要的分析，对国民党政府推行的政权建设的失败和共产党革命成功的村庄经验缺乏深入的必要性观照。在杜赞奇的分析框架中，他重点关注的是国家政权建设的目标和小农经济剩余的汲取以及普遍主义的现代治理规则的形塑，而立基于地方社会的"权力的文化网络"仅仅是一个被动的受体，权力的渗透才是其根本所指。正因如此，他才认为"共产党政权的建立标志着国家政权'内卷化'扩张的终结"，毕竟 20 世纪 50 年代的合作化运动使"征税单位、土地所有权和政权结构完全统一起来"，得以"从政治和经济上均实现了'政权建设'的目标"。

迈克尔·曼在《社会权力的来源》一书中将国家权力划分为专断权力和基础性权力两个类别，前者指的是针对市民社会的国家个别权力，它源于国家精英的一系列运作，并且这些运作不需要与市民社会群体作例行公事式的协商；后者指的是一个中央集权国家的制度能力，它可以是专制的，也可以是非专制的，而制度能力则旨在贯穿其地域，以及逻辑上贯彻其命令，从本质上看是一种国家通过基础设施，渗透和集中地协调市民社会活动的权力（2007：68～69）。在现代社会，要建构现代国家，关键是要加强国家的基础性权力，减少专断权力的使用。沿着这一分析路径，米格代尔（2009）用"社会控制"的概念来替代"国家基础性权力"的内涵所指，他不仅将"社会控制"的实现看作国家机构和人员的下沉，更重要的是要看国家是否具备通过资源配置去实现特定目标和管理民众日常行为的能力，以及是否具备用国家规定的规则去取代人们自己的社会行为取向或别的社会组织规定的社会行为的能力。王绍光进一步分析认为，"凡是明显缺乏基础性权力的国家，都必须致力于建设基本的国家机构并强化其运作能力"，"所谓国家建设，应该仅仅指的是积累基础性权力，而不是专断性权力"（2010：126）。

借用专断权力和基础性权力的分析框架，田先红（2010b）对中部一个乡镇1995~2009年的信访案例进行了研究，他认为并弱的专断权力和基础性权力是导致农民谋利型上访数量逐年攀升的重要原因，是造成乡镇政权成为"疲软性政权"而丧失治理能力的关键。欧阳静（2010）对乡镇政权运作逻辑的研究则表明国家基础性权力的缺失是乡镇政权"策略主义"盛行的根本原因，为此当下的国家政权建设首要的目标与任务就是要增强乡镇政权的基础性权力，重建社会核心价值观和基础性规范，最终将乡镇建设成具有服务乡村社会能力的官僚化体系。

综上所述，国家权力渗透论基本上采用的都是制度主义的分析路径，希望通过制度能力的建设，强化国家对基层社会的控制能力，并且顺应现代国家转型的需要，这种制度能力往往更注重的是规则的国家制定性，也就是普遍主义的公共性。从目标导向看，渗透论往往期待用国家层面的公共规则来替代因地而异的地方性规范，把公共规则渗入地方的效度和力度看作衡量国家能力建设的关键指标，强调以创建公共规则的办法来增强国家治理社会的能力。由于渗透论的分析方法是自上而下、自外而内的，乡村社会自身的性质也就不重要，所以杜赞奇只看到国家权力下沉侵蚀了"权力的文化网络"，而没有看到乡村社会对下沉的国家权力的反向形塑。

因为在乡土中国社会里，农民是生活在宗族、自然村落里的，而宗族与自然村落在长期的历史延展中孕育出的农民的行为逻辑是不同于国家普遍法的特殊主义的行为逻辑，农民认同的是特殊主义的规则。显性的权力可以伴随现代政府机构和人员的迅速扩张进入乡村社会，但是农民的社会心理文化认同机制却难以在短期内被国家权力所规训。当民国政府通过国家权力的渗透进入乡村社会的时候，中国的

导 论 ••• 7

农民仍然生活在以宗族为底蕴的自然村落里，他们的生命意义仍然归属于宗族、自然村落，而不是民族国家。受制于此，权力的下沉并不一定会带来国家政权合法性的增长，农民对国家制定的公共规则的有选择借用也并不表示他们就认定了这些规则，更多的可能仅仅是一种策略的运用。从历史演变的角度看，直到20世纪90年代，虽然在这期间经历了社会主义革命和建设，以及市场经济的双重洗礼，但乡村"权力的文化网络"并未遭到毁灭性的破坏，法律下乡依然需要借用本土的传统资源（苏力，2004）。

欧阳静的研究以取消农业税费以后的橘镇为对象，看到了乡土社会的特殊主义逻辑是如何反作用于乡镇政权的普遍主义治理逻辑的，但是她在最后的总结性讨论中又忽略了乡土特性的现代价值，将建构国家基础设施，发展国家基础性权力看作当前消除乡镇策略主义运作逻辑的治本之策。然而，如果乡村社会的性质没有发生根本性变化，中国人的行为逻辑没有从宗族、自然湾的特殊主义中完全释放出来，单向度的权力渗透能否为巨变时代的乡村社会提供基础性秩序仍是一个值得怀疑的问题。

### （二）农民权利启蒙论视域下的国家政权建设

蒂利在提出国家政权建设理论的同时，也严格区分了"国家政权建设"与"民族形成"的不同。18世纪的"政权建设"主要表现为政权的官僚化、渗透性、分化以及对下层控制的不断巩固；"民族形成"则主要表现为公民对民族国家的认可、参与、承担义务和忠诚（转引自杜赞奇，2006：1）。也就是说，欧洲的国家政权建设，在国家权力下沉的同时，还有一个公民社会、市民社会的伴生过程，只是时间上可能略有差异，民族国家的形成往往先于民族认同的形成。张静对基层政权的研究就采用了后一个分析路径，她认为国家政权建设看上去解决的是权力从基层分割系统向中央的流动问题，实质上则是治理角色和治理关系的规则改变问题。而"这样一个角色及其与公民制度化关系所代表的公共性（公民）权利原则，是'国家政权建设'包含的规范性含义"(2006: 53~54)。"在社会成员中确立公民(身份)、公共关系(公民之关联、公民与公共组织之关联)以及公共规则,是公共政权建设的重要任务"(2006: 5)。由此,她提出的问题是"那么中国的材料证明了什么"(2006: 55)。在中国的国家政权建设过程中显然还很难在乡村社会看到成功的现代公共规则的形塑和权利与义务对等的现代公民的涌现,自然会生搬硬套舶来的西方国家政权建设框架来分析乡村社会诸制度,这时看到的就是"乡村社会的冲突问题,根源在于实际运行的一系列制度规则的缺陷"(2007: 308)。张静的研究是建立了一个立足于西方经验的理想模型,用来对照中国乡村社会的制度设计,以发现中国经验之不足,但应然的成分过多,屏蔽了实然的中国经验的合理性,看到的都是问题。在她的分析中,西方的今天就是中国的明天,中国经验的价值就是在对照佐证中发现其不足。她强调国家权力不是不要扩张,而是要看扩张什么样的权力,所指主要瞄向的是保障和扩大农民的公民权的制度能力。因此,张静的研究归结为一点就是要通过现代公共规则的形塑扩大农民的公民权,以解决基层政权的授权问题。显然,在中国农民尚未具备公民素质的情况下,张静的研究可以归为农民权利启蒙论思想的典型代表,只不过其背后最终的价值关怀是要回归国家宪政,以"大关怀"来研究"小问题"。

吴毅看到了乡村治理中农民以牺牲普遍伦理和社会公益为代价以谋求个人私利的种种非公民行为,并认为这是由社会的生态决定的,是由专断权力和基础性权力一强一弱的格局所造成的。为此,当下乡村治理的改善,已经不太可能只是一种单向度的行政架构重置,也不应该试图在集权与分权、收权与放权,或为民做主与让农民自己表达之间做出非此即彼的选择,更为重要的是让政治行动主体各方从当前类"丛林状态"走到一种新的有序竞争的合作博弈中来(2007b: 630)。为此,基层政权要不断形塑自身的公共性,不断提高行政行为的规范性,完善自身作为基层公共组织的供给与服务功能。同时,农民也要市民化,成为按现代权利规则行为处事的公民,既能享受权利，又具备现代公民的义务、责任和道德伦理。鉴于政权建设的提法太过于让人想到国家权力效能的"增强""强化""扩张"的单向度印象，他提出用"治理转型"来表达权力和治理之道变革的意涵（吴毅，2007a）。吴毅对乡村社会的认识显然要比张静深入得多，但是从他们的观点上看两人仍具有较大的一致性，都倾向于认为现代公共政权和公共规则是与现代公民相匹配的，在农民尚未实现市民化转型的情况下，只能通过占据优势地位的基层政权的现代转型来锻造农民的公民品格，启蒙农民的权利意识，以逐渐解决基层政权权力合法性来源问题。

　　吴毅的研究既受到了西方国家政权建设理论的启发，也承袭了华中村治研究传统早年的关怀。早在 20 世纪 90 年代初，市民社会理论刚刚介绍进中国的时候，徐勇就提出市民社会是现代政治文化的原生点（1993），而村民自治无疑是中国宪政制度的巨大创新（2003）。村民自治的实践，"训练了农民的民主能力，提高了农民的民主素质，提高了农村对国家的谈判能力，在有限的程度上减少了农民的被剥夺"，"农民民主意识的被唤醒是一个不可逆的过程，国家主导的基层民主所唤醒的民主意识将使得村干部权力的选举合法性唯一化"（贺雪峰，1999b），长此以往，村民自治对于国家层面的民主也会做出巨大的贡献（贺雪峰，1999a）。在学者眼中，村民自治最重要的价值是在民主化进程中建立起一系列的民主规则和操作程序，以形式化民主来训练民众，使民众能够以运用民主的方式争取和维护自己的权益，逐渐地赋予民主以实质内容，民主化是一个从形式到实体的转换过程（徐勇，2000）。在早期的村民自治研究中，出于对民主理论的价值关怀，中国的村民自治实践研究可以被极大地简化为"民主锻炼说"。2001 年，以"转型期乡村社会性质学术研讨会"在湖北荆门的召开为时间分界点，华中村治研究的学者群体开始发生研究取向上的分野：贺雪峰等人转向了乡村社会性质的"阅读和理解"，吴毅转向了乡域政治的研究，徐勇等人则在村民自治研究中迅速地"回归国家"。徐勇（2006）在"回归国家"的研究中提出现代国家的建构包含两个方面的内涵：民族—国家和民主—国家，而当前中国出现的政治整合和文化整合的矛盾根源在于二者发展的非均衡性，因此要建设二者相对均衡的现代国家。在徐勇看来，多年的村民自治实践已经极大地增强了农民的民主意识和民主行动能力，建构现代民主国家逐步具备了群众基础，回归国家宪政也就成了毋庸置疑的真问题。

无论是张静、吴毅，还是徐勇，都有着或多或少的剑指国家宪政的"大关怀"，都意识到培育现代公民的重要性，只不过前者看到了农民还仅仅是权利意识未被完全启蒙的村民，所以需要用现代治理规则去进一步锻造，而后者认为村民自治实践逐步实现了从形式民主向实质民主的转型，农民的市民化进程已经取得了极大的进展，因此必须强化民主国家的建构。然而，中国农村是否已经从义务本位的伦理社会转变成了权利本位的现代社会，中国人的行为逻辑是否脱离了宗族、自然村落等传统的结构性力量的束缚而具备了现代公民的品格，显然还是要持续追问的问题。如果农民的权利意识还需要继续启蒙，那么，什么样的治理规则才是最符合农村实际的？要把农民塑造成什么样的现代公民？在所谓的治理转型期，善治的乡村局面重要，还是公共规则的形塑重要？……

### （三）国家政权建设理论的适用性批判

通过对国家权力渗透论和农民权利启蒙论的相关研究的评述，我们可以发现学者借用的理论资源都源于西方，缺少本土的视野，也没有学术自觉的精神，既没有重视中国传统思想研究中文史哲方面的优秀成果，也严重欠缺从中国本土经验出发，走"认识中国"以提炼契合中国历史发展进程的现代国家政权建设理论，再反之于"改造中国"的道路的自觉精神。相反，他们中的大多数人（尤其是权利启蒙论的研究者）往往只是借用西方的理论评述中国经验之不足，没有经历过深刻的"认识中国"的过程就迈进了"改造中国"的阶段，没有实然状态的中国研究，只有应然状态的改制畅想，虽然能够给人以理论启发，但也容易误导政权建设的实践。我们认为中国社会科学的研究既要重视西方社会科学研究的理论成果，也要重视中国本土的文史哲方面的丰富思想资源，同时还要高度重视中国本土实践经验的学术价值，从而开创出一条社会科学的中国化道路来。

以国家政权建设的理论资源来看，西方的经验是随着资本主义经济的发展，一个新的经济社会阶层——市民阶层开始崛起，并逐步产生了政治诉求。与此同时，欧洲国家正在从分封、割据的状态逐步走向统一，国王正在试图不断扩大自己的统治权力，剥夺贵族的特权，不断发动兼并战争，以成为名副其实的"众王之王"，建立新的民族国家，为此君主与市民阶层之间结成了互惠性的合作联盟，君主不断赋予市民个体日益增多的权利，并通过加强军队、税制和法制等制度化层面的建设来保障公民权利，市民阶层则直接向君主缴税以建立起与君主日益密切的直接关系，最终民族国家得以发育成熟，以其为中心的、不同于以往附属性质的权威（领主分封制）和公众关系得以确立。在这个过程中，市民社会和资产阶级公共领域也发展了起来，社会基础发生了质的变迁。也就是说，欧洲的国家政权建设是君主与新兴市民阶层合谋的产物，是自上而下的政权建设与自下而上的权利争夺的双向过程。

然而，在近代中国，农民依然是宗族权威庇护下的共同体里的传统小农，他们的权利意识并没有能够像上层精英那样觉醒，自然也不会主动去追求个人的现代性权利，因此，也就不可能存在现代国家与现代公民的合谋。国家政权建设更多是单向度的，是国家权力向乡村社会的渗透，其结果不是与新"精英"的联盟，而是破坏了乡村宗族自治的共同体秩序，却并没有能够建立起新的行之有效的统治秩序。应该说，中西方国家政权建设在起点上至少有两个方面的根本性差异：一是西方社会出现了权利意识觉醒、政治诉求强烈的新兴的市民阶层，中国乡村却依旧是岿然不动，小农并没有自动提出权利的诉求；二是贵族、领主与宗族之间具有质的差异。西方贵族、领主的权力绝非中国乡村的宗族可比，反而更像是宋朝以前的"世家大族"，宗族共同体本身并不构成对君主、国家权威的显性挑战，更多发挥的是通过乡村士绅共享同一套意识形态协助君主治理"疆域之民"的作用。这些不同就决定了中国的国家政权建设必然具有自身的国情特色。

### （四）嵌入华中村治研究传统的方法创新：从社会基础看政权建设

综上所述，国家权力渗透论与农民权利启蒙论视域下的国家政权建设研究，均以西方发展经验为蓝本，或偏重于国家主义的立场，或偏重于个人主义的立场，深受西方社会科学理论研究范式的影响。鉴于此，本研究试图另辟蹊径，从华中村治研究传统中汲取营养，将村庄视域中的国家政权建设看作一个"过程/事件"，不过多讨论政权建设的目标，而着力于分析政权建设的实然状态，探析农村基层治理模式变迁的内在逻辑，从社会基础的角度来深入研究政权建设实践中蕴藏着的一般规律，为正确认识百余年来本土化的国家政权建设进程提供新的理论资源。

华中村治研究的传统，向上可以追溯到 20 世纪 80 年代的村民自治研究。当时，以张厚安、辛秋水为代表的老一辈政治学人提出了"三个面向，理论务农"的主张，将政治学研究的目光从国家上层转向农村基层（张厚安，2001）。20 世纪 90 年代初，徐勇（1991）进一步提出要"学术重心下沉"，并倡导将乡村政治纳入政治学研究的视域，撰写了《非均衡的中国政治：城市与乡村比较》一书。然而，20 世纪 90 年代的村治研究过于关注制度特征、制度框架等方面的内容，制度实施的社会基础并没有能够进入研究者的视野中。到 20 世纪 90 年代中后期，苏力（2004）主张法治要汲取本土资源的讨论和温铁军（2000）关于小农经济与上层建筑关系的讨论，分别在法学界和农经学界掀起了革命浪潮，促使国内学界逐渐开始关注现代制度得以贯彻落实的社会基础问题。与此同时，长期专注于村民自治研究的华中学者也在研究方向上有了新的认识。湖北的"黄梅实验"和 1998 年开始在全国普遍推进的村委会换届选举实践，为华中学者提供了理论反思的经验基础。在这种情况下，吴毅逐步转向对村庄权威与秩序的考察，试图深度理解村庄政治和基层治理，出版了《村治变迁中的权威与秩序》（2002）一书。而贺雪峰、仝志辉等人则开始关注农民的日常生活内容，提出要"阅读和理解转型期中国乡村社会"（冯小双，2002）。由此，农村社会本身的性质问题开始进入研究者的论域。也是在世纪之交的那几年，华中村治研究学者还将村治研究从村民自治研究拓展为村级治理，也即乡村治理研究。这就为后来"乡村治理的社会基础研究"的提出奠定了基础。

"乡村治理的社会基础研究"，以"农村政策基础研究"为切入路径，以"中国农村是什么以及不同的政策在不同类型农村如何实践"为核心问题，试图通过对不同区域农村进行深度调研，理解当前中国农村的状况及其区域性差异特征，从而理解法律、政策和制度进入不同乡村社会的过程、机制和后果，并力图通过自上而下、自外而内的政策、法律和制度在进入乡村社会过程中的差异呈现理解农村社会本身，进而去探讨法律、政策和制度的制定问题。[①] 基于此认识，从 2003 年开始，研究者逐步进入专题研究和区域比较的操作化阶段，开始关注起乡村水利（罗兴佐，2006）、纠纷调解（董磊明，2008）、村治逻辑（贺雪峰，2008a）、乡村"混混"（陈柏峰，2011）、治理"钉子户"（吕德文，2009）、农民上访（申端锋，2009；田先红，2012）、农民价值（杨华，2010a）、农村土地（贺雪峰，2010a；郭亮，2009）、乡镇运作逻辑（欧阳静，2010）等问题，华中村治研究取得了一系列的进展。

仔细审阅这些专题研究的成果，一个重大的共同发现是村社集体和村庄内生结构在乡村治理中具有基础性的地位和作用：乡村水利问

---

[①] 关于华中村治研究传统的梳理，可以参见贺雪峰、董磊明、陈柏峰《乡村治理研究的现状与前瞻》，《学习与实践》2007 年第 8 期；吴毅、李德瑞：《二十年农村政治研究的演进与转向》，《开放时代》2007 年第 2 期；吕德文：《村治研究的传统与现状》，《华中科技大学学报（社会科学版）》2006 年第 4 期；刘涛、赵晓峰：《中国乡村治理研究的路径与现状》，《江西师范大学学报（哲学社会科学版）》2009 年第 4 期。

题凸显是从村社集体退出水利统筹领域开始的；农村纠纷调解的不可持续是因为村庄内生的"结构混乱"；村治状况的恶化与宗族、村庄的解体紧密相关；混混江湖的出现与乡土逻辑的变迁及乡村社会秩序维系机制的瓦解相伴相生；"钉子户"越来越难以治理的重要原因是村社集体失去了有效治理的手段；农民上访问题的恶化是由农村基层组织手中掌控的"乡村治权"的缺少造成的；农村妇女意义世界的崩溃缘于宗族和自然村的瓦解；农村土地问题的日益增多与村社集体权利的收缩进程是同步的关系；乡镇运作策略主义逻辑盛行的一个重要原因是政权性质问题上乡土性色彩的流失……

由此，在专题探讨中，"乡村治理的社会基础研究"考察的重点有两个：一是乡村治理的主体与对象；二是乡村治理的实践场域。简单地说，前者涉及农村基层组织与农民的关系，衍生出来的问题是在农民眼中农村基层组织是什么，农民对最基层的公权力主体是否有政治社会认同，即农村基层组织是否具备农民认同的社会基础；后者关注的是村庄社会的性质，即村庄对农民来说意味着什么的问题。由此，总结以上专题研究中的发现，我们可以看到近些年来乡村治理困境的生成，与农民眼中的农村基层组织及村庄对农民生活的意义等发生了质性变化有关。所以，村社集体的权力性质和村庄的社会性质，成为理解乡村治理状况和基层治理逻辑变迁的两大关键变量。

以上专题研究的另一个共同点是将时间的坐标锁定在了分田到户以来的三十多年，缺乏纵向的历史视野。如果将乡村治理社会基础研究在时间的坐标上向上追溯，我们可以发现在百余年的国家政权建设史上，至少还有两个历史阶段与近些年的基层治理实践有着诸多的相似之处：一是杜赞奇笔下1900～1942年的华北农村，主要表现是随着"权力的文化网络"的被破坏，保护型经纪退出了乡村权力舞台，赢利型经纪跟着崛起。进一步地追问可以发现，正是地方社会秩序的瓦解和扮演国家公权力角色的乡村治理主体失去了农民认同的社会基础才造成了当时的农村治理困境。二是"大公社"时期的中国农村，主要表现是"一大二公"的"大公社"体制将最基层的治理单位建立在多个村庄的基础之上，脱离了农民认同的社会基础，导致瞒产私分等农民抵抗行为的屡禁不止，最终迫使"大公社"在极短的时间内就退出了政治舞台，让位于以生产队为最基础的权力主体的"三级所有、队为基础"的人民公社体制，从而化解了体制变革的危机。

所以，我们可以清晰地从中看到，国家政权建设的阶段性目标及具体的任务无论是什么，都必须在制度设计中高度重视政权建设的社会基础问题。百余年基层政权建设的实践，为建构中国本土化的国家政权建设理论提供了必要而又可能的经验支撑。在这中间，最为重要的考察内容：一是最基层的公权力主体的权力性质问题；二是以宗族为内在基础的村庄的社会性质问题。从中可以看出，"政权建设的社会基础研究"与"乡村治理的社会基础研究"是紧密相关、一脉相承的关系。

由此，本研究将在多年来的"乡村治理的社会基础研究"的基础之上，提出"政权建设的社会基础研究"问题，试图以农村基层治理模式的变迁为线索，深入探讨国家政权建设实践中蕴藏着的一般规律。"政权建设的社会基础研究"关注的核心问题是国家通过最基层的治理主体是如何改造或利用社会基础，来完成现代化过程中接连不断的任务、目标并维系地方社会秩序的。本研究倾向于认为，宗族或以宗族为内在基础的自然村是农民认同的"大私"或者说是"自己人"单位，里面通行的是人情、面子、关系等特殊主义的地方规则，而这构成政权建设的社会基础；同时，扮演国家权力"代理人"角色的最基层的治理主体，必须兼具"国家授权的合法性和农民自发的认同感"，才能有效地利用地方性的治理资源，夯实政权建设的社会基础，完成政权建设的任务。这中间蕴藏着的实践机制就是村庄视域中本土化的国家政权建设的一般规律。

鉴于此，为了更好地从社会基础的角度考察政权建设的一般规律，建构理论分析的框架，我们还需要弄清楚以下问题，并从中寻找可以借用的理论资源：最基层的治理主体在国家与农民之间扮演的是什么样的角色，价值和功能是什么？政权建设的社会基础——村庄社会的性质该如何把握？村庄里面有哪些关系资源或社会资本可以为政权建设提供内在支撑？农民是如何看待村庄社会和最基层治理主体的权力性质的？

## 三　理论资源与分析框架

本研究试图从农民的公私观念出发，建构理解传统中国农民公私观念的理想图式，寻求农民公私观念与亲密社群秩序机制之间的关联，为解读近代以来村庄视域中的国家政权建设提供一个历史起点，并通过阐释农民公私观念和公私秩序的变迁之道，探讨政权建设的社会基础，构建立足于本土经验的国家政权建设理论。在笔者看来，承接上一节提出的问题，以下四个方面的研究构成本研究可以借用的重要学术资源。

### （一）组织重建视角的新农村建设

温铁军（1999）通过对近代中国四次工业化的考察，认为在政府主导国家工业化的进程中都必须面临从高度分散的小农经济中提取农业剩余的难题，"谁能够解决政府与小农之间交易费用高到几乎无法交易的矛盾，谁就成功"。唯有新中国在乡村社会建立起了一套正式的、制度化的组织体系，通过"权力的组织网络"（强世功，2001）的建设解决了这一难题。因此，建立最有效的能够充当国家与农民之间交易中介的组织载体（即最基层的治理主体）就构成中国国家政权建设的根本内容。

通过重温宋代以来乡村组织重建的历史，曹锦清（2006）认为宗法组织在中国历史上发挥了重要的治理作用，当前新农村建设的重大使命则是在宗法组织不复存在的情况下在分散的小农经济之上重建一个组织。但是，曹锦清关于组织重建的思想不是温铁军的简单翻版，在他看来组织建设的关键是要确定组织的有效性，要有一定的权威，还要有一整套的文化机制来保障，而文化建设的核心则是要为中国农民提供一套生活的价值、意义系统，要解决"我们中国人只能这样活，不能那样活"的问题。

贺雪峰既关注农村文化性组织的建设，尤其是农村老年人协会的建设，将之看作构建"低消费，高福利"的农民生活模式的重要手段（2007a），更重视农村基层组织的建设（2008b）。中国的现代化进程是一个持续地改造、改变、利用农村社会的庞大工程，一项旧任务完成了，又会面临数项新任务，必须要有一个强有力的基层组织体系来维系农村社会的基础秩序。加强农村基层组织建设，关键是要强化农村基层组织在乡村治理中的常规性权力，这是一种对社会进行日常管理的能力，其对国家治理能力与合法性的维持非常重要（贺雪峰，2007b）。常规性权力是国家基础性权力的一种，却不同于层级制、连续性、非人格性、专业化的科层制权力，而兼具综合性、乡土性与运动性的特征。沿着常规性权力的分析路径，申端锋（2009）在农民上访的研究中提出了治权的分析概念，乡村治权指的是乡村两级组织凝聚、配置资源以进行乡村治理实践的权力及合法性，它既包括物质性资源，也包括权威性资源。总体来讲，无论是常规性权力，还是乡村治权，都是维持乡村内部治理秩序的权力，兼备国家性和地方性，而不只是一味强调公共规则形塑的科层制权力。

在以上关于组织重建的研究中，温铁军（2010）主要是从制度经济学交易成本的角度展开分析的，在最近的研究中，他进一步注意到了村社理性的现代价值，意识到村社理性具有重要的实践作用，并认为构建以村社为基本单元的多方合作框架，可以在恢复农村的广义生态环境和宏观社会资本水平、改善农村的经济基础、重建农村良治体系等多个方面发挥重要作用。以此来看，温铁军、曹锦清、贺雪峰的组织重建思想具有诸多层面的一致性，都强调以村社为单位的组织重建或者是现有组织能力的强化，都注重发展组织多样化的能力，都重视组织在维持乡村社会基本秩序方面的作用，只是在具体的措施方面存在不一样的地方，如贺雪峰强调的是要加强现有农村基层组织能力建设，温铁军（2010）强调的是要发展综合农协。虽然温铁军

（2006）主要是从经济学、管理学的角度提出的思考，但是他在总结乡村建设的经验中也承认"文化建设，效益最高"。

对于笔者的研究取向来说，组织重建视角的新农村建设理论给予笔者的最大启示是，在现代国家政权建设的过程中，缘何要重建或强化乡村组织，而且还必须以村社为单位，强调发展多样化的组织能力？村社对于政权建设的价值和意义何在？国家政权建设可以从村社中汲取什么样的本土资源？这是本书接下来要继续寻找的理论资源之一。

### （二）华中村治研究传统关于村庄社会性质的研究

对于传统中国农村社会的性质，最经典的理论莫过于费孝通的"熟人社会"模型。从事华中村治研究的学者在发生研究取向上的分野之后，贺雪峰等人转向了对乡村社会性质的描述。承袭费孝通的"熟人社会"理论模型，贺雪峰（2000）提出了"半熟人社会"的分析概念。在当前中国的大多数农村，尤其是中国南部的农村，村民小组与自然村往往是重叠的，一般由 30~50 户 200~300 口人组成。当然也有为数不少的农村，自然村特别大，多达数千人，下设若干村委会。也有一些农村地区的自然村特别小，3~5 户人家，一个村民小组里有若干个自然村。但是，无论如何，人民公社时期的生产队是"三级所有、队为基础"的基础所在，是当时农民最基本的生产协作单位和共同劳动单位。而这个单位构成具有效率的熟人共同体所允许的最大范围，具有劳动协作的规模要求和监督效果。人民公社时期，生产队内共同的劳动协作逐步形成了生活互助。经常的共同劳动使村民之间的熟识程度大大提高了；集中分配使生产队内部的利益联系增强了；男女青年共同生产的接触带来自由恋爱，生产队内的姻亲联系增多了；生产互助和生活互助使生产队内部的人情往来普遍了。从而，生产队成为一个熟人共同体，生产队之间的联系逐渐变得较少，日渐分割开来。由生产队演变而成的村民小组因此具有熟人社会的特点。30~50 户的范围也使村民在共同交往中很快熟识。而由村民小组构成的村委会，则不仅超过了村民亲密交往和熟识的范围，而且村民缺乏共同的生产和生活经历，从而形成了村民之间面熟但不知对方根底的状况。

改革开放以后，生产大队、生产队被村委会、村民小组所替代，生产队的大多数功能都被村委会所替代，但是村民小组仍然构成农民生产协作、生活互助，以及人情往来的基本单位，仍然是一个熟人社会。与此同时，村民与村干部的联系增多了，但与其他村民小组的村民的往来仍然有限，相互之间是熟悉而不知底的关系，行政村实乃一个半熟人社会。用熟人社会、半熟人社会来分别形容村民小组、行政村的社会性质对于认识当前农村社会的转型具有一定的启发性。

受涂尔干（2000）"社会关联"一词的启发，贺雪峰、仝志辉（2002）紧接着又提出了"村庄社会关联"的概念。从结构层面看，村庄社会关联是指在村庄内村民因为地缘关系、血缘关系、宗亲和姻亲关系、互惠关系、共同经历以及经济社会分层产生的社会契约关系和权威—服从关系等所结成的人与人之间联系的总和。从功能层面看，一个拥有众多关系的人，在生产、生活中遇到日常性和突发性事件时，他可以调用这些关系进行应对。从价值层面看，因为村庄秩序是通过事件来建构的，重复发生的日常性和突发性事件，使应对事件的人与人的关系具有重复博弈的性质。因为每一个人都处于村庄社会关联网络当中，都需要处理复杂的社会关系，从而村庄社会关联也就成为村庄秩序形成的关键因素。后来，仝志辉（2004）在研究村庄选举事件时，又进一步提出了"关联性参与"的概念。村庄社会关联的研究相比于熟人社会、半熟人社会的研究对村庄社会性质的把握更深入一步，开始关注社会内部的秩序形成机制，但还未找到决定村庄政治社会秩序形成的结构性力量，有待进一步深入。

之后不久，贺雪峰（2006；2007c；2009a）就提出了"农民行动单位"的概念。贺雪峰认为，正是村庄内部超越单个家庭的农民认同与行动单位决定了村庄的政治社会生态，在传统乡土社会里，宗族、村落就是这样一种农民行动单位。经历过革命与市场的洗礼之后，当前农民行动单位已经出现了多样化的变体，引入区域差异的视角，可以将当前全国部分地区的村庄依据农民行动单位的不同划分为宗族主导型、小亲族主导型、户族主导型、联合家庭主导型、村民组主导型、行政村主导型和原子化等多个类型。农民行动单位就是村庄内生的结构性力量。

在 2009 年暑假到岳平农村调查之后，贺雪峰（2009）进一步分析认为，以宗族性房头为基础的房头会以及经过房头会改组而成的理事会是一个"大私"与"小公"重叠的单位，正是这个"大私"与"小公"重叠的公私结合体锻造了农民特殊主义的行为逻辑，塑造了农民生活行为的品格，阻碍了国家普遍主义逻辑与农民日常行为逻辑的对接。

熟人社会→半熟人社会→村庄社会关联→农民行动单位→"大私"与"小公"不断推进的研究成果为我们认识和把握村庄社会的性质以及村庄政治社会样态提供了很好的内部视角。之所以组织重建视角的新农村建设注重村社内部的本土资源，强调以村社为单位的重要性，由此就可以看出端倪，其根本原因在于村社内部有这样一个结构性力量的存在。而农民行动单位、"大私"与"小公"的概念内涵本身也包含着国家政权建设的重要内容，如何应对农民行动单位、"大私"与"小公"等村庄内部结构性力量对政权建设的机遇与挑战也是本土化的国家政权建设必须面对的棘手难题。本研究就将从这个角度对新中国成立 60 余年的国家政权建设进程进行深度解读。

## （三）"自己人"信任建构机制的本土心理学研究

找到了村庄内部的结构性力量，我们还需要继续追问的是农民行动单位、"大私"与"小公"的自我建构机制，以及这些结构性力量对中国农民行动逻辑的规约机制，从中进一步探究其存在和发挥作用的社会心理文化基础。由此，本书接下来寻找到的第三个理论资源是本土社会心理学关于中国人行为逻辑的研究成果。从笔者能够搜集到的成果来看，本土社会心理学关于以下几个方面的研究对本研究有着重要的启示意义。

一是中国人行为取向的家族主义、集体主义研究。在中国传统社会里，宗族往往是比较发达的，以致压制了单个家庭和个人的权利意识，使中国人在待人处事时必须考量到宗族的利益，在做出行动选择时不得不顾及族规家法、村规民约、村庄舆论等外在规范，而在通常情况下不敢为了一家一己之利益而做出对群体不利的事情来。杨国枢（2008）将中国人的家族取向称为家族集体主义，许烺光则认为中国人在亲属关系和地方组织中彼此之间是黏土的关系，而不是原子化的沙粒关系（转引自翟学伟，2001：261~262）。对于中国人行为逻辑的家族主义、集体主义取向，本土心理学者一般都持支持的态度，即使是杨中芳（2005）发出了"中国人真的是'集体主义'的吗？"的疑问，在她的阐释中，我们仍然可以看到中国人的行为具有非常普遍的集体主义取向。

二是"自己人"形成机制研究。本土心理学关于"自己人"的研究源自内群体、外群体的研究。在中国社会中，"自己人"是一个重要的内群体，以"自己人"为界限，中国人的行为逻辑是迥然不同的，在"自己人"内部是要讲人情、面子、关系的，超出"自己人"的范畴就成了外人、陌生人，交往时是可以坚守和维护个人权益而不用过多顾及他人感受的。自己人的信任建构是一个复杂的过程，是要依赖先赋性关系和交往性关系，经过类别化、关系化的交错作用才能成形并稳定下来以影响农民日常行为取向的（杨宜音，1999；2005；2008）。在中国传统乡土社会里，宗族、自然村落往往是先天地锻造中国人"自己人"意识和"自己人"行为品格的场域，中国农民的"自己人"观念相对来说往往会表现得更加强烈一些。

三是关于人际交往关系的研究。这方面的研究成果最多。首先是关于中国人面子观的研究，胡先晋、何友晖、成中英、金耀基、朱瑞玲、陈之昭、周美伶、翟学伟、沈毅等人都有相关的研究，其成果集中体现在翟学伟主编的《中国社会心理学评论》（第二辑）和黄光国等人主编的《面子——中国人的权力游戏》两本书中。其次是关于中国人人情观的研究，如金耀基（2006b）、黄光国（2007）、翟学伟（2005）等。还有关于中国人处理不同关系时的行为逻辑研究，比如杨国枢（2004）、黄光国（2004）、杨中芳（1999；转引自杨宜音，2005）等。综合关于中国人人际关系、社会互动的研究成果来看，基本上所有学者都赞同梁漱溟（2006）做出的中国社会是"关系本位"的"伦理社会"的判断。

本土心理学的研究较好地阐释了中国人的行为逻辑，论证了"自己人"的信任建构机制，分析了以"自己人"为群体界限的内外有别的人际交往互动机制，为笔者建构农民公私观念的理想图式和公私秩序的形成机制提供了较大的启发。在笔者看来，本土心理学的研究关注的虽然是中国社会里的人情、面子、关系等本土化的概念，但由于其志在建构普遍主义的中国人行为逻辑的研究方式，过于关注"一般"，没有对"特殊"给予足够的重视，而影响了其解释力。笔者的研究将关于中国人行为逻辑的讨论加了一个具体的"场域"，将之限定到村庄里面来分析，从而丰富了本研究的理论资源。

实际上，"自己人"本身就可以构成一个农民的基本认同与行动单位，在传统中国乡土社会里，以宗族、自然村落为单位的"自己人"群体往往还肩负着给中国人提供生命价值、生活意义想象的功能。杨华（2010a）对农村妇女的研究就论证到传统中国农村妇女的意义世界是归属于宗族、村落的。不仅是农村妇女，即使在传统社会里，生活在农村的人，以及从农村走出来的大多数人，宗族、村落也不单单是一个生产、生活的单位，还是为农民提供宗教般信仰来源的价值性单位。农民的"自己人"认同不仅是对群体里人的认同、共同规范的认同，更重要的是对社会文化的认同。"光宗耀祖""光耀门楣""荣归故里""无颜见江东父老"等要阐释的人生道理即在于此。因此，"自己人"不仅是实体意义上的，还是观念、意识层面的，以宗族为例，实体的宗族可以被摧毁，而观念上的宗族却不会轻易地从农民的头脑中消逝。同样，实体层面的"权力的文化网络"（杜赞奇，2004）可能会在短时间内遭到国家权力下沉的破坏，但是观念层面、文化层面的"权力的文化网络"仍然会羁绊着农民的生活。从而,"自己人"的群体文化与群体规范,也就成为村庄视域中的国家政权建设不得不面对的问题。

### (四)理论资源之四与分析框架:从公私观念理想图式到公私秩序

通过以上三个重要理论资源的论述,从政权建设的社会基础出发,笔者有两个基本判断:一是国家必须将官僚行政体系延伸到最基层以建立一个最有效的农村基层组织,或者是有效划分国家行政权与村民自治权之间的界限,动员、鼓励农民以自主、自治的方式建立一个最有效的基层自治组织,以此来完成国家与农民之间的对接,在完成国家在现代化进程中接连不断地下达的各项任务的同时,为农民的生产生活提供一个稳定的基础性秩序;二是"自己人"相对于单个村民及其家庭来说是一个"小公"的单位,相对国家来说则是一个"大私"的单位,"自己人"的农民行动单位里为农民提供的不仅是生产、生活的日常秩序,而且还是一整套的关于生命价值和生活意义的想象,农民是在"自己人"单位里实现个人和家庭的目标与理想的,也只有在"自己人"圈子中理想和目标的实现才具有现实的价值。"自己人"这个"大私"与"小公"兼备的农民行动单位构成理解农民公私观念理想图式的关键点,也构成国家政权建设不能忽视的村庄内生结构性力量。

接下来,我们来看本研究可以借用的第四个理论资源,这就是已有的关于公与私的讨论。公与私的问题"关系着社会关系和结构的整合,关系着国家、君主,社会、个人之间关系的价值取向和行为准则,关系着社会意识形态的规范和社会道德与价值体系的核心等重大问题","关系着政治乃至国家的兴衰与命运"(刘泽华,2003:1)。由于它的极其重要性,自先秦伊始,公与私的问题都是儒家学说关注的基本话题,无论王朝如何更迭,公与私的讨论始终长盛不衰。

本书第一章,将在充分综合借用以上四个理论资源的基础之上建构一个理解农民公私观念的理想图式，初步探讨公私观念在村庄里的秩序形成机制，为分析村庄视域中的国家政权建设提供一个本土化的研究视角。在笔者看来，引入"大私"的分析概念，是解读农民公私观念理想图式的关键，农民是生活在"大私"的世界里而不是直接生活在国家之"大公"的世界里，农民是向"大私"寻求生存发展的资源和追问生命的意义而不是从国家之"大公"里直接获取这些东西。理解了这一点，就可以理解梁启超、陈独秀、孙中山、毛泽东等社会改良家、改革家、革命家在20世纪前半叶先后发出的"中国人'有家族、宗族认同而无国族认同'"的困惑之深层根源所在了，也能体会到先秦歌谣《击壤歌》里"日出而作，日入而息。凿井而饮，耕田而食。帝力于我何有哉？"的内在意蕴了。

本研究在构建农民公私观念理想图式的基础之上，建构了一个三元的分析框架——"大公（国家与普遍主义）、大私（宗族、自然村与特殊主义、整体主义）、个人、家庭（群我主义、个人主义）"来分析近代中国农村社会的变迁。笔者接下来将会把农民的公私观念操作化为三个关键的理解层次（大公、大私、小私），并认为传统中国农民及其家庭（小私）的行为逻辑是"以群为先，以己为轻"的群我主义行为逻辑，国家（大公）的规范追求的是普遍主义的权威性、神圣性及有效性，介于"大公"与"小私"之间的"大私"（宗族、自然村）的行为逻辑相对于国家来说是特殊主义的，而相对于个人及其家庭来说则是整体主义的，以此作为村庄视域中国家政权建设理论演进的起点。进而，本研究将试图证明如何利用和改造好"大私"这个农民认同的"自己人"的力量，如何将最基层的组织体系建基于能够最有效地整合"自己人"之内部资源的接点上，如何能够恰切地把握公与私的价值性与实践性的辩证统一关系，将是决定不同时段国家政权建设成败得失的关键因素。本研究将在充分论证上述因素在国家政权建设过程中的作用机制之后，将立基于农民公私观念之上的秩序机制提炼出来称之为"公私定律"作为本项研究的重要发现和基本结论。

## 四　田野工作与研究方法

### （一）田野工作

2009 年 7 月 12 日到 8 月 5 日，在贺雪峰教授的带领下，华中科技大学中国乡村治理研究中心师生一行 25 人到湖北省岳平县宝恩镇开展暑期农村调查。在调查中，25 人被分成四个小队，每个小队驻村调查一个村庄。这四个村庄在地域上是紧挨在一起的，分别是科发村、东坝村、名山村、盘龙村。根据调查安排，每个小队的成员都是白天分散调查，晚上以小队为单位就调查内容展开讨论；同时，每三天各个小队的成员都要集中到一起参加一次大组讨论，每个小队都要汇报各自的调查发现以及从调查资料中获得的经验或理论灵感。调查回来之后，四个小队都安排成员撰写了所调查村庄的村治模式，其中，王君磊、夏柱智和赵晓峰（2009b）各自撰写了科发村的村治模式，刘燕舞、桂华（2009）各自撰写了东坝村的村治模式，袁松、王德福和余练（2009）合作撰写了名山村的村治模式，林辉煌（2009）独自撰写了盘龙村的村治模式，而其他的调查成员也分别撰写了不同数量的论文、报告及随笔。

在调查中，我们采用的是半结构访谈法，访谈对象包括县、乡、村三级地方政府组织的干部及工作人员，村庄里的老干部，民间精英及普通村民等。我们希望以村庄调查为基础，通过将不同村庄的结构化特征在对比中相互佐证，通过与县、乡干部的互动式交流，试图从中归纳出地方社会的区域化特征，以此来达到理解地方社会的目的。2009 年底，笔者初步选定了博士论文的写作主题，准备在宝恩镇开展博士论文的调查工作。为此，笔者在出发前又仔细阅读了 2009 年暑假参与调查的诸多同人撰写的村治模式、论文、报告及随笔，并与部分曾经参与调查的人员就相关内容进行了讨论。做完这些工作之后，笔者初步决定将研究单位确定为行政村，将研究方法确定为社区研究法。

2010 年 3 月初，笔者再次来到了宝恩镇开展博士论文的专项调研工作。随着调查的逐步深入，笔者发现四个村庄之间有着紧密的联系，无论是以行政村，还是以自然村（自然湾）为研究单位，都难以充分地理解地域社会里的农民生活特征。

如表 0 - 1 所示，笔者调查所涉及的行政村和自然湾中，有以下关系是以单个村庄为研究单位的社区研究法所难以兼顾的：一是不同的行政村、不同的自然湾之间的差别很大，比如，王家湾是宝恩镇的第一大自然湾，在地方势力很大，东坝村及周边其他行政村的其他湾子都难以从地位上构成对王家湾的挑战。二是科发村初建于 1957 年，第一批开荒者是王家湾的人。1979 年，科发村成立科发大队时，从宝恩公社各个大队和生产队抽调了数百个青壮年劳动力，并将原属其他大队管辖的后陈湾、石家湾和朱家湾收编了。所以，科发村与王家湾及宝恩镇的其他行政村及自然湾都有着或多或少的联系。三是从行政区划上来说，名山村、东坝村、盘龙村三个行政村及它们下辖的各个自然湾在新中国成立后的 60 余年里进行过多次撤并、重划。在人民公社时期，桥头湾和陈家湾曾经属于东坝村（东坝大队）管辖，分田到户以后脱离出来与其他几个湾子一起成立了官桥村；刘家湾在 1962～1972 年前后是以刘家大队的编制存在的；孙家湾、杨家湾、张家湾、王兴湾、前张湾则属于名山大队。1972 年，刘家大队、名山大队和盘龙大队合并成立了新名山大队。到 1977 年，新名山大队解体，原编制得以恢复。分田到户以后，大队变身成为行政村、小队变身成为村民小组，刘家村、名山村和盘龙村都保留了自己的单位编制。然而，到 1999 年，刘家村、名山村、官桥村的桥头湾和陈家湾在新一轮的体制变革中组建成新名山村。从调查中的情况来看，体制单位的多次变革、重划使村子与村子之间、湾子与湾子之间的关系错综复杂。四是除行政区划变更的因素之外，各个自然湾在历史上也因为频繁的互动形成了复杂的关系，如王家湾与刘家湾、王家湾与前张湾之间都曾经发生过宗族械斗事件，刘家湾与杨家湾之间保持着世代不通婚的习俗等。而湾子与湾子之间发生的宗族械斗和存在的世代不通婚的现象在当地是普遍的情况。

表 0 - 1　本研究田野工作中涉及的行政村和自然村（湾）一览

| 行政村 | 科发村 | 名山村 | 东坝村 | 盘龙村 |
|---|---|---|---|---|
| 自然湾 | 后陈湾、石家湾、朱家湾等 | 刘家湾、陈家湾、桥头湾、孙家湾、张家湾、王兴湾、前张湾、杨家湾 | 王家湾、杜家湾等 | |

　　鉴于此，在调查的中期，笔者决定放弃选择一个特定村庄为研究单位的设想，试图借用区域社会史的研究方法，从区域小社会来理解村庄，在村庄里来理解农民的生活逻辑。所以，从 3 月初到 7 月初，笔者跑遍了名山村的所有湾子，调研了东坝村的部分湾子，再次深入到科发村开展访谈工作，并从侧面了解了盘龙村的一些情况。而本研究中使用的有关宝恩镇农村的相关材料基本上都来自这两次农村调查所得。

　　岳平县始建于宋乾德五年（公元 967 年），具有悠久的历史。岳平县位于湖北省东南部，地处幕阜山脉北侧的边缘丘陵地带，地形分布为南山北丘东西湖，南高北低东西平，一般海拔高度为 120 ~ 200 米，最高点海拔 839.9 米，最低点海拔 11 米。岳平县地跨东经 114° 31′ ~ 115°20′、北纬 29°40′ ~ 30°15′，属亚热带大陆性季风气候，春季主要是东风，夏季多东南风，秋季多西南风，冬季多西北风。岳平县年平均气温 16.9℃，极端最高气温 40.1℃，极端最低气温 - 10℃，年均无霜期 261 天，年均降水量为 1385.8 毫米。

　　宝恩镇位于岳平县西北部，面积 120 平方千米，其中镇区面积 3.5 平方千米；总人口 6.38 万人，其中镇区人口 1.5 万人。辖 31 个行政村、3 个居委会、308 个村民小组、320 多个自然湾。

　　除了宝恩镇的调查之外，笔者还在 2010 年 7 月和 8 月参与了华中科技大学中国乡村治理研究中心组织的河南豫南县调研，了解了当地社会文化及乡村治理的基本情况，并对当地的宗族问题和农民的公私观念问题给予了重点关注。此外，在读研究生期间，笔者还在湖北其他地方，以及河南、山西、四川、广东等省份的一些农村地区开展过调查，且大多数调查都是集体调查，都以撰写村治模式为手段，以理解地方社会为目的。所有这些调查，对于笔者在区域对比中理解岳平县农村的结构化特征和地方社会文化，以及地方社会秩序都有相当大的帮助。

### （二）研究方法

从田野工作的介绍中就可以轻易地发现，本研究试图超越以单个社区为研究单位的个案研究法，尝试构建一个新的能够更全面地观察地方传统和地方文化，了解农民认同观念和行为逻辑，理解地方社会秩序形成机制及乡村治理状况的区域性的研究单位。笔者将本研究的研究方法初步概括为：以地方小区域为研究单位，在区域社会里理解村庄，在村庄里理解农民生活。

20 世纪二三十年代，社区研究法被引进中国学界，为中国社会学的兴起和发展提供了方法论基础。奠定社区研究法在学界主导性地位的成名之作，无疑是被马林诺夫斯基赞誉为"人类学实地调查和理论工作发展中的一个里程碑"的费孝通撰写的《江村经济》（2006a）一书。然而，社区研究自兴起之日起，就遭遇到了方法论上的两大困境：一是弗里德曼提出的"社区能否构成中国乡村社会结构的基本研究单元"（王铭铭，1997）；二是利奇提出的"个别社区的微观研究能否概括中国国情"（费孝通，2006a），也即村庄社区研究的代表性问题。为了走出方法论上的第一个困境，弗里德曼（2000）在后续的研究中提出了乡村研究中的宗族范式，施坚雅（1998）则提出了市场体系理论。而费孝通在面对利奇关于个案研究的代表性质疑时，提出要将社区研究法应用到不同类型农村的调研中，试图通过理想类型的不断构建，达到逐步接近全局，认识整个中国的研究目的（2006a：425）。

20 世纪 80 年代初开始，随着社会学学科的恢复和社会学研究的再次兴起，社区研究得以复兴。然而，在新的形势下，大多数学者主动回避个案的代表性问题，而将社区研究作为一种方法用来研究任何社会学关心的问题，以至于"社区已经成为一个检验各种各样人类特征的假设和命题的试验场，而不是对宏观社会进行概括的'样本'"（卢晖临，2005）。为此，朱晓阳（2004）、卢晖临（2007）等人试图超越个案中的经验，关注经验背后的社会科学观念和宏观结构，以理论重构来统领经验，以此来处理个案中的特殊性与理论建构普遍性之间的内在矛盾，并分别提出了延伸个案法和扩展个案法。而华中村治研究的学者认为在经历过集体化之后的今天，村庄已经构成中国乡村所有区域的基本社会结构单元（陈柏峰，2011），村庄研究应该坚持整体主义的研究进路，采用村庄生活的视角，结构化地理解各种村庄现象，形成对村庄的整体认知，从而理解所研究的专题与其他村庄政治社会现象之间的关联（陈柏峰，2011），也即村庄研究的进路应该是在"现象之间找关联，村庄内部提问题"（郭亮，2009）。由于村庄在理解问题中具有极端重要的地位，申端锋等（2009）在专题研究中提出要以重大的问题意识来统领村庄研究，将村庄与一个超越具体村庄的中国问题联系起来，赋予村庄以中国内涵和方法论意义，进而提出一种"作为方法的村庄"的研究进路。此外，还有一些专题研究采用了"区域比较视野下的深度个案"的研究方法（谭同学，2007；杨华，2010a）。

当然，除了上述研究之外，学界仍然有人在试图解决个案研究的代表性问题。曹锦清等人（1995）在20世纪80年代末研究浙北农村时提出要把中国农村划分为几大文化生态区，分区域研究中国农村（1995）。1990年，陆学艺（2001）主持了一项大型的"全国百村调查"，希望通过对不同类型农村的调查研究来解决中国农村的全貌问题。对此，华中村治研究的学者群体也在不断地做出有益的探索。贺雪峰（2008d）认为，要想打通个案村庄与中国社会之间的关系关键是要理解区域，通过不同的区域模式的建构，来加深对中国社会的深刻认识。为此，要以个案调查为基础，撰写村治模式。村治模式就是村级治理中存在的那些相对稳定的内在关系，是村庄应对外来政策、法律和制度的过程中呈现的相对稳定的结构性关系。一般来讲，村治模式主要由三个部分组成：一是村庄内生性的因素；二是村庄内生因素应对外来制度时的反应机制；三是村庄内生因素在应对外来制度时产生的后果（2009b）。在此方法论的指导下，近些年来，华中村治研究的学者们在全国各个省市区展开农村调查，都以撰写村治模式、建构区域理想类型进而理解中国农村社会的全貌为目标。

华中村治研究学者群体在建构区域类型方面的努力，与20世纪80年代开始兴起的区域经济社会史研究有着相似的地方，都比较强调对地方性知识和区域文化被创造与传播机制的研究，试图从社会历史文化相似性等角度超越行政区划和地域界限来建构区域类型。比如区域经济社会史研究者陈春生认为："通过实地调查与文献解读的结合，更容易发现，在'国家'与'民间'的长期互动中形成的国家的或精英的'话语'背后，百姓日常活动所反映出来的空间观念和地域认同意识，是在实际历史过程中不断变化的。从不局限于行政区划的、网络状的'区域'视角出发，有可能重新解释中国的社会历史"（赵世瑜，2006），而这与华中村治研究学者群体的主张有着类似和交叉的地方。华中村治研究学者群体在建构区域类型时，初步将中国农村分为北方农村、中部农村和南方农村，以中部农村为例，湖北荆门地区和东三省则同属一个类型。但不同的地方在于，华中村治研究学者群体不局限于区域研究，而希望以不断增多的区域社会的研究，逐渐实现对中国农村社会全貌的认识。

随着调查次数的不断增多和调查经验的不断丰富，我们认为融合集体调查、集体讨论、集体撰写村治模式等为一体的集体学术的团队作业方式是建构区域理想类型的最为有力的手段，也是华中村治研究学者群体近些年基本的学术追求。通过在同一个地方，多个村庄的调查和以村庄为单位的多个村治模式的撰写，可以在短期内形成对特定区域的质性把握，并在集体讨论中进一步归纳出区域社会的理想模式，深化对地方社会结构化特征的理解。我们认为这种集体学术的研究进路是沟通个案村庄与区域社会的重要的操作化手段，将研究专题置于地方社会之中，以地方小区域为研究单位，在区域社会里理解村庄，在村庄里理解生活，是社区研究方法论的一种有益探索。同时，为了增强理论建构的普遍性意义，又可以采取区域比较的研究方法，在不同区域类型的农村地方社会里研究同一个专题，再将呈现的研究结果进行区域对照分析，进一步地修改、完善理论。而笔者就试图在本研究中贯彻使用这一基本的研究方法，虽然它仍有诸多的不足，但是它在某种程度上代表了一个学术群体多年来的学术自觉与学术努力。

　　从本研究的情况来看，岳平农村在区域类型上属于是南方农村，南方农村的宗族势力一直比较强，南方农民的宗族认同意识也比较浓厚，村庄社会的性质更加接近于乡土中国，虽然近些年来随着现代性因素的渗透，村庄也在发生加速度的变化，但是仍然可以被认为是最接近传统的村庄，农民对于公与私问题的认识也就有更多的传统性色彩，以此为基础来建构农民公私观念的理解图式和村庄社会秩序生成机制的理想类型也就更加切合于传统。相对来说，中部农村和北方农村，虽然在新中国成立前宗族势力也比较强，但是容易受战乱引发的社会动荡等社会因素及黄河与长江时不时地泛滥成灾等自然因素的影响，在村居民以血缘关系向上可以追溯的历史都比较短，地方社会文化的基础并不牢固。所以，随着政权建设的展开，国家权力逐步下沉到村庄介入农民的生活，再加上消费主义裹挟下的市场因素的长驱直入，中部农村和北方农村在缺乏强有力的内生抵抗力量的情况下，发生了远比南方农村快得多的质性变化。其中，中部农村变得比北方农村更加彻底，宗族势力和宗族认同意识几乎不再发生什么作用，成为原子化农村的典型，而北方农村的宗族势力和宗族认同意识虽然还在影响农民的生活，但也只是以碎片化的形态（如户族、小亲族等）出现。随着时间的流逝，现代性因素的持续渗透，南方农村也极有可能会向原子化的中部农村的方向转型。所以，以南方农村的代表岳平农村为研究单位和材料来源，即便不能完全代表整个中国农村，也仍然可以构成理解转型期中国农村社会的一个重要的理想类型。

## 五 概念界定与章节安排

### （一）概念界定

#### 1. 宗族与村庄

《辞海》对宗族的解释是"同宗同族的人"，而学界普遍认同的宗族概念是：宗族是由共同祖先界定出来的父系群体（常建华，1999）。也就是说，共同的祖先和血缘关系是理解宗族概念内涵的关键词。对于当前的农村社会来说，有学者认为已没有了宗族，但还有宗族之下的家族认同（麻国庆，2009）。从岳平农村的情况来看，宗族是可以跨越地界，以共同的姓氏为基础在海内外建立人与人之间的关联方式的，而根据具体情况的不同，宗族界限的伸缩性也比较大。以修族谱活动为例，刘姓宗族 2009 年重修族谱行为就是全国性的。而以每年一度的接"太公"活动为例，宗族活动的范围已经大大萎缩，但依然是超越村庄的地域性活动。虽然也有人将当地当前的宗族活动称为"闹家族"，但是为了能够将历史贯穿起来，本研究倾向于使用宗族的概念。同时，笔者认为传统意义上的宗族在当前的中国农村已经不复存在了，而观念上的宗族认同意识仍然将在一个较长的时间段内存在于农民的心中，并影响乃至决定、支配农民的日常行为逻辑。所以，本研究探讨的"宗族"，并不是实体意义上的宗族，而是农民观念层面的宗族①，是一种基于社会文化心理的认同意识层面的宗族。此外，在本研究中，笔者要考察的宗族是被村庄和地缘关系所切割后的宗族，而不是普遍意义上的宗族。鉴于此，笔者将宗族概念界定为以真实抑或虚拟的共同祖先为象征符号，以父系血缘关系为联

---

① 肖唐镖也曾把"宗族"概念操作化为两个层面：一是实体的宗族，如宗族的组织、制度，包括宗族的结构、权力及活动；二是文化的宗族，即"观念中的宗族"，如村民的宗族意识与观念（2010：12）。

结纽带，以地缘关系为依托建构起来的超越单个家庭并具有强烈的"自己人"认同意识的聚居群体。

村庄在本研究中指的不是行政村，而是自然村。以岳平农村的情况来看，自然村又叫自然湾，少则几十人，多则上千人。一个行政村可以由一个自然村构成，也可以由多个自然村组成。村庄是地缘意义上的概念，而宗族是血缘意义上的概念，按照费孝通的说法，"血缘是稳定的力量。在稳定的社会中，地缘不过是血缘的投影，不分离的"（2006a：58），也就是说村庄的形成是以宗族为内在基础的，宗族认同是村庄的内核。宗族与村庄的关系，在岳平农村是比较复杂的，一个自然湾可以由一个宗族的人组成，也可以由多个姓氏的人聚集而居形成。从整体来看，大多数自然湾或是独姓湾，或是一姓主导湾，而实力均衡的多姓杂居湾相对较少，在本研究的田野工作中涉及的只有桥头湾一个湾子。

### 2. 大公、小公、大私与小私

公与私，在本研究中不是指公德、私德，而是指中国农民对公与私及其相互关系的认识和看法。笔者从公与私的层次性、规则性、价值性等多个层面来界定农民观念上的公与私问题，试图构建理解农民公私观念的理想图式。

大公，指的是国家，包括君主专制制度下的国家，也包括现代民族、民主国家，与大公相匹配的规则是普遍主义的法治规则。小公，指的是经过国家授权的最基层的治理主体，其合法性来源于国家。大私，指的是超越农民单个家庭的主导性的农民认同与行动单位，在本研究中指的是宗族和以宗族为内在基础的自然村。大私里通行的规则是农民认同的人情、面子、关系、道德、常理等地方特殊主义的共识或规则。小公与大私的互动关系比较复杂，也是本研究考察的重点内容。大私，构成国家政权建设的社会基础，大公如何通过"小公"的制度设计和合法性授权来改造和利用"大私"的内部资源，是影响基层治理实践绩效，决定政权建设成败的关键。在传统社会里，宗族或自然村的作用凸显（贺雪峰，2009a），是一个"大私"与"小公"紧密结合的单位。如果农民认同的行动单位得不到国家的承认，其内生权威得不到国家的合法性授权，它就只是一个农民认同的"大私"的"自己人单位"，而没有"小公"的身份，也就没有介入地方"公务"的合法性，但其仍然可以以"大私"的名义处理公权力没有介入的地方性"公务"，比如修撰族谱、修葺祖堂、接"太公"等超越单个家庭之上的宗族性事务。只有"小公"与"大私"合一的农民行动单位，才是一个既有国家授权的合法性又有农民自发的认同感的公私结合体，才有资格充当国家与农民关系的中介。而小私，指的是个体，包括单个的农民及其家庭。在历史上，中国传统农民并不是个体主义的农民，而是遵守"以群为重，以己为轻"群我主义行为逻辑的农民。

在村庄视域中，必须认识到宗族和村庄既是一个"小公"，也是一个"大私"，农民在村庄里面讲大公无私，可能更多指的是为了"小公"（大私）的利益，个体及其家庭应该在私人利益上做出让渡。在国家层面倡导"大公无私"，则可能更多指的不是要公而无小私，而是指不能让大私的存在阻碍了"大公"利益的实现。总而言之，大公、小公、大私和小私的区分，是真正理解农民公私观念理想图式的关键，是正确理解农民公私观念价值性的前提性条件。

### 3. 公私秩序与公私定律

公私秩序指的是由农民的公私观念所形塑的地方社会秩序。公私秩序主要考察三个方面的内容：一是"小公"层级以上的国家力量实践的场域，是农民缺乏了解和认知的"公域"，行动者遵循的是普遍主义的行为逻辑；二是"大私"与"小私"实践的场域，是农民的生活世界，是相对于"公域"而存在的"私域"，行动者遵循的是地方特殊主义的行为逻辑；三是"公域"与"私域"之间社会秩序的承接与转换机制。由于"公域"和"私域"在相当大程度上是二元对立的，要想实现二元统一的社会秩序，就必然需要构建一个上下、内外秩序的承接与转换机制，使"公域"和"私域"能够有机衔接起来。

本研究认为理想状态的公私秩序是国家通过合法性授权，将"私域"里自然生成的宗族性权威合法化为体制所承认和接纳的具有介入"公务"身份的"准官员"，使这些"准官员"能够兼具"国家授权的合法性和农民自发的认同感"的双重权力属性，使"公域"里倡导的普遍主义逻辑的政策、法律、制度能够被"私域"所承接，并转化为农民所认知的特殊主义的地方性规范①，以实现国家的治理目标，并有效维系村庄内生的社会秩序。

本研究还认为，理想状态的公私秩序就是村庄视域中的国家政权建设必须遵循的基本规律，可以被百余年的国家政权建设史所验证。所以，公私定律就是指只要农民认同的"大私"单位仍然存在，农民的"自己人认同"意识没有完全消失，国家就必须将最基层的治理主体建立在最能够整合和利用"大私"单位内部资源的基础之上，使国家与农民、普遍主义逻辑和特殊主义逻辑能够衔接起来。否则，政权建设就极有可能因为缺乏实施的社会基础而走弯路。

### （二）章节安排

本书根据论述主题和叙述逻辑的需要，共设七个部分，具体内容如下。

导论部分，交代了研究的中心主题和缘起，简要梳理并评述了国家政权建设研究的相关成果，提出从社会基础研究政权建设的必要性。紧接着介绍了本书将要参考的理论资源，初步提出了本书基本的分析框架。最后，系统地阐述了本研究所做的田野工作和研究方法等。

---

① 地方性规范是一个动态的而非静态的概念。地方性规范是根植于村庄生活中的具体的特殊规范，而不是普遍的永恒不变的规范。在中国农村加速迈进现代社会的过程中，国家力量、市场力量等现代性因素不断地进入乡村社会，逐渐改造了原本封闭的地方性规范。虽然地方性规范并不必然与现代国家及现代社会所对立，但是其内在的特殊主义运作逻辑的规则往往是阻隔现代法律制度等外来力量进入乡村社会的重要变量。关于地方性规范的进一步分析，可参见董磊明、陈柏峰、聂良波（2008）。

第一章，"公私观念与村庄政治"。沿着学界关于"公与私"的讨论，构建了一个理解农民公私观念的理想图式，初步交代了公私观念型构地方社会秩序的实践机制，提出以公私秩序为分析框架来理解农村基层治理模式和村庄政治社会现象的可行性。

第二章，"'破宗族'，'立集体'：农村革命与建设的实践逻辑"。从公私观念调适的角度，论述了从土地改革到分田到户前农村基层治理模式的变迁逻辑，以及地方社会秩序的维系机制。

第三章，"'市场离散宗族'：'自己人单位'的命运沉浮"。论述了分田到户以来，随着宗族社会文化网络的复兴，农民"小私观"和"大私观"的变迁逻辑，以及村庄内生秩序的生成机制。

第四章，"'宗族里的国家'：村社集体权力的运作逻辑"。论述了分田到户以来村社集体权力性质的变迁机制，及其对农村基层治理实践产生的重大影响。

第五章，"'集体退'，'宗族进'：'自己人治理'逻辑的表达与实践"。论述了以宗族认同为内在基础的理事会的复兴，对税改后的农村治理实践和地方社会秩序的维系带来的影响，展示了"自己人治理"的实践机制。

第六章，"'村落中的国家'：百年国家政权建设史中的公私定律"。总结了农民"大私观"、"小私观"和"大公观"，以及村社集体权力运作逻辑的变迁机制，分析了公私秩序的实践机制，得出了村庄视域中百年国家政权建设实践的一般规律。

# 第一章　公私观念与村庄政治

公与私的问题，是中国政治哲学与实践哲学中的重大问题。公与私，不仅是一个看法、一种观念、一套规则，而且是形塑地方社会秩序的文化认同性力量。本研究认为农民的公私观念形塑着地方社会的秩序，决定着村庄的政治社会生态，影响着基层治理模式的实践效度，是村庄视域中的国家政权建设在任何时候都不得不重视的社会文化网络资源。在本研究可以借用的四大理论资源中，组织重建视角的新农村建设理论使我们注意到了村庄的不可替代性，华中村治研究传统使我们透过村庄社会性质的研究看到了村庄内生结构性因素的重要性，本土社会心理学的研究则使我们认识到了村庄社会结构的建构机制及社会运作机制。而学界关于公与私的研究则有助于我们将上述因素串联起来，从整体上重新理解村庄社会秩序的生成之道，理解基层治理模式的变迁之道，理解村庄政治的社会生态，进而有助于我们在新的框架下重构百余年来本土化路径的国家政权建设史。

本章，我们将在综合借用四大理论资源的情况下，从层次性、规则性、价值性等方面建构理解传统社会中国农民公私观念的理想图式，初步探讨农民公私观念与基层社会治理秩序之间的关联，尝试以此来重新解读基层治理之道，并提出本项研究在接下来几个章节所要关注的核心问题及其叙述逻辑。

# 一 中国人公私观念的特质：伸缩性及其引发的实践悖论

要探讨中国人公私观念的属性，一个理想的讨论起点就是费孝通提出的"差序格局"的分析概念。费孝通认为传统社会里中国人的公私观是以一己之私为中心，就像水的波纹一样可以不断向外推，由己到家到国再到天下是一条通路。能放能收、能伸能缩是其基本特征。

> 为自己可以牺牲家，为家可以牺牲族……这是一个事实上的公式。在这种公式里，你如果说他私么？他是不能承认的，因为当他牺牲族时，他可以为了家，家在他看来是公的。当他牺牲国家为他小团体谋利益，争权力时，他也是为了公，为了小团体的公。在差序格局里，公与私是相对而言的，站在任何一圈里，向内看也可以说是公的。（费孝通，2006a：24~25）

近来，翟学伟（2010）在论述中国人的大公平观时提出，在传统中国，公的最大特性是"无归属性"，公的范畴界定往往是随着私的领属划界而自然产生的，公与私不是简单清晰的 A 与 B 之间非此即彼的类别区分关系，而是 A 与非 A 的逻辑推演关系，公的含义不能由自己来界定，而是随着私走的，泛指那些不归属于私的部分，公即无私。私指的是"个体划出的与自己相关的或自己拥有的那部分，比如家人、自己人，就是与自己相关的群体"，反之，如果不属于个人相关界定范围的，就是公。由此，在翟学伟看来，家人和自己人也是以己为中心划分群己界限的具有明显的伸缩性特征的概念。向内，"公"可以不断扩展；向外，"私"也可以不断扩张。

从费孝通和翟学伟的论述中可以发现，在传统中国社会，受儒家学说的影响，中国人的公私观念从理论上来讲有四个显著特征：一是多层次性，在天下之"大公"与个人之"小私"之间有若干类，如家、族、党、国的中间地带的圈、层；二是伸缩性，在中间地带的圈、层上，公与私都是相对的，不同的人从不同的立场和角度可以根据自身需要给出完全相反的判断；三是规定性，"私"是人的本能，"私"先定而"公"后随，先有"私"，其余则皆为"公"；四是价值性，中国人为了任一圈层的"公"的利益，不会牺牲内圈层的私利，却会公然牺牲外圈层的公利。

公与私的价值性，在中国历史上表现为长期存在的悖论现象：一方面是"大公无私""崇公抑私"等褒公贬私的思想观点盛行于世，另一方面是追求私欲而无公德的现象充斥在民众生活实践的各个角落。作为客观存在的"私"在观念上是不合理的，人们在"私"中生活，但在观念中却要不停地进行"斗私""灭私"；在实际生活中不停地谋"私"，却似"做贼"，得不到应有的保障；在社会生活交往中，特别是政治上，只要被戴上"私"的帽子，合理性与正当性顿失（刘泽华，2003）。由此，如何认识精英群体思想观和大众实践观之间的公私悖论现象就为我们提出了一个重大的理论问题。然而，我们最近的田野资料显示，公与私问题在价值性和实践性之间存在的认识论上的张力，可能更多是由于公与私界限的笼统、模糊带来的，是由"公"的向内扩张性和"私"的向外扩张性叠加带来的，也就是说，是由公与私的伸缩性引发的认知上的悖论，而可能不是一个普遍的实践中的悖论。因为由公与私的多层次性所决定，一旦公与私的伸缩性特征被打破，公与私的另外两个特征也就必然需要重新认识。①

这从导论中提到的理事会主导下的修路事件中就可以看出端倪，以自然湾为界限，为了湾子的整体利益，理事会可以以"公"的名义来应对个人之"私"的挑战，甚至可以为此无视更高层面的"公"

---

① 笔者认为这也是建构理解农民公私观念理想图式的关键点所在。本研究即着力于从公与私的伸缩性特征出发，寻求理论创新的起点。

（国家法）对个人正当权益的保护。从中我们可以看出自然湾是理解农民观念上的公私界限区分的关键，湾子之内为"私"，湾子之外为"公"。即便公私界限如此，理事会在湾子里做村民思想工作时打着的旗号依然是"大公无私"，是为了湾子的整体利益，个人不能过分强调私人的利益而应该多一点点的"公心"。"私"就这样转身成了"公"，具有了意识形态的合法性，既可以规约个体之"私"，又可以抵制国家之"公"。但实际上，理事会仍是"私"，不过是超越个体的更高层面的"私"，是"大私"。可谁又能说理事会成员是"假公济私"，一心为了谋取私利呢？

以此来看，知识精英群体认知上公私悖论现象的产生可能更多是由于脱离了实践的场域，抽离了时空，过于期待能够在高度抽象化、形式化的层面上寻找到一个普遍性的本质主义和实体主义的认识论范式，而忽视了公私界限的游离性、伸缩性特质。因此，为了更好地把握中国农民的公私观念及社会秩序的形成机制，有必要将公私观念的讨论放在特定的场域中，置于具体的时空条件的约束中来做深入的研讨。

## 二 理解农民公私观念的理想图式

### （一）中国农民"私"观念的起点及其行为逻辑

家庭是中国社会最基本的组织单位，这是学界的共识。金耀基认为，在传统的中国社会，由于家的过度发达，压制了个人的独立性，使中国没有能够产生西方的"个人主义"（1999：25）。"中国的任何一个家庭都是一个共产主义的单位，以'各尽所能，各取所需'的原则指导着自己的各项活动。互相帮助发展到了一种很高的程度。一种道德义务和家庭责任荣誉感促使他们要互相提携。"（林语堂，2000：185）在中国传统社会，由个体组成的家庭构成划分群己、人我界限的基点，"家长管束家属，免生扰乱社会事端，老弱孤寡委之于家庭抚养，国家便可'无为而治'"（史凤仪，1999：85）。贺雪峰（2009a：54）则提出与认同有关的文化边界而不是自然边界构成人我、群己界限的边界。在西方基督教的文化中，团体和个人是对立的两端，个人是基本的权利享有与行动单位，个人之上就是国家，至此两端之间再无其他，个人与团体之间的关系就是公民与国家的关系，公民履行缴税、服兵役的义务，国家履行保护公民权利的义务。而在中国传统文化中，家庭是最基本的权利与行动单位，构成群己界限的边界，中国传统社会里的家庭与西方的个人一样，构成了一个基本的"私"的单位。

费孝通认为在差序格局的社会结构中，个人的行为取向是以己为中心的，"这并不是个人主义，而是自我主义"，"在个人主义下，一方面是平等观念，指在同一团体中各分子的地位相等，个人不能侵犯大家的权利；一方面是宪法观念，指团体不能抹煞个人，只能在个人们所愿意交出的一部分权利上控制个人……在我们中国传统思想里是没有这一套的，因为我们所有的是自我主义，一切价值是以'己'作为中心的主义"（2006：23）。费孝通说中国人不是个人主义者的判断已经得到了学界普遍的认同（金耀基，2002：148），但是说中国人是自我主义者却与他自己关于中国社会是"礼治社会"的判断相冲突，引发了后辈学人的质疑（廉如鉴、张玲泉，2009）。个人主义建立在宪法和权利观念之上，是权利本位的，而传统中国是伦理本位的，没有产生个人观念和权利观念，更多的是依照义务的原则与他人进行交往的，强调的是个人对于他人的伦理义务（梁漱溟，2005）。

按照自我主义的逻辑，在"己、家、族……"由内向外推的序列谱上，一个中国人可以依据自身的需要为了某一个圈层的私利而牺牲这个圈层之外所有圈层的更大的"公"的利益，而不会为了这个特定圈层的"公"的利益而放弃其中任何一个圈层的私利，比如说中国人可以为了族的利益而牺牲国之公利，而不会为了族的利益甘愿去牺牲一己一家之私利。这显然与中国人的生活经验具有不相符的一面，如果将自我主义逻辑的讨论放到村庄这个特定视域中则更加明显，一旦单个村民可以为了一己一家之私利而牺牲一族一村之公利，村落社会的秩序就无以形成，村庄也就不能成为村庄了。

由此，中国农民的行为逻辑不是个人主义的，也不是自我主义的，更不是杨朱学说所渲染的"人不为己，天诛地灭"的为我主义，从表面上看更像是梁漱溟阐述的遵循伦理本位原则的"互以对方为重"的利他主义。不过，从中国人的实践行为逻辑来看，"以对方为重，以自己为轻"的利他主义是有边界的，更适用于家人和熟人之间，适用于熟人社会亲密社群内部的人际交往行为。所以，在廉如鉴、张玲泉（2009）看来，"'自我主义'有低度社会化之嫌，'互以对方为重'则有过度社会化之嫌"，都不能概括中国人行为逻辑的特点。所以，笔者认为传统中国农民的行为逻辑是群我主义的，"以'群'为重，以自己为轻"。因为有"群"的存在，就有"群"的规范，就有"群"内所有人都认同的地方性知识，也就有了地方性共识，有了一己一家必须遵循的规矩。"群"的存在是为了解决单家独户的农民所不能化解的生产、生活合作难题，是为了应对单家独户的农民所不能应对的自然风险和社会风险。群我主义相对于自我主义和"互以对方为重"的利他主义来说，关键是存在一个相对清晰的边界，站在这个边界上向内看，为了这个群体的共同利益，既可以牺牲边界之内一己一家之私利，也可以牺牲边界之外的一国乃至天下的公利；在边界之内，人际交往的逻辑是"以对方为重，以自己为轻"，而到了边界之外则完全可以采取截然相反的陌生化的人际交往逻辑。关于传统中国农民认同的"群"的边界，下文会做专门分析，接下来我们来看群我主义的行为逻辑是如何可能的。

> 古之欲明明德于天下者，先治其国；欲治其国者，先齐其家；欲齐其家者，先修其身；欲修其身者，先正其心；……心正而后身修，身修而后家齐，家齐而后国治，国治而后天下平。（《礼记·大学》）

儒家思想强调一个人欲治国、平天下，必先求诸己，先要正心、修身，才能通过齐家的中介达致目标。对于个人来说，所谓正心、修身，也就是要"克己复礼"。个人"可以着手的，具体的只有己，克己也就成了社会生活中最重要的德性，他们不会去克群，使群不致侵略个人的权利"（费孝通，2006a：25）。受儒家传统的熏陶，中国人的面子也是由"脸"和"面"两个部分组成，前者指的是社会对个人道德品质的信心，后者指的是个人从其才学、财富、地位等社会成就中获得的声望（胡先晋，2006）。一个是道德性的面，一个是社会性的面，中国人的脸面观与中国的耻文化之间有着密切的关联。中国文化强调"慎独""省察"等内观、内修功夫的重要性，就是在强调人作为道德性主体的自律行为的重要性（金耀基，2006a）。面子是中国社会中人际交往的一个重要机制，从中国人的面子观中也可以侧面看出，群我主义是强调内修、自律的，是向自己提要求以不断自我完善的，是通过"克己""正心""修身"来融入和谐的"群"的社会秩序中的。

### （二）农民"私"观念的拓展："自己人"及其行为逻辑

虽然中国人长期以来都对累世同居的大家庭推崇备至，但是大家庭并没有成为人们的普遍选择。王跃生（2000）的研究表明，到18世纪中后期，在中国社会里，核心家庭所占比例超过50%，直系家庭约为30%，复合家庭不足10%。家庭的规模限制了单个家庭提供水利、安全等公共品的能力，当传统国家也无力为分散的小农家庭提供种类繁多的公共品的时候，就需要在单个家庭的基础之上构建诸多家庭联合供给公共品的合作机制，因此也就需要一个超越单个家庭的能够承担这一功能的农民认同与行动单位。所以，我们的讨论还需要进一步拓展。

五四新文化运动的领袖陈独秀（1984）认为妨碍中国人"公共心"的不是个人主义，而是家族主义，"'各人自扫门前雪，不管他人瓦上霜'这两句话描写中国人家庭主义独盛，没有丝毫公共心，真算十足了"。

民主革命运动的先驱孙中山（1981）也认为："中国人最崇拜的是家族主义和宗族主义，没有国族主义，外国旁观的人说中国是一盘散沙，这个原因在什么地方呢？就是因为一般人民只有家族主义和宗族主义，而没有国族主义。中国人对于家族和宗族的团结力非常大，往往因为保护宗族起见，宁肯牺牲身家性命。""至于说到对国家，从没有一次极大牺牲精神去做的。所以中国人的团结力，只能及于宗族而至，还没有扩张到国族。"

杨国枢（2008）则更进一步将中国人这种家族重于个人的倾向称为家族集体主义，"在家族主义的取向下，人们生活圈内的运作是一切尽量以家族为重，以个人为轻；以家族为主，以个人为次；以家族为先，以个人为后。更具体地说，是家族的生存重于个人的生存，家族的荣辱重于个人的荣辱，家族的团结重于个人的自主，家族的目标重于个人的目标。在此种历程中，个人不得不屈从或融入家族，其个性或独特性自然不受重视"。

对此，林语堂（1990）认为，"他们（中国人）系心于各自的家庭而不知有社会，此种只顾效忠家族的心理实即为扩大的自私心理"。

"扩大的私心"是家庭集体主义意识的来源，是"自己人"认同的社会文化心理基础。杨宜音（2008）提出相互交织的"关系化"和"类别化"的双重过程是中国人"我们"观念形成的重要机制，中国人可以通过先赋性关系和交往性关系来建立"我们"概念的心理联系，"关系化"是形成"自己人"意识的重要机制，而"类别化"则是判别与区分内外群体心理联系的重要机制。以此来看，自然村落里的宗族无疑是"我们"概念形成的最佳场域，在这里依据血缘而来的先赋性关系和依据地缘优先性而来的面对面的交往性关系是可以在实践中充分发挥作用的，宗族是最有利于建立"自己人"认同的先天性组织载体。宗族与宗族之间则会因为"类别化"机制的发酵而形成内外群体的区分，但是在自然村落里，高频度的面对面的交往关系也有可能弥补先赋性关系不足的缺陷，使杂姓村落也有可能成为以自然村为认同边界的"自己人"群体，而对于那些没有或很少有互动交往关系的外宗族、外村落来说，自然也就成了陌生的"外人"群体。

认识到这一点，我们再来看"差序格局"的农民公私观。费孝通"差序格局"的伸缩性特征在村庄视域中更形象的描绘来自王铭铭。王铭铭（2004）在福建溪村考察时发现，全家族作为独立的整体与异族或村外人对照，被称为"自家人"，即"私"或"自己"的一个部分；对于聚落房支和个别农户而言，则转化为"公"的单位。聚落房支于家族而言，称为"私房"，是"私"的单位；而对于亚房和家户却被称为"公"的单位。亚房对于家族、异族、聚落房支而言，都成为"私"一级的单位；但对于家户和个人，成为"公家"，也与它们一同称为"家人"。家和个人的分别极小，家即自己，自己即家。

在费孝通和王铭铭看来，建立在家以上的"亚房、聚落房支、家族—村落、村外"四级公与私的认同较多地呈现均质化，没有显著的差异。而贺雪峰（2007c）对农民行动单位的研究无疑打破了这种认识，在他看来，在超越家庭之上的差序四级中，往往有一级构成超出家庭的主导的农民基本认同和行动单位，且因为这一级基本认同和行动单位的存在而压抑了其他各级的认同水平和行动能力。在一个村庄之间竞争激烈的乡村社会，"家族—村落"一级认同就会凸显，而其下各级认同就会受到抑制。"宗族是中国传统社会的基本结构，聚族而居的村庄则构成了中国传统农民生产、生活和娱乐三位一体的场所。正是以宗族为基础的村庄，构成了中国传统社会秩序的基本方面。""以血缘和地缘为基础的村庄正是解决国家不能解决，家庭又解决不了的公共事务的重要单位。"（贺雪峰，2009a：51）因此，在中国传统社会里，宗族、村庄是超越农民单个家庭的主导的基本认同和行动单位。

相比于费孝通、王铭铭的论述，贺雪峰提出的双层认同与行动单位的观点可能更切合乡土社会的实际情况。本研究关注的主要是以岳平县农村为代表的宗族性地区，对非宗族性地区只是在做区域比较时有所涉及，但是可以肯定的是宗族性村落比非宗族性村落更有可能形成农民"自己人"边界的社会心理认同，更有可能成为农民"自己人"的单位。从学界已有的研究来看，以新中国成立前多姓杂居的华北农村为研究对象，日本学者平野认为包括中国在内的亚洲村落以农村共同体为基础，以家族邻保的连带互助形式实施的水稻农业要求以乡土为生活基础，以生命的协同、整体的亲和作为乡土生活的原理；主张村落在农村生活中的农耕、治安防卫、祭祀信仰、娱乐、婚葬以及农民的意识道德中的共同规范等方面具有共同体意义（李国庆，2005）。笔者在此不想纠缠于中国农村是不是一个共同体的讨论，但从中可以看到的是，在传统乡土社会中，宗族、自然村确实有可能是农民"自己人"心理认同的一个重要单位，是超越单个家庭的农民认同与行动单位。因为有了"自己人"的认同，它对内就能够在不破坏群体团结的基础上遏制介于家庭与宗族之间的诸如亚房、聚落房支的"私"的利益单位的挑战，使宗族"对内虽然从来难有一致的时候，对外却从来没有不一致的时候"的集体行动逻辑成为可能，从而使宗族、自然村成为村民日常生产生活中最为重要且必不可少的"公"的单位。宗族、自然村的"公"相对于个人、家庭来说是"公"，而相对于"国家"之"大公"来说，又退回到"私"的领域当中，实则是农民认同的"大私"。

接着，我们再来看"大私"的规范性。宗族、自然村是一个"无需法律的秩序"的实践场域，"人们常常以合作的方式化解他们的纠纷，而根本不关心适用这些纠纷的法律"（罗伯特·C.埃里克森，2003）。"无需法律"并不是说乡土社会是"无法无天"、不需要公共规范的，因为乡土社会是一个依靠礼治形成秩序的社会，"礼是合式的路子，是经教化过程而成为主动性的服膺于传统的习惯"（费孝通，2006a：43）。"传统是什么"，传统是村规民约、族规家法、习惯法、民间法，是人们在生于斯、长于斯、死于斯的土地上所形成的

"地方性共识",是约束人们日常行为逻辑的公共规则。因此,礼治就是以地方性共识、以公共规则为内在秩序机制的习惯法和民间法来治理。由于其极度强调"公共性",对个人而言,"礼治秩序"所蕴含的就是整体主义的价值取向,是不能随心所欲、为所欲为的行动逻辑。整体不是单个的我,而是由诸多的"小我"聚集而成的"大我"。整体主义强调的是以"小我"为中心向外推的人情、面子等社会交往机制具有"公共性","自我"必须"克己"以按照地方性共识、公共规则来约束自己的行动。这也是传统中国农民"以群为重,以己为轻"的"群我主义"行为逻辑的根源所在,而其群就是"自己人"群体,也就是宗族、自然村。

然而,农民行为逻辑的整体主义一旦超越了宗族、自然村等"自己人"的范围,自外向内、自上向下看则会发现其很快就回归到特殊主义行为逻辑中去了。说到底,礼是规范熟人社会里人与人之间的交往关系的,并不能推广到宗族、村落以外的陌生人社会。"特殊主义概念在中国社会中的应用,使许多西方和中国学者开始在更具体的层面上展开对中国人关系的研究,这些研究包括缘分、孝道、人情、脸面、报、自己人、送礼、亲缘关系、人际关系以及成员关系标准的切合性和社会排斥性的研究等。"(翟学伟,2004:246)与规范礼治社会秩序的人情、面子等习惯法和民间法相比,"放之四海而皆准"的国家法才具有普遍性。法是靠权力和暴力来推行的,礼则是靠教化来习得的,在"民不告,官不究"的传统社会里,法和礼以宗族、自然村为界限是可以并行不悖、相得益彰的。但是到了近代社会,西洋法开始自上而下向村落社区推广,由于其与旧有的伦理观念相差很大,以致出现了"法治秩序的好处未得,而破坏礼治秩序的弊病却已先发生了"(费孝通,2006a:48)的治理困境。即便是到了当下的中国农村,由《被告山杠爷》《秋菊打官司》等影片所折射的法治困境仍然存在,法律下乡应该借用本土资源的呼唤依旧掷地有声(苏力,2004)。

也正因此,杨国枢(2008)才说:"家族主义所强调的个人迁就集体的原则，主要限于自己的家族，因而应是一种'内团体的集体主义'，而不是一种'普遍性的集体主义'。"而美国人类学家许烺光才会认为："……与此同时，必须指出的是，中国非亲属组织的缺乏导致了孙中山博士所指的中国人像一盘散沙。然而本书的读者会认识到中国人绝非一盘散沙，尤其在亲属关系和地方组织中，中国人彼此在一起的力量比黏土还紧。至于一盘散沙的中国人性格，只有在主要亲属以外的团体关系中才会出现。"（转引自翟学伟，2001：261～262）以宗族为界，宗族内为"泥"、宗族外为"沙"的论断无疑是对"自己人"内外整体主义逻辑和特殊主义逻辑分属转换机制的最形象、最恰切的说明。

超越家庭的"自己人""大私"的存在，一方面较好地解决了农民正常的生产、生活所必需的公共品供给问题，为村落社会提供了基本的社会秩序；另一方面却也阻隔了国家与农民之间直接关联机制的建立，致使传统中国的农民只知道有宗族而不知道有国家，只愿意为宗族做义务本位的付出，而不愿意为国家做轻徭赋税、有限兵役等之外的更多付出，以致在农民的心里出现了"有宗族而无国族"的认同窘况。也因此，陈独秀、孙中山等前辈先贤才会说中国农民一盘散沙，也更能体会到这里的"一盘散沙"实则更多指的是以宗族等阻隔农民建立起对国家认同的"自己人""大私"为单位的粒粒"沙子"的"散"，而不仅仅或者说主要不是个人层面的"散"。理解了这一点，就不难理解令外国人惊奇的这件事的内在逻辑了。1932年，上海"一·二八"事变中，《巴黎晨报》记者行经上海不远处的地方时，看到一切如无其事然，不禁觉得莫名其妙（梁漱溟，2005：63）。外国记者的不理解，根本上在于他对传统中国乡土社会的性质不了解、不熟悉。

（三）村庄里的农民行为逻辑："小私"和"大私"何以"通了家"

村庄社会性质是理解单个农民群我主义行为逻辑和"自己人""大私"整体主义行为逻辑是如何交汇融通以形成稳定的社会秩序的

关键。谈起乡土中国农村社区的社会性质，迄今为止影响力最大的无疑是费孝通提出的"熟人社会"的理论模型。"乡土社会的生活是富于地方性的。地方性是指他们活动范围有地域上的限制，在区域间接触少，生活隔离，各自保持着孤立的社会圈子。""乡土社会在地方性的限制下成了生于斯、死于斯的社会。常态的生活是终老于乡。假如在一个村子里的人都是这样的话，在人与人的关系上也就发生了一种特色，每个孩子都是在人家眼中看着长大的，在孩子眼里周围的人也是从小就看惯的。这是一个'熟悉'的社会，没有陌生人的社会"（费孝通，2006a：7）。熟悉而非陌生构成传统农村社区的底色。"熟悉"源自人们生活的"终老于乡"，源自"以农为生的人，世代定居是常态，迁移是变态"酝酿出的"地方性"，追根究底源自"村子里几百年来老是这几个姓，我从墓碑上去重构每家的家谱，清清楚楚的，一直到现在都是那些人"的乡土底色。也就是说，"熟悉"生根于"几百年来老是这几个姓"的"那些人"所培植的土壤里，实则是生根于以宗族为基础、血缘与地缘相结合的村落。

　　然而，仅仅是"熟悉"远远不足以理解传统村落的自治共同体的性质，"各村落家族共同体实际上是一些自治的共同体，只能依靠自己的力量生存，也不会遇到什么强大的外力将其打散"（王沪宁，1991：34）。"熟悉"并不足以使世代延续的宗族性村落得以长存。贺雪峰（2004）将当前湖北荆门农村农民在合作灌溉时出现的"不怕饿死的不会饿死，怕饿死的就会饿死"的集体行动困境称为"熟人社会的行动逻辑"。由于村庄是一个熟人社会，信息透明度很高，在合作灌水时，公益心强的农户或对利益算计特别敏感的农户，就会成为灌水合作中其他村民期待的对象，这些人在每一次公益行动中都被村民期待成为不得好处或得较少好处的对象，而其他村民则从中受益。因为公益心强或是对利益算计比较敏感的人，在村中的公益活动长期得不到好处或只能得到较少的好处，使这些因为怕饿死而赶紧出钱抽水的农户成为村中受到损失最多的人，最终，这些人在经济上就被彻底边缘化，成为村中说不起话也办不起事的贫困户，而那些不怕饿死免费搭便车的受益者成为村中的中心人物。如果这样的巨大损失拿到传统乡土社会里，则是脆弱的小农家庭所不能承受的。因此，由"熟悉"而生发出的"信息透明度"和"信息成本"问题难以构成理解乡村社会人们行动逻辑的根本。

那么，在熟人社会里，由"熟悉"到"信任""规矩"等秩序生产机制，其背后到底是什么呢？陈柏峰（2011）得益于费孝通的启发认为是"亲密"，"熟人社会不仅仅是'熟悉'，更是'亲密'，其基础是'人情'"。"普通村民之间普遍存在的因人情而生产出的微观权力关系，它们共同维系着村庄社会秩序，构成了一个立体性的整体，乡土逻辑和秩序机制的分析是展现这种立体性的努力。"应该说，陈柏峰从亲密社群的秩序机制和人情的乡土逻辑的角度来分析熟人社会的性质具有较强的实践解释力，然而如果要理解乡土社会的本质，理解宗族共同体是如何可能的显然还不够。归根到底，"亲密"是人与人之间的一种感情、感觉，"人情"也是人与人之间交往、交流的一种方式和规则，从微观的个人、家庭到中观的宗族、村落存在着"惊险的一跳"。换句话说，个人和社会、"小私"与"大私"在哪里"通了家"的问题并没有得到实质性的解决。

费孝通说："熟悉是从时间里、多方面、经常的接触中所生发的亲密的感觉。这感觉是无数次的小摩擦里陶炼出来的结果。这过程是《论语》第一句里的'习'字。""在一个熟悉的社会中，我们会得到从心所欲而不逾规矩的自由。这和法律所保障的自由不同。规矩不是法律，规矩是'习'出来的礼俗。从俗即是从心。"（2006a：8）这里的"习"字很关键，因为"社会和个人在这里通了家"，正是一个"习"字建立起了个人与社会之间的密切关联。"习"就是人的社会化，其本质是建立起个人对规矩、对社会、对地方性共识的"认同"。在一个长期实行自治性管理的社区中，熟人社会的秩序生成关键靠不断"习"的过程中所形成的"认同"。"认同"就是将宗族、村落在长达数百年的人类历史上所沉淀下来的地方性共识"内化"为个人、家庭的行为规范，其本质是一个"私化"的过程，将宗族、村落"私化"为个人、家庭，使之成为农民超越单个家庭的主导的基本认同和行动单位。由于生成了"自己人认同"，在宗族内部，人们遵循的是"内部人行为机制"（宋丽娜，2009），农村纠纷调解遵循的是"自己人的调解"（杨华，2009）的逻辑。

群己界限的划分是"习"的主要任务，建立起以"自己人"为界限的"认同"是"习"的关键内容，宗族、自然村内部是"自己人认同"，之外则是"陌生人认同"，以宗族、村落等"自己人"群体为界限，规矩、法律成为人们内外有别的行动逻辑。因此，乡土社会不是"熟悉"二字所能简单概括的，它之所以能够积众人之"小私"成社会之"大私"，使宗族、村落成为自治的共同体，关键还在一个"习"字，在"认同"二字，没有"自己人认同"和"自己人行动逻辑"，宗族、自然村落的秩序就无以生成。

那么，农民"认同"的是什么？"小私"和"大私"凭借什么"通了家"呢？在这方面，本土心理学的研究给我们提供了很大的启发。杨宜音（2008）认为："亲属结构是一个以血缘生物特征作为基础的制度，带有生而与俱的先赋性，自己人结构虽然带有先赋性的特征，但是最为核心的还在于结构边界具有的心理动力特性。隐藏在'自己人圈子'背后，是一个具有自主性的'自我'，它掌握了人对环境的适应和创造，打通了'我'与'我们'的边界。"以自我为中心，个人可以通过先赋性关系自动成为一个"自己人圈子"的成员，也可以通过后天的交往性关系融入这个圈子从而成为"自己人"。在这个结构性"自己人圈子"中，内核是依血缘关系而来的宗族，非宗族的人必须通过通婚、过继等各种拟血缘的手段或者是通过交往才能被接纳为"自己人"。"自己人"的信任建构是从传统的"自家人"信任架构发展起来的一种关系性信任（杨宜音，1999；2005）。在传统村落社会里，"自己人"的信任建构是在"祖祖辈辈而来，子子孙孙而去"的熟人社会的场域中完成的，得益于先天的血缘性关系和后天的交往性关系的叠加效应。但是不管是在南方单姓主导型的宗族性村落，还是在北方多姓杂居的村落，"关系"都是消除"我"与"我们"、"小私"与"大私"之间隔阂的重要实践机制。

黄光国（2004）在研究中国人的行为逻辑时分析到人与人之间存在三种不同的关系形式，并分别有不同的适用法则。一是情感性关系。它通常都是一种长久而稳定的社会关系，可以满足个人在关爱、温情、安全感、归属感等情感方面的需要。在传统中国社会里，以家庭为单位，内部成员之间的关系就属于这个类别。它的社会交易和资源分配法则是"各尽所能，各取所需"的"需求法则"，每一个成员都应该为家庭尽力，家庭也会尽力供给他生活所需的资源。二是工具性关系。它是个人与家庭以外的其他人建立的以获得物质利益为目标的关系，个人与他人维持关系时，维持关系本身就是最终目的，这种关系适用的法则是"公平法则"。三是混合性关系。它是交往双方彼此认识而且有一定程度的情感关系，但又不像主要社会团体那样，深厚到可以随意表现出真诚的行为。一般而言，这类关系可能包含亲戚、邻居、师生、同学、同事等不同的角色关系，其适用的法则是"人情法则"，而人情法则的过于凸显则容易产生人情的困境。在黄光国看来，混合性关系是个人最可能以人情和面子来影响他人的人际关系范畴。

黄光国的分析比较契合梁漱溟的判断，中国传统社会是伦理本位的社会，伦理本位的实质是关系本位。而关系的建立往往要依赖人情、面子等社会交往机制。黄光国对中国人行为逻辑的研究超越了村庄，旨在提出一个普遍性的解释模式，更重视的是以人情、面子为权力游戏规则的混合性关系的分析，难以清晰地揭示出传统中国农民在村庄里的行为逻辑。

杨国枢（2004）则将人与人之间的关系依据家人、熟人、生人的划分区别性地讲了三种对应的原则：家人关系中讲究的是责任原则，社会交换的预期最低；熟人关系中讲究的是人情原则，社会交换的预期中等；生人关系中讲究的是利害原则，社会交换的预期最高。

将黄光国和杨国枢的研究成果用之于村庄则会发现其都有界限难

以划定的不足，黄光国讲的情感性关系在传统中国社会里不仅适用于一己之家，而且还通行于"自己人圈子"，但其所讲的"各尽所能，各取所需"的"需求法则"就不一定适用于以宗族等为存在形式的"自己人圈子"。同样，杨国枢的家族主义也没有能够对一己之家的"小私"和"自己人圈子"的"大私"做出明晰的区分。也就是说，黄光国的情感性关系和杨国枢的家人的分类都适用于传统社会的家庭，也在一定限度内适用于宗族。但是，混合性关系和熟人的区分同样也适用于宗族、自然村落这样的"大私"单位。因此，在家庭之外，宗族、自然村落之内，人情和面子都是重要的关系资源。人情是以礼物的互惠等形式建立起来的，面子也是通过不同地位的人们之间的"馈赠与接受"的互惠关系建立起来的。所以，在乡土社会里，"纠纷不过是作为互惠的正义原则受到惩罚的一种表现而已，解决纠纷则是试图使受到损毁的互惠原则得以恢复"（赵旭东，2003：149）。人情、面子既然是维持乡村社会内生秩序的关键因素，是一种关系资源，自然也就能够成为治理的资源，使"正式权力非正式运作"（孙立平、郭于华，2000）成为村庄治理实践中的可能。

由"伦理本位→关系本位→人情、面子"倒推过去，就是费孝通的"伦理路线"。费孝通认为孔儒学说一统天下之后，中国传统社会中的政治路线就和伦理路线分野了，学者们的职责是去维持伦理路线（2006b：28）。在"皇权不下县"的传统社会里，乡村社会的日常治理主要不是依赖国家法的治理，而是依赖人情、面子等关系资源的伦理取向的治理，而往往只有在对待越轨者时才会使用到族规家法、村规民约等硬的规范去治理。伦理路线的治理依托的主体是将义务本位的价值取向内化到日常行为中的个人，也就是遵循群我主义行为逻辑的个人。因为人情和面子都蕴藏着人际交往的规范，个人通过社会化的过程习得了这些规范，也就会认同这些规范，将之作为日常行为的标准，从而这些规范也就成了地方性共识和地方性知识，具有了"公共性"。正是在这里，"小私"和"大私"之间"通了家"。

当然，为了维持"大私"社群内部的秩序仅仅依靠这些软的规范还不够，毕竟它们所针对的主要是人与人之间的互动交往关系，因此还需要一些必不可少的硬的规范，这就是族规家法、村规民约。族规家法、村规民约虽然也有人际关系处理方面的倡导性、预防性规定，但其主要的功效应该是防止和打击越轨者对"大私"秩序机制的挑战和破坏，使"大私"社区的秩序得以保持稳定。清朝末年，在清政府的支持下，宗族组织甚至可以将不法族人处死（李文治、江太新，2000：81）。在民国时期的皖北李村也发生过族人因不堪忍受村民李某参与土匪团伙的活动，在族长的带领下以突然袭击的方式将其活活打死的案例（韩敏，2007：53）。因为有血淋淋的事实和相关故事的传承，在一个缺乏流动性的社会里，一个传统的中国农民在社会化的过程中必然对之耳熟能详，从而在无意识中就将族规家法、村规民约内化为自身的行为规范。

正是人情、面子、族规家法、村规民约等"自己人圈子"里的公共性规范，为个人"正心、修身"提供了"习"的传统知识性资源，使"小私"和"大私"可以凭借个人在社会化过程中逐步建立起的"自己人认同"意识而"通了家"。

### （四）农民的国家观："大公"与普遍主义

传统的中国农民生活在宗族、自然村落里面，缺乏对国家之"大公"的直接性感知，但是这并不代表农民就没有丝毫的国家观念，没有对国家有效作为的期待。在中国历史上，作为"大公"的农民国家观随着历史的不断演变，也经历了几个重要的阶段性的变化。

春秋战国是中国历史上第一个大变革的时期，也是公与私问题得以萌芽、成长、成形的第一个关键期，对此学界已经有比较多的探讨（刘泽华、张荣明，2003）。周朝初年，周王分封诸侯，天子授权柄于诸侯。到了春秋时期，诸侯权力的性质发生了质的变化，不再直接来源于天子，而是承继于自己的祖先，造成了"侯伯不得变其政，天子不得变其君"的封建割据局面。到了战国时期，七国的性质都已经从周初的封国变成了地方性的国家，并在历经战国初期的变法运动后，打破了旧有的经济、政治制度，都力图通过兼并战争统一中国。与此同时，这一时期中国社会私观念兴起，旧的社会经济结构解体了，建立了新的小农经济结构，商业迅猛发展，社会关系随之进行了大改组，社会秩序陷入混乱状态。正是在这样的背景下，"立公灭私"成为中国先哲们尊崇的社会主流意识形态，并最终导致了封建君主专制王权的建立（陈春会，2004）。那个时候的国家就是君主一人、一家、一族之国家，代表国家的法律实则是一人、一家、一族之法律，统治者将私家的法律凌驾于一国之上用之于规范社会秩序。这也是君主专制体制的落后性所在。

到了宋明两朝的时候，受程（程颐）朱（朱熹）理学的影响，"公"的意涵发生了重大的变化，开始直接代表"善"或世界的根本原理，如义、正、天理等，只要是正确的道理，就可以是"公"，出现了高度抽象化的现象。明清之际，受顾炎武、黄宗羲、王夫之等思想家的影响，"公"的大致含义虽然仍是普遍、全体，但其新特点在于承认了"私"的正当性，甚至认为理想的"公"就是全天下的"私"都得到合理实现的境界（陈弱水，2006）。进入近代以来，"在较抽象的层次'公'代表一种符合多数人利益的超越理想，亦即是正道或正义；在一个具体的层面，'公'代表近代国族主义下人们对新群体的想象与认同"，人们逐步经历了一个"从追求正道到认同国族"的现代性转变（黄克武，2004）。正如梁启超所说，君主之国为"私"，民族之国为"公"；建立在单个人或是少数人意志基础上的政府为"私"，建立在公众意志基础上的国家为"公"；相对于国家利益，个人、家庭、群体的利益为"私"。显然，"朝廷为公"与"国家为公"是不同的（那瑛，2007）。

"公"的抽象含义的变迁一般都是先在知识精英分子那里酝酿成熟，逐步走进民间，通过意识形态教育的渗透影响农民的观念和生活的。现代意义上国家的观念是从清末新政开始逐步形成的，到民国年间随着国家政权建设的展开，以国家名义出现的普遍主义的法律、制度、政策已经在潜移默化中影响着农民的生活实践，成为农民在村庄生活中可以借用的外界资源，国家的话语日益成为农民（主要是精英分子）生活话语的一部分，以至于李怀印认为民国年间的国家政权建设并不能简单地用一个失败的词语来表达（2008：28）。所以可以说，清末新政以来，随着国家政权建设的逐步推进，农民的国家观开始逐步转变到增强国族认同的历史发展阶段上来，虽然这个任务的完成不可能一蹴而就，必然要遭到村庄层面"自己人圈子"这个"大私"的阻隔、抵制，但是，既然孙中山、陈独秀等民主革命运动的先驱提出了中国人"有宗族（认同）无国族（认同）"的命题，也就必然会有人去解答这个历史命题。

## （五）理解农民公私观念理想图式的构建及其解释力

经过以上论述，我们可以初步构建出理解传统中国农民公私观念的理想图式。接下来，我们再来看这个理想图式对我们在村庄视域中理解农民公私观念价值性的启发和帮助。

表 1 - 1　理解农民公私观念的理想图式

| 公与私的层次性 | | 大公<br>（国家、君主、国族） | 大私<br>（宗族、自然村） | 小私<br>（家庭、个人） |
|---|---|---|---|---|
| 公与私的规范性 | | 普遍主义 | 特殊主义 | |
| | | | 整体主义 | 群我主义（个人主义） |
| 公与私的<br>价值性 | 人不为己，<br>天诛地灭 | | 强 | 弱 |
| | 公私两利 | | 弱 | 强 |
| | 崇公抑私 | | 强 | 弱 |

首先，我们来看"公私两利"。根据张荣明、王文涛等人对《晋书》中"私"观念的考察，我们可以看到，"私"有两大组成部分，一部分涉及经济，另一方面涉及政治。在经济领域中，"私"基本上是被肯定的，私人利益具有合理和合法的属性，从皇帝到平民，每一

个人都有私人利益；"在政治领域中，对'私'的否定主要指向政府官员，针对的是政府官员在公务活动（或在私人活动中）借公谋私的行为"（张荣明、王文涛，2003：115）。《晋书》中关于"私"概念的分析具有代表性，进一步地讲，自宋以来，随着宗族制度在乡村社会逐步扎下了根，宗族成为农民认同的一个重要的"自己人"单位而为之提供了日常生产、生活必需的基本公共品，公私两利就是村落视域中关于公与私观念的主导性观点和实践性价值指南。个人和单个家庭的"私"在村庄里并不能构成对君主制国家之"大公"的挑战，超出家庭之外的宗族受制于血缘和地域的界限，远不能像唐宋以前那样的世家大族一样构成对"大公"的危险。对"大公"来说所要防备的是个人、家庭之"小私"发展成为"私门""巨室"，以及宗族发展成为世家大族。而这在宋以后的基层社会里显然不具备生长的土壤，根据王建革的考证，明初移民即使是兄弟几人同时到达某地落户也不聚居一处，而是分散开来各自发展（2009：272）。所以，在村庄里，不管是君主制国家之"大公"与宗族、自然村落之自己人单位的"大私"，还是"大私"之"公"与一己一家之"小私"之间，公私两利都是历史发展中的常态。

其次，我们再来看在中国历史上非议极大的"人不为己，天诛地灭"说。杨朱学说在解释传统中国乡村社会实践时至少有两个方面的缺陷：其一，杨朱学说的核心观点是"为我"，传统中国农民践行的却是"克己"，一个是个人权利本位的，另一个是个人义务本位的，出发点的不同决定了路径选择的分歧；其二，杨朱学说牢牢坚守一个"己"字，"（杨朱）太死心眼儿一口咬了一个自己不放"，"忽略了自我主义的相对性和伸缩性"（费孝通，2006a：23），没有看到"自我"是可以向外推的，宗族、村落也是聚"小我"而成的大"自我"。所以，在中国传统社会里，"人不为己，天诛地灭"更应该表现在宗族、自然村这个公与私混合存在的"自己人"层级，而不单单是表现在个人、家庭的层级，"己"更应是宗族、自然村整体的"大己"。即便是在当前农村，在江西赣州、岳平、湘南等宗族性村庄，过于追求"一己之私"还是要受到一村之民的严厉惩罚的。贺雪峰（2010）在江西赣州调研当地新农村建设时就听到安远县县委书记讲了这样一个故事：在一个社区中，有一个儿子在北京当官的老年人，因为不愿意拆除自家的空心房，无论村庄里的农民精英怎么做工作都不愿意妥协。后来，社区召开了村民会议，大家一致同意，若这个老人不拆除空心房，将来他死了，所有村民都不抬他"上山"安葬。土办法起到的效果是这位老人很快就"服软"了。在宗族性村庄内部，为了"大私"整体的利益，个人是不能过于彰显"小私"的利益的。而到了宗族的外部，"小私"就有着极大的冲动为"大私"谋取能够"光宗耀祖"的利益，以致"诛九族"常常成为皇帝处罚臣子最严厉的刑罚。在村庄里，宗族与宗族等不同的"大私"单位之间发生诸如"打人命"、宗族械斗等威胁到整个宗族利益的恶性事件时，单个家庭必须承担自动出人、出钱、出力的责任，如果谁拒绝履行这个义务又没有合理的解释，就会遭到宗族内全体人的唾弃。因此，在传统中国农村，杨朱学说中的"己"重点应不在个人、家庭层面，而应在宗族、村落的层面，这样才更具实践的解释力。

再次，我们来分析"崇公抑私"。从上面的分析中，我们就可以知晓，对国家来说，崇公抑私的重点在宗族层面，"抑"的是宗族之"大私"的力量，以防备其发展成为威胁国家之"大公"利益的力量，至于个人和家庭等微观主体的力量往往并不是"抑"的重点。自宋代以后，皇权借用宗族力量实施对乡村社会的监控和治理工作之所以能够长期维系，其中的一个关键原因就在于被村落割裂后的宗族往往难以具备挑战皇权的实力。实际上，随着政治路线与伦理路线的分野，在一个王朝的稳定期，"他们（绅士）本身并不企图夺取政权，而是在帝国朝廷的宽容下屈服，求得安全。在传统中国的权力结构中，绅士显然是一个非斗争性因素"（费孝通，2006b：32）。而当"崇公抑私"落实到宗族与个人、家庭之间关系时，往往更有实践的说服力，但此时的"公"实则是宗族之"大私"，"私"则是个人、家庭之"小私"了。与"崇公抑私"有着类似的价值追求的"立公灭私"的说法也可以沿用这个解释路径来增强其实践的解释力。只不过，"崇公抑私"是常态，而"立公灭私"的极端性追求往往只发生在一个旧王朝的覆灭与一个新王朝的建立的间隙期。

## 三　从公私观念到公私秩序

理解了农民公私观念的理想图式，接下来，我们要进一步深入探讨的是建基于农民公私观念之上的社会秩序机制，重构理解村庄政治和村治逻辑的理论框架，反思国家政权建设的本土化实践逻辑，构建村庄视域中的国家政权建设理论。

在农民公私观念的理解图示中，"大私"的地位至关重要。因为有了以"大私"为界限的"自己人认同"，就会以"大私"为单位形成"自己人"的主体意识，就会以"大私"的整体利益诉求为一己一家之利益诉求，也会将谋取"光宗耀祖"的荣耀、面子等社会性地位作为个体奋斗的目标。不管一个人走到哪里，他的生活面向中的一个重要部分是生养自己的家乡、宗族（杨华，2008b）。在传统社会里，宗族、自然村落是最为重要的"大私"的单位，其中宗族往往是根本。在单姓村落里，血缘上的宗族和地缘上的村落是重叠的，在多姓杂居的村落里，地缘上的村落就是多个血缘上的宗族的叠加，就有可能形成多宗族合作的会首制度，依赖先赋性的血缘关系和后天的面对面的交往关系形成"自己人认同"。因为本书的分析单位主要是岳平的宗族性村落，接下来的讨论将主要以作为"自己人单位"出现的宗族为研究的主体。由此，我们来看公私观念的秩序形成机制。

自商鞅变法以来，国家从来不承认村落的存在，而是依赖编户齐民来直接与农户发生关系。在唐末和五代时期，先前曾经从东汉一直延续到唐朝的世家大族，基本上都已经被消灭。宋初的统治者，大量地起用庶族地主阶级弟子当中的知识分子，严格科举取士制度，迫使和政权相关的世家大族退出了历史舞台（曹锦清，2010）。到宋元丰五年（1082），县尉开始统管全县治安，标志着县府完全掌握了乡村的控制权，亦即乡村的朝廷支配标志着长期以来朝廷同威胁势力争夺乡村控制局面的终结（林文勋、谷更有，2005：179）。然而，在国家力量还不能控制每一个被统治的个体的情况下，国家还必然需要借助民间的力量来治理乡村。而此时，高速的社会流动也使编户齐民遇到了严重的困难，以致国家获取赋税面临巨大的实践困境。为此，宋儒张载提出了重建宗法组织的主张，试图用宗法制来重建乡村组织。宗法制度要求在分散的小农经济的基础之上以共同体的形式来重建，以凌驾于单个家庭之上的、比三代家庭更大的宗族组织来重组社会，以便为稳定社会、为宗族内部的各个家庭提供必要的公共品提供基本保障。在这种情况下，集族权与绅权于一身的乡绅开始崛起（林文勋、谷更有，2005：180），成为乡村社会的治理主体。

到了明初，朝廷采取了打击强宗大族的政策，但从明朝中叶起，士大夫就开始了宗族组织化的建设。弘治和嘉靖年间分别实施了保甲法和乡约制度，保甲、乡约的实施"增强了宗族的自治化和政治化"，而户籍制度的世袭化与赋役制度的定额化又促进了宗族组织的政治化和地域化。从嘉靖到万历，政府批准族规家训的活动达到了一个高潮，强化了宗族对其成员的控制权和教化权。到了清代，宗族制度的政治性进一步强化，宗族组织成为成熟的基层社会组织，祠堂族长得到了朝廷默许的部分司法权，有的甚至拥有对族人的生杀大权（常建华，1998：43～51）。

总体来讲，自宋明以来的君主专制王权，一方面赋权于宗族，使之兼具"大私"与"小公"的双重身份，以之为中介通过宗族自治来维持对乡村社会的控制；另一方面又对宗族采取了限制、打击的手段，以防止其发展成为强宗大族。但是，回到村庄的视野中，皇权与宗族的和平共处是发展的主流，皇权基本上是通过与之保持相同的意识形态和治理理念的士绅来治理子民，以维持"皇帝无为而天下治"的理想局面。

宗族领袖权是考量宗族村落社会秩序生成的关键变量。自宋代以后宗族领袖权的确立已经不再局限于强调宗子权的血缘性前提，而是在肯定这个前提的基础之上，突出地强调了维持其权力所需的功能性条件（钱杭、谢维扬，1995：55）。这说明，当原属贵族阶层专享的宗法制度走进民间以后，仅仅依赖辈分、年龄等先赋性的血缘性条件，已经不能满足宗族生存和发展的现实需要，宗族权威候选人的能力条件开始占优。我们在岳平农村调查时发现，当下宗族内各个房的房长一般要具备四个条件：一是辈分高；二是年龄长；三是人品好，待人处事公正、公道；四是有胆魄，敢于"黑着脸说话"，敢于得罪人。从中可以看出，宗族权威的生成从村庄内部来看是先赋性血缘条件和后天性能力素质条件的"双结合"。在宗族性村落里，房长的面子是"一步步积累起来的"，在房长最终确立起自己的权威地位以前，必须竭力维持宗族的伦理秩序，为此不惜得罪族人。即便是在房长确立了自己的权威地位以后，只要他不再能够从宗族的整体利益出发，公正、公道，"黑着脸说话"，也会前功尽弃、名誉扫地。宋代以来，村落已经逐步演变成宗族自治性共同体，宗族领袖虽然往往由房头势力大、兄弟堂兄弟等近亲关系多的人担任，但是赢得族内"自己人"的认同是基础，其治理的权限来自大多数族人自愿或非完全自愿的服从。因为有了族人的认同，宗族权威才会有面子、地位、威望，也才有为宗族秩序的维持而不懈努力的动力源泉。所以，在传统村落里，出任乡村领袖的精英的主要动机"是出于提高社会地位、威望、荣耀并向大众负责的考虑，而并不是为了追求物质利益"（杜赞奇，2006：4）。

宗族权威中的一个重要组成部分是管事和董事，他们都是拥有一定社会地位的绅士。"绅士可能是退休官员或是官员的亲属，或者是受过简单教育的地主。""经济结构中的地主阶级是这个社会结构中的绅士。"（费孝通，2006b：11、14）在"双轨政治"的治理结构中，绅士是可以出入衙门，直接和有权修改政策命令的官员协商的。以绅士为代表的宗族权威在与官员协商时代表的是宗族的整体利益，而协商的权限则是皇权授予的，至少也是默认、许可的。当然，绅士拥有治理权限的同时也付出了政治诉求上的代价，他们没有影响决策的真正的政治权力，不可能与政治发生直接的关联，他们所能做的只是凭借自身的关系网络去影响朝廷，以使自身及其代表的宗族免于政治的迫害。而政治利益诉求与经济利益、社会地位等诉求的分离是宗族领袖获得自治权限的前提。

论述到这里，为了能够在接下来的研究中更清晰地展开分析，有必要对建立在农民公私观念基础之上的秩序机制进行一个简单的总结，笔者将之称为公私秩序。公私秩序有两个理解维度：其一是指在传统中国社会里国家（大公）无力实现对单个小农家庭（小私）的直接控制，也无力直接为单个小农家庭提供生产、生活所必需的种类繁多的公共品，而必须依赖村落里超越单个家庭的农民基本认同与行动单位——宗族（大私）来作为实现间接治理的组织载体，通过划分国家行政权与宗族自治权的相对清晰的界限，赋权于宗族社会里的乡村领袖，由他们来治理单个小农及其家庭（小私）。其二是最基层的治理主体——宗族（大私），可以看作农民公与私观念的交汇点，是一个公私结合体，从本质上看是一个"国家赋权＋农民认同"的合法性与认同感兼备的"自己人单位"。宗族共同体的秩序机制是单个小农通过后天的"习"得在社会化的过程中已经深深"认同"的，是"自己人认同"的秩序，遵循的是整体主义的"自己人的行为逻辑"，而不是普遍主义的国家法的运作逻辑。理解到这一点，对理解基层治理之道大有裨益。

## 四 公私秩序与基层治理之道

在公私秩序的理解框架中，宗族、自然村（大私）构成一个重要的变量，它沟通着国家与个人、普遍主义与群我主义的关系，是基层治理中一个显著的结构性力量。发现了宗族、自然村（大私）的特殊性地位，我们再来重新审视基层社会的治理模式，首先来看费孝通的"双轨政治"理论模型。

在"双轨政治"理论模型中,乡村领袖代表的是聚集诸多小农及其家庭利益而成的"大私"的整体利益,县官代表的是帝国的利益,一方享有的是自治权,另一方则专享行政权,两个权利主体的实力都是比较强的。"两强之间,必有一弱",这"一弱"就表现在如图所示的"协调地带"里。在协调地带里,县官委派的差人与董事、管事等乡村领袖委派的乡约之间达成了政务上的沟通,避免了行政权与自治权的直接碰撞,维护了帝国与宗族各自的面子和利益。

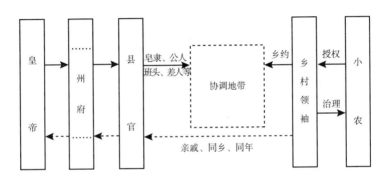

**图 1 - 1 "双轨政治"理论模型的理想图式**

县官与乡村领袖之间的协调地带,在很大程度上属于黄宗智(2003a)所说的"既非纯粹国家的又非纯粹社会的""第三领域"。在这里适用的司法规范既不是"带有成文法典和官家法庭的正式司法体制",又不是"通过宗族/社区调解解决争端的根深蒂固的习惯法做法构成的非正式司法体系",而是两者都参与其中的规范。县以下的行政职位,无论是乡保、乡约,还是牌长、村长,原则上都是由社区举荐、政府认可产生的。他们更多代表的是地方利益,"他们所在的乡村是以一个有内聚力的整体来和国家打交道的"。国家则尽可能避免正式机构介入地方事务,避免使用程式化的监察和文书工作等官僚政治手段,而是依赖半正式的准官员来维持乡村社会的治理实践秩序。因此,在"第三领域"里践行的是"集权的简约治理"(黄宗智,2007),也即李怀印(2008)所说的"实体治理"。

笔者在此关注的主要不是半正式的"集权的简约治理"实践，而是为什么"集权的简约治理"能够存在并且有效。诚如黄宗智所指出的"集权的简约治理"发生在国家与社会之间的"第三领域"，实际上就是发生在皇权官僚行政正式体系与宗族自治共同体之间，是"协调地带"里的治理实践。"第三领域"的存在是上下两个体系的运转逻辑不一致造成的。官僚行政体系遵循的是普遍主义的科层化的行政逻辑，宗族自治共同体遵循的是特殊主义的伦理路线的自治逻辑，两套运转逻辑的对接需要有一个缓冲地带，以将自上而下的普遍主义的"政务""公务"转化为宗族自治共同体内绝大多数人都认可的"私务"。实现这个转化的关键是扮演"准官员"角色的由社区推荐、官方认可产生的宗族里的"自己人"。乡保、乡约、牌长、村长，无论是否具有治理的实权，都是宗族里的"自己人"，只不过在费孝通的"双轨政治"模型中，乡约是没有实权的，是一个仅仅发挥上传下达作用的虚职，真正拥有治权的是董事、管事等宗族领袖。而在"集权的简约治理"实践中，乡保、牌长，尤其是民国以后的村长，往往已经直接担负起了治理的职责。正是由于这些"准官员"本身就是共同体内部的成员，他们谙熟地方性规则，对社区的情况非常熟悉，当一项"公务"下来的时候，他们对上肩负的责任只是完成任务而不必对下遵循普遍主义的行为规范，可以将之顺利转化为切合地方实际的"私务"，用共同体内部的规范作为手段来完成它。"准官员"的"自己人"角色显然有助于减少"公务"落实的阻力。然而，一旦"准官员"自己都认为自上而下的"公务"不符合地方实际不能完成时，他们往往就会自动选择退出，不再扮演这一角色。"自己人"退出体制之后，外来的人或是村庄里的边缘人就会占据这些位置，保护型经纪随之就会被赢利型经纪所取代（杜赞奇，2004），这在20世纪三四十年代，国家权力下沉破坏了"双轨政治"模型，基层行政僵化以后的中国农村表现得尤为突出。

"集权的简约治理"不仅在新中国成立前的中国农村存在，即便是在新中国成立以后乃至分田到户以来，其内在机制仍然在发挥作用。孙立平（2000）在研究20世纪90年代华北地区一个乡镇的征购粮实践时分析了"在正式行政权力运作的过程中，权力的行使者如何以及为何将诸如人情、面子、常理等日常生活原则和民间观念引入正式行政权力行使的过程之中"，以弥补正式权力的不足，通过"正式权力非正式运作"的"软硬兼施"的办法来完成国家下达的征购粮任务的治理实践。如上所述，人情、面子、常理是宗族自治共同体内规范人与人之间关系的地方性共识，是以个人为中心的社会交往互动关系的建构，是农民在后天的社会化过程中"习"得并"认同"的公共规则，是宗族内部特殊主义运作逻辑的体现，自然也是实现普遍主义与特殊主义行为逻辑有机衔接的有效办法。也就是说，"集权的简约治理"凭借的是"准官员"所在群体的"自己人认同"意识和"自己人行为逻辑"的实践机制，这是其能够得以长期存在并发挥效力的根本原因。

然而，非正式运作的人情、面子、常理对正式权力来说往往是一把"双刃剑"，当自上而下的"公务"在农民能够承受的限度之内的时候，人情、面子、常理是可以用来弥补正式权力的不足的，但是当"公务"超过了农民能够承受的限度的时候，情况就会变得很复杂，或者是乡村领袖的自动逃离，或者是村民的群起抵制。以村级债务来说，在宗族性地区，20世纪80年代以来的村级债务往往比较轻，而在宗族已经不复存在的原子化地区的农村村级债务则普遍较重（贺雪峰，2005）。再以计划生育政策执行情况来说，在宗族性地区，如果农民没有生育儿子而被要求强制结扎时往往会引发村民的普遍抵制，甚至会因此而酿成恶性事件。归根结底，在这些现象的背后，是"两强中弱"的基层权力格局，是普遍主义逻辑与特殊主义逻辑如何有效衔接的问题。

## 五  公私秩序：理解村庄政治的新视角

通过构建理解农民公私观念的理想图式，笔者试图从国家与农民、国家与社会的二元对立框架中走出来，构建一个三元的分析框架——"大公（国家与普遍主义）、大私（宗族、自然村与特殊主义、整体主义）、个人/家庭（个人/家庭，群我主义、个人主义）"来分析村庄视域中的国家政权建设。

近代中国的现代国家建构是在内忧外患、亡国灭种的危急时刻启动的，根本的任务是实现民族国家的崛起，在国内工商业落后和外资短缺的国情条件下，国家不得不依赖从小农经济中提取必要而又可能的剩余资本用以充当现代化、工业化的原始积累资本。然而，近代以来的中国农村，小农经济正在逐步趋于破产，一方面绅士、大地主逐步搬离农村到城市居住，他们生活的成本在不断增加，衣食住行所用也开始从中国本土的手工产品转向从国外进口的洋货，他们从农民手中收到的地租、利息成了乡村的净流出资本，客观上加大了对农民的剥削程度；另一方面小农家庭的生存环境迅速恶化，"男耕女织"的农业、手工业"两条腿"走路的家庭经济发展模式遭到毁灭性破坏，对土地的依赖程度空前增大，再加上农业人口的不断增多，人地关系的矛盾更加突出。在这种情况下，既要从濒临破产的小农经济中提取剩余，又要维持乡村社会的稳定，难度之大可想而知。

从当时中国的国情出发，国家政权建设必须赢得农民的直接支持。正是在这里，以孙中山为首的国民党和以毛泽东为首的共产党产生了认识上的分歧。孙中山认为中国人"一盘散沙"，虽然他也看到了家族主义、宗族主义构成中国人认同国族的主要障碍，却没有能够将家族、宗族势力当作革命的对象。正如上文所说，中国人的"一盘散沙"不单是指单个人、单个家庭的"散"，更重要的是指以宗族为共同体单位的"散"，宗族势力的存在阻碍着国民对国族的政治认同，不打破这个阻碍，也就不可能建立起国民对国族的认同机制。由于孙中山的追随者蒋介石统治集团在乡村社会里一直依赖的都是地主、绅士阶层，竭力想在旧有的统治秩序上通过改良来取得农民的支持，所以国民政府的农村政策就一直未能产生良好的实践效应，动员农民的能力也一直比较差，增添兵役甚至到了"拉壮丁"都拉不来的地步。

相反，毛泽东早在 1927 年发表的《湖南农民运动考察报告》中，就明确地将族权看作"束缚中国人民特别是农民的四条极大的绳索"之一，一下子就抓住了革命的关键，即要打倒族权以解放农民（毛泽东，1991a）。湖南农民运动在毛泽东看来是"好得很"，因为他将农民的革命积极性空前地调动起来，使毛泽东看到了革命可以依靠的无限力量所在。然而，湖南农民运动在蒋介石统治集团看来却是"糟得很"，因为他们的统治基础是地主阶级、是绅士，他们害怕真的"唤起民众"。

中国革命的根本问题是农民问题，农民问题的关键是土地问题。中国共产党在革命根据地开展的土地改革等一系列制度变革从根本上打破了宗族势力对农村生产资料的垄断，真正将农民从宗族的庇护体制下"拯救"了出来，取得了农民对党的政治信任，赢得了"无限忠诚"的民心，顺利地解决了兵员补给的难题（陈周旺，2010），为赢得敌后抗战的胜利和解放战争的胜利奠定了坚实的基础。从根本上说，国共内战成败的关键是看谁有能力建立起强有力的动员机制，赢得最广大民众的信任，为战争的高损耗提供源源不断的财政支持和兵员补给。很显然，国民党选择的是依靠宗族之"大私"来间接地动员民众的道路，而共产党选择的是打破"大私"以"拯救"民众的道路，而这在那个特定的历史时刻就决定了战争的成败。共产党领导的土地革命从意识形态上否定了宗族存在的合法性，打击了宗族权威，瓦解了宗族共有性质的土地制度，将农民从对宗族权威的依附中解脱出来，在一定程度上摧毁了农村的宗族秩序，建立起了农民对党和新政权的政治认同机制。在笔者看来，这就是"立大公""破大私""救小私"，这就是中国经验本位的国家政权建设开始找到正确道路的关键一步。

单单是"破大私""救小私"对于中国革命和建设来说是远远不够的，宗族势力打破以后，农民开始对共产党及其领导的新政权充满了政治信任。但是，新政权依然要走现代民族国家的崛起之路，依然要实现现代化、工业化，要从小农经济中提取剩余资本，当国家整体利益和小农家庭个体利益发生冲突的时候，究竟应该怎么办？这就是毛泽东和梁漱溟争论的核心所在。毛泽东的"小仁政"要服从"大仁政"之说，到了农民那里就是"大河有水，小河满"，就是个人利益、局部利益要服从国家整体利益。这也是统购统销制度和农业合作化运动的内在体制性动力。因此，当共产党和新政府从革命的逻辑转移到建设的逻辑的时候，"救小农"也就必然要走向"抑小农"，"抑小农"就是要抑制小农家庭私利的过分膨胀，使小农的经济活动能够更多地服从国家整体的经济发展需要，能够为之做出必要的牺牲。

因此，从中国本土的经验出来，借用中国哲学上关于公与私思想的理论思考，笔者认为在 20 世纪前半叶，"立大公，破大私，抑小私"是国家政权建设的必由之路，而宗族构成理解中国国家政权建设道路选择和发展走向的最为关键的一环，是村庄视域中国家政权建设的起点。然而，实体的宗族消灭了，文化上、观念中的宗族却并非那么容易就会被消灭掉的，农民的"自己人"认同机制也不会轻易地消退，它必然会构成制约国家政权建设走向的关键变量。而"公私两利"被"立大公，破大私，抑小私"取代之后，又会发生什么样的体制变革？又能在多长的时间段内发挥制度变革的正面效益？是否又会再次发生翻转呢？这都构成理解新中国成立 60 余年国家政权建设道路选择的根本内因，也是笔者接下来将要关注的问题。

从土地改革开始，直至整个农业合作化运动时期，国家都在实践中致力于探索将乡村最基层的治理体制安放在哪一个层级才更符合历史发展的需要。"三级所有、队为基础"的人民公社体制的确立，标志着新的农村治理体制的探索取得了阶段性的进展，将最基层的权力单位建立在农民的"自己人"认同单位之上，通过利用和改造宗族（大私），集体化制度在特定的历史阶段取得了相当大的成功。然而，由于长期地压抑农民"小私"的利益诉求，没有能够兼顾好国家、集体、农民三方的利益，到集体化制度的末期，村庄里面"大私"和"小私"的反改造活动日益强化，逐步成长为承接制度变迁的重要内部力量。

分田到户以后，农民的"自己人"认同机制开始恢复，在 20 世纪 80 年代到 90 年代初中期，宗族在一定程度上出现了仪式性的复兴和功能性的彰显。但是，由于宗族始终无法取得合法性身份和地位，宗族的治理功能仅仅限于"自己人"内部"私"的事务上，而很少涉及"公"的事务，宗族性民间权威与村组干部以"私"的事务与"公"的事务为界限"划疆而治"的色彩浓厚。随着市场机制逐渐发挥作用，农民的"自己人"认同观念也逐步弱化，治理功能日渐式微。与此同时，建立在"自己人"单位之上的村社集体权力开始发生了变化，村社集体的权力逐步从村民小组（生产队）这个"大私"的单位上移到行政村，集体权力单位与农民"自己人"认同单位发生了公与私的分离，村社集体权力的来源机制发生了质的变化，从而影响了整个农业税费征缴时代农村基层组织的权力行使逻辑。从 20 世纪 90 年代初开始，国家试图给予农民不断增多的公民权利，维护农民的正当权益，得到了村庄里为数不多的权利意识先觉分子的响应，国家与农民互动的加强，加剧了权力性质已经发生了质的变迁的村社集体的治理难度，给乡村治理实践带来了难以化解的危机。

税费改革以后，村社集体权力基本上退出了最基层的治理单位——村民小组，治理成了村干部自己的事情，"公"的权力来源及行使逻辑与农民的"自己人"认同单位里的治理资源基本上不再发生联系，"有服务无治理"的政权悬浮现象越来越明显，以致出现了"乡村治理的内卷化"（贺雪峰，2011）。幸运的是，在岳平农村，由于农民的"自己人"认同意识仍然强有力地存在，地方政府可以通过改造和利用"大私"的传统资源，改头换面组建具有涉足"公"的事务合法性的理事会，较好地解决了农村公共品供给的难题。

新中国农村 60 余年的发展史充分说明正确地改造和利用好"大私"里的传统资源是乡村善治的关键，国家之"大公"与一己一家之"小私"之间需要一个建立在"大私"单位之上的农村治理单位，充当国家与农民之间打交道的中介力量，笔者将之称为"公私定律"。当前乡村社会出现的治理性危机与国家在客观上抛弃了中间层——"大私"单位之上的治理主体力量有着千丝万缕的联系，过于重视普遍主义逻辑的渗透，错误地判断农民的行为逻辑已经进入权利本位的个人主义时代，是危机日益彰显的重要原因。

# 第二章 "破宗族"，"立集体"：农村革命与建设的实践逻辑

    对于 1950 年土地改革的展开到 20 世纪 80 年代初人民公社解体的那段农村经济社会变迁史，学界已经有比较多的关注，而张乐天（2005）和钟霞（2007）更是专攻这段历史，其中张乐天将这段农村变迁史冠之于"人民公社制度"时期，钟霞则将之置于"集体化"时代进行研究。然而，这段历史并不是完全连贯的，从农村基层治理体制的变更逻辑来讲，以 1962 年《农村人民公社工作条例修正草案》的颁布实施确立起"三级所有、队为基础"的人民公社制度为分界点，前半段农村体制变革的一个关键任务是要在继续革命中探索建立既能实现国家从小农经济剩余中提取原始积累资本的目标，又能够最大限度地维持小农村社基本社会秩序的最适宜的基层治理体制；后半段农村体制变革史的实践逻辑则是在农村社会主义建设不断深化展开的过程中，基层治理体制逐渐不能满足农民日益多样化的生产、生活发展需求，不能有效克服体制内的离心力，逐步丧失了体制活力和生命力，从而为 20 世纪 80 年代初自外而内、自上而下的制度变革提供了村社基础。也就是说，前半段农村体制变革史是从土地改革开始，经由农业合作化运动，再到人民公社化运动，以至最终确立"生产队"为农村最基层的治理体制单位的不断革命中的实践探索史，后半段为农村社会主义建设实

践的展开史。

　　笔者无意在本章从资料的翔实程度上挑战张乐天和钟霞的研究，相反，他们的研究，尤其是张乐天掌握的人民公社制度时期丰富的历史资料，构成笔者在研究中不断凝聚问题意识，提炼研究主题，反思分析框架的可供借鉴的重要材料来源。笔者分析认为，新中国成立后新解放区的土地改革运动打破了村庄内部的社会结构网络，颠覆了乡村社会传统的秩序机制，从政治上建立起农民对党和新中国的高度认同。与此同时，土地改革运动却并没有能够完全摧毁农民的"自己人认同"意识，虽然从实体上破坏了宗族的存在形式，但是观念上的宗族认同意识依然存在，并且农民在政治上对新生政权的高度认同并没有能够顺利转化成经济上的认同，农民并不愿意积极主动地为新中国的现代化、工业化进程牺牲对国家而言是必要的，对个人/家庭而言是可能的之一己一家的私利。简单地讲，"农民不愿过多地承担公粮任务之外的余粮征收任务，不愿将有限的余粮主动地卖给政府"，于是，从农业合作化运动开始，新生政权都在致力于探索能够将农民对国家的政治认同转化为农民对现代化建设的目标认同的实践机制，以最大限度地降低从小农经济中过度提取剩余资本的社会成本，由此，"破宗族（大私）""立集体"成为基层治理体制变革追逐的方向。以生产队为最基层的治理单位和核算单位的人民公社体制的确立，实现了将集体建立在最能整合农民"自己人（大私）认同"力量基础之上的目标，使公社制度具备了村社根基。然而，"狠斗私字一闪念"，不仅在政治上强调要用社会主义新传统改造传统农民，使其成为"新农民"，而且在经济上过于遏制私人利益的追求，践行崇公抑私的价值观，随着农村社会内部生产队与生产队之间、生产大队与生产大队之间经济分化的不断加剧和个体家庭相互之间经济条件的分化日益严重，使得公社体制内部的离心力不断增强。如此一来，当历史的机缘出现了新的变数之时，新的制度变革就有了走上历史舞台的可能。

# 一 土改的实践逻辑

土地改革打响了新中国成立以后村庄视域中国家政权建设的第一枪，乡村社会日益深入地卷进规划式社会变迁的潮流当中，乡村政治逐步成为国家政治的一个重要组成部分，农民的日常生产、生活逻辑发生了历史性变化，农民也随之从宗族庇护下的小农转身成为国家的主人，中国农村开始进入史无前例的大变迁时代当中。由于土地改革运动在中国历史上占有重要的地位，学界相关的研究成果已经非常丰富，综合来看，主要表现在以下几个方面：一是关于土改运动前夕农村各阶级成分分布状况的辩论式研究（毛泽东，1991b；秦晖，2005；黄宗智，2003b）；二是关于新区土改中农民心态变化的研究（李立志，2002；卢晖临，2003；莫宏伟，2005，2006；李巧宁，2007；吴毅、吴帆，2010）；三是关于土改中社会动员的微观权力技术运作机制的研究（郭于华、孙立平，2002；李里峰，2007；满永，2010）；四是关于土改的历史意义的研究（郑有贵，2000；李里峰，2008）。

以上研究成果卓著，但尚缺乏对基层治理模式在土改运动前后变迁路径的分析，未能揭示出土改前后农民国家观变化的深层逻辑。下文笔者将以岳平农村的土改实践为例，探讨新解放区土改运动对基层治理模式的影响，分析国家与农民关系在政治、经济社会等层面出现的认同差异，揭示从土改到农业合作化运动风起云涌迅速达到高潮的基层治理逻辑，为理解人民公社制度的兴起提供一个新的自下而上的解读视角。

（一）工作队进湾[①]

1950 年冬，王家湾来了两个大学生：一个是武汉大学的陈玉，

---

[①] 资料来源于 2010 年 3 月 14 日和 2010 年 6 月 27 日笔者与 WXS 两次访谈的记录。

25岁左右，男生；另外一个是北京大学的于楠，一个看上去将近30岁的女生。他们俩就是上面派下来的土改工作队的基本成员，王家湾的前期土改工作就是由他们主抓的。

工作队进湾子后第一项工作就是摸底，找"土改根子"。"土改根子"就是土改运动中的主力，一个村民要想成为"土改根子"就要符合以下几个条件：家庭极端贫困，贫困到针无寸头最好；长期给地主、富农做雇工；长期受剥削、受压迫，被地主和富农打过、骂过；为人正直，能够公正、公道处事；群众信任，不会搞贪污腐败行为；有一点文化，能懂政策；年龄在20～50岁。第二项工作是组织"土改根子"学习党和政府的土改政策，诉苦、挖根、搞揭发，划定湾子里每家每户的土改成分。白天，工作队组织"土改根子"到附近的山上去评析每家每户的贫富状况，划定阶级成分；晚上到祖堂里开会，学习、讨论土改相关的法律、政策，大张旗鼓地开展宣传发动工作，利用黑板报、标语、晨呼、夜呼、屋顶广播等形式大力宣传土改的政策和土改的意义，使土地改革运动深入人心、家喻户晓。单单这项工作就持续了两三个月。当时，王家湾由于是所在镇的第一大湾，为了土改工作能够正常有效地开展，就被划分成了两个区队：一区队和二区队，下文的叙述主要以一区队为主。

紧接着，每个自然村派三个"土改根子"和土改工作队一起到县里去继续学习半个月的《土地改革法》，然后就开始进一步地划定村民的阶级成分。会议结束以后，就以新建制的小乡为单位成立了农会，并提出了"一切权力归农会"的口号。王家湾当时属农恩乡管辖，农恩乡农会由7个人组成，年龄最大的有60多岁，最小的有20多岁，都是根红苗正的"土改根子"。在乡农会的领导下，王家湾一区队成立了土改工作领导小组，共由6个人组成：组长是王江燕，20多岁，受苦极深，家无寸土，是王氏宗族中人数最少的四房的人；两个副组长，一个叫王德发，1933年出生的贫农，一个叫王德先，18岁；土改委员是王德雷，50多岁；民兵队长是王新田，18岁；妇女主任是陈莲，50多岁。

在乡农会成立的时候，下属所有湾子的村民都必须去现场参加农会成立大会，一家都不能缺，不能迟到，也不能早退，会议持续了两天两夜，参会人数达到了 2000 人。在大会上，农会给民兵们发了枪，每杆枪还配了 20 发子弹，由民兵总队长负责管理。大会最为重要的一项工作是当场宣布每个农户的阶级成分，并宣布对地主、富农的待遇政策①。会议结束的当天晚上，农会就派人将所有的地主和地主婆抓到了乡里，并封了地主的家，将其子女赶到其他农户的家里暂住。地主被抓之后，每个湾子又派人到乡农会去开会，将地主排成队，确定何时何地斗哪一个地主，每斗一个地主就没收他家里的财产和房屋，以乡为单位将地主的财产造表后分给穷人。按照国家的土改政策是要保护富农经济的，但是在农恩乡，富农也是要受批斗的，地主是在全乡斗，富农是在湾子里斗。不管是斗地主，还是斗富农，诉苦会都是不可缺少的一个环节。财产分完之后，就开始分土地，由农会负责主持，哪块地分给哪家都是事先规定好的，村民没有挑选权。分田地时，家无寸土的，按人口，每个人分了三分田、一分地；家有土地但人均不足三分的，每人分半分田；人均水田超过三分的，就不再分田地了。分完田地之后，就开始搞村级政权建设了，开始发展团员、党员，评先进模范，巩固土改运动的成果。而其他各个湾子的情况也大致如此。

从以上叙述中可以看出，工作队进湾后最为重要的一项工作是"挖根子"，确立"土改根子"的领导地位，武装其思想，组建贫农协会和土改工作领导小组使之站到革命的队伍中，与国家的立场保持高度的一致，将之改造成革命可以依靠的村庄内部力量，从农村最边缘的地带吹响土改运动的号角，使乡村社会的边缘人成为冲击和挑战

---

① 关于新解放区保存富农经济的政策在全国各地并不完全相同，岳平农村大多贯彻的是邓子恢提出的新的"中间不动两头动"的土地分配政策。详细资料可以参阅薄一波《新区土改保存富农经济的政策》，载薄一波著《若干重大决策与事件的回顾（上卷）》，中共中央党校出版社，1991。同时，关于新区土地改革问题，也可参见刘少奇（1985：29～47）。

士绅、地主等传统村社精英的地位的积极力量，为改造传统中国农村
社会秩序提供了支撑力量。

## （二）划分阶级成分

分类治理是新中国前三十年基层治理实践的常规方法，而在中国农村，阶级成分则是分类治理的基本依据（申端锋，2009）。在当时阶级斗争的话语中，分类治理就是要区分出"谁是我们的敌人，谁是我们的朋友，谁是我们可以依靠的力量"，按照中共中央颁布的"依靠贫雇农，团结中农，中立富农，有步骤、有分别地消灭封建剥削制度，发展农业生产的土改总路线"，上述的"土改根子"无疑就是"我们的阶级朋友"，地主阶级自然就是"我们的敌人"，是需要在治理中改造的剥削阶级群体。接下来，我们来看岳平农村土改中划分的地主成分分布情况。

岳平县属于湖北省第一批进行土地改革运动的地区，在当地档案馆没有找到关于土地改革运动的相关资料，笔者关于宝恩区相关湾子的阶级成分划分情况主要依赖于半结构式访谈所得到的材料。根据笔者的调查发现，以下 5 个自然湾的地主、汉奸、恶霸、伪保长，以及被枪毙的人数[①]如表 2-1 所示。

表 2-1 5 个自然湾土改中发现的地主、汉奸、恶霸、伪保长等情况一览

| 自然湾 | 王家湾 | 刘家湾 | 陈家湾 | 桥头湾 | 张家湾 |
|---|---|---|---|---|---|
| 地主 | 3 | 5 | 1 | 1 | 无 |
| 恶霸、汉奸、伪保长等 | 2 | 2 | 无 | 无 | 无 |
| 被枪毙人数 | 2 | 1 | 1 | 无 | 无 |

**王家湾的汉奸、恶霸、伪保长：**

王坤发，日本人在宝恩时任用的一个汉奸，是一个刽子手，犯有

---

① 其中，有关王家湾的资料主要来源于 2010 年 3 月 14 日和 3 月 16 日笔者与 WXS 两次访谈的记录；刘家湾的资料主要来源于 2010 年 3 月 25 日和 3 月 27 日笔者与 LCJ 两次访谈的记录；桥头湾的资料主要来源于 2010 年 4 月 13 日笔者与 CZW 访谈的记录；陈家湾的资料主要来源于 2010 年 1 月 10 日笔者与 CLW 的访谈记录。

20 多条人命案，手上沾满了穷苦老百姓的血。他在整个宝恩地区都是臭名昭著的，时常带着宪兵队拿着大砍刀去砍人。日本人被打败之后，他就跑到上海去了，农会成立后，群众家家户户盖章强烈要求要把他捉回来枪毙，"血债要用血来偿"。在批斗时，农会主席让他站起来，他都不敢，即便是打，也不起来。后来他被枪毙之后，群众还拿着石头去砸他。

王华松，是一个伪保长。岳平县刚刚解放的时候，新四军有 100 多人临时经过王家湾，驻扎了几天，王华松不让群众给新四军送饭吃，新四军最后不得不吃树叶充饥。等后来新中国成立后搞土改时，区委书记亲自签字下达到农会说"这个人非枪毙不可"。

**王家湾的地主：**

王德华，家有 100 多亩水田，还有一个 20 多亩专门用于种莲藕的湖面。他自己从来不劳动，田都租给别人了。"你租他的田，到收谷时，不给他谷，他要把你抓起来，打你。还不给，就送到乡政府（国民党时的乡政府，有四五十个保丁，还配有枪）去，必须得给。"

王旭立，家有 60 多亩田，老婆很漂亮，但是不能生育，夫妻两个人过生活，自己不劳动，靠剥削吃饭，长期放高利贷。为人比较老实，不得罪人，老百姓对他的意见很小，就在"祖堂"里受过两三次批斗，斗得也不狠。

王德惠，家有 50 多亩田，在宝恩街上开铺子做生意的。老婆 50 多岁，不能生育，夫妻俩一起过，他们很会享福，还请有"妈子"，专门负责烧茶、做饭、洗衣、捶背的。他这个人，心里长了一把刀子，对人很狠。地主婆比他还坏，不劳动，一天到头都在赌博，摸牌、打麻将样样都会。平时打牌都在她自己家里，你打牌打输了，她借你 10 个大洋，天一亮，你就得还 20 个大洋。地主婆岁数比较大了，但是还整天跟个小姐一样，穿旗袍。他俩喜欢放高利贷，借一担棉花，让你还两担。

**刘家湾的恶霸：**

刘义祥，湾子里的总房长，喜欢说直话，犟脾气，总是管事，大小事都管，从来不欺负人，有什么事都是公开处理的。因为凡是湾子里各个房头里的事，他都去管，就得罪了不少人。在土改时，就有人告他，想趁机会报复他一下。土改工作队的人都是外来的，不了解情况。后来他被划成了反动富农，枪毙的时候还公开在村民中说："我是冤枉的，我没做坏事。"当天早上枪毙的，等到中午，县里下达的不能枪毙的文件就到了，可惜为时已晚。

刘仁者，是一个恶霸，不管什么事，都想占人家的便宜。经常威胁人，"你不怎么样，我就要去打你"。老人们都说刘义祥是一个好人，刘仁者是个坏人。

**刘家湾的地主：**

刘正书，二房的，老婆不能生育，只有两口人，家有 30 多亩田，雇人耕作。平时也放高利贷，不过比较少。土改时，工作队要求他把剥削的东西交出来，因为拿不出，吓得上吊死了。

刘义道，二房的，还是一个房长，家有 20 多亩田。做染布生意的，请有五六个雇工。

刘义福，二房的，家有 20 多亩田。家里也是做染布生意的，请有雇工。

刘正发，二房的，家有 50 多亩田。经常跑到江西做染布生意，有时也放点高利贷。土改时，他把东西都主动交上去了，是一个坦白的地主。

刘义山，二房的，是一个伪保长，家有土地 20 多亩，也是做染布生意的。

**陈家湾的地主：**

陈熊道，家有 20 多亩田，也放高利贷，利滚利，借一还二。他们是兄弟四个，有钱有人，经常欺负人。他跟新中国成立前区公所的一个伪乡长关系很好，很嚣张，如果不把他给枪毙了，湾子里的土改就搞不成。

**桥头湾的地主：**

柯子福，家有 10 担田，也就是 500 亩，都租给别人种了。每到收谷的时候，人们都像交公余粮一样去给他交，他家的粮仓就像现在的粮管所一样。如果你今年种了他的田，交不上粮食，明年可以再补上，要是来年还是交不上，田就不让你种了。他家养了二三十个家丁，雇有三个厨师，还养了两条大狗。一般人都不敢去他家，你要想进他家的门，必须提前"下帖子"。

除了上述的"活地主"，在土改运动中划定的还有另外一个被批判的阶级成分——"死地主"。"死地主"的土地等公共财产也是要没收并重分给无地农民耕种的。在岳平农村，"死地主"一是指由地主、士绅等乡村领袖掌握并主管的由同一个姓氏的村民共同享有收益权的"太公种"，同姓氏共有的"太公种"往往是多少不等的田地，姓氏人口规模大的田地数量多些，人口规模小的田地数量相应也就少些；二是指由各个房头的房长等头面人物掌握并负责日常管理，由同一个房头的村民共同享有收益权的"太公种"，相比于前者，后者的田地数量较少，有时可能只有几亩薄田。

按照毛主席在关于《目前形势和我们的任务》一文中的指导性观点来看，以户为单位，地主、富农在乡村人口中的比例大约占80%，占有的土地数量则达到全部土地的70%～80%（毛泽东，1991b：1251）。对此，黄宗智（2003b）、秦晖（2004）、温铁军（2009）等人的研究认为中国革命前夕农村地主、富农的数量远达不到这个比例，其占有的土地数量也远低于毛主席的判断。从笔者调查到的资料来看，在岳平县农村，这两个比例虽然没有毛主席的数据高，但是对于丘陵地带的农村来说，地主、富农手中掌控的土地资源相比于所在自然湾全部的土地数量来说也已经占据了绝对的优势，其中桥头湾一个地主占有的土地数量就已经超过了所在湾土改时划归全湾人共同所有的土地总量，而王家湾掌握在地主和富农手中的土地数量也不少，再加上他们手中掌控的"太公租"，数量会进一步上升。而刘家湾掌握在地主和富农手中的土地数量相对较少，其中一个重要的原因是此湾的村民大多都是兼业农民，在新中国成立前基本上所有农户都有非农就业的收入，都从事染布的生意，或是从受雇中获得雇工工资。张家湾地处偏僻，土地数量极少，即便是在人民公社时期也年年都是依赖国家的返销粮维持生计。在宝恩地区，人均水田与旱地的数量合在一起有 0.5～1.0 亩，资源极其匮乏，因此，人均数量和地主、富农手中掌控的绝对数量相对比，在笔者看来，经济分化是真实存在的客观性现实，土地改革运动具有村社基础。

问题的关键不仅在于经济分化的客观存在，更重要的在于在长期的历史变迁中所形成的"社会分化的文化网络"，也就是卢晖临（2006）所归纳的界限分明的财产观念、清晰的个人责任观、明确的等级意识和各安天命的命运观。中国共产党领导的新生政权要建立起自己的合法性，建立起农民对党和国家的政治信任，就不仅要解决农民的生计问题，满足最广大农民群众的土地要求，而且要将农民彻底地从旧政权、族权、神权以及夫权的四大绳索中给拯救出来（毛泽东，1991a），打破传统中国农村社会中各种乡村领袖与普通村民之间的"庇护与依附"关系，摧毁地方文化的支撑网络，使农民从宗族的"自己人"的庇护体制下走出来成为国家的"人民"。要想达到重建乡村社会秩序的目的，中国共产党将马克思主义普遍真理与中国实践相结合探索出来的方法就是阶级分析法，就是要颠覆农民的传统观念，树立社会主义意识形态的合法性，用社会主义新传统去占领农村的广阔天地。在笔者以上所述的案例中，我们也可以看出地主阶级中的大部分人是有剥削倾向的，运动中受到惩罚的恶霸、伪保长、土匪等人中的绝大部分也都是罪大恶极的，革命并非空穴来风，只不过运动的极端化也会产生一定的弊端，打击了本不该打击的少数人。但是，整体来看，通过划分阶级成分，为分类治理提供了依据，抓住了革命的关键问题，从而为建立新生政权的执政基础提供了可能。

### （三）土改实践中的策略与技术

归根结底，阶级意识是自外而内、自上而下输入到乡村社会的，传统乡村社会里的小农并不熟悉，自然也难以自动对之产生认同。传统的基层治理模式，是"自己人的治理"，是"双轨政治"模型中的关键一环，农民在生于斯、长于斯、死于斯的世代延续中，在社会化的过程中已经对之产生了深深的认同。无论是农民的财富观，还是农民的权力观、权威观，都是地方性共识的一部分，在常规性社会里，农民受"自己人"体制的庇护，与皇权、国家是相对隔绝的，他们生活在宗族里、自然湾里，而不是生活在国家里，农民难以从根本上成为积极地改变社会秩序的主动力量，农民的反抗并不是中国历史中的主流与常态。在土地改革中，农民也往往不会自动地将地主、富农视为罪大恶极的剥削阶级，必要打倒而后快，农民对传统的社会等级结构仍有比较深的认同（李巧宁，2007；陆益元，2006：139；李金铮，2006）。因此，发动"土改根子"，组建贫农协会和土改工作领导小组，划分阶级成分，确立革命对象，仅仅是革命的第一步，还必须通过一系列策略和技术的运用，来降低革命所可能带来的社会成本，以最低的代价赢得土地改革运动的胜利。

首先，土地改革运动是在外地人主导、主管、监督下实施的规划性社会变迁。在岳平农村，宗族是一个重要的"自己人单位"，本身缺乏革命的元素，农民是生活在"自己人"圈子里的小农。因此，土改运动就必然需要革命的传输者，将运动输入到乡村社会。这一个革命者的角色是由外地人担任的，主要包括四个群体：一是新中国成立前若干年就在当地做地下工作的地下党，比如当时的宝恩区区委书记赖明智；二是南下干部，也就是当地农民口头中的北方侉子；三是高校里面下来的积极支持革命运动的教师、大学生；四是邻区、邻县调来的干部及工作人员。这四个群体在新建的区、乡两个政府组织中掌握着绝对的控制力量，由于他们与地方利益并没有太多的瓜葛，也没有过多的顾虑，能够将中央的政策意图和文件精神最大限度地推广到地方，并竭力保证其能够得到有效实施。任用外地人，回避当地人，是革命能够取得深入进展的前提和保证。

其次，土地改革中交叉着镇压反革命的运动。革命不是请客吃饭，镇压反革命，血债要用血来偿，在宝恩区镇压反革命运动中，上级给区委党委、政府下派了一个排几十个人的兵力，仅仅一个晚上就将已经经过批斗、审判过的最低身负两个人命案的伪保长、恶霸地主、汉奸、国民党的兵痞子等枪毙了 50 多人，其中农恩乡枪毙了 3 个，"乡乡都枪毙人，你还怕什么"。镇压反革命，极大地震撼了当地农民，打击了地方豪强势力，使地主、富农放弃抵抗念头，鼓舞了"土改根子"站起来坚定地跟新政府肩并肩战斗的勇气。在土改运动中，农会成立以后，政府还给民兵发了枪，一杆枪配备 10 发子弹，一个小乡大概有 20 杆枪，由民兵总队长负责管理。自然湾里的土改工作领导小组成立后，也配了枪，发了子弹。如此一来，权力就掌握到了"土改根子"手里，这就给土地改革运动提供了政治高压的氛围，壮大了贫农协会和土改工作领导小组的士气，使地方势力从根本上丧失了抵抗的能力，新区土改也就有了顺风顺水地向前推进的可能。

再次，挖苦根，开诉苦大会，重建新的地方性共识。诉苦是土改运动中共产党探索出来的一套有效的动员机制。在传统的乡土社会里，阶级成分上分属不同群体的农民在血缘关系上，在情感认同上都是"自己人"，彼此之间以人情、面子、关系等为联系纽带建立社会关联。裴宜理（2001）将乡土社会里的人际关联模式称为情感模式，进而提出了以情感的模式重访中国革命的命题。而土地改革运动则在改造中利用了农民的情感模式，通过诉苦等治理技术的运用，使农民从感情走向政治，树立"亲不亲，阶级分"的新革命观，使农民从血缘上的兄弟关系演变为阶级上的兄弟关系（满永，2010）。正是"斗了地主，分田地；土地回了家，合理又合法"，"你不织来，你不纺，穿的绫罗绸缎叮当响；我们穷人，白天种田，晚上纺棉，穿的是麻布网"，"恶霸地主糟践钱，受苦人，王某某，民国三十六年，欠了 16 贯钱，下半年逼得我不能过年，我卖一斗米还地主的债⋯⋯"的诉苦会，经常不断地开，才使农民对以阶级成分重划"自己人"圈子有了一定的认同。在当时的诉苦会上，斗哪个地主，由谁来做诉苦会的主角，都是土改队事先确定下来的，一般都是遭受这个地主压榨最深的人来哭诉。在哭诉的现场，往往都是诉苦到一半的时候，会场上已经哭声一片。每次斗完地主，土改队还要让群众举手表态是否让其通过本次批斗，赋予了农民相当大的权力。诉苦是建立农民对新政权政治认同的一种重要手段，它是在改造农民"自己人"意识中，重建新的政治成分上的"自己人"圈子，以此来动员农民成为革命的小农。

最后，"根子当家"，对地主、富农进行全面监控。土改队在各个自然湾都开展了"发动串联，认识敌我"的运动，教育农民要以阶级成分为界限，"对敌人要怀恨在心，对自己人要团结力量，共同对敌"，将阶级斗争的观念深入地植入民心。阶级成分划分后，土改队还组织入党积极分子、贫下中农、民兵去管敢于抵抗的地主、富农（"厉鬼"），责任到人，多的时候几十个人管一户，效果很好。"根子当家"，就彻底改变了乡土社会的权力观、权威观，改变了乡村社会的秩序形成之道，确立了能够更好地扮演"代理人"角色的干部群体的社会地位，为革命的成功提供了人才队伍的保障。

### （四）土改的余波

土改顺利地改变了农民传统的国家观念，在农民的心目中形成了一种新的国家意识，形塑了一种新的国家形象（曹树基，2008），增强了农民对新生政权的政治认同。但是，随着土改运动逐渐在乡村社会落下帷幕，国家与农民之间很快就出现了新的矛盾，小农经济的传统性又开始顽固生长，一波未平，一波又起，这就预示着新一轮的农村制度和体制变革必然会呼之欲出。

土改的余波，首先表现在地主、富农掀起的或明或暗的反攻倒算行为。随着土改运动的结束，政治高压的气氛有所缓和，土改工作队的离去也减轻了地主、富农的心理压力，一些在土改中利益受损的人逐步开始显露出不满情绪。在王家湾就有一个60多岁的反动富农王成义，在土改运动后不久就做出了破坏贫下中农正常农田耕作活动的举动，将分给一个穷人的1.2亩田地上的油菜给拦腰砍掉了。不巧的是，他的破坏活动被一个上街卖布的贫下中农看到了，就向农会做了汇报，农会就把他给抓了起来，发动群众再次斗他，说他不老实，剥削劳动人民的心不死，最后他还被判了三年有期徒刑。① 相对来说，地主、富农的破坏行为在大湾子比在小湾子里要少很多，越是湾子小，贫下中农的实力弱，上面派下来的工作队也不得力，反攻倒算的情况自然也就越多。即便是没有出现显性的反击行为，在岳平农村迄今还流行着"老田""新田""承包田"的区分法，其中"老田"就是土改前各个农户占有土地的情况，"新田"就是经过土改运动后分配到各个农户的田地情况，"承包田"则是实行家庭联产承包责任制后田地与农户相匹配的情况。直至今天，笔者在调查中还发现部分地主、富农的后代对新中国成立前自家土地、房屋等财产的拥有状况仍然比较熟悉，还时不时会发出"这块土地是我家的，几时退还我，我现在要要了"的声音。这就是说，虽然土改运动为"土地回了家"提供了"合理又合法"的依据，但是传统的财富观在革命形势高涨过后仍有复苏的迹象。

其次，还表现在"亲不亲，阶级分"的新"自己人"的意识消退，宗族房头势力开始彰显，旧的"自己人"意识逐步回暖。在土改运动之后，很多湾子又开始讲起了房头，你将我这房的人在土改中划成了地主，我们要来报仇，要去打那些分了田地的穷鬼。据亲历者回想，当时的房头厉害得很，通过各种办法"公报私仇"。比如，地主、富农有相邻的三块田，其中上游的一块分给了自己亲房的人，剩余两块田分给了其他房头的贫下中农，这个亲房的人就不让水从他的田里流到贫农的田里，让下游两块田里的庄稼干死。在当时，"你这块田是我亲房的，我不敢说，但我就不让你放水"的事情时有发生，王家湾就有两例，而这在小湾子里几乎个个都有。

再次，土改后农民发展个体生产的积极性高涨，发家致富的愿望增强，阶级成分出现了新的变动，触动着当权者的神经末梢。关于土改运动后两个积极性的争论，刘少奇、薄一波、赵树理等人都认为当时的农民更多的只有个体经营的主体性，而缺乏互助合作的积极性。

---

① 资料来源于 2010 年 3 月 16 日笔者与 WXS 访谈的记录。

对此，毛泽东提出要强调农民两个积极性的共存，并要重视农民发展互助合作的积极性（薄一波，1991：192）。从实践中的情况来看，农民发展个体生产的积极性往往要更高些，互助合作更多的是有需求而无供给。这从宝恩区大多数的高级社都是在一夜之间从单干户的基础上直接大跨步地成立起来的客观现实中也可以看得出来。但是，土改后，阶级成分发生了微妙的变化，出现了新中农以及新中农中间的上中农等诸多新群体，根据湖北省"五个乡土改覆查后至1953年阶级变化统计表"显示，100%的雇农、48.24%的贫农、27.1%的中农群体的阶级成分都出现了上升的趋势。学界已有的研究中还发现土改后出现了情况严重程度不一的土地、房屋买卖行为。按照这样的逻辑发展下去，新的阶级分层会很快出现，"三十年河东，三十年河西"的财富变动规律很快就会自发地在实践中发挥效力，传统的惯性在迅速地回归。何去何从，关系重大。

再其次，农业生产条件的改善面临着巨大的困境，大型水利灌溉设施建设难以有效展开。土改后，农民发展个体生产的积极性很高，千方百计地想要改善生产条件，但是个体的力量非常有限，农田水利等公共品的供给模式需要加快创新的步伐。"收不收，取决于水；收多收少，取决于肥"，农民对水利条件的改善需求迫切。但是，分散的小农难以自动产生合作的实践，"善分不善合"（曹锦清，2000：167）的农民品性不是一朝一夕就可以改变的。所以，在1957年以前，当地的水利条件从根本上来说没有什么改变，当地几乎所有像样的水利设施都是在1957年到1977年之间的20年时间里完成的。正因如此，在笔者看来，"水利是农业的命脉"观点的提出在客观上推进了农民合作从自发走向国家规划的进度，而一项规模空前、雄心勃勃的水利工程计划也就是在1957～1958年高级社成立之后的冬季在农村开始动工的（J. R. 麦克法夸尔、费正清，1990：383）。

最后，土改建立起了农民对国家的政治认同，但并没有建立起农民对国家政权建设的目标的认同，也就是说，农民的认同更多的是政治层面的，而不是经济、社会层面的。这个矛盾比较尖锐地反映在余粮的收购问题上。农民的个体生产发展起来之后，并没有主动地、积极地在能力所及的限度内全身心地去服从国家统购粮的目标以支持城市工业的发展。在城市用粮频频告急的情况下，统购统销政策也就得以出现，而政策的贯彻落实，还需要在分散的小农经济基础上构建一个稳固的组织载体，以减轻交易的成本。所以，在"大仁政"与"小仁政"的争辩中，毛主席强硬地顶回梁漱溟的辩驳（毛泽东，1977：107～115）在实践中也就有了合理性，它反映出来的是革命者、领导者与乡建派观点上的分歧，实际上表现出的是战略决策的偏向问题。

在笔者看来，以上土改后的余波中凸显出来的种种矛盾构成接下来乡村社会规划性变迁必须要致力于解决的理论与实践难题。

### （五）土改中的国家与农民关系调整逻辑

土改将农民从宗族的庇护体制下拯救了出来，改变了国家与农民的关系，将传统的"皇权—绅权—小农"的三角关系转变成了"国家与农民"的双边关系。再加上 1950 年颁布的《中华人民共和国婚姻法》，中国农民正式从毛泽东所说的四大绳索中解脱出来成为平等的个体和国家的主人。民族国家的大一统形象就此得以在农民心目中确立，农民在历史上第一次与国家有了一个亲密的接触，真切地感受到了国家的关怀。

然而，新中国毕竟是在一穷二白的基础上展开现代化、工业化进程的，在缺乏外资支持的情况下，只能走内向剥削的向自我求潜力的发展道路，简单地说就是要暂时地牺牲农民的"小我"利益去满足国家的"大我"所需。但是，土改运动后，农民在政治上认同了新的中央政权，在经济上、社会生活上并没有能够与国家的"大仁政"目标保持高度一致，依然生活在"自己人"的圈子里。为此，国家要巩固土改运动的政治成果，并从经济上获得农民最大限度的支持，就必须寻找新的抓手，进一步地改造乡村治理的社会基础，不能仅仅满足于政治认同上的成功，还必须在其他诸多方面建立起国家与农民打交道的有效方式。所以，在实践中如何探索一条既能最大限度地提取小农经济剩余，又能巩固和强化农民对国家的政治认同感，还能够在经济上赢得农民支持的发展道路就成为土改运动后规划性社会变迁必须要化解的棘手难题。

## 二 社队模式①的确立

张乐天（2004；2005）把1960年农村基层以自然村或准自然村为基础重建生产队的做法称为村队模式的确立，并认为这在一定程度上预示着传统的回归和革命的倒退。曹锦清（2006）则认为自然村落是农民共同利益的最后边界，自然村落的边界是有传统的，如果突破就很难维系，而核算单位从大队退回到生产队标志着以毛泽东为首的中国共产党人找到了革命与传统的有机衔接点。在笔者看来，张乐天和曹锦清的判断基本上是准确的，"三级所有、队为基础"的公社体制的建立，在很大程度上意味着国家在经过土地改革后的多年探索，基本上摸清了应该将最基层的治理单位建立在什么样的基础上，应该如何与分散的小农打交道。正因如此，从土地改革到1962年生产队作为核算单位的正式确立这段历史，笔者将之称为建设实践的探索期，其根本任务就是要在探索中寻找并最终确定农村基层社会的治理模式，在调整中重建国家与农民的关系连接机制。而这个过程是艰难的，它最后的成功标志着党在农村政策的逐渐成熟。

### （一）一夜迈进高级社

早在1951年，围绕山西发展农业生产合作社的问题就曾经在中央高层引发了一场影响深远的争论，最终以坚决支持山西省委做法的

---

① 张乐天用村队模式来概括以生产队为核算单位的公社建制，其关注的是生产队与自然村、准自然村的重合。笔者在此用社队模式来指称"三级所有、队为基础"的人民公社制度模式，意在表达以人民公社制度的建立为契机，公社、生产大队、生产队以及后来的乡镇、行政村、村民小组都是以农民集体的形式出现的，它们都是理解"国家、集体与农民"关系的重要环节。

毛泽东一派的观点在中央占据了上风（薄一波，1991）。此后，关于农业合作化的争论在中央也一直没有停止过，意见分歧极大，整个抉择的过程在《毛泽东选集》（第五卷）、薄一波的回忆录《若干重大决策与事件的回顾》（上卷）、中共中央文献研究室编写的《建国以来重要文献选编》等文本资料上都有集中的体现。笔者的研究无意关注政治高层的争论，笔墨更多的还是放在村庄里，从基层治理模式变更的角度来理解这场变革。

在岳平农村，土改后地方政府就开始引导农民建立互助组，走农业合作化的发展道路，但是效果一直不理想。为了鼓励农民发展互助合作组织，地方上的干部有意地将各种生产资料，如种子、化肥，及有限的贷款等优先用于扶持合作起来的农民，一般的单干户要想获得这些优惠政策的支持是非常困难的。更有甚者，在某些试点乡，地方上的干部表面上允许农户在初级社、高级社试点中搞单干，但社里就"卡"生产资料和生活资料，不斗人，也能把人搞死。即便如此，到1955年，在日益高涨的互助社转初级社，初级社转高级社的运动中，绝大多数地方的农民都是在一夜之间从单干户直接跨进高级社，农民的主动性、积极性并没有充分地体现出来。

传统的中国农村，长期存在同农业生产上的耕作、收获等活动相关的各种各样的社会结合或关系：整个村落全部或大部分成员参加的共同劳动互助、劳动力·役畜·农具的相互融通和共同使用、劳动力·畜力的各种形式的交换、役畜·农具的借用、无偿的劳动援助、农具·役畜的共同购入和利用、水井等灌溉设施的共同开凿和使用、共同租种土地、共同雇工乃至雇佣和租佃关系中雇主与地主对长工及佃户的援助等。这些农耕上的村民结合，或者说是农耕结合（张思，2005：11）是小农经济社会中的常态性行为。但是，这样的合作是限定在"自己人"的圈子里的，是圈子内的互助合作行为，并且是建立在小农经济的基础之上，是农民的自然、自发行为，是合作圈子与单个小农家庭之间公私两利的行为。因为有这个传统的存在，在部分的农村地区，互助组和初级社的发展也才能得到村民的支持，但是很明显的是高级社和随后出现的"一大二公"的大公社的建制远远超过了农民的"自己人"认同圈，自然也就会遭到农民较为普遍的抵抗。农民最后在被动中加入高级社，在"欢呼"中迈进大公社，虽然也有很多的无奈与不甘，但其成功的关键还在于土改运动建立起了农民对国家高度的政治认同，对"人民政府为人民""执政为民"的共产党政权的充分信任，以及对美好新生活的憧憬。

### （二）大公社里的喧嚣与冷清

农业合作化运动在风起云涌之下很快就迎来了发展的高潮，合作的好处也逐步显现了出来，"合作化后，在广大农村我们就有条件对土地的利用进行合理规划了，大规模的水利灌溉、大规模的农田基本建设和田间林网化等等也有条件逐步进行了，机械耕作、施肥、杀虫等农业科学技术也可以逐步推广了，从而使我国农业生产条件大为改观。这个变化可不能小看。如果没有农业合作化，仍然只在原来的小块土地上作文章，上述变化是难以想象的。1956年（合作化后第一年）受灾，全国仍增产粮食176亿斤，1957年和1958年继续增产或稳产。这些事实都有力地说明，农业合作化促进了生产力的发展"（薄一波，1991：401~402）。也就是说，虽然"改造小农，改造他们的整个心理和习惯，这件事需要花几代人的时间"（列宁，1986：53），农业的社会主义改造原本需要更长的时间才能完成，但是从单干户直接迈进高级社的规划性社会变迁还是带来了农业生产力的快速发展。有了高级社，不久之后就发展到了大公社的阶段。如今提起"一大二公"的大公社的优越性，一个有着53年党龄，从1950年土改时就开始参加自然湾革命与建设实践，直到1998年才退休的老村支部书记反复提到了山东莱芜梆子《三定桩》①，并一再强调说不搞公社，国家连条铁路都修不成，那怎么成？可见在当时的语境中，地

---

① 详细内容可参见武如英《三定桩》，人民文学出版社，1976。该剧后来又被编排成电影，片名就是《三定桩》。

方上的干部在强大的政治宣传攻势下，对发展大公社已经有了基本认同，虽然这种认同可能并不深厚，也可能没有真正深入到普通村民心中，却有力地促进了大公社的迅猛发展。

然而，到了 1958 年，"大跃进""浮夸风"愈演愈烈，各种高指标、瞎指挥的现象在地方政府官员起草的文件、报告中就开始层出不穷，岳平县自然也不例外。[①] 在"一大二公"的大公社时期，最能反映地方社会性质的就是农民的瞒产私分行为。根据中共浙江省委农村工作部编撰的资料显示，早在 1957 年，浙江"吴兴县塘南乡 286 个小队中，除 48 个小队是自觉报实的外，其他 238 个小队都瞒报产量，这些瞒产队占总小队数的 82%。而塘甸乡情况更严重。全乡 23 个高级社 222 个小队，每个社队都有隐瞒产量行为"（转引自应小丽，2008）。由此，一方面是农民整日忙于热火朝天的大炼钢铁、大建水库，另一方面是地方干部不断地在放粮食高产的卫星，再一方面则是农民的不满与消极抵抗行为，乡村社会在喧嚣与冷清中经历了一段让人难以忘怀的历史。在 1959~1961 年的三年困难时期，宝恩区和全国绝大多数地方一样，人口自然出生率明显下降，其中刘家湾仅有两个新生婴儿，不过好在并没有出现让亲历者能够回想起来的饿死人的事件。这在一定程度上得益于当地的地理环境条件。岳平县属于丘陵地带，宝恩区内又有大湖，在粮食不够吃的情况下，农民就跑到山上去挖野菜，或下到湖里去挖残藕，艰难地挨过那些饥饿的岁月。

应该说，在那段艰难的岁月中，王家湾是幸运的，作为宝恩地区（当时为宝恩公社）的第一大湾，王家湾在公社领导的支持下仍然在坚持搞以生产大队为核算单位的试点，而其他的村庄基本上都已经是以高级社为核算单位。在三年自然灾害期间，王德发已经当上了大队书记，据他回忆说，当时的压力很大，公社领导多次批评他，让他把

---

① 详情可参阅《两个高潮相互推动，四面八方一起跃进——中共岳平县委向省委检查团工作的报告》等文献，载中国共产党岳平县委员会办公室编《1958 年农业生产大跃进先进典型模范事迹专集》，1958 年 4 月 1 日。

粮食产量虚报上去，他坚持不高报，也不能高报。按照他们那里的实际情况，一亩田打的产量最高也就 300 斤差一点，公社让他搞，他就说："假话，我不能说，我是个党员；我是穷苦人家出身（放牛娃），我不能饿死群众。害群众的事情，不能搞。"公社让他填表，他就按每亩田 100 ~ 200 斤的产量报，最多的也不超过 300 斤。

王德发的坚持得到了村民们的支持，使王家湾的群众得到了极大的实惠，而他的胆大心细也造就了一个地方的政治明星。在三年自然灾害的中后期，岳平县组织全县所有公社、大队的干部 1500 多人到与宝恩公社相邻的一个公社参观学习，开现场办公会。县委书记要求王德发第一个发言揭内幕，虽然大家都知道底细，都知道该公社虚报造假的成分太高，但是大家都不敢冒尖。王德发开始也坚持不发言，甚至说："你拿手铐铐，我也不会去发言，不会去说。"后来，经受不住时任岳平县县长陈某的软硬兼施，当会议开到第三天的时候，王德发就与县长约法三章："一不记账；二不戴帽子；三不打棍子。这三条，你写到本子上，写个保证书，我再说。"就这样，该公社的内幕被揭开了，"一个湾子四五十人，过年没有百斤麦"的先进典型暴露了。而王德发也出名了，还被宝恩公社书记送了一个外号——"红桃尖子"。①

以生产队为单位的群体性瞒产私分行为的普遍存在和王德发以全湾老百姓的生命利益为重的坚持不虚报行为都在一个侧面说明大公社体制超越了农民的"自己人认同单位"，当政策的贯彻落实要危及"自己人"的生命安全时，生存权的优先性得以凸显，"自己人"的保护色彩增强，从而在艰难的环境中维持了"自己人"的群体利益，削减了不切实际的地方政策的破坏力。

### （三）脱"缰"之"马"的疯狂

整体上来讲，岳平县宝恩镇在大公社时的基层治理工作还受到了村社理性的制约，受到了"自己人认同"意识的牵制。虽然"大跃

---

进""浮夸风""高指标""瞎指挥"的活动也非常盛行，加剧了自然灾害对农民生活的破坏力，但是还没有给农民的生活带来毁灭性的灾难，农民的生活是困难的、艰辛的，却还在农民能够承受的范围之内，而河南省信阳市豫南县的很多农村就没有这么幸运了。

豫南县和岳平县一样，在居村民的祖先大多都是在明清两朝时从江西地区迁移而来，从文化区域上来说具有相似性，在新中国成立前宗族意识强烈，宗族势力一直也非常强大。然而，豫南县却在三年自然灾害期间遭到了比岳平县要严重得多的破坏性打击，虽然豫南县还不是信阳地区受创最严重的地区。豫南县的农村从 1958 年下半年到 1960 年上半年实行的都是大食堂制度，粮食的供给面临着非常大的困难。地方政府为了打击农民的瞒产私分行为，对基层治理模式进行了有力的改造，其中最重要的一项就是平调各个生产大队、生产队的队长和会计，让他们交叉着到其他人的地盘上去任职，打乱了"当地人治理当地"的治理套路。互换干部、交叉任职，在很大程度上威胁到了"自己人单位"里的治理之道，由于队长、会计都不是所在生产大队、生产队的"自己人"，他们在贯彻上级政策时就不会过多顾及地方老百姓的利益，在上级与下级之间，他们也就更加倾向于选择跟在上级的后面亦步亦趋。正是如此，关于那段历史，直到今天在豫南县农村调研时，还能听到一些让人吃惊的事情存在，生产大队、生产队的干部为了完成上级部署的各种任务，紧跟着上面的政策做了不少严重违背生命伦常的事情，脱"缰"之"马"的疯狂时有表达性的实践。

即便如此，我们在调查中还是发现有个别生产队在农忙夜晚加班时出现了"偷粮"做馍馍吃的猫腻行为。但是，更能引发我们深思乡村治理社会基础的事件是在笔者调查的齐家湾发生的故事。1959 年，信阳光山等地的灾民已经开始大量"盲流"到豫南县的农村寻找生存的机会，而齐家湾附近至今还有不少当年从光山县搬迁过来定居的村民。一般来说，灾民流动到一个地方，要想定居下来，采取的办法或是投靠亲友，或是联姻、改嫁，再或者就是一些孩童去给别人家做儿子、闺女，而在大食堂集体供给制的环境下要想白白地获得生存的资料是非常不现实的。由于生存资源的极端有限，外来的人多了，公共食堂负担的口粮也就多了，粮食就更不够吃。为此，作为当地的一个大湾子，齐家湾的人为了生存，高度统一地行动了起来，每天安排人站岗放哨，不允许任何陌生人到齐家湾来投亲靠友。在这期间，有一个外地来的妇女带了两个男孩，一个5岁，一个3岁，到齐家湾投靠亲戚，却被无情地挡了回来。饿得没有办法，她就让自己5岁的小孩偷偷地爬到齐家湾的仓库里去找东西吃，以维系生命。这个小孩顺利地偷爬了进去，不过在吃了几天的生花生后可能是觉得生的不好吃，就燃火烧花生吃。不幸的是，火一燃，烟就冒出了仓库，事情就败露了。最后，这个小孩被无情地用耕地的耙子钉死了，惊吓之下，他的母亲赶紧带着小儿子另谋生计去了。①

从调查中的情况来看，岳平县与豫南县在1959年都遭受到了干旱的侵扰，粮食单产也有一定程度的下降，再加上"大跃进"运动的"疯狂"，农村的粮食供应危机是一个客观存在的现实，一个地方跟着上级的步伐越紧，对地方的破坏也就越大。在岳平县宝恩地区，由于最基层的治理单位中的"奔马"之"缰绳"仍然掌握在"自己人"的手中，地方干部尚不至于对"自己人"的疾苦视而不见、听而不闻。但是，在豫南县，"马"已脱"缰"，生产大队、生产队的主要干部不受"自己人"意识的约束，则必然加大粮食危机的破坏力。② 而齐家湾为保护"自己人"的利益发生的血淋淋的惨剧也说明当危机来临的时刻，乡土中国也就不再可能是温情脉脉的理想社会，

---

① 资料来源于2010年7月21日笔者与TDZ访谈的记录。

② 同样的事情也发生在安徽省部分农村。在王朔柏、陈意新（2004）调研过的"大跃进"时期安徽省的三个村庄中，老翟村由于被外派了十来公里外的干部，导致全国198人中饿死了101人；在东于村，由于基层干部仍然是由当地宗族性领袖当选，较好地保护了农民的生存权；而在律川村，虽然地方干部也是外派干部，但是在村里宗族领袖的主导下，他们以宗族集体性贿赂的方式换取了外来干部对村子的大事小事和瞒产瞒粮行为的不闻不问，才使村里在"大跃进"时期没有饿死人。

它虽然不至于团结起来对抗政府，但是会凝聚在一起一致对待外来的稀缺资源争夺者。

### （四）社队模式的确立

在农业合作化、公社化的运动中，国家一直在致力于寻找一个能够最有效地与数以亿计的分散小农打交道的基层中介组织，当基层治理单位过大脱离了村社根基给农民的生产、生活带来极大困难之后，就必然要重新调整思路摸索建立新的治理模式，其中的关键就是将最基层的权力单位建立在什么样的基础之上。最后中央找到的就是生产队（小队）。岳平县的生产队早在 1957 年就已经成立，不过在以高级社为核算单位的体制下，基本上是个空壳，没有基本的受保障的权利。新一轮的实践探索，或者如张乐天所说是传统回归的倒退信号，是 1960 年 11 月中央发出的《关于农村人民公社当前政策问题的紧急指示信》（2005：69）。该文件否定了"一平二调""共产风"，肯定了"三级所有、队为基础"的公社制度框架，但是并没有厘清公社、大队、生产队三者之间的权力关系，没有能够赋予生产队充分的自治权限。

不过，形势很快就开始好转了，"三自一包"①"四大自由"② 中的部分政策开始得以实行，农民寻找生存、生活资源的路数增多了，在岳平县，最有成效的就是靠山吃山、靠水吃水，农民向自然界找资源，大面积的开荒现象开始出现，口粮问题逐渐得以缓解，农民的生活水平逐步回升。到 1962 年，核算单位就真正下放到了生产队这一层级，生产队成为最基层的权力单位，成为集体的最基层组织形式，社队模式正式得以确立。

从实践中的情况来看，生产队建制与先天形成的自然湾之间有着密切的联系，表现为三种关系：一是生产队与自然湾重叠，一个生产

---

① "三自一包"指的是自负盈亏、自由市场、自留地和包产到户。

② "四大自由"指的是借贷、租佃、雇工、贸易的自由。

队就是一个自然湾；二是生产队切割自然湾，多个生产队共同占有一个自然湾；三是生产队整合自然湾，一个生产队由相邻的两个或多个自然湾构成，一般来讲，这种湾子里的耕地、人口数量都非常少。总体来讲，一个生产队的人口规模都在50~150人，过大、过小的生产队数量都极少。因此，这就意味着最基层的治理单位基本上已经建基在了农民天然形成的"自己人认同单位"之上，国家的治理逻辑与农民"自己人"的治理逻辑之间形成了有效的对接，使两套治理逻辑的转化有了可能。由此，生产队开始成为农民日常的生产、生活、娱乐单位，开始承载农民的喜乐哀愁、离合悲欢。

表2-2 被调查自然湾1962年生产队分布情况一览

| | 王家湾 | 刘家湾 | 桥头湾 | 陈家湾 | 前张湾 | 王兴湾 | 张家湾 |
|---|---|---|---|---|---|---|---|
| 生产队个数 | 6 | 3 | 4 | 1 | 3 | 1 | 2 |

### （五）国家与农民关系的再调整

"土地改革和税率提高使国家政权空前地深入自然村。旧日的国家政权、士绅或地主、农民的三角关系被新的国家政权与农民的双边关系取代了。"（黄宗智，2000：173）土改从政治上建立起了农民对新政权的认同，国家权力开始迅速地下沉到乡村社会。但是，农民对国家的政治认同并没有能够完全消减农民对"自己人"之"大私"的认同，也没有能够转化成农民对国家现代化、工业化之发展目标的认同，在新中国成立初期国家大量投资重工业，城乡之间、工业品与农产品之间难以形成市场交换，工业品的货币价值不能得到体现，而国家还持续不断地需要廉价的农产品的时候，国家就不得不在革命与建设实践中探索建立能够最有效提取小农经济剩余的汲取型体制。很明显，这就是统购统销政策，以及农业合作化、公社化运动不断走向高潮的重要原因，它客观上反映了中央高层赶英超美的急躁情绪。

农业合作化、公社化运动试图建立起国家与农民之间在经济上的直接联系，使小农的生产、生活行为能够服从国家之大目标的需要，但是最终因为过于理想化，侵蚀了农民的基本利益而遭到了失败。教训是沉痛的，同时也是可以产生新的经验的。毛主席对以生产队为单位的瞒产私分现象的评价也客观上反映了中央始终都没有回避最大限度地照顾农民利益的问题，"瞒产是有原因的，怕'共产'，怕外调。农民拼命瞒产是个所有制问题"，"（瞒产私分）不是本位主义，而是维护正当权利。产品是他的，是他所有，他是以瞒产私分的方式来抵抗你。幸得有此一举，如果不瞒产私分，那多危险，那不就拿走了？"（逢先知、金冲及，2003：913、917～918）由此，新的政策调整就必然需要更多地照顾到农民的利益，更多地顾及地方传统的力量，而不能再使新的基层治理体制的建立脱离村社根基。

"三级所有、队为基础"的人民公社体制的确立，使国家得以在最能整合农民内发的"自己人"意识与行动力量的层级建立起最基层也是最重要的与农民打交道的中介组织。在打破传统的宗族之"大私"的利益联结纽带之后，通过改造、利用农民传统的"自己人"意识，新建生产队这个以集体的面目出现的"自己人单位"，以"旧瓶装新酒"的形式将一家一己之分散的"小私"融入到集体的大家庭中，国家得以借助于集体的组织力量从政治、经济、社会、文化等各个方面控制了每一个小农的行为。如此一来，国家与农民的关系再次从直接转向了间接，开始被"国家—集体—农民"的新三边关系所取代。不过与传统的"皇权—绅权—小农"的三角关系不同的是，在新的三边关系中，集体的干部更多的时候必须与中央的意识形态保持高度一致，更能站在国家的立场上扮演好代理人的角色，是一个积极的建设性力量，而不是一个类似于传统保护型经纪的保守性力量。

## 三 农民的群体性自治行为

新中国的革命和建设实践使有些学者认为宗族在人民公社时期遭到了毁灭性的打击，宗族被合作化和人民公社所创造的新的组织形式所取代，农民被纳入跨家族的集体之中，家庭的功能被严重削弱（王沪宁，1991：59），家族在人民公社化时期对农村和农民的生活没有什么影响（陆学艺，1997：86）。然而，宗族的血缘关系被打破，"虽然村落家族文化表面上受到了暴风骤雨般的震撼，但这种震撼是相当表面性的，强制性的，村落家族文化内在的关联只是受到压抑，并没有终结"（王沪宁，1991：58）。所以，宗族观念在20世纪80年代前并没有因为宗族制度遭遇打击而毁灭，仍然在农村或明或暗地发挥作用（曹锦清、张乐天、陈中亚，2001：46）。而在上文的叙述中，我们已经注意到在农业合作化、公社化运动中存在以生产队为单位的群体性瞒产私分行为，农民就是用这种方式来维护被毛主席所肯定的自身权利的。即便是在人民公社时期，高王凌（2006）以报告文学的形式列举出的多种类型的农民"反行为"也说明，在公社制度这样一个全能主义（邹谠，1994）政治模式下，乡村社会也并不是一个被动的受体，农民也不仅仅是被动的受规训者，村庄内部的治理仍然存在一套自治的运作机制。毋庸置疑的是，这套运作机制发挥作用的基础是农民观念上不曾磨灭的宗族意识，是农民仍然保有的强烈的"自己人认同"意识。下文笔者将尝试分析公社时期农民的日常实践行为，通过将农民的日常抵抗行为进行归类细分，进而提出农民群体性自治行为的分析概念，以此来解释农民日常行为的发生机制，探寻村庄里的奥秘，深化理解农民"自己人"的治理之道。

### （一）生产队里的那些猫腻

在人民公社时期，生产队的粮食分配原则上坚持国家、集体、社员三者利益的统一，但是在总量有限的情况下，优先确保谁的利益就显得至关重要。一般来讲，一个生产队在收获粮食之后，首先要完成上级下达的公粮和余粮征收任务，其次要为生产队适度提取储备粮、公益金、公积金等留存粮食，最后才是按口粮和工分粮分成的适当比例分给社员。在岳平县，各个生产队在给社员分配粮食时实行的口粮与工分粮的比例标准并不统一，不过在绝大多数年景，口粮所占比例一般都在 50% ~ 70% 。而生产队年终结算实行粮食账和经济账分开计算的办法，其中粮食账的计算公式大多如下：

生产队可分配粮食总量 = 生产队粮食总产量 - 公粮 -
余粮 - 生产队留存粮

一个社员按口粮标 ＝ （生产队可分配粮食总量 × 口粮比例）/
准可分配粮食数　　生产队社员总数

社员一个工分 ＝ （生产队可分配粮食总量 × 工分粮比例）/
可分配粮食数　　本年度生产队社员所挣工分总数

本年度一个社员家 ＝ （社员一个工分可分配粮食总量 × 全家全年所挣工分总数）+
庭可分配到粮食数　　（一个社员按口粮标准可分配粮食总量 × 全家人口数量）

经济账的计算公式如下：

一个工分的货币价值 = （生产队可分配粮食总量 + 上交国家的余粮数量）×
余粮收购价格 + 其他货币收入 /
本年度生产队社员所挣工分总数

本年度一个社员家庭可分配到钱数 = 本年度该社员家庭所挣工分总数 ×
该生产队本年度一个工分的货币价值

本年度一个社员家庭应缴生产队钱数 = 本年度一个社员家庭可分配到粮食总量 ×
余粮收购价格

本年度一个社员家庭经济盈余状况 = 本年度一个社员家庭可分配到钱数 -
本年度一个社员家庭应缴生产队钱数

如果一个社员本年度的家庭经济盈余状况为负，那就意味着他必须将这笔钱缴纳给生产队才能够领到该年度该社员家庭可分配到的粮食数量，否则就要用这笔钱的总数除以余粮收购价算出一个折扣的数量，这个数量的粮食将不会分给该农户，直到他把相应的资金给交上为止。

按照通常的说法，人民公社时期年人均应达到 600 斤粮食才能满足一个人的基本生存需要，但是往往在部分年景中，特别是在受灾的年份，生产队可分配粮食总量根本达不到人均 600 斤的标准，这就意味着绝大多数人都有面临饥饿的危险。即便是在正常年景，人均可达到 600 斤，那些人口多而劳动力少的缺粮户也拿不到这个标准的粮食。并且由于粮食账和经济账是分开计算的，而缺粮户往往也是经济贫困户，缺粮户要想拿到足够的生存粮自然是非常困难的。

假设一个生产队一年的粮食总产量是 10 万斤，上交国家公粮 2 万斤，余粮 1 万斤，留存粮 1 万斤，余粮收购价为 8 分钱一斤，该生产队共有 100 人，本年度总工分为 20 万个。如果一个社员家庭共有 5 口人，夫妻俩为全劳动力，还有一个年迈体弱的婆婆和两个小孩，全年全家共挣得工分是 7000 个。而生产队实行的基本口粮与工分粮之间的比例关系是 5:5，那么，在其他货币收入忽略不计的情况下，按照上面的公式计算下来，本年度该农户可分配到的粮食总量为 2550 斤，家庭经济状况为亏损 8 块钱。由此，这个社员家庭人均口粮将是 510 斤，同时还必须向生产队缴纳 8 块钱，而这个农户就属于通常所说的超支户。

从中可以看出，人口越多、劳动力越少的家庭，压力越大。在经济发展缓慢的年代，缺粮户偶尔可以向亲朋友邻借工分或是借钱来换取工分粮，但要常年如此也不是一件容易的事情。因此，粮食问题也就必然成为生产队里各种猫腻行为层出不穷的根本原因。

在岳平县，笔者发现的围绕粮食问题发生的猫腻行为的第一个表现类型就是瞒产私分。瞒产私分不仅在农业合作化、公社化运动中存在，而且在"三级所有、队为基础"的人民公社制度时期也同样普遍存在。在笔者调查涉及的村子，几乎个个自然湾都存在过瞒产私分的行为，而且湾子越小越严重。一般来讲，瞒产私分是生产队里公开的秘密，瞒外不瞒内，甚至有些生产队还会为此偷偷召开社员大会，由生产队的主要干部首先拿出一个意见，再交给社员讨论表决，通过后才开始私下里实施。瞒产的数量则是不一定的，在年成好的时候瞒的粮相应就多些，年成差的话生产队的压力也大，瞒的粮也就少些。对于生产队里发生的瞒产私分行为，任何一个社员都不敢轻易告密，否则就会遭到其他人的一致指责。当然，生产大队的干部还是知道的，毕竟他们也要从生产队里拿工分、分粮食，不过，大队干部对此往往也是充耳不闻，不会主动去戳穿生产队里发生的骗局。

猫腻行为的第二个表现类型是"偷"，但是这种类型在岳平县的农村却并不普遍。"偷"也有两种形式:一是偷自己生产队的粮食,二是偷其他生产队的粮食。在当时,绝大多数当地农民是不敢去偷自己生产队的粮食的,因为粮食是大家的,自己去偷就是偷大家的,被人发现之后会很没有面子,在湾子里抬不起头。一个人只要是偷了一次后被发现了,基本上就不会再偷第二次。而一个人到其他湾子去偷被发现后,往往会被教训一顿就放回来。同样的是,一旦被发现,肇事人也不敢再去偷第二次了,否则就容易引发湾子与湾子之间的冲突。

在岳平县农村,笔者发现在农民日常生活实践中围绕粮食问题而时有发生的常规性猫腻行为主要有以上两种,其他围绕生存资料竞争展开的活动还有处于国家政策边缘地带的"借"(粮)、自留地经营、从事副业等,以及由国家政策支持的五保户制度以及救济粮制度的落实等。

不仅如此,在岳平地区农民日常生活实践的其他行为当中,也有很多是国家政策不允许、不提倡,却仍然被农民所践行的。在地方文化和地方传统的支撑下,即便农民在正式场合上不得不迎合意识形态的话语坚持"以阶级斗争为纲"的待人处事原则,在私下的交往中大多数时候却依然是按照血缘、人情、面子等旧的村落传统关系展开的。虽然国家强调要移风易俗,"破四旧,立四新",但是念佛、烧香、算命、看风水等封建迷信活动仍然潜藏地下,成为部分农民生活实践当中的基本内容之一。此外,宗族械斗在新中国成立初期已经被新政权所禁止,可在人民公社时期,大多数湾子都曾经与其他湾子发生过新的械斗事件。所以,总体来讲,只要不是在运动高潮期,岳平农民仍然是生活在地方社会里传统色彩浓厚的小农。

### (二)住不下来的"湾里的湾外人"

除了上述类型的农民猫腻行为以外,在岳平县农村还有另外一种更加隐蔽而不易被人察觉的农民猫腻行为,即对"湾里的湾外人"

的排斥。"外人"是与"自己人"相对而言的，在社会学研究中，费孝通（1998）、朱晓阳（2003）、陈柏峰（2006b）都曾注意过这个现象。"外人"也就是与所在自然湾的人没有稳定的、长久的、可持续的交往关系，不被地方上的人视作"自己人"的人。笔者在此用"湾里的湾外人"指称的是原本与湾子没有任何瓜葛却凭借各种机缘通过行政安排或是人际关系等方式进入自然湾并加入当地户籍的人。费孝通（1998）认为一个人要成为村子里的人，"大体上说有几个条件：第一是要生根在土里，在村子里有土地。第二是要从婚姻中进入当地的亲属圈子"。然而，本研究所指的"湾里的湾外人"却是在不具备这些条件的情况下进入湾子里的，他们是在土改中政府从外地调进本地自然湾并参与所在湾土地改革运动的农民。

刘家湾在新中国成立前是一个贫富分化不甚严重，农民生活相对普遍较为宽裕的自然湾，农户或是直接从事染布生意，或是受雇于他人从中获取非农就业的报酬。因此，在土改时，刘家湾几乎家家都有数量不等的田地。为了推动土改运动的正常有效开展，地方政府就从邻县迁移了五户姓马的社员到该湾子里落户。这五户外来的社员都是贫下中农，家里穷得连个针头都没有。虽然有地方政府撑腰，刘家湾的村民也不会在明处排斥他们，但是到20世纪50年代末，五户中就有三户搬出湾子到其他地方寻找生计了，剩余两户中的一户还是通过将自己的闺女嫁给大队长的小儿子才得以在湾子里长期住了下来，而另外一户很快就绝了户。如今，刘家湾已经看不到马姓的村民了。不仅是在刘家湾，在其他一些湾子，也曾有"湾里的湾外人"出现，但基本上都是在极短的时间内就不得不自动退出湾子。①

在岳平地区，自然湾是农民认同的一个超越单个家庭的重要的"自己人单位"，"湾里的湾外人"在这里缺乏成为自然湾村民的先天资格，缺乏自然湾村民对他们的基本认同，他们是当地村民眼中的

---

① 资料主要来源于2010年4月15日笔者与LSS访谈的记录。

"外人",因此,即便是国家政策强制自然湾的村民必须接受政府的安排,农民不敢明目张胆地站出来挑战政府的权威,他们也不会从心理上接纳这些突然闯进他们生活世界里的"外人"。再加上当时是困难时期,湾子里的资源维持"自己人"的生存都比较困难,农民更不可能心甘情愿地让"湾里的湾外人"分享。虽然农民不会把排斥"外人"说到、做到明处,但是不经意之间的设绊、刁难在所难免,久而久之,"湾里的湾外人"也就重新成为村民生活世界中的"外人"。

### (三)公社时期农民猫腻行为的社会性质分析

对于人民公社时期农民日常生活实践中表现出来的猫腻行为,笔者认为其大多具有群体性和隐蔽性的双重特征。

首先,我们来看农民的猫腻行为"偷",表面上看这种行为主要是农民个人性的小偷小摸行为,是个人为了一家一己之私利而不惜侵占群体"公利"的行为。从乡土社会的实际情况来看,小偷小摸是长期存在却始终得不到村庄舆论支持,并且往往还要遭受责难的农民行为。在人民公社时期,农民的生存压力普遍增大,在类似于岳平县这样的农民"自己人认同"意识强烈的地方,农民更容易以生产队、自然湾为单位抱团求生,个人性的损公谋私行为更加不能被"自己人"所容忍,发生的概率也就会随之降低。"偷"的减少乃至绝迹,反而说明在公社时期基层社会是稳定有序的。

接着,我们来看其他诸如瞒产私分、排斥"湾里的湾外人"等生存层面的日常猫腻行为以及绝大多数农民生活层面的猫腻行为。瞒产私分、排斥"湾里的湾外人",都是农民群体性的自发行为,反映的是"自己人圈子"里的治理之道。国家政策否定了这些行为在意识形态上的合法性,却没有办法在实践中禁止它的盛行。如果说人民公社时期,国家想通过打破地方传统的社会文化基础,建立一统天下直至每一个黎民百姓的治理体制的话,以上这些农民猫腻行为的屡禁不止则说明地方特殊主义的运作逻辑具有顽强的生命力,国家要想实现对小农社会的有效治理，就不得不重视地方传统的实用价值。也正因此，虽然诸如此类的种种农民猫腻行为在文本层面从来就没有获得过合法性，但是任何一级政府也没有因为这些现象的发生而迁怒于地方社会。除了瞒产私分、排斥"湾里的湾外人"之外，其他日常猫腻行为的禁而不止也是同样的道理，面子、人情、祭祖、上坟、烧香、拜佛、红白喜事大操大办等都是农民地方性共识的重要组成部分，是发生在农民生活场域里，浓缩着农民生活意义和人生价值追求抑或带有宗教信仰性质的事件，是"自己人"得以成为农民认同与行动单位的社会文化支持网络，蕴藏着乡土社会的秩序维系之道。可以说，这些农民猫腻行为实为农民群体性自发行为的诸种不同表现类型。

### （四）农民群体性自治行为的提出

斯科特在研究东南亚农民的日常政治行为时提出了"弱者武器"的概念，他认为农民有两种形式的反抗行为："日常"反抗和公开性质的反抗（2007：38），而农民在实践中更乐意采取"日常反抗"的方式来获得保全和生存的机会。弱势农民用于日常"反抗"的武器包括行动拖沓、假装糊涂、虚假顺从、小偷小摸、装傻卖呆、诽谤、纵火、破坏等等（2007：35）。这样的反抗行为几乎是乡村弱势群体在极为困难的条件下永恒不断的日常行为策略。在斯科特那里，弱者的反抗行为强调的是无组织性、非系统性和个体化，行为取向上的机会主义和自我放纵，以及对现有统治秩序的非挑战性和融合性。高王凌在使用农民"反行为"时基本上认同了斯科特对"弱者武器"的性质界定，他的"反行为"实际上就是斯科特意义上的"日常"反抗，只不过"反行为"更强调的是与国家意图的"反道行之"，而"日常反抗"的方式和目标都是地方性规范的一部分，包括被反抗的对象在内都在不同程度上认同并信守的社区性公共规范。然而，无论是农民的"日常反抗"，还是农民的"反行为"，都没有区分行为的个人性与群体性、隐蔽性与公开性的不同，没有弄清楚农民行为的性质，因此也就不可能发现生产队体制的奥妙所在。

在农民公私观念的理想图式中，笔者已经清晰地表达了个人/家庭之"小私"和"自己人单位"之大私的行为逻辑，中国农民奉行的是"以群为重，以己为轻"的群我主义逻辑，"自己人单位"里奉行的是个人不能因过分彰显私人利益而损害公共利益的整体主义逻辑。虽然农民始终都有为一己一家谋取私利的冲动，但是理性的农民却不会为此去贸然损害公共利益。所以，正如我们在人民公社制度下所看到的，除了在"一平二调"的大公社时期，农民有着较为普遍的偷盗行为之外，当核算单位下放到与农民的"自己人认同单位"最为接近的层级时，个人的行为就必须服从"自己人"的认同规范。也正是这个原因，在1962年之后人民公社制度的常规期，个人性的农民偷盗行为在岳平县这种宗族意识仍然比较浓厚的地方并不普遍。真正普遍的围绕生存资料展开的农民猫腻行为是以公开或是隐蔽的形式广泛存在的集体群发性行为。如我们所看到的，这种行为的发生有两种路径：一是生产队干部提出，社员积极响应，所有人都认同并共同保守秘密的群体性自发行为，如瞒产私分等；二是没有人明确提出，但所有人都认同其合法性的群体性行为，如排斥"湾里的湾外人"、按地方文化和地方传统待人处事等。从中可以看出，人民公社时期的大多数猫腻行为都是以生产队为单位，基于大多数人的认同产生的全体社员默认或是授权队委会主导的自发行为，其产生和发展遵循的是"自己人逻辑"。可见，群体性自发行为是不被国家政策所接纳，却能兼顾个人和群体（自己人）两方面利益的农民日常行为，对维护个人的生存权和群体、族群的延续有益的农民"反抗"行为。

进一步地讲，农民的群体性自发行为实际上是一种自治行为，不过是不被国家承认的有农民认同却没有国家赋权之合法性的地方性治理行为。借用本书对人民公社时期农民群体性自发行为性质的论述，群体性自治行为是指在"自己人单位"里发生的，基于农民认同性授权而由权威（队委会）主导，或是全体成员默认却无人主导的自我治理行为。由此，在人民公社时期，在生产队里就可能同时发生着两种治理行为：一是国家的治理，二是"自己人"的治理。国家的治理以完成公余粮提取任务为基本目标，以打破宗族、改造农民"自己人认同"意识、教育农民、重塑集体、确立社会主义意识形态的主导地位、建立民族认同为价值追求；而"自己人的治理"以不公然对抗政府为前提，以维持农民基本生存权、改善农民生活为基本目标，以延续地方传统、保存农民生命意义的体现方式、实现村落文化的自洽性为价值追求。由于国家在人民公社时期已经在乡村社会建立了完整的权力组织网络，国家权力的渗透能力绝对是空前的，社会主义新传统也是唯一具有合法性的意识形态，所以"自己人的治理"不得不披了一层"生产队"的外衣，处于隐蔽的状态之下。群体性自治行为的顽强存在，既说明人民公社制度的建立具有必要性，如果不对农民的"自己人"治理技术进行改造，那么，国家就不可能从小农经济剩余中提取到必需的原始积累资本；同时也说明人民公社制度仍然具有薄弱性，在面对地方传统时，国家的逻辑还必须为地方的逻辑留有一定的存在空间，使二者能够分别在公开和隐蔽的层面发挥作用，从而使国家"大公"的利益和地方"大私"的利益维持最低限度的均衡状态，既保证国家目标的实现，也能在适当的限度上保证"大私"的权益和"小私"的生存权。

也就是说，在人民公社时期，实体的宗族消失了，宗族存在的合法性也被剥夺了，但农民观念上的宗族意识仍然存在，农民对以自然湾、生产队为界限的"自己人单位"仍有比较强烈的认同感，对地方传统和地方文化依然谙熟于心。基于此，生产队虽然名义上是"大公"筹建、赋予合法性并信赖的正式治理组织，但是"生产队"组建的基础却是传统的宗族，队委会的成员都是"自己人单位"里的农民，他们的思想、意识、价值和行为等都深受地方性规范和地方性共识的影响，以致在日常管理中不得不顾及"大私"的利益，不得不游走在"国家的治理逻辑"和"自己人的治理逻辑"之间。"自己人的治理逻辑"的存在在无形之中可以说明，宗族在失去"公"的合法性身份之后，地方社会并没有完全被"大公"所消融，以生产队及自然湾为单位的"小社会"依然有着较强的自治能力，中国农村的社会自治史并没有在人民公社时期完全中断，只不过是以"新瓶装旧酒"的形式换个形态出现罢了。

## 四　塑造革命小农：新旧制度的博弈

从上文笔者对人民公社时期农民群体性自治行为的分析中更可以看出，虽然从显性的层面来看，以宗族为单位的治理已经不复存在，但是在隐性的层面，"自己人单位"里的群体性自治行为始终强而有力。对于宗族的"破而不灭"，对于生产队里发生的"自己人的治理行为"，国家尤其是地方政府不可能像生产大队、生产队的干部那样视而不见，必然会想尽办法加以改造，以确立更能与国家整个行政管理系统保持同一套运作逻辑的三级公社建制在乡村社会的主导地位。因此，国家的治理逻辑自然会在一切可能的条件下向乡村渗透，以压缩、打击生产队里时时刻刻都可能在发生着的"自己人的治理逻辑"，两套治理逻辑的交锋是公社时期始终难以消除的现象，它在客观上体现为新旧制度之间的紧张博弈关系。而在笔者看来，国家采取的最为普遍、最为重要也最为理想化的办法就是在规划性社会变迁中摧毁原有制度的合法性，持续不断地改造传统农民，塑造符合社会主义意识形态和革命形势发展需要的革命小农。

### （一）外来力量主导下的村庄社会变迁

自然湾里传统的社会制度和社会结构不会自动消逝，传统的乡村领袖不会自动退出村庄政治的舞台，农民的"自己人"意识不会平白无故地弱化，宗族传统庇护主义体制也不会在不经意之间土崩瓦解。因此，新生政权要在乡村社会扎下根基就不可能是"你好，我好，大家都好"地在一团和气中达致目标，而必然是在农村这片广阔的天地，社会主义不去占领，封建主义就不会退却，资本主义也不会置之不理。这从新中国成立后新解放区迅速退场的"和平土改"运动中就可以看出端倪。为此，谁来主导新中国农村经济社会的变迁就显得特别重要。从历史的实践来看，无疑这是在外来力量主导下完成的。

在本章中我们已经看到，正是外来的工作队、北方侉子、大学老师和学生等外来力量掌握了土改运动的主动权，通过各种治理策略与技术的运用，成功地将湾子里的边缘人改造成了"土改根子"，削弱了地主、富农、房长等宗族领袖的权力，达到了"根子当家"的理想效果，推动了土改运动的顺利有效开展，为农业合作化运动提供了基本前提。不仅是在土改运动中，而且在整个农业合作化、公社化运动中，乃至整个人民公社时期，外来力量从来就没有退出过乡村政治的舞台。在宝恩公社的王家湾，在一般的年份，几乎年年都有外来的驻村工作队参与领导湾子里的各种工作。后来，以王家湾为主体成立的东坝大队，共有13个生产小队，而东坝大队又被确定为岳平县的先进大队，一直都是上级组织挂靠的试点单位，有一个区委书记甚至在这个湾子蹲点蹲了17年。在东坝大队，常年都有40多个外来的干部到大队及其下属的各个生产队去蹲点，每个生产队长期都有最低两个外来干部与社员一起同吃、同住、同劳动。在非试点的生产大队、生产队，如当时的刘家大队也常年有外来的工作队蹲点。更加普遍的是公社干部到大队、大队干部到生产队去蹲点，随时掌握"阶级斗争的新动向"，强化对生产队各项工作的监督。外来工作队的做法，在后公社时代延续了下来，演变成了驻村干部制度，成为新中国农村基层治理工作制度的一个重要组成部分。

除了常规性的外来工作队，随着革命运动形势的不断变化，随时都可能有临时下派的工作队赶赴各个生产大队、生产队主导地方的改造工作。后来随着"清理阶级队伍""四清运动"等的开展，外来工作队一度进入地方，打断地方的常规性治理工作，实行运动式治理，以保证基层治理能够沿着国家设计的理想方向前进。外来工作队进湾，在当时的语境中不是一件小事，即便是你没有犯错误，在强大的政治压力下，也有慌乱不知所措的可能。在调查中听到最多的就是关于会计的，因为大多数大队、生产队的会计文化水平比较低，账原本就难得算清楚，一旦被审查得急了，就有可能会出现乱说的现象，如此一搞，越来越乱，就越说不清楚。整体上来讲，外来工作队的长期存在，在农民"自己人治理"行为屡禁不止的情况下，保证了农村社会主义改造与建设的方向，有利于国家治理目标的实现，是一项必要的制度安排。

### （二）塑造革命小农的不懈努力

外来力量主导农村经济社会变迁，监控地方社会，虽然是一种比较有效的管理办法，但是毕竟不是长久之计，在新中国前 30 年的基层治理实践中，除了在个别的年份外，出于特别的需要，国家还必须依靠当地人来治理当地人。而且，事实也说明，外来力量主导一切对于国家、对于农民来说，都未必是一件好事。三年自然灾害期间发生的"信阳事件"① 就是明证。外来力量把握方向，监督生产大队、生产队干部的治理工作，掌握形势的最新变化动向，保证"从群众中来，到群众中去"工作方法的贯彻落实，在地方传统依然强而有力的形势下是必要的。但是，基层治理工作还需要农民来做，国家并没有足够的能力将整个行政体系下延到每一个自然湾、生产队。所以，国家还必须通过各种方法塑造革命小农，依靠他们的力量来完成国家的统治目标，维系乡村社会的稳定秩序。接下来，我们来看在人民公社时期，国家是如何来形塑革命小农的。

策略之一是任用大批青年农民就任大队、生产队干部。在传统社会里，乡村领袖的权力往往是基于先天血缘性条件和后天资源禀赋性条件的叠加效应获取的，依赖的是年龄、辈分，以及对财富、功名等的拥有。在他们成为乡村领袖之前，已经在基本社会化的过程中习得了地方传统，知道了权力是如何产生而权威又是如何维系的，进而在成为权威的过程中践行了地方性知识，成为权威之后又会不断遵照传

---

① "信阳事件"是指 1959 年 11 月到 1960 年 4 月这半年时间内发生在河南省信阳地区的以大量人口非正常死亡为主要特征的事件。

统行使权力，从而使村落里的权威结构在世代延续中维持了基本稳
定。所以，革命力量进入之后，首要的任务就是打破村落内的权威循
环逻辑，建立新的权力来源合法性标准，确立符合新标准的权威。在
土改中，外来工作队选择了"土改根子"，在后续的工作中也基本延
续了这一办法。"亲不亲，阶级分"，革命的干部队伍只能由贫下中
农来担任。而且不能是年龄大的贫下中农来担任生产大队、生产队的
主要干部，因为他们已经经历过人生的基本社会化阶段，对传统已经
谙熟于心，要想让他们时刻保持高度的革命觉悟是非常困难的。所
以，大队、生产队的主要干部只能由年轻化、革命化、知识化、家庭
贫寒的农民来担任，而他们的年龄集中在 20～40 岁。应该说，年轻
人当选大队、生产队主要干部是人民公社时期乡村权力结构最为鲜明
的一个特色。这从笔者在半结构访谈中所得到的一些相对比较完整的
干部资料中就可以发现①：

表 2 - 3　1958 年东坝大队主要干部情况一览表

| 职务 | 书记 | 大队长 | 副队长 | 副书记 | 妇女主任 | 会计 | 出纳 |
|---|---|---|---|---|---|---|---|
| 年龄 | 25 | 26 | 不详 | 26 | 30 | 21 | 不详 |

表 2 - 4　公社时三个生产队干部情况一览表

| 年份 | 队长 | 副队长 | 会计 | 出纳 | 记工员 | 保管员 | 民兵排长 | 妇女队长 |
|---|---|---|---|---|---|---|---|---|
| 1962 | 30 + | 30 + | 30 + | 30 + | 17 ★ | 18 | 缺 | 缺 |
| 1962 | 30 + | 缺 | 26 ★ | 30 + | 缺 | 40 | 20 + | 30 + |
| 1974 | 24 ★ | 40 + | 30 + | 缺 | 缺 | 40 + | 27 | 40 + |

★表示表中人员年龄以此访谈人第一次当选时为标准，其他人第一次当选干部时年龄
比表中年龄要小。

　　策略之二是改变乡村领袖的遴选方式，公社掌握了干部任用的主
动权。在乡土社会里，权威是在人际交往与互动中自然生成的，并不

---

① 　资料主要来源于笔者 2010 年 6 月 25 日与 WXS、2010 年 5 月 3 日与 LCY、2010 年
4 月 14 日与 LCX、2010 年 5 月 9 日与 LCD 等人访谈的记录。

需要村民们的一致性投票表决,更多的是基于农民的无声认同。它的合法性来源于村落,行为逻辑也必然要符合村民们的期待。因此,他们在无形中就成了地方传统的践行者和传承者。在人民公社时期,东坝大队刚组建的时候,书记是在火线入党后当场任命的,其他大队干部是由书记提名报上级备案通过的。之后,东坝大队的干部曾经进行过三次选举,第一次是直接海选产生,接下来的两次都是由公社酝酿一个候选人名单,再由社员选举产生的。而生产队的干部,一般都会经过社员举手表决,通常的流程是,大队干部到生产队召集社员开会,先组织社员选本年度各项工作的积极分子,大队干部再对相中的积极分子做介绍、评价,引导社员的情绪,使其能够领会大队干部的意图,然后再交给社员去表决。从选举的结果来看,在正常情况下,大队干部的意愿都会得以实现,很少有大队相中的干部当选不了或是没有相中的干部当选了的现象出现。能够做到这一点,关键是大队干部往往对各个生产队的情况都知根知底,老百姓信服谁不信服谁都了然于胸。这样一来,生产队干部的遴选方式就是"群众信任 + 组织委托","群众信任"在前,"组织委托"在后,乡村权力的合法性来源就成了"农民认同 + 组织授权"的"认同—授权"模式。公社和大队"授权"的重要性在于能够保证有群众基础又能完成国家任务的积极分子来担任生产队干部,如果仅有群众基础就意味着极有可能选出只顾"自己人"的利益而对国家利益漠不关心的人去担任干部。

策略之三是强化意识形态教育,用社会主义新传统改造小农的思想。农民生活在熟人社会里,彼此知根知底,是以人情规则、面子竞争法则等地方性规范为人际互动的原则的。他们是嵌入到村落的社会结构网络当中,受村规民约、族规家法以及各种不成文的软规范制约的道义小农。为了从思想上教育、改造小农,使农民能够认同国家的发展战略和发展目标,将个人和"自己人"群体的利益服从于国家的利益,从小农经济剩余中汲取尽可能多的资源,就必然要否定村落社会里传统文化的合法性,确立社会主义新传统的合法性及主体性。"以阶级斗争为纲""抓革命,促生产""破四旧,立四新""天下贫下中农是一家""爱国家、爱集体、爱解放军"等浓缩着社会主义意识形态的标语和口号就是在教育农民、改造小农思想的不懈努力中自外而内走进乡村社会、走入农民的日常生活的。从实践的结果来看，意识形态教育还是卓有成效的，它在客观上为国家汲取农村资源提供了合法、合理的依据，为确立农民对国家的政治认同做出了重要贡献，为在资源贫乏与提取过度的双重压力下维持公社时期乡村社会秩序的基本稳定提供了社会文化网络的支撑。迄今为止，在那一代人身上还能看到社会主义新传统的精髓在闪光。当 2005 年农业税费取消之后，我们在农村调研时，还时常碰到有老人问我们："农民不交粮了，那国家怎么办，解放军吃什么啊？"

策略之四是常规性治理与运动式治理兼备。常规性治理就是日常的治理实践，在人民公社时期，治理是无处不在的，生产上要服从统一安排，生活上要按照新的标准和要求进行。从生产上来说，每天何时出去劳动、到哪里、做什么、何时收工，都由生产队统一安排，社员要想走亲访友或是看病休息都必须请假，否则有一个月出工出劳低于 28 天或是其他规定的标准，年终就不能享受到各种集体福利。从生活上来说，拜佛、算卦、看风水等封建迷信活动都是不允许的。而且，生产队在农闲时的夜晚，以及下雨天都会经常组织社员开会宣传党和政府的政策，办各种学习班，开诉苦会、批斗会等。运动式治理则是以运动的形式开展非常规的治理，如各种整风、整社活动等。一般来讲，运动式治理主要是针对大队、生产队干部展开的。运动一来，农民日常生活中的错误就可能成为批判的靶子，干部的贪污腐化问题、生活作风问题等都有可能上升到政治的高度进行重新认识和审定。在运动中，不仅有外来干部和社员的揭发、批评乃至批判，而且更重要的是犯事的干部必须自我反省。反省能够帮助农村干部确立起村庄管理主体意识，改造干部群体的小农思想和行为，树立忠诚于国家的观念和服务大众的思想（邓宏琴，2009）。运动式治理可以弥补常规性治理的不足，纠正干部平时工作中的偏差、生活中的错误，提高干部、群众的思想觉悟，使"革命小农"的革命精神能够持久发挥作用，从而保证国家的政策意图得以实现，大队、生产队的各种工作有效展开。

策略之五是确立新的分类标准，对社员实施分类治理。实践证明，分类治理是乡村治理中的一个有效手段（申端锋，2009）。新中国成立前的中国农村，财富、声望、人情、面子、道德、宗族姻亲关系等是决定一个人社会地位和社会交往行为原则的基本依据，基本的分类标准是社会地位的高下以及彼此关系上的亲疏远近。基于传统的分类标准，乡村社会是一个自治的自治单位，与"不下县的皇权"一起维持了"皇帝无为而天下治"的理想局面。新中国成立后，要改造农民，国家采取的办法是以新的分类标准来取代旧的分类标准，创造新的治理策略与技术，通过标准置换和技术创新，实施分类治理。贯穿新中国前30年历史实践的最为重要的标准就是阶级成分，通过将农民划分为不同类型的阶级成分，区分出敌我矛盾和人民内部矛盾，将不同的矛盾类型配置以不同的治理办法，国家就能够以较低的社会运行成本对乡村社会实施有效的管理和控制。此外，在日常工作中，大队、生产队干部采用的最为经常、最有实践价值的管理办法也是以抓典型为主要内容的分类治理法，将社员依据不同的分类标准划分为"五好社员""积极分子""顽固分子""落后分子"，以及"五好家庭""好媳妇""好婆婆"等并给予不同的待遇，无形中就是提醒农民要保持革命觉悟，要向好的标准看齐，向模范学习。可以说，在人民公社时期，阶级分类法和抓典型都是分类治理的重要表现形式，也是形塑革命小农的重要手段。

### （三）革命小农的性质与特征

革命小农的性质是什么？塑造革命小农的实践价值和意义何在？这需要将之与两个关于小农经济经典性论题的相关观点进行对照才可能清晰化。在农民学、农村社会学和农业经济学等领域存在一个"斯科特—波普金论题"，也即传统中国农民究竟是"道义小农"，还是"理性小农"的争论（郭于华，2002）。

"道义小农"的提出向上可以追溯到苏联社会农学家恰亚诺夫（1996），在著名的《农民经济组织》一书中，他认为传统的小农经济行为不能用资本主义学说来解释，小农家庭生产的目的不是追求最大利润，而是满足家庭的消费需要。而"道义小农"理论模型的成熟则是在斯科特手中完成的，其标志性著作是《农民的道义经济学》（2007）。"理性小农"的提出源自舒尔茨（2006）对小农经济的分析，成熟于波普金《理性的小农》一书。接下来，我们从以下几个维度对"道义小农"、"理性小农"和"革命小农"的概念内涵进行区分性理解。

表 2 - 5　　"革命小农"、"道义小农"和"理性小农"概念内涵的区分与比较

|  | 革命小农 | 道义小农 | 理性小农 |
|---|---|---|---|
| 行为取向 | 国家主义 | 群体主义（群我主义） | 个体主义 |
| 行为原则 | 革命意图、革命伦理 | 生存安全、道义伦理 | 理性算计、经济伦理 |
| 权威与民众的关系 | 服务与被服务关系；"亲不亲，阶级分" | "庇护—依附"关系 | 不平等的互利关系 |
| 投机行为的选择 | 个人、群体都不能谋取私利 | 个人搭便车受约束；群体谋私利普遍 | 个人搭便车现象普遍 |

首先，我们来看行为取向的维度。"道义小农"强调社区公共性的价值，个人的经济行为是嵌入到社会结构中的，农民在作出行为选择时不仅要考虑个人的利益，而且更重要的是必须考虑社区的整体利益，考虑到全体村民的安危，人们的经济行为必须以确保人人都应该拥有的生存权为前提，个人不能为了自己的利益去牺牲共同体的公共利益。也就是说，在"道义小农"理论的提倡者看来，共同体的"大私"（"小公"）的利益重于个人和家庭之"小私"的利益，在日常生活中"小公"与"小私"是可以公私两利和谐并存的，但是当危机来临的时候，"小私"的利益就必须为"小公"的利益做出让渡，以维护众人均等的生存权。由此可以看出，人民公社时期，农民的群体性自发行为体现的就是典型的"道义小农"的生存选择策略。

"理性小农"则认为农民对个人获利的冲动强于对群体利益的坚持，在个人利益与群体利益之间存在着难以调和的冲突，农民更倾向于自由抉择以增加家庭收入，获取最高的收益。在"理性小农"模型中，共同体是不存在的，村庄是一个开放而不是封闭的单位。因此，可以说，"道义小农"在行为取向上坚持的是群体主义逻辑，而"理性小农"则坚持的是个人主义逻辑。那么，与之相对，"革命小农"则坚持的是国家主义逻辑。"革命小农"是国家权力渗透到乡村社会所竭力要打造的"代理人"，是国家利益在村落社会的代表。在人民公社这个特定的历史时期，国家要实现提取资源的目标，而小农经济剩余的总量原本就不足，难度之大可想而知。因此，"革命小农"不仅要在意识形态上与国家保持一致，还必须站在国家的立场去思考问题，做出抉择。

其次，我们来看行为原则的维度。"道义小农"是处在"齐脖深"水中时刻都有被细浪吞没危险的农民，他们把生存作为经营的目的，为了规避可能的经济灾难而不会去冒险追逐平均收入的最大化。受生存权的制约，地方规范往往十分强调生存规则的道德意涵，在村落社会里遍布着一整套的社会支持网络，农民的社会公正观念、权利义务观念，以及互惠观念等都包含其中。"理性小农"虽然也认为处于贫穷状态，长期徘徊于生存边缘的农民不会轻易去冒险，但是他们仍然有能力也有可能做出有风险的投资行为，其中对老年的投资就是一个重要的例证。"革命小农"在行为原则上更强调国家意图，要从思想上、行动上改造自己，使自己能够成为合格的"毛主席的红卫兵""社会主义的建设者""革命的接班人"，等等。"革命小农"不能计较个人利益的得失，不能被"坏人"所蒙蔽，不能向地方"恶势力"低头，要时刻保持高度的政治觉悟，对自己高标准、严要求。

再次，我们来看权威与民众的关系。"道义小农"理论认为地主与承租人之间是一种"庇护—依附"关系，地主必须担负起对佃户的责任，庇护自己的承租人。一个"好地主"不能单纯强调与佃户之间的公平交易关系，还必须维护生存安全第一的道义原则，必须在"细浪"来临的时候给佃户以实质性的生存保障，在最低限度上帮助承租人家庭渡过生活中的难关。同时，佃户则必须依附于地主而存在，通过权力和利益的让渡，以及地位上的"顺应性服从"来交换。"理性小农"理论则认为地主与佃农之间是一种不平等的互利关系，它受双方相对的讨价还价能力的影响。庇护者除了在有限程度上善待穷人外，会尽力遏制农民的群体性讨价还价能力的发展；而农民也会尽力改善自己的生活水平，减少对庇护者的依附。而在"革命小农"这里，权威与民众之间是一种"服务"与"被服务"的关系，"为人民服务"是权力持有者应该坚守的宗旨，"权为民所赋，权为民所用"。权威与民众之间在地位上是平等的，人们之间的关系不是领导与被领导的关系，而是"亲不亲，阶级分"，是以阶级为标准来确立群体之间的界限和群体之间的关系的。权力应该掌握在贫下中农手中，"地富反坏右"则是权力斗争的对象，传统的社会分层理论失去了现实的意义，"鸡毛飞上了天"，"凤凰落了水"。

最后，我们再来看投机行为选择的维度。"道义小农"基于生存权不受侵犯的理念，会约束或抵制个人的过激行为，使个人性的搭便车行为并不普遍。但是当经济剩余过小而庇护者拿走的过多，使农民的生存权受到威胁时，反抗就有可能出现。不过，这种反抗往往具有防御的性质，生存威胁一旦消除，反抗就自动消失了。在人民公社时期，普遍发生的瞒产私分行为就是"道义小农"的群体性自发行为。在"道义小农"模型中，群体谋私利在社区内具有合理性，而个人谋私利则要受到严格的限制，有时还要遭到严厉的惩罚。"理性小农"在决定是否搭便车时考量的是如何选择才能获得最大的个人利益，如果个人不需出力就能获得好处，他就不会为了群体的目标而贡献自己的力量。"理性小农"是一个有经济、政治头脑的理性投资者，而"革命小农"则不然。"革命小农"不能因私废公，不能为了个人私利而损害国家和集体的利益，也不能无视瞒产私分行为的发生，必须站在国家立场上考虑问题。形塑"革命小农"是打破村庄社会结构，遏制群体和个人谋取政策规定外的私利的重要手段。所以，要始终牢记"喝水不忘挖井人"，要时刻警惕"阶级斗争的新动向"，要反思狠斗"私字一闪念"。

综上所述，"革命小农"遵循的是国家主义行为逻辑，能够与国家的革命意图保持高度一致，能够时刻保持高度的政治觉悟，从思想上、行动上不断改造自己，是国家利益在乡村社会里无私的捍卫者；"革命小农"不讲职业贵贱、地位高低，只讲"为人民服务"，权威与民众之间是平等关系，"亲不亲"只能以"阶级分"，"贫下中农是一家"；"革命小农"能够超越个体和小群体利益，能够与各种损公肥私行为作斗争，是新制度的坚决维护者。

### （四）塑造"革命小农"的实践价值

从以上讨论中可以自然地发现，"革命小农"即便是在人民公社时期更多的也仅仅是一种"表达性现实"，而"瞒产私分"等农民的群体性自治行为屡禁不止、暗潮涌动则可能更是一种"客观性现实"。然而，这里体现出来的黄宗智（2003b）所说的"表达性现实"与"客观性现实"的并行不悖正说明形塑"革命小农"具有现实的必要性，地方政府在形塑"革命小农"问题上的坚持不懈也说明新旧制度之间的张力与博弈关系在人民公社时期是长期存在的一对矛盾。

毛主席在《矛盾论》中早就指出："矛盾的斗争则是不断的，不管在它们共居的时候，或者在它们互相转化的时候，都有斗争的存在，尤其是在它们互相转化的时候，斗争的表现更为显著，这又是矛盾的普遍性和绝对性。"（1991：336）因此，在维系旧制度的社会文化心理机制仍然影响着农民的日常行为逻辑，旧的制度仍在不断地变换形式挑战新制度的地位时，就必须要在对立的矛盾中求平衡，就必须要不断地通过各种方式形塑"革命小农"，不断地推进革命向前发展，以此来完善新制度，巩固新制度在乡村社会的统治地位。

进一步地讲，塑造"革命小农"的实践价值体现在"一破"与

"一立"的体制及其功能转换上。"一破"就是要打破宗族势力在乡村社会的主导性地位，消减农民的宗族认同意识，压缩农民宗族性自治行为的存在空间，破除地方文化和地方传统中不利于国家政权建设目标达成的负面因素。"一立"则是要在农民认同的"大私"单位之上，以最基层的治理主体——生产队为组织中介，在不断的改造中利用农民的"自己人"认同意识，将农民对宗族的认同逐渐转移到对现代化建设目标和社会主义新传统的认同上来，进而改造农民的思想和日常的行为逻辑，使分散的小农能够自觉"将有限的生命投入到无限的为祖国的现代化建设添砖加瓦"的实践当中来。由此，我们看到塑造"革命小农"是一个系统的、庞大的工程，因为它不仅要将生产队、生产大队里的全体干部塑造成能够时刻与国家立场、政策目标等保持高度一致的"招之即来，来之能战，战之能胜"的基层干部队伍，而且还将触角伸到了千家万户中的每一个小农，试图教育每一个农民，改造他们的思想，影响他们的日常行为逻辑。而在"一破"与"一立"之间，旧有的以宗族为载体的基层自治实体被剥离了"公"的身份，失去了意识形态上存在的合法性，生产队得以替代宗族成为"小公"与"大私"合一的公私结合体，成为最基层的治理主体，从而影响甚至决定着基层社会秩序的生成逻辑。

## 五　公社体制末期的离心力

经过土地改革、农业合作化、公社化运动之后，"三级所有、队为基础"的公社体制通过将最基层的治理单位落基于农民的"自己人单位"之上，实现了国家治理逻辑与"自己人治理逻辑"的有机衔接，虽然公社仍然要时常面临农民自发的群体性自治行为及个体性谋利行为的侵蚀，但是借助于完备的组织网络以及各种不断创新的治理策略和技术，公社在形塑"革命小农"方面取得了相当大的成功，在新旧制度的博弈中一度占据优势。然而，过分强调国家之"大公"的目标和利益，否定"自己人"之"大私"利益的存在，压抑农民个体及其家庭之"小私"的利益，在农村经济社会发展水平均衡，农民家庭经济分化不明显的情况下，是可以通过社会主义改造、形塑"革命小农"得以实现的。但是，随着20世纪70年代后期农村经济在发展中不断分化，小农的离心倾向开始逐步强化，再加上毛主席逝世以后公社的管理制度迅速松弛，"革命小农"渐渐丧失了革命精神，体制内的离心力越来越不可遏制，新的农村治理体制的变革势在必行。总体来看，在岳平县农村，公社体制末期的离心力主要表现在以下几个方面。

首先是生产队之间的经济分化越来越严重，收入差距越来越大。在20世纪50和60年代，农民的收入来源主要都是农业，在人均耕地水平相差不多的情况下，社与社、队与队之间的经济发展水平并没有显著的差异，农民关心的主要问题还是如何才能吃饱饭，对集体经济的效益关注并不是很多。至今，提起那段历史，映入农民脑海最多的还是关于饥饿、关于生活之苦的记忆。但是，到了70年代，形势已经在悄无声息中发生了重大变化，生产队之间的差异迅速增大，原有的均衡局面被打破了。到70年代末期，新组建的科发大队已经连续多年将农民一天的全值工分（10个工分）的货币收入维持在1.2元左右，并且已经拥有24个社队企业，年总收入过百万元，人均纯收入超过200元，人均口粮达到700斤。[1] 东坝大队的发展势头也很好，农民一天的全值工分的货币收入也长期稳定在1元钱以上。与之相对应的是，绝大多数大队、生产队的经济发展状况并不理想，社员劳动一天的经济收入往往只有几毛钱，从调查中的情况来说，大多维持在0.3~0.6元。其中，一个"远近闻名"的自然湾，这项收入在70年代甚至只有0.1元。这个自然湾被当地人视为全宝恩地区最差、最落后的湾子，根源在于缺乏强有力的领导。关于这个湾子，有这样一个顺口溜："出工是公子，收工是兔子，到自留地是耗子，开会是哑子，评分是净子（喜欢骂娘）。"这个湾子是一个特例，它的存在

---

[1] 见《科发村简志》，第42页。

和"出名"从一个侧面说明当地绝大多数生产队的管理工作在"自己人治理"下都是相当成功的。生产队之间差异的存在主要是由于社队企业的发展不同步，东坝大队是凭借铁矿起家的，科发大队是凭借煤矿起家的，并且他们都还得到了地方政府的支持，获得了诸多的优惠政策。

另外一个影响相对较小的原因是不同生产大队、生产队的主要干部的政治魄力和经济眼光有差异。在20世纪70年代农民外出从事副业的机会越来越多时，有魄力、有眼光的干部就会竭力说服全体社员让尽可能多的剩余劳动力走出去，为集体、为个人获取更多、更大的经济效益。而没有魄力和眼光的社队干部就会以农田耕作需要劳动力为由，坚持不让社员出去做副业，他们担心的是人出去多了，农业生产抓不上去，人心也会涣散，就有可能出现得不偿失的现象。可他们没有想到的是，不让社员出去做副业，生产队的工分值就不能得到提高，生产队的经济效益就越差，社员就越眼红别的先进生产队，人心就更涣散了。所以，当1977年科发大队急速扩大规模，通过公社向各个生产大队、生产队招人时，人口从861人增加到1849人，而四面八方的年轻人迅速地会聚而至，为的就是劳动一天可以挣到1.2元钱。

其次是生产队内部社员之间的家庭经济收入水平也逐步出现显性分化。从土改运动开始到"队为基础"的公社制度的初期，自然湾里农民家庭之间的经济收入水平高度平面化，农民的平均主义心态也在这个过程中逐步形成和固化，"不患寡而患不均"的思想越发严重。受益于此，农民在那段艰辛的生活中，仍然能够过上欢声笑语的快乐日子，因为大家都是贫困的，社会地位的高低和面子的多寡依据的标准不是财富，而是阶级出身。"越穷越革命"，穷人"根红苗正"，贫下中农的优秀子弟是不愁找不到媳妇的，地主、富农的子弟往往就没有那么幸运。

到了70年代，生产队的社员忽然发现情况变了，红白喜事上摆酒的规模和档次开始出现差异，饭碗里吃的东西也不再是清一色了，孩子们身上穿的衣服也不同了，各种微妙的变化都在刺激着农民的神经细胞。在这个时期，公社下达到各个大队、生产队的招工指标在不断增加，社员之间的竞争也在不断加剧；大队、生产队自己组织或者是批准的外出从事副业的人员数也在逐步增加。到了公社制度的后期，在有些大队、生产队，劳动力的分配呈现"三分天下"的局面：部分人从事农田耕作，部分人被抽调出去修水库、做工程，还有部分人常年在外从事副业。刚开始的时候，外出从事副业的社员，如果是被公社调去的，一个月可以获得15元钱和300个全额工分，所在生产队可以获得30元钱；如果是生产大队、生产队派出去的，每个月要给生产队上交30元钱，生产队再分配给他300个工分，干多干少都是自己的。到了后期，农民外出从事副业的收入不断上涨，有些生产队就规定了越来越高的上交额，有些生产队很少有增加，整体上来看，外出的社员的收入水平在快速上涨，由此引发了留在生产队从事农田耕作社员的不满。

在公社制度实施的初期，包工制虽然已经出现，但是除农忙外很少在实践中运用，即便是运用了，工分数量和劳动付出之间相对也是平衡的。可到了公社后期，从事农田耕作的人就开始向队委会提意见，要求提高每日劳动工分，以换取更高的收入，包工制的使用频率不断增加，农民开始从先前的关注生存转变为更多地关注发展，关注家庭经济条件的改善。显性的家庭经济条件的分化，滋长了社员之间潜在的不平衡心理，助长了公社制度的离心力。

再次是革命对象的模糊化。人民公社时期的乡村治理是以阶级成分为基础实施的分类治理，地主和富农是无可争议的斗争对象。随着岁月的流逝，一部分"地富反坏右"分子离开了人世，革命对象的数量在不断减少。在近30年的农村革命与建设实践中，地主、富农虽然大多只是在运动到来的时候才会遭到湾子里"自己人"发起的批判，但是他们还长期在其他人的眼皮子底下从事着最苦、最累、最脏的工作，且不能有任何怨言。久而久之，毕竟都是乡里乡亲的"自己人"，社员们不仅不会在内心把他们及其后代视作革命对象，而且还会对他们的遭遇产生同情的心理，"都是那些财富造的孽"。在农民的眼中，所谓的地主、富农只是在不恰当的时候拥有了那笔给他们带来灾难的财富，而现在呢，新的财富占有的不平衡不是每时每刻都在发生着的事实吗？农民的"自己人"意识和家庭经济条件的再分化，时刻都在侵蚀着农民的革命思想，驱赶着农民革命精神不断退却。到1976年，毛主席逝世以后，随着社会主义意识形态教育的放松，对阶级出身的强调越来越淡化，在一些生产队甚至还出现了地主、富农的后代当选队长的新情况。其中，刘家湾的地主后代刘子福在这个时候就是所在生产队的队长。因为社员们一致认为他有经济头脑、有想法，也有技术，所以就选了他当队长。革命对象的模糊化，使革命失去了靶子，"革命指向谁"丧失了目标，革命也就难以为继了。

最后是革命意识和革命精神的急速退却。1950年以后，国家曾经长期致力于改造农民的思想，提高农民的革命觉悟，形塑符合社会主义意识形态和革命形势发展需要的"革命小农"，期待以此能够彻底改造农村社会，建设社会主义新农村。国家的努力取得了一定的实践成效，集体本位的价值观在农民心目中打上了深深的烙印，对集体利益的追求在大多数生产大队、生产队干部身上有着极其明显的体现，很多人都把做好本职工作看作为社会主义现代化的大厦添砖加瓦，将之作为终生奋斗的事业来做。在普通社员的身上，革命意识和革命精神也时有体现，为了集体的利益，他们可以跟多拿少干、损公肥私等非正当的行为作斗争。虽然这中间难以说清楚是农民的集体意识在起作用，还是农民的"自己人"整体意识在作祟，但是表现在行动中就是集体已经成为农民生活世界中的一个重要组成部分。在这个过程中，上级又会接连不断地发动各种改造农民尤其是干部思想的整风、整社运动，大队、生产队也会不断地通过各种评先表优会、诉苦会、批判会等形式清理农民思想中的不上进成分，从而使农民的越轨行为能够纠正过来重新回到正确的轨道上来。所以，在实践中，国家通过持续不懈地塑造"革命小农"，在干部与群众中就会形成正向累积效应，使农民的革命意识和革命精神得以长期保持。

到了人民公社后期，革命的政治氛围迅速地烟消云散，"以阶级斗争为纲"的话语也随之销声匿迹，大队、生产队的整合能力飞速下降，针对社员思想展开的意识形态教育越来越少，也越来越没有力度。在新的形势下，原本热火朝天的改天换地运动不再被上级所重视，不少农民已经付出了巨大的物质代价且花费了大量的时间和精力的建设项目在一夜之间被叫停，农民在茫然中等待着，不知道未来的方向在哪里。在这中间，名山大队的社员们最有意见的一件事就是1976年动工、1977年停工的名山水库建设项目。为了建设这个项目，名山村有三个生产队被迫搬迁，上百个农户的房屋被淹掉，不少农户被迫离开了生养自己的家乡到其他地方寻找生路。为了这个"功在千秋"的建设项目，名山村人付出了巨大的代价。但是，动工仅仅一年就成了一个半拉子工程，没有人再去关注它。政治气氛变了，发展思路混乱了，农民的革命意识和革命精神丧失了主体性，不知道往哪里使力。再加上农村经济社会发展程度的不平衡，以及社员家庭之间出现新的贫富分化的苗头，原来的正向积累效应逐渐被负向累积效应所取代，农民的革命觉悟不是越来越高，而是不断加速流失，传统开始加速复苏，惯性的力量重新活跃在乡村社会的各个舞台上。

## 六　集体化时期农民公私观念的调适逻辑

本章前面部分，笔者已经论述了从1950年土地改革运动到1962年"三级所有、队为基础"的公社制度确立之间长达13年的农村基层治理模式在变化中不断调适的逻辑，剖析了农民"反行为"与形塑"革命小农"的深层逻辑，分析了人民公社制度时期新旧制度的博弈逻辑，初步厘清了公社体制末期的离心力，展示了新中国前30年农村经济社会制度变迁的村社逻辑。接下来，我们来看如表2-6所示的宗族与集体之间的异同，讨论生产队里的秩序生成机制，进而尝试从公私观念的角度对集体化时期的基层社会发展逻辑进行重新理解。

宗族从性质上来说是一个有"小公"之名的"大私"，虽然从形式上看它具有诸多如"太公种"之类的"公"的成分和属性，但是这并不能改变其"扩张了的私"的本质。在传统社会里，以宗族为内在基础的村庄里践行着的是"自己人的治理"，乡村领袖更愿意充当的是地方利益的"保护人"，他们的价值取向是面向村庄的，他们的权力来自农民自发的服从性认同，他们为小农提供庇护，同时从小农的依附中获取地位、面子、荣耀等人生价值和生命意义追求的稀缺资源。在被宗族意识深深浸染的自然湾里，农民不是个体主义的"理性小农"，而是遵循社区伦理的共同体里的"道义小农"。在"自己人的治理逻辑"中，国家法是什么并不重要，重要的是"以伦理组织社会"（梁漱溟，2006）的融于族规家法、村规民约中的地方性公共规则是如何规定的。由宗族这个结构性力量作为中介，皇权与小农之间并不直接打交道，皇权之"大公"与宗族之"大私"之间是公私两利的关系，宗族不会主动去挑战皇权的统治，以换得地方自治的权限。而宗族之"小公"与小农家庭之"小私"之间也是公私两利的关系，只要在地方规则允许的领域内，乡村领袖并不会刻意地去遏制小农家庭对私利的追求。

而以生产队为最基层治理单位的集体则是一个建基于"大私"之上的"小公"，它建基于最适宜整合农民的"自己人单位"的层级上。生产队里的治理逻辑是复杂的，"自己人的治理逻辑"无时无刻不在寻找"国家治理逻辑"的缝隙，企图为"大私"，也为"小私"谋取可能的私利。所以，新旧制度和新旧治理逻辑的博弈在人民公社时期是长期存在的两对紧张关系。在生产队中，队委会的权力来自群众信任基础之上的组织委托性授权，生产队干部与社员之间不应是有岗位之别的领导与被领导关系，而是"亲不亲，阶级分"基础之上的"服务与被服务"关系。生产队里的治理是依赖革命小农的走政治路线的"任务压倒一切"的治理，生产队只是国家之"大公"治

理基层的中介组织，是无限忠诚地贯彻执行党的政策、路线、方针的
"小公"。生产队与小农家庭之间应该是"公而无（小）私"的关
系，个人利益在集体利益面前是必须要让步的。因此，在集体化时
期，理想化的公私观念理解图式应该是：立"大公"、灭"大私"、
抑"小私"。

表 2-6 集体（生产队）与宗族的区分情况

|  | 集体（生产队） | 宗族 |
|---|---|---|
| 组织的性质 | 建基于"大私"之上的"小公" | 顶着"小公"之名的"大私" |
| 治理的逻辑 | 国家治理逻辑与"自己人治理逻辑"的博弈 | 自己人的治理 |
| 权力主体的性质 | 国家的"代理人" | 地方的"保护人" |
| 权威的性质 | "群众信任＋组织委托" | 农民认同 |
| 权威与民众的关系 | "服务与被服务"关系 | "庇护—依附"关系 |
| 治理的民众基础 | 革命小农 | 道义小农 |
| 治理路线 | 政治路线 | 伦理路线 |
| 与国家的关系 | "大公"与"小公"相通 | "大公"与"大私"两利 |
| 与农民的关系 | 公而无（小）私 | "小公"与"小私"两利 |
| 公与私的理想图式 | 立"大公"、灭"大私"、抑"小私" | "大公"与"大私"两利，"小公"与"小私"两利 |

"灭宗族""立集体"是新中国前 30 年农村基层治理体制变革的
基本逻辑，由此基层社会秩序的生成维持机制发生了重大变化。原来
乡村社会的基本治理主体是宗族，宗族是一个"小公"与"大私"
结合的组织，既有国家赋予的"公"的合法性，又有农民自发的
"认同感"。可是，从根本上来说，宗族对于皇权来说是一个保守性
组织，承担的国家责任极其有限，其基本的职责都是面向社区内的，
是地方利益的"保护人"。因此，虽然从公与私的角度来看，生产队
也是一个公私结合体，是一个合法性与认同感兼备的组织，但是从性
质上来看，生产队要承担的国家任务极其繁多，国家试图让其扮演的
是政权的"代理人"角色。所以，生产队就必须成为一个积极性非
常高的组织，以时刻保持自身的步伐紧跟着中央的路线、方针、政

策，而不能有所懈怠。

问题是，以生产队为基础的村社集体，相比于传统意义上的宗族，是"换汤不换药"的关系，生产队的基础是宗族，"小公"仍然是建基于"大私"之上的。这就导致以队长为首的队委会的成员在紧跟着国家政策的步伐的同时，不得不顾及地方上老百姓的整体利益，不得不对生产队里发生的群体性自治行为睁一只眼、闭一只眼，甚至直接参与并主导公社时期隐蔽的社会性自治行为。为此，"大公"与"大私"之间的利益冲突就集中地体现在生产队这个"小公"与"大私"相结合的组织身上，生产队队委会必须兼顾二者各自的利益需求，而不能有严重的偏颇行为。如果生产队的干部过于偏向"大私"的利益，不能完成上级部署的任务指标，自然就会被免职；如果他们跟政策跟得太紧，"大私"里的"自己人"也不会轻易放过他们，就会"用脚投票"，不配合其日常的管理工作，迫使其不得不离职。实际上，在公社时期，很多基层干部都是当选之后干了不到一年就自动撂挑子不干了的。那些干了很多年的基层干部则大多都是能够在日常工作中恰当地处理"大公"与"大私"利益关系的有丰富实践经验的农民精英。总而言之，在人民公社时期，在以生产队、自然湾为单位的基层社会里，农民的公私观念仍然是型构地方社会秩序的重要力量，塑造"革命小农"并没有改变基层社会秩序生成与维持机制的本质属性。

接下来，我们来初步总结一下新中国前30年农民公私观念的调适逻辑。

（1）土地改革和镇压反革命打破了传统中国农民"有宗族（认同）而无国族（认同）"的公私观念格局，确立了新生政权在农民心目中的合法性，建立起了农民对国家的政治认同。也就是说，在运动中，宗族之"大私"的笼罩性地位被打破，个人及其家庭之"小私"被释放了出来。

（2）农民土地所有制的确立，强化了小农家庭"私"的利益属性，农民在缴纳公粮之外，并不愿意承担更多的经济上的国家责任，农民对国家的政治认同并没有能够顺利地转化为对现代化、工业化发展目标的认同。政治上的"立公灭私"，并没有能够在经济上转化成"立'大公'、灭'大私'、抑'小私'"。

（3）重工业导向的工业化发展战略导致工业品与农业品两大部类之间的价值交换不能实现，而国家又需要持续不断的廉价原材料的供给，对小农经济剩余的汲取要求仍然很强，最为典型的是国家的粮食征购任务越来越大。这就导致国家必须想尽办法强化汲取农村资源的能力，而国家又无力承担直接与农民打交道的经济成本和社会成本。

（4）农民的土地所有制也限制了农业基础设施条件的改善，"收不收，取决于水；收多收少，取决于肥"，农民在公共品供给方面有合作的需求。

（5）兼顾国家与农民的利益，政府开始引导农民走合作化的道路，既为了改善农业生产的条件，发展生产力，也为了国家能够以较低的制度运行成本更好地从农村获取资源。

（6）自发的农业合作化不能适应国家城市化和工业化发展的前进步伐，国家客观上需要加快农民合作化的速度，扩大合作的规模，提高生产力水平，加大资源汲取力度，农业合作化、公社化运动随之而来。

（7）以高级社、大公社为核算单位的体制确立之后，引发了农民的不满，农民并没有能够对之产生认同。瞒产私分等农民"用脚投票"的现象屡禁不止，基层治理出现了种种可能会消解农民国家认同的乱象，治理模式急需调整以缓和与改善农民对国家的政治认同。

（8）"三级所有、队为基础"的公社体制的确立，将最基层的治理单位确定在最有利于整合农民"大私"力量的层次之上，使集体借助于宗族的认同力量得以发挥作用。通过改造、利用农民"大私"的力量，集体较好地完成了国家部署的汲取任务和发展目标。

（9）通过规划性社会变迁，集体取代了宗族成为显性的治理单位。但是，瞒产私分、排斥"湾里的湾外人"、生活"反行为"等遵循"自己人治理逻辑"的暗藏地下的群体性自治行为不断地侵蚀着以生产队为中介的"国家治理逻辑"。两大治理逻辑的博弈成为人民公社时期的制度性矛盾，难以有效根除。

（10）为了让农民不仅从政治和发展战略上认同国家，在经济行动上支持国家，而且在政治上"公而忘私"，在经济上"崇公抑私"，国家通过各种策略和技术手段，以最大的努力持续不懈地致力于形塑"革命小农"，以保证能够将农民基于"大私"和"小私"单位利益的谋利行为减到最少，保证公社制度的有效运行。

（11）如果说农民对国家的政治认同是主动的话，农民对国家从农村过度提取资源的经济上的认同就是被动的。经济领域的"崇公抑私"打破了农民公私观念的基本认同机制。但是，在"均贫富""大家都一样苦"的生活环境中，矛盾并没有达到不可调和的地步，农民的生活是"痛并快乐着"。

（12）到了公社体制的末期，农村的经济社会发生了质的变迁，大队、生产队之间发展水平的差距开始凸显，社员家庭之间的贫富分化重新出现了苗头，在集体化时期受到强化的农民平均化心态受到刺激，农民个体性发家致富的愿望增强，经济上的"崇公抑私"观念受到现实的挑战。

（13）毛主席逝世以后，社会主义意识形态教育越来越少，教育效果越来越差，昔日用来形塑"革命小农"的各种策略和技术慢慢被废弃，"革命小农"的革命意识和革命精神逐步消退，再加上革命对象的模糊化，以及地方治理模式的中断等等，农民在茫然中徘徊着。

（14）公社体制的离心力越来越强，农民对经济上的私利的追求也逐渐变得难以遏制，经济上的"崇公抑私"越来越缺乏村社根基。当地方政府自上而下开始推行家庭联产承包责任制之后，"包产到组"在宝恩公社仅仅试行了一年之后，就进入了"包产到户"的历史新阶段，经济上的农民公私观又滑到了历史惯性的轨道上，公社制度垂垂老矣。

# 第三章 "市场离散宗族"："自己人单位"的命运沉浮

家庭联产承包责任制实施以后，村社集体的权力结构发生了质的变迁，队委会被取消，在生产队一级仅仅保留了生产队长及后来的替代形式——村民小组长一职，村社集体权力结构的主体上移到生产大队及后来的村委会一级，农村最基层的治理单位逐渐脱离了农民认同的"自己人单位"，村社集体的治理和"自己人的治理"开始在大队与生产队、村两委与村民小组之间展开互动，由村组干部实施的正式治理与复兴中的宗族权威实施的非正式自治并行不悖，国家政权建设的基层逻辑开始发生新的变化。

由于国家最基层的治理单位脱离了农民认同的"自己人单位"，本研究将分两章对分田单干以来农村基层治理模式的变迁进行论述，下一章关注的问题是村社集体权力上移后的农村正式治理发生、发展及变迁的逻辑；本章关注的问题是在市场的长驱直入之下，宗族复兴与宗族社会文化网络重建的机制，农民的"自己人意识"是如何强化与分化的，农民认同的"小私"单位——家庭发生了什么样的历史性变迁，农民的"大私"观又是如何表达与实践的，启蒙中的农民权利意识是如何有所为、有所不为地表达诉求的，"自己人的治理"发生了什么样的变迁，法律在哪些层面进入了乡村社会而又在哪些层面遭到了农民特殊主义行为逻辑的阻击仍然高悬在空中。进而言之，本章讨论的核心问题是在市场改变了农民可支配资源结构，引发了家庭权力结构变迁，迫使乡村道德元素做出适应性调整，农民权利意识越来越强烈的情况下，随着国家法制建设的启动、加速，处于农民权利意识日益彰显和国家法治建设高歌猛进之夹缝中的农民"自己人的治理"逻辑是如何应对挑战并做出适应性调整的。

## 一 房头的复兴与宗族社会文化网络的重建

对于改革开放以后宗族的命运，学界普遍的观点认为从 20 世纪 80 年代初期开始农村宗族出现了一个快速复兴与重建的趋势（王沪宁，1991；王铭铭，2004；肖唐镖，2010；冯尔康，2005；钱杭、谢维扬，1995；吕红平，2001）。但是，也有学者认为农村宗族在改革中遭遇了历史性瓦解，宗族在大量年轻人离乡后失去了后继力量，宗族与农民的血缘关系正在被国家与公民的社会契约所取代，宗族正在经历从血缘群到公民化的现代性变迁（王朔柏、陈意新，2004）。

本研究无意争论农村宗族的命运沉浮，关注的焦点是农民的"大私观"，以及"自己人治理"内在逻辑的变迁。下文笔者将对 80 年代以来岳平县宝恩区几个湾子里发生的宗族复兴的现象展开阐述，对宗族社会文化网络的重建展开论述，对农民的宗族意识再生产机制展开讨论，进而分析农民"自己人意识"的强化机制。

### （一）宗族标志物的复兴

岳平县农村宗族最早复兴的标志物之一应属族谱。早在 1978 年，刘家湾就和附近几个县市同宗同族的湾子一起偷偷修撰了族谱。修族谱在人民公社时期是不被允许的，但是那次修谱活动，生产大队、生产队的干部都是知道的，只不过大家共同保守了秘密，这充分体现了农民的宗族观念依然是比较强烈的，说明这个宗族仍有比较强的凝聚力。当时修谱，每个"红丁"（男性）都要出份子钱 13 元，全湾子只有一户没有出钱，结果就被"踢"出了族谱。

在当地，大姓是 30 年一修族谱，小姓是 20 年一修。2008 年，刘家湾又一次参与了族谱的修撰活动。[1] 这次修族谱活动是全国性的，由全国性刘氏宗亲联谊会主持，湖北省成立了 10 多个谱局，每个谱局负责召集若干个县市同宗同族的湾子修撰本地方的族谱，刘家湾的刘正生就是其中一个谱局的负责人。修谱活动前后持续了一年，每个"红丁"出资 32 元。以前修族谱是刻印，这次修族谱都采用了电脑排版。参与修谱的一些老人为此还专门学习了各种编排软件的操作技术，他们还在互联网上开通了刘姓的寻根网站，族谱的文本内容共 129 册都公布在了网页上，刘姓的人都可以在相关的网页上找到自己的世系与祖先。族谱修撰完后，每个湾子都要派人、派车去接族谱，仪式搞得非常隆重。以前，女性是不能被写进族谱的，现在只要当事人愿意，并且主动申请、缴费，她们的名字就可以写入族谱了。

国有国史，族有族史！在修撰族谱的时候，假如哪家有人考上大学，或是当了大官，负责人还会要求这家多出一些钱，以便在族谱上专门为其写上一笔。族谱修撰完成后，每个湾子都会保存一份。如果有农户愿意自己出钱购买，也可以自家拥有一份。在调查中就发现，有一些老年人宁愿花上几百元也要去买一份族谱。在族谱中，记录了自祖先伊始的各个房支的人脉发展状况，以及祖上历朝历代出的"大人物"，比如官职头衔较大的文臣武将的重要事迹，以此来展示祖先的功绩和身为后世子孙的各房头的荣耀。据当地的老年人回忆说，如果是在旧社会，修谱时你不出钱，名字就被抹掉了，人也会被驱逐出去，不再被本族的人所接纳。现在修谱，别人出钱，你不出钱，别人也会说闲话。你不参与续谱，就等于你这一脉绝了。所以，什么事都可以不出钱，都可以讨价还价，续谱就不行，必须给钱。2008 年修族谱，刘家湾每家每户都出了钱，1978 年没有出钱的农户不仅出了这次的份子钱，而且还补上了上次应出的份子钱。

宗族复兴的第二个标志物是祖堂。一般来说，在当地农村各个行

---

[1]　关于刘家湾 2008 年修族谱的更详细情况，请参见袁松、王德福、余练（2009）。

政村下属的自然湾中，湾湾都有祖堂。每个月的初一、十五，每个房头的农户都会到祖堂里面烧香以求祖先的保佑。在接"太公"等重大活动或是重要节庆日，各个房头还有可能会邀请戏班到祖堂里唱戏以示隆重。农村老年人死后也会放到祖堂里过夜直至入土安葬。在春节等重要节假日，祖堂还会对湾子里诸房头的人开放以供大家玩乐使用。历史上，在农闲时刻的大多数晚上都会有为数不少的年轻人到祖堂里习武，一方面为各个房头在每年正月初一到正月十五举办的耍龙舞狮活动提供武术人才，另一方面也为了预防各个湾子之间发生冲突时打不过对方。一个湾子里，祖堂的豪华程度在一定程度上反映了这个湾子里房头势力的兴旺发达程度，是房头势力存在的一个显性标志物。

因此，修建祖堂是房头里的一件大事。[①] 负责主持修建祠堂的一般都是各个房头的房长，但具体的工作也有可能让年轻人来做。而且随着依赖于长子长孙继承制获取房长地位的老年人在湾子里威望的下降，很多重要的工作也日渐开始依赖敢于说直话的年轻人来做。在科发村的后陈湾，2002 年，居住在该湾子的陈姓房头的人重修了祖堂，在选定宅基地的问题上，涉及多个农户的利益，岁数较大的那些老房长都有畏难情绪，怕得罪人，担心说话别人不听，面子上挂不住。房头会在不得已的情况下就推举了一个 30 岁上下、敢于说直话、为人公正的陈连宝站出来专门负责调解纠纷。实际上，此项工作很容易就完成了。"公益事业，你有份，我有份，大家都有份，为什么不出，谁家也不差这个钱。"当时修建祖堂，按各家各户的男丁数量收取"份子"钱，从刚刚出生的娃娃到即将老死的老年人都不例外，一个男丁出 200 元。如果有农户想生个男孩，但还没有生的，也可以为期待中的儿子出一份"份子"钱，以此来祈祷获得祖先的保佑。这种

---

① 桂华的报告详细记录了王家湾修祖堂的情况，请参见桂华（2009）；袁松等人的报告记录了前张湾 20 世纪 80 年代修祖堂的详细情况（袁松、王德福、余练，2009）。

情况在当地叫"旺丁"。还有一些农户如果暂时拿不出那么多钱，也可以分期出。

宗族复兴的第三个标志物是坟山。自然湾里每个姓氏都有属于自己的坟山，这是岳平县乡村社会里的一个常态。在当地，同宗同族的人都共有一个坟山，宗族里哪家死了人都要安葬在坟山里，不然就成了孤魂野鬼。在笔者调查的村庄，几乎每个湾子都有属于自己的坟山。即便是在科发村，虽然只有原本就是自然湾的三个村民小组拥有自己的坟山，但是对于那些从外地搬迁来的农户来说，他们家的老人过世后，仍然要回到家乡的坟山里去安葬。而如果外来的人想要葬到现居地，一般来说，其他湾子里的房头也不会同意。这么多年来，笔者听到的也只有一个例外的案例。当事人的老家在四川，如果将老人的骨灰送回老家，老家那边也太远了，所以当事人只能寻求当地人的帮助，花钱为老人在当地一个房头的湾子里买了一处坟地来安葬老人。

按照当地的宗教性禁忌习惯，死于非命的人是不能进坟山的，喝药、上吊、投河等自杀而死的更不例外。对于那些死于非命的人，必须采取各种补救性措施后才允许其尸体或骨灰埋进坟山，否则是决不被允许的。因为，以当地的说法，这将给整个房头的人带来晦气和不幸。

因此，修祖坟也是宗族里的一件大事。2010年清明节前夕，名山村的王兴湾就再次修葺了祖坟，花了6000多元钱，每个"红丁"出了130元。这次修葺活动的召集人说，修祖坟没有不掏钱的。你不掏钱，将来就不把你的名字写到祖堂里的祖先牌位上。所以，修祖坟和编撰族谱、修祖堂一样，长期以来在宗族里面都是一呼百应的事情。

### （二）宗族群体性活动的再兴

与宗族存在的标志物一样，群体性活动也是考察宗族复兴状况的一个重要指标，而且是更为重要的指标。在岳平县近30年来得以复兴的或是从人民公社时期延续下来的具有标志性意义的宗族群体性活动主要有四个类型：接"太公"、清明祭祖、"打人命"、宗族械斗。

接"太公"对于宗族来说是一件大事。所谓"太公"，其实是仿祖先相貌雕刻的木人塑像。一般而言，一个姓氏所定的"祖先"并非一定是最先到当地定居的开基祖，而往往是在宗族延续过程中获得过功名的先人。由于"太公"是同一个姓氏的大宗族共有的，同一个姓氏的人又并不居住在一个地方，多是分散在各个不同的自然村。所以，"太公"就要由这些愿意接的同姓氏的湾子轮流来接，参与的湾子越多，轮流一圈的时间也就越长。"太公"在当地人心目中是有灵气的，向他祈福是可以获得他的保佑的。所以，没有"太公"的湾子是会被人看不起的。

在当地有一个朱姓湾子，叫木兰湾。作为朱姓"太公"分延下来的一支，木兰湾从新中国成立前到 2008 年都没有接过"太公"，房头里的人也不知道自己是哪个湾子分出去的，以致周边湾子里的人都笑话说他们没有"太公"。后来，通过查阅族谱，终于找到了他们的房支，并表示希望能够把"太公"接下去。到 2009 年 4 月 20 日，朱姓各湾子的人要给"太公"装金身，预计需要 2000 多元。在装金身前，木兰湾的人说今年要接"太公"。其他湾子的一个人就用打赌的口气说："你要接得起这个太公，装金身这个钱，我就个人出。"5 月 20 日，各个湾子的代表聚到一起商议接"太公"的具体事宜。来自木兰湾的几个老者提出："六月六（'太公'的生日）就不接了，等到来年正月初六再把'太公'接下去。"这一闹，致使各个湾子意见纷纷，难以形成决议。后来有其他湾子的一个代表说："太公的生日是不能改的，每年的六月初六是非做不可的，要是你们湾子不做，我们做。"木兰湾的人就说："你这话也说得大了点吧。"接着，几个人就像赌气一样决定要把"太公"接下去。同时也提了一个要求，让其他各个湾子各派两辆小轿车送他们回湾子。回去的时候，木兰湾的人还给送他们的人摆了酒席，一桌有十七八个碗，显得着实气派。木兰湾是一个单姓湾子，只有 80 多个男丁，却出了 3 个省级干部，还有一些市县级干部，此外还有不少出去打工的。由于该湾子暂时还没有建起祖堂，接"太公"请吃饭就只能安排到各家各户。这次接"太公"，据预测每家得出三四千元钱，但是他们依旧很高兴。毕竟，其他湾子的人再也不能笑话他们了。①

接"太公"是宗族里一件极其耗费人力、物力的一项活动。每年接的湾子耗费在万元以上，上不封顶，而其他同姓同宗的湾子也要花几千元钱请车、购买鞭炮和纸钱。在接"太公"的仪式现场非常热闹，小轿车排起队来绵延不绝，少则几十辆，多则上百辆，车越多显得越隆重、越有气派。接"太公"的花费一般是先请湾子里出去的有能耐的人自愿捐，余下的再由各个房头的房长负责收"红丁费"，类似于做祖堂时收取的"份子"钱，所有的男丁都要出。此外，每年接"太公"的湾子，还会请戏班子到湾子里搭台唱戏，前后要热闹好几天，一场戏要上千元，一天两场，持续的时间越长，花销越大。但是，当地的人都非常热衷于此。据说，朱姓"太公"在20世纪80年代刚开始兴起接"太公"时仅有4个湾子参与，到2009年已经增加到7个湾子。所以，接"太公"的风气在近30年来非但没有消减，反而有越来越兴盛的势头。

清明节祭祀祖先是中国的传统风俗，在全国各地都有一定的市场。随着清明节被国家定为法定节假日，清明祭祖的风俗在国家意识形态层面得以承认，这更加刺激了民间的祭祀行为。在岳平县的农村地区，一到清明节前后，街道上都是"花的海洋"，道路上都是川流不息的人群和车辆，基本上户户都要去上坟。同湾同宗的人，不管你身在何方，在清明节前后只要能抽出时间都会约好在某一时间点一起去上坟。如果是居家较远，往来实在不方便的村民，一般也会委托家里的其他人或同房头的人代替自己去上坟，不然就会被"戳脊梁骨"。即便是在科发村，对于那些来自周边地区的村民来说，十里二十里的都要回到老家去上坟。上坟也可以体现一个房头势力强弱、兴

---

① 资料来源于2009年7月28日笔者与SMJ访谈的记录。

旺发达程度。在上坟这天，哪个房头的人多，放的鞭炮、烧的纸钱
多，搞得越热闹，房头里的人就越有面子、越感荣耀。清明节当天鞭
炮声持续的时间是很长的，并且每个房头最长、最响的鞭炮一般都是
到祖堂里面燃放的，意在"用炸雷把自己的祖先炸醒，让他们保佑
我们后代出大官"。清明祭祖在当地人看来既是一种亲情文化，同湾
同宗的人都回来叙叙旧，增进一下感情，即使是平时有矛盾的人回来
祭下祖，沟通一下，矛盾也就烟消云散了，同时又是一种纪念，借以
表达活着的人对祖先的一种怀念。在祭祖时，即便是那些"年轻的
小伙子，给祖先跪拜、磕头也是挺认真的，心诚则灵啊"。

"打人命，争的是一口气！""打人命"主要是指农村妇女在丈夫
家喝药、上吊、投河自杀死亡后，娘家的人就会召集同姓的人一起到
男方家去闹事。在岳平县农村，"打人命"是比较普遍的事情。一位
80多岁的老人说，他这一辈子亲眼看到的"打人命"事件不下20
例。[1] 根据刘燕舞等人在以东坝村为中心的几个村子的调查情况来
看，在其搜集到的36起妇女自杀的案例中，发生"打人命"事件的
就有17起（刘燕舞、王晓慧，2010）。由此可见，其频率是非常高
的。对于女方娘家所在的湾子来说，只要女方家庭打了招呼，一般同
姓同宗的每家每户都会出一个人参与。"打人命"凭的是女方家庭所
在湾子的势力和气势，因此小宗族和小湾子的人通常不会也不敢采取
"打人命"的"出气"方式。除了女方家庭所在宗族的势力过于庞大
敢于到男方家肆意闹事外，大多都是到男方家"讨说法"。毕竟按照
当地的风俗，非正常死亡的人不能进祖坟。所以，为了挽回面子，娘
家的人也会到男方家谈条件，比如说要买什么样的棺材、亡者要穿什
么样的衣服等等。有时候，女方家来的人还会象征性地打死男方家的
一头猪等等。通常情况下，不会采取极端行为。

一旦女方家凭借自家宗族势力大而恶意挑衅，男方家即便是自家
所在宗族势力小，周边各个湾子各个宗族的人也会来帮忙，"你来三

---

[1] 资料来源于2009年7月29日笔者与HXS访谈的记录。

百人，我们就来上千人"把你赶走。因为，对于小宗族来说，他们更害怕大宗族的人，如果单纯都是以小博大，输的概率是很大的。所以，他们平时就非常注重相互帮忙，共同牵制大宗族的势力。而且，按照当地的习俗，人们都更倾向于"为活的，不为死的"，"绝对不允许男的被拉去坐牢"。所以，在地方文化上，虽然允许女方家到男方家好说好量地"打人命""讨说法""出口气"，但是不允许太过分，更不允许警察介入。因此，当地实际上也很少发生非常恶性的"打人命"事件。不过，由于"打人命"习俗的存在，出嫁的农村妇女会对死后的情形有一个预期，"你不让我好过，我就去死，我死后我娘家的人也不会放过你，看你怎么办"。基于对死后情形的想象，在家庭代际或夫妻关系紧张的时候，农村的妇女更容易选择自杀的方式来获得生命的解脱。①

宗族械斗，古已有之。在宗族性地区，宗族械斗原本是比较常见的现象。根据老人的回忆说，宗族与宗族、湾子与湾子之间发生械斗是常有的事情，只要不打死人，公安机关一般不会介入。也就是说，在很大程度上，宗族械斗只要不出人命，就是房头之间的事情，公安机关只会充当一个摆设而不会真正介入。不过，20世纪70年代之后，宗族械斗事件就比较少了，房头与房头、湾子与湾子之间"摆道理"的多了。实际上，新中国成立以后宗族械斗的激烈程度都有了很大幅度的下降。因为在新中国成立初期，党和政府专门处理了一批在宗族械斗中表现特别坏并且打死人的"积极分子"，从而起到了一定的威慑作用。

在笔者调查所涉及的湾子中，改革开放以来，就曾经发生过两个宗族械斗的案例②，一个是20世纪80年代发生在王家湾与刘家湾之间，一个是20世纪90年代发生在王家湾和前张湾之间。其中，发生

---

① 刘燕舞等人详细记录了王家湾的一起"打人命"事件。具体可参见刘燕舞、王晓慧（2010）。

② 笔者在科发村的调研报告中也记载了一例1960年发生的宗族械斗案例，请参见（赵晓峰，2009b）。

在王家湾与前张湾之间的械斗是笔者调查中发现的距离现在最近的一次。

这次械斗发生在 1997 年，王家湾的人到名山村的王兴湾去玩龙灯、耍狮子，途经前张湾，不知因为什么口角上的原因，前张湾的人就打了王家湾的人。这可惹火了王家湾的人，要知道王家湾可是全宝恩镇最大的湾子，岂能咽下这口气。第二天一早，王家湾的人就在祖堂里集合，每家每户都出人，一致决定要去打前张湾，一下子去了 1000 多人，还带了长刀等兵器。姓王的人带了一头狮子、两条龙，名义上是去耍龙舞狮的，其实是去打架的。王家湾的人到了前张湾，见人就打，据说打得比较狠。打完后，前张湾的人不服气，就由"会首"出面把当地姓张的 10 多个湾子都给动员、组织起来进行还击。姓王的一看，这还得了，马上决定要把姓王的湾子也给组织起来，而且迅速地联络了 3 个湾子。姓王的派人将前张湾包围了起来，将赶来支援的其他湾子的姓张的人给挡了回去。最后，还是有几个姓张的湾子来了人，尤其是1976 年修水库时搬迁出去的前张湾的人。即便如此，姓张的还是没能打过姓王的。

王家湾的一个老书记说，宗族械斗就像是下大雨发洪水，洪水冲过来是堵不住的。此事过后，当地人都说："姓王的，惹不得，他们那个湾子人心太齐了，人又狠。"这件事情前前后后闹了半个月，没有办法，还是得由政府出面解决。最后，宝恩镇书记不得不召集两个村的书记开会，商讨解决方案。当时姓张的有 20 多人受伤，姓王的有 10 多人受伤。双方提议相互负责给对方的"伤员"看病，但镇里的书记不同意，如果都去看病，那就不得了了，姓王的呼啦一下子去千把人，姓张的去几百人，那镇里的医院不就瘫痪了吗？后来，双方签了一个协议，都同意不再打了，要是再打的话，就抓进派出所去，这才不了了之。①

---

① 资料主要来源于 2010 年 3 月 17 日笔者与 WXS 访谈的记录。

## （三）房头存在的标志性观念

在岳平县的农村，房头存在的标志性观念主要有两个：落叶归根的乡土观和人生价值的圆满观。

"人生是一粒种，落地就会生根"，人生这粒种子，一旦在土壤中扎下了根，就有了汲取营养的来源，也有了内心的归宿，无论枝叶伸展得有多高多远，都脱离不了根的束缚。百年叶落之后，还要回报根的情义。在一个代代都生于斯、长于斯、死于斯的传统乡土社会，落叶归根的观念很容易深入人心。而经过革命和市场的洗礼之后，加上村庄开放程度的不断提升，跨城乡流动的人群规模越来越大，落叶归根的观念在部分地方已经越来越淡薄。但在岳平县的农村地区，仍然保存着良好的关于落叶归根的乡土观念。"搬出这个湾子，五十年、七十年，都是这个湾子里的人，做公益事业的时候，让你出钱，你还得出，这里才是你的根"，"湾子里做什么事情，只要能够联系上，不管你在北京，还是武汉，都要出钱"，"是这个湾子里出去的，永远都是这个湾子里的人"，"人老了，骨灰都要送回来，用你们读书人的话说叫'叶落归根'"。在当地，人"百年"之后，除非是国家公务员，一般都要安葬到湾子的坟山里。由此可见，当地人落叶归根的乡土观念是非常浓烈的。落叶归根的观念如此之强，说明村民能够把所在湾子看作世代居住的地方，是代代相传、生生不息的子孙的最后归宿，也是"养儿孙，守坟墓"的人生使命观得以实现的依赖之源，在客观上也表明村民对村庄有着较为长远的预期，从而也能够将自己当前的行为纳入一个长时间段内来考虑。因此，在岳平的农村，村民与村民之间、房头与房头之间、湾子与湾子之间等流行的博弈机制是长期多次连续博弈，而不太可能是只追求暂时利益的一次性博弈。这样的村庄，村民的行为往往遵循的是不走极端的逻辑，村民不会只做一次性买卖，村庄很容易也就有了主体性和价值生产能力，因而也是第三种力量能够发挥重要作用的地方。

"有了孙子，眼睛也就可以闭上了。"换句话说，只有看到儿子为自己生了个孙子，人生才算圆满。当前，岳平地区的农民，用他们的话说人生有三大使命：生儿、盖房、娶媳。生个儿子，将来自己的老年生活就有了依靠，后半生就有了归宿。但是，还要将儿子抚养成人，并为儿子娶上一房媳妇才算自己人生任务的完成，这既是房头意识浓烈的农村地区村民之间面子竞争的主要场域，也是所在区域人们的本体性价值（贺雪峰，2008c）保存相对完整的体现。而要为儿子娶上一房媳妇，在当前的农村，就必须为新婚夫妇建造一栋造价数万元乃至10多万元的房子，不然就没有姑娘愿意嫁过来。如愿以偿为儿子娶上了媳妇，看似完成了人生的使命，可对于当地农民来说，仍然是不圆满的。因为，人生使命的最后归依是"养儿孙，守坟墓"当中的"孙"，只有有了孙子，生命才会显得圆满。

在科发村有一个老生产队长，80年代因为村庄政治上的一些事情得罪了时任支书，他只生了两个闺女的大儿媳就被村干部想办法拉到医院里强行做了结扎。现任村民小组长谈起这件事的时候，就说老队长"人都废了"。事实上，老队长的大儿子一家自10多年前出去打工开始，就没有再回来过，实在是感觉难以抬得起头来。好在老队长有三个儿子，第二个儿子已经为他生了一个孙子。在与他访谈说到这些时，他说："不生儿（孙），孤老"，人们都怕这样，因为"没有后（人）了，没有接班人，绝了"。而当他有了第一个孙子的时候，直接的反应只有一个字"喜"。所以，在当地，农民的观念普遍是："（第一胎）生个孙子正好，生个孙女就要再生一胎，即便是生了九个孙女，也要生第十胎。"

而在当地流传的一个故事则更为形象。

有一个老人年轻时连生了七个孩子都是姑娘，直到第八个才是一个儿子，为了表示全家的喜悦之情为之取名"都喜"。都喜后来有了很大的能耐，到美国去发展，在美国和中国都有很多企业。当他生第一个孩子的时候，打电话告诉父亲说"生了一个姑娘"。老父亲说："好，生得好！"等到生了第二胎又向父亲汇报时，老人问："男孩，女孩?"他说："女孩。"老人立马就生气地说："那打电话干什么?"等到生第三个女儿的时候，都喜想接老人到美国去享福，老人不愿意去，说："生了三个孙女，去了也没有什么意思。"等到都喜终于在第四、第五胎连生两个男孩后，老头才表现出非常兴奋的情绪来。

不仅是老年人有这个观念，而且年轻人也不例外。在房头文化的浸染下，只要你身处其中就必然会在灵魂深处受到影响。一个嫁到宝恩镇，丈夫是乡镇政府工作人员的 30 多岁的年轻女性说："我在岳平县里生，在岳平县里长，我的同学在岳平县城里，都只生了一个孩子。来到这里，我就不行了，我也就受到了这里的文化熏陶。""如果在一个湾子里，别人都生了儿子，而我未生，无形之中就会感受到很大压力，必须生一个。""有了儿子，就等于有了江山。""当年我怀胎时，常常就躺在床上忐忑不安地想要是生个闺女该怎么办呢。等后来剖腹产，医生告诉我'恭喜你，生了个男孩'时，当时我的心就安稳了。"① 因为一旦她第一胎生了个女孩，公公婆婆就必然会不断地向她灌输："生吧，再生个男孩，什么也不用你们管，只管生，生了我们老两口来养。"现在，虽然公公婆婆有时候还会要她再生一胎，但是她都能以已有男孩为借口搪塞过去。而谈及自己孩子的将来，她说希望他也能生个男孩。

### （四）宗族社会文化机制的勃发

长期以来，在岳平地区，宗族的社会文化机制一直保存得比较好，还主要体现在与乡村社会秩序形成机制有关的两个方面：一是面子的积累与维持机制；二是权威的生成机制。

"面子不是靠别人捧出来的，而是要靠自己做出来的。"在岳平地区的农村，一个人要想获得面子，起码需要做到三点：一是对长辈

---

① 资料来源于 2009 年 8 月 1 日笔者与该女性访谈的记录。

要尊重。二是对别人要随和一些。"不要认为自己有几十万，就自认为很了不起"，"比如打牌，你有钱，一块钱你不跟我们打，五块才跟我们玩，这也不行，（面子）与有钱没钱没有关系"，等等。三是凡事要多站在别人的立场上想想问题。"如果别人来借钱，本来你有，你怕人家还不起，故意不借，你也难有面子"，"凡事都想占小便宜，怎么会有面子"。从以上三个条件看，前两个是前提，第三个是关键。在湾子、村落这个特定的场域里，凡事多站在别人的立场上考虑问题就是要多帮忙，而帮忙本身就是人情，人情逐渐增加，慢慢积累，就会逐步地转化成面子，转化成别人对你的尊重。即便是房长，他们的面子也是在不断帮忙、不断积累人情中建立起来的，而不是单纯靠继承就能解决问题的。

面子是一个人辛辛苦苦一步一步积累起来的，可是一件事没有做好，所有的辛苦都会泡汤，面子也会离之而去。2006 年，在科发村朱姓湾子里由新成立的理事会在村两委的支持下修建通组、通户道路的过程中，就有一个老房长因为不舍私家利益而致使自身面子荡然无存。当地湾子里的理事会都是在新农村建设的背景下，由村组干部出面在各个湾子里选举产生，虽说形式上是选举，但结果基本上都是由原来的老房长直接担任。湾子里新成立的理事会在争得修路项目后，就通过决议要把道路所经路段的门墙统统拆除，其中就涉及两个理事的门墙，其中一个理事二话没说，开完会第二天就把自家花了 3000多元钱才建一年多的门墙给撤掉了，可另外一个理事，也就是这个老房长，则在其老伴的唆使下坚决不同意拆除。而如果这个理事不拆，其他农户的工作就更难做了。所以，最后理事会就强制性地将他家的门墙给拆掉了，不过也给了他适当的资金补贴。随后，在道路修到他家门前时，他又不出应该分摊的那部分钱，以至于他家门前的路到现在都没有修，成为湾子里独一无二的"风景"。经此一折腾，这个老房长颜面无存，不得不退出理事会，在湾子里再也难以说直话了。用村民的话来说，真是"英明一世，糊涂一时"啊！

"公生廉，廉生威"。按照通常的说法，精英是指在某一领域里表现比较突出的人，而精英与权威则有着紧密的关联。在这样的逻辑里面，一个人只要有能力，就能够通过个人的努力奋斗成为某一领域的精英，从而获得该领域内从业者的尊重。也就是说，能力是权威生成的前提条件。然而，在岳平地区的农村，一个在某一方面有突出才能的人，比如说致富能手，算得上是一个经济精英了，但是并不能得到所在湾子里其他人的认可，也就无所谓权威了。根据我们对当地农村地方性文化的阐释，公正才是权威生成与维持的重要前提和基本保证，而房头文化孕育出的是一种公正、公道、直爽和"黑着脸说话"的人不断诞生于湾子内部房头层面良好的村庄舆论氛围。

在当地农村，谈起一个人怎样才能有威信，村民第一反应就是能够说直话，能够公正、公道地处事。在公正、公道和能力之间，能力并不是最重要的，一个有能力的村民，并不一定能够获得房头及湾子内部普通村民的认可，而一个品行公正、公道的村民，即便是其能力稍逊一筹，也会赢得房头内部村民的尊重和认可。这就是说，一个公正、公道待人处事，能够站在相对于单个家庭之房头、湾子整体利益之"公"或"大私"的角度说直话的村民，就能够在岳平这个特定地域引起地方性文化的共鸣而赢得普通村民的信任和尊重。

以科发村下门湾理事会的理事长陈连宝为例，他的家庭经济状况较为一般，房头势力在湾子内同宗同族的几个房头中属于中等，其本人常年在外打工，并不参与湾子里房头内部及房头之间日常零杂事务的处理，而只是在湾子里有重大事务时才会返回湾子主持解决。因此，按照传统的衡量标准，只有在某一领域或某一方面表现出类拔萃才能成为精英，陈连宝很难说具备了成为农民精英的基本前提条件。但是，陈连宝却是湾子内包括各个房长在内的几乎所有村民公认的能够站在诸房头之整体利益的角度考虑和处理问题，能够公正、公道、直爽地说话办事的人。陈连宝在湾子中之所以能够脱颖而出，成为说话办事有权威和威信的人，其中一个重要原因在于其为人处世的原则、方式满足了地方性文化对房头精英所应具备条件的需要。

（五）宗族的社会文化网络与宗族意识的再生产

结合上文的分析，笔者认为，祖堂、族谱、坟山等既是房头存在的标志物，也是彰显宗族意识的象征物；婚丧礼仪和接"太公"礼仪等既是房头存在的标志性仪式，也是不断重复以强化人们宗族归属感及促使人们在潜移默化中谙熟地方礼仪的重要手段；清明祭祖、"打人命"、耍龙舞狮、宗族械斗和接"太公"等既是房头存在的标志性活动，也是划清房头界限，强化人们房头归属感，增强本房头认知等的基本策略；落叶归根的乡土观、人生价值的圆满观、"猪兄狗弟"的孝顺观等既是房头存在的标志性观念，也是孕育传宗接代的本体性价值之宗族意识根基的基本理念；面子的生成与维持机制、权威的生成机制等既是房头存在的标志性机制，也是培育房头精英和维持宗族社会基础性社会秩序的必备条件；死于非命的人不能进祖坟等蕴藏在房头存在诸要素之中的宗族性禁忌则是形成和不断强化人们房头意识里的鬼魂观念以及各种敬畏感的源泉。所有这些都是房头意识之文化支撑体系构成中的重要因素。

表 3 - 1　宗族复兴的社会文化网络

| 房头存在的标志物 | 祖堂、族谱、坟山等 |
|---|---|
| 房头存在的标志性仪式 | 婚事、丧事、接"太公"等 |
| 房头存在的标志性活动 | 清明祭祖、"打人命"、耍龙舞狮、宗族械斗、接"太公"等 |
| 房头存在的标志性观念 | 落叶归根的乡土观、人生价值的圆满观 |
| 房头存在的标志性机制 | 面子的生成与维持机制、权威的生成机制等 |
| 房头文化中的宗族性禁忌 | 死于非命的不能进祖坟、婚丧礼仪中的诸禁忌等 |

也就是说，20 世纪 70 年代末以来的宗族重建，不仅复兴的是族谱、祠堂等宗族存在的标志物，而且更关键的是支撑宗族存在的整个社会文化网络也得到了复兴。复兴中的宗族文化网络也已经成为地方社会基础性秩序生成与维系的内生力量，从而潜移默化地在影响着农民日常的行动逻辑。

为了能够更加清晰地凸显岳平地区重建中的宗族文化网络对地方文化和地方传统的影响力,我们可以通过区域对照来做进一步的探讨。

通过表3-2,我们可以相对清晰地看到岳平地区的农村保存了相比于其他地区农村更为完备的宗族社会文化网络,也因此,农民传宗接代的传统观念表现得最为强烈,宗族、自然湾里的权威结构也比较突出,宗族性权威的支配能力相对来说也是最强的,第三种力量也是最多的,农民的"大私"观念也仍然强而有力。这就为以自然湾为单位的"自己人的治理"提供了社会文化网络的支撑,为自然湾里内生社会秩序的生成提供了重要的保障。

**表 3 - 2  四省五县宗族文化网络复兴情况对比表 ***

| | 岳平县 | 湖北京山县 | 豫南县 | 河南扶沟县 | 浙南县 |
|---|---|---|---|---|---|
| 叶落归根观念 | 强 | 弱 | 强 | 较弱 | 较弱 |
| 祠堂(祖堂) | 普遍 | 无 | 少 | 无 | 有 |
| 族谱 | 普遍 | 无 | 有 | 少 | 无 |
| 坟山 | 普遍 | 无 | 普遍 | 无 | 无 |
| 男孩偏好 | 极强 | 弱 | 强 | 较强 | 较弱 |
| 宗族性质的群体性活动 | "打人命"、清明祭祖、宗族械斗、接"太公"等 | 没发现 | 清明节祭祖、元宵节送灯等 | 没发现 | 没发现 |
| 宗族性权威形式及其支配能力 | 房长丨强 | 无 | 户长丨弱 | 老尊长丨弱 | 无 |
| 第三种力量 | 多 | 少 | 较多 | 有 | 较多 |
| "大私"观 | 强 | 无 | 较强 | 较弱 | 弱 |

* 根据笔者的历次调查报告整理。笔者分别于2007年暑假、2008年国庆节、2009年国庆节及2010年暑假跟随华中科技大学中国乡村治理研究中心的研究人员一起到河南扶沟县、湖北京山县、浙南县及河南豫南县调研。

## 二  岳平人的"历史感"与"当下感"

上文,我们讨论了复兴中的宗族社会文化网络,在笔者看来,宗族的复兴并不意味着传统宗族的回归，正在复兴中的宗族也不再是严格意义上的历史上的宗族形态，比如按照弗里德曼的观点，祠堂与土地或者其他财产（即"祀产"）决定了宗族是否存在（2000：63），那么，很显然，在岳平地区的农村，"祀产"并没有能够得到恢复，支撑宗族存在的"公产""太公种"也没有出现，但是，毫无争议的是，宗族的社会文化网络已经在相当大程度上得到复兴。因此，下文将接着研究农民宗族意识的生成机制，分析农民的人生价值和生命意义的基本取向，探讨当下岳平农民行动逻辑的锻造机理，为下文的推进研究提供基础。

（一）"我是谁"：岳平人的宗族记忆

中国不同于西方，中国人的信仰世界也不同于西方人，西方人有万能的上帝为其指点人生的迷津，抚平人生的焦虑与困惑，普通的中国人却没有超越性的上帝的恩宠，他们需要从自己的生活世界中为人生寻找超越性的价值，为生活提供安定感，为将来提供确定性。对于中国农民来说，超越性信仰往往只能在"自己人单位"里去寻找，正是农民认同的"大私"单位构成承载农民生活意义和生命价值想象的基本单位。由此，中国农民首先需要解决的问题是"我是谁"，也就是"人从哪里来"的哲学之问。

在岳平农村，除了通常意义上的到祖堂上香、上坟、接"太公"等祭祀性活动承载了农民对"我是谁"的追问之外，还有一个非常重要的实践机制能够很好地为农民在这个问题上答疑解惑，那就是发生在宗族与宗族之间的恩怨史及由此而来的"世代不通婚"的习俗。在调查中发现，岳平农村很多湾子彼此之间都有着百年以上的恩怨史和不通婚传统，比如桂华（2009）记载的王家湾与杜家湾，笔者调查到的刘家湾与杨家湾，以及刘家湾与吴家湾等。笔者在此将通过回顾刘家湾与杨家湾之间的恩怨历史，来阐述岳平人的宗族记忆是如何让农民生产"我是谁"的确定性的。

刘家湾与杨家湾的是非恩怨可以向上追溯到明朝。杨家湾的开基祖杨有才是刘姓祖先通公的一个奴才，据说当时双方还写有契约，指明杨有才是卖身为奴，并且注明是"终身为奴，世代为奴"。因此，直到现在，刘家湾的刘姓人一提起杨家湾的杨姓人就说，他们姓杨的，永远都是我们的仆人。仆人怎么能与主人家结亲呢？我们之间是不能有婚姻往来的。

到了清朝初期，双方的过节进一步加深。当时，在靠近刘家湾与杨家湾的山上有一座庙，属于刘、杨、陈、张、邓等五大姓共管，而该山原本属于山上的寺庙所有。后来，寺庙日渐衰落，杨家湾的人就要独自霸占此山。刘家湾的自然就不服气，他们提出："山上下了雨，水往哪里流，山就应该属于谁？"当然，雨水必经之地就是刘家湾。于是，杨家湾的人就联合其他三大姓跟刘姓的人打官司，没有想到刘家湾的文秀才太厉害，官司没有打赢。于是，双方发生了宗族械斗，由于其他三大姓并没有真心实意要跟刘家湾硬拼，姓杨的最后还是没有打败姓刘的，仇怨进一步加深，纠纷还没有了结。

到了民国年间，杨家湾出了一个外号"癞皮头子"的秀才杨秦川。杨秦川是岳平县有名的"烂笔头子"，有钱、有文化、兄弟多，还会写状子，能说会道，跟县里有头有脸的人关系都很好，老百姓一般都怕他，他参与的官司，别人基本上都打不赢他。所以，在他的支持下，杨家湾的人坚决要求夺回此山，并且不允许姓刘的上山去砍柴、放牛。双方又一次打了官司，不过，这次刘家湾败了。刘家湾的人对此一直耿耿于怀。

1976 年，修名山水库时，刘家湾和杨家湾属于同一个生产大队，当时的大队书记是杨家湾的。为了修水库，在大队书记的主持下，把刘家湾的大礼堂给拆了。据说该礼堂和王家湾的旧礼堂在新中国成立前都是宝恩地区少有的上档次、有特色的建筑物，建设得非常气派。礼堂被拆，刘家湾的人很不甘，但是也没有办法，因为刘家湾已经有不少人被扣上了"反革命"的帽子，一旦你表示不满，肯定会吃不了兜着走。

最近的一次纠纷发生在 20 世纪 90 年代。事发的由头是刘家湾的几个少年去一个姓杨的农户家承包的鱼塘里钓鱼，双方发生了口角。到了晚上，几个少年气不过，又到该农户家要求给他们"派烟"抽，对方不回应，他们就砸了对方的门和玻璃，导致矛盾升级，对方出了很多人与之发生了群殴。很不幸的是，其中有一个少年在逃跑的过程中坠桥，后经救治变成了"脑残"，精神不正常，不久之后就失踪了。刘家湾的人很气愤，要去找杨家湾的人讨说法。后来，由于公安机关的及时介入，再加上这名少年的母亲坚决不让刘姓的人去闹事才不了了之。但双方的仇怨无疑又进一步加深。迄今，杨家湾的人接"太公"从来不敢从刘家湾的地界经过，害怕姓刘的人找麻烦。

在访谈中，笔者发现至少有三对自由恋爱的年轻人因两个湾子的恩怨关系被迫终结了恋情。一例发生在 20 世纪 60 年代，男方是刘家湾的，女方是杨家湾的，同学关系，双方的父母极度反对；一例发生在 80 年代，也是男方姓刘，女方姓杨，同学关系，这次是双方父母同意，但是湾子里的人不同意；另外一例就发生在最近几年，男方姓刘，女方姓杨，同学关系，女方湾子里的人首先提出不同意，女方家庭不得不很快将女儿嫁到其他湾子里去。受此刺激，这个男孩慢慢就变神经了。

从刘家湾与杨家湾的恩怨史中就可以发现，宗族记忆是在历史延续中不断传承与强化的，其中一个重要的强化机制是"自己人"与"外人"之间发生的群体性事件。在新中国成立以前双方发生的纠纷中，两个姓氏的人不仅要家家户户出人、出力，而且还要兑钱，同仇敌忾地应对外敌。由此，群与群之间的界限不断地得到强化，群内的团结力、凝聚力也不断地得以增强。受群与群之间矛盾性质的影响，两个群之间发生的私人性事件也就变了性质，不再是个体之间的私事，而成了两个群之间的"公事"，个体丧失了选择权，必须服从于群体的意愿表达。在这个过程中，农民不断地传承宗族的集体记忆，效法先人，辨别了群己界限和内外群体的界限，知道了自己是从哪里来的，应该如何决定自身的行动逻辑，从而获得了人生的确定性。

（二）"为了谁"：岳平人的人生之问

如果说族谱记载了子孙绵延的详细谱系，为个体的存在提供了一个明确的坐标的话，以世仇、世代不通婚等为主要内容的宗族记忆则不断强化了群体之间的差异，强化了内群体的认同感，也增强了个体的紧张感和危机感，使个体认识到内群体的重要性，不依靠群体的力量，个体就难以具备安全感，必须像先祖那样抱团才能维系族群和个体的存在与发展。而祖堂里经常性的烧香、送纸钱等祭祀活动，以及一年一度的接"太公"活动则又在时常提醒人们，祖先并没有真正离我们远去，他们的灵魂与我们同在，他们会赐福、保佑我们的。正是各种不断向上追溯历史的群体性记忆与当下不断重复的怀念、祭奠先辈族人的仪式性活动，使人们知道自己的根在哪里。如果说"祖祖辈辈而来，子子孙孙而去"的宗族绵延史和承载宗族历史的社会文化网络是农民的"根"的话，作为宗族存在见证者的"现世人"则是一年一度不断循环的"叶"，"叶"的不断新陈代谢验证了"根"的神奇。"叶"生发于根，自然也要回归于"根"，报答"根"的情义。叶落归根与孤魂野鬼的对照，明确告诉人们根的重要性，使人清晰地知道了自己是从哪里而来，将来又要到哪里去。那么，岳平人接着要解决的另外一个问题是人来到世界上"为了谁"。也就是说，要为自己的现世生活寻找一种超越性的说法。笔者认为，这从农民的上坟文化中可以看出一些端倪。

岳平人讲，百年之后，无论身在何处，都要叶落归根。也就是说，岳平人都有对死后的一种想象，知道自己此生此世最后的归宿在哪里，对生命有一种相对可靠的确定感。而坟山在这里明显体现了根之所在，正是坟山及围绕坟山而来的祭祀活动寄托了农民对死后之事的想象和期待。在岳平县的各个自然湾里，各个姓氏都有属于自己的坟山，而同宗同族里面的大房头还有可能拥有自己单独的坟山。每年到清明前后，如上文所说，只要有可能，不管人走多远，都要通过各种方式上坟以寄托哀思。清明节祭祖俨然已经成为后世子孙展示祖先荣耀的一个场景，炮放得越多越响，纸烧得越多越久，说明这个宗族的人丁越旺盛，后人越有本事，也越有面子。清明节祭祖，虽然不是宗族组织的统一行动，却是农民自发的一种群体性行为，个体可以根据自己的安排在清明节前后几天灵活选择时间，却不能去祭祖，否则就会被人看成"这家人，绝了"。如果清明节过后，哪个坟山没有留下后人祭拜的痕迹，在当地人看来都是一件很可怕的事情，这个姓的人，竟然绝了！而每年一度的清明节祭祖活动，身临其境的人都有可能会想象自己百年之后的样子。一方面会为自己百年之后在坟山里也会有一个固定的归宿之地而心感安慰；另一方面还会为死后的自己感到焦虑，现在我来为我的先人送纸钱，将来谁会祭奠我呢？进一步地讲，要是没有人来祭拜自己，或是来的人太少、送的纸钱太少，那会是一件多么让人感到寒心的事情啊！恐惧、忧虑难免油然而生，祭祀的神圣性和超越性就此在一个人的心中打下了思想的烙印。

那么，为了避免百年之后出现无人祭奠自己的情况，每个人都要反思自己的现世行为，都要想尽办法多方着手为将来做准备。由此，通过种种不断重复的宗族群体性活动，农民知道了过去，也认清了未来，在宗族的世代延续中找到了属于自己的人生坐标。但仅仅如此还不够，如何将过去与未来贯通起来才是关键。接下来，我们来看农民的"当下感"。

### （三）"活在当下"：由"历史感"到"当下感"

对于传统社会里的中国农民来说，遥远的国家远离了农民的生活，超越了农民的想象，不能承载普通大众对人生意义的终极追问，不能为农民提供宗教般的信仰来源。唯有作为农民认同的"大私"单位出现的宗族、自然村，才是农民人生价值和生命意义的实现场，是农民魂牵梦萦的可以安置灵魂的地方。对于当下正处于社会转型中的中国农民来说，国家依然没能为农民提供超越性信仰的价值源泉，农民的生活依然难以直接指向国家，农民生活中的"自己人圈子"仍然是农民唯一可以抓得住的承载人生价值的载体。即便是对于农民工来说，承载他们人生理想的场所也不是远不可及的国家，而是自身生活的工友圈。而当他们回到家乡的时候，他们的价值依然需要在"自己人圈子"里才能体现出来。如果说，围绕"自己人认同"的社会文化网络为农民提供了人生的坐标，解决了农民"我是谁"与"为了谁"的人生哲学问题，那么，农民的"自己人圈子"则构成连接过去与未来，承载农民"当下感"的基本场域。对于中国农民来说，他是处在"自己人圈子"里并在其中有着特定位置的结构化的个体，作为一个行动者，他是在结构的束缚下在现世生活中寻找生命的意义的。因此，对于缺乏超越性信仰的中国农民来说，"活在当下"是生活的基本特征，他必须通过当下的生活实践来沟通过去与将来，以获得生命的满足感与幸福感。

为此，岳平人在当下社会中的第一个生活特征是生育男孩的偏好非常重，这从上文的区域文化特征对照中就可以看得出来。为了让族谱上自己的名字后面还能出现继承者，为了百年之后还能有人在清明时节到坟山上来为自己上坟，也为了将来一旦再次出现宗族械斗，本宗族的人不至于因为人少而吃亏，为了让宗族能够千秋万代地传下去，农民都必须要考虑到传宗接代的功能性价值，必须生育男孩。传宗接代是宗族性地区农民超越性信仰的基本来源，是农民能够安身立命的本体性价值的生发之源，当现代社会养儿防老的功能越来越弱化，养儿的物质成本和精神成本都越来越高的时候，"多子多福"的传统生育观越来越呈现"心有余而力不足"的状态（赵晓峰，2010a），但是无论如何，不能绝了香火，人丁旺与不旺顾不了了，但必须生育一个男孩。如果此生此世没有儿子，生命就丧失了存在的意义和价值，对未来世界的想象也就黯然失色，所以断子绝孙绝对是一件非常可怕的事情。在林辉煌等人（2009）调查的一个湾子，有一对夫妇一连生了11个闺女，却没能生育一个男孩，当湾子里要修祖堂需要每个男丁都出份子钱时，这对夫妇断然拒绝出钱。没有儿子，建了祖堂又能有什么用呢？又不会有人来祭拜自己。所以，在岳平人看来，人生要想圆满，一个男人必须完成三件事以成就一件事：必须要生子、为子盖房、为子娶媳，让儿子为自己生一个孙子。只有看到孙子，一个人的生命才算完美，才能心安理得地死去。因此，当地计划生育工作难做的程度就可想而知了，也知道时至 2009 年宝恩镇党委书记缘何还会以全镇有 60 余个纯女户为计划生育政策取得了巨大进展而心感欣慰了。

"生是这个湾的人，死是这个湾的鬼，无论你身在何处，都不能忘了家乡，否则那就是忘本。"不能忘本，是岳平人生活的重要信条。所以，在岳平地区，第三种力量（罗兴佐，2002）的作用比较明显。第三种力量是指从湾子里走出来的已经融入城市生活的现代型农民精英，他们虽然已经离乡离土，但仍然关注着村庄的发展，并且愿意为村庄的发展做些力所能及的事情。在岳平地区，一个人通过自己的努力成为社会精英，如果不能为家乡做出力所能及的贡献，那么，他的成功就很难得到"自己人"的认可，相反还会被骂"忘恩负义"。刘家湾就有一个"老革命"早年离开了家乡到武汉发展，后来还开办了一个公司，他生前没有为家乡做任何贡献，死后又把财产无偿捐献给了国家。在外人看来这是一个多么正面的为人纯粹的典型啊，他家乡的人应该以他为荣才对，但是在刘家湾的人看来，这个人没有什么值得尊敬和怀念的，相反，其不为家乡做贡献而把财产捐给国家是"傻子"行为。

在东坝村还发生了另外一件非常有意思的事情。

2004 年，东坝村准备修一条村级公路，决定向外面有钱有权的第三种力量寻求帮助，其中有一个人是市里一个区的区委书记。结果，这个区长丝毫没有给家乡人面子，没有为村里提供任何帮助。公路建成后，村里按照地方风俗举办庆功宴，邀请了一些村里的有钱人、有关系的人，以及矿老板参加。出席庆功宴的人，一般来说都会送礼，少则一两千元，多则上万元。很遗憾，这个区长接到了邀请却没有能回来参加。为此，村民对这个区长非常不满。第二年清明节，这个区长回家上坟，被正在村委会开会的小组长们碰上了。这些小组长们就迅速地将这位区长的车子给围了起来，不让他进村，提出的理由是：修路时你不提供帮助，现在你要走路就走了，不行！路，不能白走！没有办法，这位区长只能向镇政府寻求帮助，后来在镇委书记的介入下才被放行。这位区长对此很不满，对村两委一班人很有意见。所以，村干部就想通过区长的一位在村里当小组长的婶子去缓和双方的关系。他的婶子见到他后说，村庄就是娘家，你在外当官了，也不能忘了娘家啊。有权力不为村里做贡献，以后没有权力想做也没有机会了啊。即便说你现在不方便利用手中的权力为村里做事，也不能那么无情，在庆功宴上也应该以私人的名义捐上2000块钱，对你也不算什么啊，村里的人还不是要念你的好！为了这件事，不仅这个区长丢尽了面子，而且他仍然在村子里居住的老父亲也深感脸上无光，损失不可谓不大。后来，为了挽回面子，在他父亲的主持下，他为家乡捐了7万元的物资援建了一个池塘。借此机会，他们才在湾子里挽回了一些面子。

不单是作为第三种力量出现的社会精英有为家乡做贡献的责任，对于那些乡村里的权威人物来说也是如此。"有权不用，过期作废"是岳平人普遍的人生信条。在岳平地区，因为农民仍然有着强烈的"自己人意识"，地方传统依然强而有力，那些留守村庄的农民精英也就有着愿意为家乡发展做贡献以争夺面子、权威等稀缺性资源的冲动，村庄因而也就有了强大的价值生产能力，有了主体性，有了发展的潜力。所以，"活在当下"的岳平人的"当下感"，沟通起来的不仅是个体的"过去"与"将来"，完善的也不仅是个体的"历史感"，更重要的是在不断生发农民的"当地感"，不断强化农民的"自己人意识"，不断再生产"自己人单位"里的社会秩序。由此一来，"自己人的治理"才有可能实现，乡村善治才有希望。

### （四）"生活世界"：农民特殊主义行为逻辑的锻造场

"生活世界"在本研究中指的是农民认同的"自己人单位"，它受复兴中的宗族社会文化网络的制约与支撑。"生活世界"意在指明受农民"大私观"的影响，农民是向内，向"自己人单位"寻找人生价值的实现载体与路径，在日常的生活中为自身寻求安身立命的超越性信仰来源的。农民的"历史感"使农民更注重现世的生活和自身的作为，农民的"当下感"使农民在人生目标未能实现时对生活充满焦虑、恐惧，在人生目标圆满实现，价值得以充分展现时又对生活充满美好的期待。而所有这些都弥散在农民的"生活世界"里。"生活世界"对于农民来说，不仅是一个功能性场所，而且也是一个价值性场所，是锻造中国农民行动逻辑的基本场域。

受农民"自己人意识"的约束，岳平地区的农民对公正、公平、公道有着极高的期待，个人是耻于言"私"的。只有能够"黑着脸说直话"的人，才会成为农民信服的权威，才能赢得别人的尊重。而"成为乡村权威"是每一个岳平人所向往与追求的，是实践个体"有限生命，无限价值"的重要途径。权威生成机制的有效，说明当地农村仍然有着稳定的地方秩序，有着较强的地方性共识。正是农民的"自己人单位"不断孕育着岳平人的日常行动逻辑。

在岳平农村，个体的"小私"是受到压抑的，尤其是在"小私"与"自己人单位"之"大私"发生矛盾与冲突的时候，"小道理是必须要服从于大道理"的，个体不仅不能为了私利而损害"大私"的利益，而且在必要的时候还必须为了"大私"的整体利益而让渡个体的利益。也就是说，经过革命与市场的洗礼之后，农民"大私"层面的整体主义行动逻辑依然是有效的。在"自己人意识"浓烈的同姓同宗的湾子里，宗族对内的整合能力非常强，虽然内部各房头间时不时会有小摩擦，但是一旦遇到宗族里的大事或是宗族整体利益面临潜在受损可能性的情况下，宗族很快就能团结成一个整体而一致对外。

宗族对内一致行动能力强的表现领域比较多，最普遍的表现是在上文提到的修建祖堂、修撰族谱、接"太公"等宗族性活动上，也表现在宗族与宗族之间发生争执时整个宗族里每家每户都必须出人一起行动等方面。而宗族对内整合能力比较强同时也是宗族对外一致行动能力强的基础，没有对内高强度、高效率的整合能力，就难以在"打人命"、宗族械斗等突发性事件上表现出那么高度的自觉和默契，一声招呼马上就能够形成有效的战斗力。

在这里，"大私"相对于个体来讲，不是"私"而成了"公"，因此可以理直气壮地讲"大公无私"，讲"人是要有点公心的"，并以此来反对个体对私利的捍卫举动。受此影响，农民是很难有勇气在个体层面宣讲杨朱哲学的，"人不为己，天诛地灭"在个体层面彻底丧失了合理合法性，而只有在"大私"的层级才能讲得通、行得通。一个人不能名正言顺地捍卫个体之私的利益，却可以光明正大地捍卫"自己人"之大私的利益。"人不为己，天诛地灭"只有在"大私"的层面才有实践的价值。

然而，同样明显的是，"大私"毕竟不是"公"，更不是普遍意义上的"大公"。"大私"之"公"并没能指向国家，"大私"是不讲普遍原则、普遍立场、抽象道德、抽象正义的，"大私"彰显的是特殊主义的原则、具体语境下的立场、具体的道德和具体的正义。离开具体谈抽象，离开特殊谈一般，都不是"大私"的品性。"大私"的整体观和大局观只有在"自己人单位"里才有意义，离开"自己人单位"，"大私"就成了特殊与局部，就成了真正的"私"。

所以，当宗族内部高度整合起来之后，很快就会抱成团，形成新的"政治正确"。对内讲公正、公道、直爽、说直话，对外则讲利益，也就是说，当个人品性上升到整个宗族层面则形成了公正止于宗族，抱团一致对外的特殊主义运作逻辑的宗族品性。就村庄经验来看，宗族对异性宗族的一致行动能力比较强主要表现在诸如"打人命"、宗族械斗等活动上。

长期浸染于"生活世界"里，农民对地方传统与地方文化充满了高度的自信，岳平人就经常认为他们的生活方式、生活态度、认识和看待问题的角度"全国不是都一样嘛"，好像"自己的"就真的成了"全国的"。以"自己的"来看待"全国的"，将"特殊的"推演成"普遍的"，是岳平人日常行动逻辑的基本品格。所以，他们总是会"理所当然"认为"地方的就是全国的，就是全世界的"。以农民生育观为例，岳平人就认为"生个儿子就有了江山，全国不都一样嘛"。殊不知全国很多农村地区，"不管男女，只生一个"不仅是理念，而且也是内化到人们内心深处并体现到行动上的常规性现象了。

农民基于地方传统和地方文化的自信，赋予"大私"基于农民认同而不是国家授权的强大合理性，使得长时间耳濡目染的农民习惯于将"自己人单位"的利益放在极其重要的位置，习惯于从小团体的利益思考问题，为了"大私"的利益，甚至不惜破坏普遍性的原则乃至法律。他们敢于不皱眉头地去主张"大私"的利益，"大私"的利益又不是个人的利益，即便是违反了原则和法律，也不是什么为人所不齿的事情。这一点在贺雪峰（2010）看来颇符合中国传统文化的特征，实际上也正是农民"大私观"在现代社会的延续。

由于"生活世界"不断地再生产着农民的"自己人意识"，践行着农民的"大私观"，岳平农民对超越地方传统的现代性因素普遍持一种排斥的态度。即便是国家颁布实施的政策、法律、制度，如果不能与地方传统有机结合在一起，要想在当地生根、发芽就比较困难，计划生育政策就是证明。宗族意识就好似一个绝缘体，隔绝了其主导下的自然湾与外面世界的关联，大大减慢了国家权力和现代法律等现代性因素进入自然湾的速度。

## 三　农民个体行为逻辑的调整与农户家庭结构的变迁

分田单干以来，随着宗族社会文化网络的复兴，岳平农民的宗族意识重新得以恢复，农民的历史感和当下感也焕发出新的生机，特殊主义行为逻辑得以持续锻造，成为影响地方社会秩序的重要力量。然而，这并不意味着经历过社会主义革命和建设实践，又历经改革开放以来市场经济的冲洗，农民的宗族认同意识没有发生任何质的变化。实际上，经历过革命与市场的双重洗礼之后，农民的行为逻辑发生了根本性的变化，农民的权利观念在不断被启蒙中逐渐觉醒，家庭权力结构和代际伦理秩序也在历经风雨后渐趋稳定，农民"小私观"获得了新的表达。

### （一）被启蒙的农民权利意识：一例婚外性关系的启示

20 世纪 80 年代，东坝村有一个妇女跟邻村的一个赤脚医生"打皮绊"，被丈夫抓住了。同宗同族的人将那个赤脚医生给围了起来，而气不过的丈夫操起一把杀猪刀就将他给捅死了。随后，该妇女的丈夫被判了个无期徒刑。从此以后，这个妇女就到邻近的一个镇上去谋生，后来跟一个扳道工好上了。这个扳道工经常以各种理由到村子里来，晚上偷偷在这个妇女家过夜。在一个夏天的夜晚，两人正在偷情的时候被这个妇女的公婆发现了。公公骂儿媳不要脸，并与扳道工争吵起来。在争吵中双方还打了起来，公公将这个扳道工打得路都走不了了。后来，这个妇女的公公的一个侄儿劝他说："你不能再打了，还有一个在牢里没有出来呢，你把他打死了也要被判刑的啊。"然后，这个妇女就把扳道工搀扶起来，送到了镇上，过了好一阵子才回到湾子里。妇女回来后，又被公公打了一顿，就跑了，不知是死是活。她娘家的人就跑来"打人命"，声称"活要见人，死要见尸"，闹了一阵子。[①]

婚外性关系在当地的湾子里一直以来都有，大湾子相对而言要更多些，小湾子就少些，而且呈现越来越普遍的趋势，已经变得不再让

---

① 详细情况可参见桂华（2009）。

人感到敏感了。新中国成立前的王家湾，有一个妇女跟人跑了，后来被丈夫在一座庙里找到了，当时她已经剃度出家了。但是，丈夫还是将她带回了湾子，请来保丁和同姓的族人，在祖堂里当着众人的面剥去她的外衣让她在铺满荆棘的地上滚，弄得满身是血。之后，丈夫才写了"休书"将她休了。至今谈起这件事，当地人还说这就是"家法"。

对待出轨的已婚农村妇女，新中国成立前，这是整个宗族的事情，宗族有权依据族规家法做出处理。新中国成立后，废除了封建性质的族规家法，代之以《婚姻法》等现代法律和社会主义新传统的道德风尚。在人民公社时期，自然湾里也时有"打皮绊"现象的出现，但都是在暗地里进行，被发现了也会遭到湾子舆论的一致性惩罚，不仅要背上"婊子""破鞋"的骂名，而且还有可能遭到族人、家人的毒打。东坝村的案例说明，到20世纪80年代，婚外性关系还会遭到族人的谴责，但是惩罚措施的实施主体已经转移到家庭内部，并且随着现代法律的介入，基于社区道德的惩罚逐渐让位于基于司法条例的救济，道德上的不正义方往往成为法律上的受救济人，法律成为类似事件的最后仲裁者。此时，有婚外性关系的妇女还会背负道德的压力，只要不被人当场抓获，别人是不能当面说三道四的，否则就有可能出现当事人拿着药瓶子到说"闲话"的人家中寻死觅活的事情。因为，如果你当面听到，而没有采取行动，那么就意味着你默认了偷情的事实。在当时，婚外性关系在湾子里还是很严重的事情，极有可能导致当事人家破人亡。到了2000年以后，婚外性关系就成了家庭内部的事情，即便是同宗同族的人也很少再去操心这些事情了，大家都已经见怪不怪了。社区的舆论也演变成了"说得好是一句话，说得不好是一个是非"，没有人愿意再去惹火上身了。

在《元照英美法词典》中，权利（Right）有两个解释：第一，"权利被认为是与法律相一致的为某一行为或占有某物的自由，或者更严格地说，如果侵犯这种为某一行为或占有某物的自由，则将受法律制裁。在最一般的意义上，权利既包括以某种方式作为或不作为的自由（为法律所保护者），也包括迫使特定的人为或不为某一特定行为的权力（为法律所强制者）"；第二，权利被解释为"正义、正当（性）；合法。该词的抽象性含义，它指与法律规则或道德原则相一致，相当于拉丁文'jus'，表示抽象法，而该抽象法被认为是所有权利的基础或对所有实证法赋予正义特征的道德原则基础"（薛波，2003：1200～1201）。在权利的第一个解释中，强调的是权利是法律所授予并受其保护的自由；在第二个解释中，强调的是权利的合法性来自法律和道德。因此，权利与道德和法律都有紧密的相关关系。进一步地讲，基于道德而来的合法性是传统社会里的权利特征，而基于法律而来的合法性是现代社会的权利特征。夏勇（2004）在研究中对权利下了这样一个定义：权利是为道德、法律或习俗所认定为正当的利益、主张、资格、力量或自由。由此，权利也就有了三种类型：道德权利、法定权利和习俗权利。然而，到了近代社会，权利成了现代政治法律的核心概念，人们开始更加注重的是它的法律维度，而逐步淡化了它的道德、习俗的维度，法定权利的效力逐渐屏蔽了道德权利和习俗权利的效力，一个公民在道德上、习俗上享有的权利如果不被法律所保护，就难以寻求到国家权力机构的救济。

　　因此，东坝村的案例说明，到了20世纪80年代，农村妇女发生婚外性关系在道德上是要受谴责的，如果按照社区道德来处理，族人和家人有处置她的权力。但是，这种基于道德的权利是不被社会主义的法律传统所认可的，一旦族人和家人在这个问题上违了法，同样是要受到法律的制裁的。法律救济和保护的是出轨妇女及其婚外情对象的生命权，而不会去更多地顾及地方道德的合理性。因此，这例婚外性关系的出现说明，经过社会主义革命与建设实践的洗礼，再加上20世纪80年代初市场要素的逐渐渗透，基于地方道德的家族、家庭惩罚权逐渐被基于法律的国家司法救济权所取代，农民的权利意识逐渐冲破地方道德的束缚，开始与现代国家直接对接。久而久之，超越旧道德的束缚，争取法律赋予的公民权就成为先知先觉的少数农民自觉追求的价值取向了。这又必然会对农民家庭的权力结构和道德关系构成新的挑战，势必促使权力结构和道德关系做出必要的适应性调整，进而在调整的过程中，由于代际"拉锯战"的出现，社会失范的现象就有可能发生，而所有这些成为本研究接下来要探讨的中心主题。

### （二）农民行为逻辑变迁引发的家庭代际关系调整轨迹

受结构化理论的影响，吉登斯的权力观也表现出两重性的特征：既强调行动主体的能动作用（即转换能力），又强调结构对行动主体的制约能力（即支配能力）。"社会系统里的权力具有一定的时空连续性，它的前提是行动者或集合体在社会互动中的具体情境中，彼此之间例行化了的自主与依附关系。"而这两种能力都与资源有着密切的关系，"权力本身并不是一种资源。资源是权力得以实施的媒介，是社会再生产通过具体行为得以实现的常规要素"（1998：77~78）。权力的大小取决于资源的多少，资源的多寡又决定着行动者能力的强弱。

"权力是在支配结构的再生产中，并通过它产生出来的。构成支配结构的资源主要有两种，一种是配置性资源，一种是权威性资源。"（吉登斯，1998：378）配置性资源指的是对物体、商品或物质现象产生控制的能力，或者更准确地说，指的是各种形式的转换能力。而权威性资源指的是对人或者说行动者产生控制的各类转换能力（1998：98~99）。在权威性资源中，还有一个重要的分支是生活机会，生活机会是指在不同形式的社会，以及社会的不同区域中，人能够幸存下来的机会（1998：381）。

将吉登斯的权力观放到村落社会里对家庭权力结构展开分析，我们可以将他的资源论进一步区分为物质性资源和权威性资源。在中国传统社会里，在小农家庭的内部，土地、房屋、财产等物质性资源大多都掌握在长辈手中，权威性资源也基本上被长辈所垄断，有限的生活机会往往只能依赖于土地而存在，受此影响，家庭内部形成了差序性的权力结构。由差序性的权力结构所决定，维系家庭内部成员之间的道德关系就成了"父为子纲，夫为妇纲"的讲究人伦差序的不平等的结构性关系。在家庭权力结构和代际伦理的影响下，"父义当慈，子义当孝，兄之义友，弟之义恭。夫妇、朋友乃至一切相与之人，莫不自然互有应尽之义"（梁漱溟，2005：72），"义务本位"成为中国传统社会里家庭之内以及"自己人圈子"之内农民行为逻辑的基本特征。而在伦理本位的社会中，个人观念和权利观念是不重要的，关键是人皆应有义务观念。

然而，新中国成立以后，"父为子纲，夫为妇纲"的伦理纲常秩序观念被视作封建宗法落后思想惨遭批判，随后又被社会主义新传统所取代，"好儿媳""好婆婆"成为人民公社时期家庭关系调整的重要风向标。同时，在人民公社时期，国家还通过工分值等形式不断提高农村妇女的家庭经济地位，还通过《婚姻法》等现代法律制度的建设赋予农村女性与丈夫、公婆平等的公民权，农村妇女的政治、经济地位得到提高。

分田到户以后，市场进一步改变了资源配置的方式，青年夫妇不仅获得了与父辈平等的土地承包经营权，而且还日益在外出务工市场上获得更多的生活机会，掌控资源的能力不断提升，家庭经济地位逐渐赶上并超过父母，谈判能力开始迅速上升。1980年，国家又重新修订并颁布实施了新的《婚姻法》，农村妇女拥有与长辈平等的公民权得到了国家法律的再次肯定。在这种情况下，少数权利意识先觉的农村青年妇女开始不甘心忍受不平等的家庭权力结构的束缚，期待着通过不断的日常抗议行动来逐渐谋取更高的家庭地位。但是，她们的努力非常自然地就遭到了湾子里并没有完全消散的传统伦理道德的反击。在上述东坝村的婚外情事件中，如果丈夫没有用刀捅死那个赤脚医生而仅仅是教训一下出轨的妻子和赤脚医生，丈夫的行为就会得到社区舆论的一致支持，而不会捅到司法机关去。然而，随着过激事件的增多，司法救济的现象越来越多，基于道德合法性而来的行动者权利被基于法律合法性而来的行动者权利所取代的事件不断在实践中告诉农民如何做才是对的、怎样做就犯了法。由此，农民的"政治正

确”观念开始逐步从传统伦理道德中获取资源演变为从现代法律中
获取资源。

因此，从20世纪80年代初开始，两个权利观发生了激烈的碰
撞。老年人基于传统道德观念而来的权利观开始遭到青年妇女基于现
代法律而来的权利观的挑战。碰撞伊始，代际权力结构还比较稳固，
老年人尤其是婆婆终于在做了多年的媳妇、受了多年的气之后“熬
成了婆”，他们不可能甘心拱手就将家庭权力让给儿子、媳妇。所
以，代际矛盾和冲突开始迅速增加，以致农民至今仍普遍认为80年
代的婆媳关系非常糟糕。刚开始的时候，青年女性的挑战往往难以
取得成功，社区舆论也不会给予积极的支持，即便是青年女性选择
了自杀，虽然村民会对之抱持同情之心，但是整体上看还是会站在
其公婆的立场上考虑问题。这从刘家湾的一个自杀案例中就可以看
出端倪。

> 1983年，刘家湾发生了一起自杀事件。自杀的青年女性不
> 足30岁，为人很老实，是邻镇邻村人，因为遭到公公的打骂，
> 一气之下喝药死了。令湾子的人感到气愤的是，这个公公还把他
> 儿媳妇的尸体从屋里拖了出来，扔到了牛粪堆里。公公的行为引
> 起了本湾子里人的普遍不满，湾子里的人都骂他，说他欺人太甚
> 了。他一看形势不对，湾子里的人都这样，要是儿媳妇娘家的人
> 来“打人命”，自己不是连个帮手都没有了吗？所以，他就选择
> 了逃跑。没有想到，人还没有跑掉就被湾子里的人给抓住了，裤
> 腿里的百十块钱也被搜了出来。果不其然，儿媳妇娘家的人听说
> 后马上就来“打人命”，接连闹了两天。后来，由支书做主连夜
> 用白布裹着尸体直接埋掉了，事情也就不了了之。湾子里的人在
> 这件事情上觉得这个公公做得确实太过分了，所以要稍微教训他
> 一下，但是根本的原因在于“让她（儿媳妇）的娘家人好过
> 些”，不然整个湾子里的人都没有面子，外姓人都会说刘姓人的
> 闲话，儿媳妇的娘家人更不会善罢甘休。

然而，经济基础决定上层建筑，物质性资源的多寡最终会决定家庭权力结构的变迁方向。随着越来越多的青年人从"义务本位"的传统伦理观念走向"权利本位"的现代法律观念，形势缓慢地发生了质的变迁。在岳平地区，20世纪80年代，青年女性的家庭地位还远远低于老年人，但是到了90年代，老年人的家庭地位就被青年女性所超越，其中一个典型的表现是80年代青年女性的自杀率比较高，而90年代老年人的自杀率显著增高（刘燕舞、王晓慧，2010；桂华，2010；钟琴，2010）。这从根本上说是由于市场大大提高了青年夫妇的家庭经济地位，青年女性逐渐取得了家庭经济地位上的平等权，甚至占据了绝对优势。由物质性资源的掌控能力所决定，经过长达10多年的不断抗争，到90年代中期，家庭内部代际权力关系逐渐趋向平等，并日益巩固。青年女性争夺家庭地位平等权的斗争取得了重要的胜利，代际权利与义务关系逐渐趋于平稳，用岳平人的话说是"做婆婆的会做婆婆了，把媳妇当闺女看；做媳妇的也会做媳妇了，把婆婆当亲娘看"。

费孝通在描述差序格局的社会结构时讲，以己为中心向外推形成的社会范围是"一根根私人联系，每根绳子被一种道德要素维持着。社会范围是从'己'推出去的，而推的过程里有着各种路线，最基本的是亲属：亲子和同胞，相配的道德要素是孝和悌……"（2006：28）传统的道德是维系着私人关系的，是要讲人伦差序的，是缺乏普遍标准的，是看"所施的对象和'自己'的关系而加以程度上的伸缩的"。说到底，道德附着于"差序格局"的社会结构之上，是巩固与维持权力格局的实践机制，是为社会结构和权力格局而生的。一旦社会结构和权力格局发生了变动，道德势必要做出要素构成上的调整。

旧有的差序型家庭权力结构维系的是差序的人伦关系，是与"义务本位"的传统中国农民行动逻辑相匹配的。当物质性资源的家庭分配格局发生代际逆转，农民个体的行为逻辑从"义"字当先转变成为法律所赋予的权利而斗争的时候，旧有的家庭权力格局就势必要做出必要的调整以适应现代法律的公共规范。家庭权力格局的变化，又必然会引起家庭道德要素的不断调整，直到新的道德规范适应新的均平型的家庭权力结构为止。毕竟，归根结底道德是为维系相对稳定的社会结构和权力结构而存在的。因此，当新的道德规范、新的家庭权力结构与新的农民行为逻辑及物质性资源、权威性资源的再配置相吻合的时候，家庭代际关系就会出现新的均衡，家庭秩序就会恢复基本的平静。所以，在岳平县，从20世纪90年代中期，最迟从2000年左右开始起，家庭权力结构和代际伦理的再结构化过程已经基本上宣告结束，从代际关系变动引发的不同年龄群体的农民自杀率情况来看，不同人群的自杀率都出现了大幅度的下降趋势（刘燕舞、王晓慧，2010；桂华，2010；钟琴，2010），从而可以说农民的"小私观"在新的历史时期获得了新的实践与表达机制。

### （三）受规约的农民权利表达：农民"大私观"的实践价值分析

综上所述，在岳平地区，改革开放以来，新兴的市场改变了农民代际财富分配结构，引发了农民权利意识的觉醒，初步改变了农民日常行为的逻辑，促使农民家庭内部代际权力结构和伦理秩序发生适应性调整，使代际关系经历了一个由平衡到失衡再到平衡的调适过程。而在这个过程中，农民的权利意识在被启蒙、不断觉醒的同时，也受到了有效的规约，才使经过调整后的家庭权力结构和代际伦理秩序能够照顾到子辈和父辈双方的利益。

但是，根据我们在湖北省京山县的调查经验来看，京山县农民的权利意识、家庭权力结构的代际转移、家庭代际伦理的变迁与岳平县经历了一个大致相似的过程，京山县农村到20世纪90年代初中期，家庭权力结构已经从以父子轴为主转变为以夫妻轴为主，青年夫妇基本上掌握了家庭的主导权。但是，与岳平县不同的是，伴随家庭权力结构的变迁，京山县农民家庭代际伦理的变迁却滑向了另外一个方向，如果说岳平县农民家庭内部的代际伦理达到了新的能够兼顾父辈、子辈二者利益的均衡状态的话，京山县农民家庭的代际伦理无疑是彻底走进了严重忽视老年人生存权益的泥潭。在京山县农村，老人岁数大了，不能劳动，不能照顾自己了，就该死。这不仅是农村老人的想法，青年人也同样这样想，并且也是这样来对待年迈的父母的。在这种普遍性共识之下，老年人自杀在当地甚至已经丝毫不能成为村庄中的公共事件，这就必然导致越来越严重的不孝顺和虐待老人的行为发生。因此，在京山县农村出现了很多青年人虐待老人的事件，甚至发生过儿子因为害怕母亲拖累自己不能外出打工挣钱，而将母亲活活勒死却对外宣称母亲自杀了的案例（陈柏峰，2009）。看待这个现象，不能单纯从青年人不孝顺父母、青年人"逼死"父母的角度去理解，而必须放在区域社会里来理解。

在岳平县农村，听笔者问到湾子里有没有不孝顺老人的儿子、媳妇或是有没有不孝顺老人的事件发生时，不管年龄大小，大多数农民第一反应是："那还得了，不孝顺父母，那是猪兄狗弟。"这话说得简单、直接而有力。一个接受我们访谈的妇女主任，其丈夫家是兄弟两个，公公过世以后，自己一家供养婆婆21年，同吃同住，没有让男方兄长出一分钱，自己还觉得非常正常，认为在孝顺问题上不能说三道四，否则就太不像话了。由此，从地方文化来看，京山县和岳平县表现出了较大的差异。在笔者看来，我们可以通过对比分析两个区域的社会文化类型来深化认识这个问题。

从表3-3中，我们可以看出岳平县是一个有着浓厚的地方文化和稳固的地方传统的地区，在农民的小家庭之上还有一个农民认同的超家庭的"自己人单位"，农民的行为逻辑在"大私观"的影响下还保持着较强的"群我主义"的特征，虽然在个体层面权利观念开始影响农民的行为选择，但是在"自己人单位"层面农民还主要遵循的是"以群为重，以己为轻"的行为原则。家庭道德因素的调整在适应了重新结构化的家庭权力结构之后已经达到了新的均势平衡状态，父辈、子辈之间的权利与义务关系相对均衡且有着较为清晰的边界。然而，在京山县，地方传统和地方文化基本解体，农民已经高度原子化，人际关联模式松散化，交往规则理性化，在小家庭之上已经没有任何村庄内生的结构性因素可以约束村民的行为，家庭代际伦理在家庭权力结构重新稳固后开始无限制地偏向青年人一方，青年人的行为呈现无公德的个人主义特征，权利观念彰显而义务观念异常薄弱。

表 3 – 3　岳平县和京山县区域社会文化类型比较

| 地区 | 岳平县 | 湖北京山县 |
|---|---|---|
| 村庄性质 | 宗族性村庄 | 原子化的村庄 |
| 农民认同与行动单位 | 有小家庭（小私），也有"自己人单位"（大私） | 有小家庭（小私），无"自己人单位"（大私） |
| 家庭道德观念 | 具有公共性的道德 | 滑向私人的道德 |
| 农民的行为逻辑 | 调整中的群我主义 | 无功德的个人主义 |
| 村民的生活面向 | 叶落归根（面向村庄） | "尿都不往家乡撒一泡"（面向村庄外的世界） |
| 鬼神信仰 | 有（强烈） | 无 |
| 群体一致性行动 | 多 | 少 |
| 基层治理模式 | 村组干部和宗族性权威的双重治理 | 村组干部的单方治理 |

注：湖北京山县的情况根据笔者关于京山县农村的调查报告整理而来，参见赵晓峰（2008）。

　　进一步讲，在岳平县农村，农民的生活面向仍然倾向于村庄，农民仍然是在村落社会这个生活世界里寻求生命的意义和实现人生的价值的；农民对鬼神仍然有着敬畏感，鬼神信仰氛围较浓；群体自发达成一致行动能力的可能性较大；基层治理模式是国家正式治理和自己人单位里非正式治理的结合，地方秩序生成能力较强。而湖北京山县则呈现与之截然相反的特征，农民的"自己人"意识已经完全解体，农民的生命意义和人生价值普遍是在村庄之外实现的，村庄对农民来说重要性不大，"村将不村"（董磊明，2007）已经成为一些学者对这个区域的农村未来发展走向的基本判断和极大担忧。

　　鉴于以上对比分析，我们可以肯定的是，农民的"自己人"意识和"自己人单位"的持续存在有助于遏制个体权利意识的无限膨胀，将个体追求私利的行为控制在一定的限度内，从而保持家庭内部代际权利与义务关系的相对平衡，使新的家庭代际伦理能够兼顾父母与子女的双方利益，使农民的"小私观"能够获得合乎情理的表达与实践。而这都得益于在岳平农村，在超越农民单个家庭之上，还有一个农民认同的、能够规范和制约农民权利意识表达行为的"大私"单位。

## 四 "自己人的治理"逻辑之变与法律下乡的进路

分析完了农民家庭代际关系的变迁，明晰了近30年来农民"小私观"的调整轨迹，探讨了农民"小私观"的表达与实践之后，我们在下文将要探讨的是：在农民"大私观"的影响下，"自己人的治理"发生了什么样的逻辑变化？在"生活世界"里持续锻造的农民特殊主义行为逻辑是否能够阻止现代法律的进入？如果不能，现代法律在哪些领域进入了乡村社会，并成为治理主体可以借用的治理资源的？如果能，是否意味着现代法律与乡村社会依然处于老死不相往来的隔膜状态？进而言之，"自己人的治理"面临着什么样的境况？已经、将要发生什么样的变化？这些问题构成本部分关注的核心问题。

### （一）农民互助合作需求的层次演变：常规性的与应急性的

费孝通（2006）认为："无论出于什么原因，中国乡土社区的单位是村落"，"中国农民聚村而居的原因大致说来有下列几点：一、每家所耕的面积小，所谓小农经营，所以聚在一起住，住宅和农场不会距离得过分远。二、是需要水利的地方，他们有合作的需要，在一起住，合作起来比较方便。三、为了安全，人多了容易保卫。四、土地平等继承的原则下，兄弟分家继承祖上的遗业，使人口在一地方一代一代地积起来，成为相当大的村落。"综合上述四点原因可以说，村落是人们为了解决合作供水的生产需求难题和保障安全需要的生活需求难题，在分散的小农经济的社会基础之上，依赖血缘性的亲族延续和社会继替形成的宗族性共同体。因此，在传统社会里，农民的互助合作需求是人们聚集而居形成"自己人单位"的重要原因。

新中国成立以后，外生的政策、法律、制度源源不断地渗透进村庄，逐渐在各个层面取代村庄内生的秩序变量发挥作用，外生力量和内生力量开始在不同层面共同形塑着村庄的社会秩序。就岳平县农村地区来说，当下农民自发的互助合作需求可以区分为两种类型：常规性的互助合作需求和应急性的互助合作需求。常规性的互助合作需求是农民日常生产、生活中必需的，单个家庭又无法解决的公共品需求。在当前的农村，建房互助、生产互助等公共品需求与供给市场已经高度货币化了，温情脉脉的人情逻辑基本上被理性化的市场逻辑所取代，农民常规性的互助合作需求在市场的挤压下已经严重萎缩，被压缩掉的互助合作需求已经变成了 GDP，农民再也不用去算欠下了别人的人情今后应该怎样才能还得清的心头账，一次性的货币结算干脆利落，确实让农民省了很多麻烦。然而，并不是所有的单个农户不能解决的事情都能够货币化，特别是红白喜事即便是市场的逻辑在这些方面也开始了渗透，但是整体上来说，红白喜事尤其是丧事仍然是需要各个农户通过互助合作才能解决的人生大事。

以岳平县农村的情况来看，丧事往往比喜事需要更多的人手帮忙，而且在丧事中还有一些环节必须要特定的人来完成，基本上可以说丧事已经成为考量农民常规性互助合作单位大小的风向标。在小湾子里，哪家有丧事，几乎户户都要出人去帮忙，即便是平时两家有仇、有怨气，在这个时候也要去帮忙，否则就会被人"戳脊梁骨"。而在大湾子里，以前也是各家各户都要去人，现在变成了血缘关系近的和平时关系好的去帮忙，其他人到死者家中稍稍坐坐，说两句安慰的话就可以了。因此，农民的常规性互助合作单位的户数、人数规模都在迅速下降，以刘家湾为例，一、三、四房是三个小房头，丧事基本上还是以房头为单位进行，二房内部则进一步分化成四个亚房，丧事开始以亚房为单位进行。

从实践中看，农民的常规性互助合作单位往往与农民的基本人情单位相重叠。人情是人与人之间社会交往关系重要的联结纽带，人情单位具有非常明显的功能性，随着常规性互助合作需求层次的演变，农民的基本人情单位也会发生变化。以前在刘家湾，跨房头的人情往来非常多，当前除非私人关系特别好，跨房头的人情往来相对来说已经比较少见了。这既与当前人情市场的行情不断见长、礼金额度越来越高、收礼越多则还礼越多、经济压力越大有关，更与农民常规性互助合作需求层次的下降有着紧密的关系。人情单位与常规性互助合作单位的重叠大致是因为人情是彰显人与人之间关系性质的一个重要的实践机制，我与你有人情往来，与他没有，就意味着我与你的关系更好、更近一层。因此，相互之间帮帮忙是应该的。人情单位是由交往性关系形成的，并没有先天的门槛，一个人可以以己为中心来建构自己的人情单位。人情单位里没有严格的进入与退出机制，个体可以根据自身的喜好、需求等决定人情单位的大小。也就是说，人情单位归根到底是一个功能性单位，随功能需求的变迁而发生相应的变化。只不过，在岳平县的农村地区，人情单位往往与先赋性的血缘单位具有紧密的联系，人们在血缘关系基础上来建构自身常规性的人情单位。

应急性的互助合作需求，是指因为临时的事务或是偶发事件需要多家庭联合才能形成集体行动的力量解决的需求。在岳平县此类问题比较普遍的是"打人命"、宗族械斗等内群体与外群体之间的纠纷事件，以及修祖堂、接"太公"、修祖坟等宗族性事务。这种互助合作需求具有功能性的一面，却并不需要彼此之间在平时保持人情往来，以及其他非常紧密的关系，而只要事件一发生，不管平时关系如何，每家每户都有参与行动给予当事人必要支持的义务。这种互助合作需求的供给依赖的是农民强烈的"自己人"意识，是农民基于"自己人认同"观念达成的群体性行动。这种互助合作需求往往涉及一个宗族的面子、荣誉问题，涉及一个宗族的价值层面的问题。如果自己宗族里的人被其他宗族的人给欺负了，本宗族的人不去帮忙出气，就意味着这个宗族好欺负，族里没人了，会被外宗族的人看不起。一旦一个宗族被别人看不起，今后就有可能受到更多的外群体人的欺负，可能就永远在地方社会里抬不起头了。而诸如接"太公"等宗族性事务往往都是临时的，是需要全宗族的人一起合作才能解决的事情。在此类事情上，没有人会去讨价还价，只要是这个宗族的人，就要为宗族的事务操心、出钱出力。

因此可以说，"自己人单位"不仅是一个功能性单位，更是一个价值性单位，功能的发挥不过是在彰显价值的力量而已。由此也可以看出，"自己人单位"和人情单位，应急性互助合作单位和常规性互助合作单位有着不同的建构逻辑，单有人情往来是难以使互助合作单位生成价值基础的，其能够解决的主要是功能性的常规性互助合作需求，一旦发生了临时的或是偶发事件，需要达成一致行动能力时则常常会面临集体行动的困境。如果"自己人单位"和人情单位相重叠，那么就会更加强化单位的行动能力，使单位的个体能够像泥巴一样更紧地黏结成一团。所以，虽然说依赖人情，个体也可以建构以己为中心的交往性的"自己人单位"，但是这种单位的凝聚力是比较差的，功能是有限的，尤其是在现代性迅速进入乡村社会的今天，个体面临的稳定的、可预期的、常规性的合作需求层次已经显著下降的情况下更是如此。

### （二）"自己人治理"的延续：有所为，有所不为

在"自己人单位"里充当治理主体的是各个房头的房长，以及凌驾于各个房头之上的房头长，他们是宗族自治权力的执行者。在人民公社时期，瞒产私分等群体性自治行为屡禁不止的事实说明"自己人的治理"并没有被彻底消除，"国家的治理"和"自己人的治理"长期并存，双方演绎的是此消彼长的关系，没有哪一方能够完全压倒另一方。分田到户后，"自己人的治理"重新开始显性化，从岳平县的情况来看，以房长、房头长为代表的宗族性权威至少还在两个方面发挥重要作用：一是调解房头内部和房头之间的民事纠纷；二是参与组织修建祖堂、修撰族谱、接"太公"等宗族自治性事务。同时，房长和房头长也有非常明显的"两不介入"：一是不介入村庄显性政治，尤其是不介入农业税费的征收；二是不介入挖水渠、兴修

水利等农村公共品建设领域。换句话说，房长和房头长只专注于湾子内宗族性事务，而不关心和介入国家权力发挥作用之"公"的事务。

从土地改革运动开始，宗族性权威的合法性已经不复存在，宗族也被视作封建宗法落后势力丧失了意识形态的支持，从而也就失去了管理社区事务的合法性，宗族在乡村社会里成了"有认同感，却没有合法性"的农民组织。分田单干以后，国家并没有从意识形态上重新肯定宗族的合法性，没有赋予宗族可能的自治权。所以，宗族也就继续丧失参与社区建设的合法性，而将注意力集中到宗族内部事务的处理上。虽然从法律层面来看，宗族性权威并没有得到国家权力的认可与授权，但是基于同宗同族农民的自然认同，宗族性权威依然可以介入到宗族性事务的处理中。不过，宗族性权威不能干涉国家权力所涉及"公"的领域的事情，因为那是国家的事情，是"公"的事务，只能由村组干部来执行并完成。宗族性权威如果要执意介入，往往会引发与国家认可的正式权威之间的冲突，反而会给自己带来不必要的麻烦和不便。所以，宗族性权威在分田到户之后直至农业税费取消之前往往只愿意介入宗族内部之"大私"的事务，而不会去掺和"公"的事务，除非村组干部主动找上门寻求他们的帮助。

进一步讲，宗族性权威介入的领域又可以区分为两个层次：一是功能性的；二是价值性的。其中，纠纷调解就是功能性的，尤其是宗族内部个体与个体之间，以及房头与房头之间的纠纷。而宗族里发生的群体性行为却具有明显的价值性的一面，不论是修撰族谱、修葺祖堂，还是接"太公"、"打人命"、宗族械斗等活动的参与及组织都是基于同宗同族的血缘认同，基于宗族整体的荣誉感、耻辱感、面子观、危机感等而激发的自发、自觉行为。在涉及功能性层面的事务上，个人可以基于自身的偏好、与他人关系的远近、发生事件的性质、自我感觉成功处理的概率等多方面的因素，综合考虑、细细盘算，再去做出是否介入的决定。然而，在价值性事务上，个体是没有讨价还价的余地的，宗族性权威和作为个体的村民都必须要遵循"小道理服从大道理"的整体主义进路的原则，不能因为担心牺牲了个人过多的利益就不去参与，否则以后就会遭到湾子里其他村民的排斥。两类不同性质的宗族性事务，决定了分田单干以后宗族性权威在行使治理主体权限时进行"选择性治理"可能的演变进路。

### （三）宗族性权威的"选择性治理"

传统乡土社会里长期践行的是"集权的简约治理"或者说是"实体治理"，国家法律基本上止于"县政"，"县政"之下的治理权限基本上掌握在士绅等乡村领袖手中。乡村社会里发生的纠纷主要依靠村规民约、族规家法来规范和解决，即便是"民告官究"，"官"也是将案例发回村庄，由乡村领袖按照地方规则去处理，除非万不得已，"官"很少以审判判决的形式解决村落里的纠纷。也就是说，传统社会里，乡村权威的治理是全面的、一体的，几乎所有的纠纷都是以地方规则为裁决标准的。但是，在先后经历过革命和市场的洗礼之后，全国很多地方的农村除了乡村干部之外，已经很少能够看到没有"公"的身份的乡村领袖介入民事纠纷开展调解工作的案例发生，"不在其位，不谋其政"，民间权威逐步退出了乡村政治、社会生活的舞台。在岳平县农村，我们看到因为农民还有较多以"自己人圈子"为单位的群体性活动发生，农民的"自己人"意识保持得相对较好，农民对"自己人单位"仍有较高的认同，"自己人单位"仍然可以构成超越个体家庭之上的农民基本认同与行动单位，从而当地的房长、房头长等宗族性权威依旧能够在有限的范围内行使自治的权限，协助维持乡村社会的内生秩序。

在前文，我们看到市场促使了农民个体权利意识的觉醒，引发了农民家庭权力结构的变迁和代际伦理的适应性调整，农民的"小私观"获得了新的表达与实践。接下来，我们将讨论宗族性权威的"选择性治理"实践，通过分析宗族性权威如何区分事件的性质，如何决定要不要介入"事件"的治理，以及"事件"处理后的影响等多个方面来探讨"自己人的治理"在近30年来所发生的质的变迁逻辑。

朱东力是科发村3组村民，将近40岁，民办教师，信奉佛教。2008年12月，朱东力准备建新房，宅基地初步计划选在其母亲的房子前，以便照顾老人。但是，他选择的地基处于3组和4组交界的地方，很难分得清楚究竟是属于哪一个村民小组的。当地基选定后，朱东力就通过村民小组长递交了建房用地申请，并由村委会副主任审批盖章，镇国土资源管理所备案通过。

朱东力选定的宅基地是一个小土丘，要建房必须先推平。2008年12月20日，朱东力就准备用铲车推平地基。在将要动工的时候，3组理事会①以石运来为首的几个人就过来扯皮，说土地是他们组的，不经过他们同意，谁也没有资格在他们的土地上建房。朱东力争辩说："我家也有祖业②，一个8分、一个5分，不都在你们3组被你们组的村民盖上房子了吗？我们土地离你们远，我也不可能到你们湾子里盖房子，我在这里建方便些。"然而，不管朱东力怎么说，石运来等人就是坚持不同意的立场，站在铲车前，不让铲车通过。

当天晚上，朱东力就到石运来家找他说情："我家老房子在上次地震中被震裂，不能正常居住，家里还有三个孩子，两个读高中，一个读大学，请你们行行好，让我把房子盖起来吧。"最后，朱东力提出要正式请3组的相关人士吃顿饭，算是正式打个招呼，也请大家高抬贵手让他把房子给建起来。石运来就同意了，并让他去找组长、理事会的其他人以及祖业的所有人石江河说明情况，看大家的态度。时任队长石柏松等人都同意了。

第二天一早，朱东力再次去请一干人等去街上吃饭。后因石

---

① 理事会是当地在2005年新农村建设中以自然湾为单位新成立的民间性质的农民自组织。理事会的理事在组织刚成立时一般由各个房头的房头长出面担任，后来经过不断改选之后由湾子里各个房头推荐的代表出任理事，但是担任理事的村民不一定是各个房头的房长，有较大一部分是湾子里能够公正、公道地说直话的中青年农民。关于理事会的情况，本研究将在第六章进行专门的探讨，留待后文详叙。

② 这里的祖业，指的是大集体时集体分给农户自主经营的"自留地"。

江河他不是他家的老大，让朱东力去街上找他大哥。朱东力就骑着摩托带着妻子去了街上，不料却在回来的路上发生了车祸，爱人的两条腿都废了。所以，饭也没有吃成。

到 2009 年 5 月 11 日，朱东力的爱人出院，回到家中。13 日，朱东力在休息两天后再次去找石运来谈宅基地的事情，并带了一条烟作为人情。不巧的是，石运来不在家，他妻子也没有收那条烟。他马上又去找另外一个理事会成员。该理事给新任理事长石又加打电话通报了情况。此时已经兼任 3 组组长的石又加回答说让朱东力晚上再过去。等到晚上朱东力过去之后，又把 3 组在家的几个理事会成员请了过去。朱东力首先讲了自己的情况，表达了希望建房的愿望，并再次提出要请一干人等去街上吃顿饭。石又加最后说："饭就不吃了，今年是我做理事长，改变了制度。只要在我们的土地上建房，就要收 2000 元的宅基地费用。看在你老婆受伤这个情况，少收 500 元吧。"

根据我们的了解，石又加此举不单单是针对朱东力的，更重要的是期待以此树立自己的权威，从而一举收回湾子里被其他人占用的鱼塘等集体资产。如果此举不能成功，后面针对本湾子人利益开展的收缴行动就更难以获得成功。"新官上任三把火"，石又加的"第一把火"就引火上身了。但也就是从此开始，本来是个人的事情，就逐步演变成了两个湾子、两个不同姓氏房头里的事情。

14 日傍晚，朱东力所在房头的老房长朱金生亲自去找石又加做工作。朱金生在 4 组很有威望，组里的村民都很尊重他。前些年，石运来的孩子掉在水里，还是朱金生救的。说起来，朱金生对石运来的孩子还有救命之恩呢。所以，朱金生自认为自己去了应该就能够解决问题了。没有想到石又加还是不买账，说："以前的队长没有把我们湾子搞好。从今年我做队长开始，所有湾子里的鱼塘、土地都要收钱。这样的话，以后我们做'太公'生日就不用从群众手中收钱了。"当天晚上，3 组理事会的人基本上都到齐了。尽管朱金生跟他们说了很多好话，3 组理事会的人也没有松口。只是到后来，石运来出来打圆场要求最少也要给 1000 元。

朱东力还是不甘心。15 日，他就到村委会大院去找新书记王才干反映情况。王才干听后说："哪有这种事情，建房我们都不能收钱，他们湾子怎么有权收钱呢？"然后，王才干就打了一个电话，把石又加给狠狠地批评了一顿。石又加当天晚上就给朱东力打电话说："你竟然背着我去告我的状。即便你给 2000 元钱，我也不让你建了！"朱东力马上反问："是谁给你这么大的权力？"石又加不作声，直接把电话给挂了。

对此，4 组的人都很生气。4 组理事会的理事长朱新发还专门为此去找村支书王才干说："如果他们姓石的要收钱，那么朱东力也有一个 8 分、一个 5 分的祖业在他们 3 组的湾子里，我们也去收。"不仅如此，湾子里的人也都很生气，跟他说："不给他们钱，你就建，看他们敢把你怎么样。如果他们来扯皮，你就打，打了之后再报警。"①

故事介绍到这里，我们来看几个当事人的行为选择。首先，我们来看朱金生。作为房长的朱金生原本并没有足够的动力去介入宅基地的纠纷，刚开始的时候纠纷也主要是在朱东力和 3 组理事成员石运来之间发生，矛盾的性质仍然可以看作个体与个体或者说是个体与外群体之间发生的个体性事件，朱金生在这个时候不愿意介入的原因就在于此，事情既然还是个体性质的，介入之后就有可能面临两边都不讨好、都不买账的情况。但是，当石又加为首的 3 组理事会变得非常强硬，而朱东力家又惨遭巨变之后，原本是个体性的事件就逐渐引起了 4 组村民的普遍关注。在 4 组村民看来，虽然朱东力信佛，在湾子里并不讨人喜欢，但是他毕竟是自己湾子里的人，凭什么让他们 3 组的人

---

① 资料主要来源于 2009 年 8 月 2 日，笔者和王君磊、史薇等人与 ZJS 访谈的记录。

这样欺负啊？湾子里的公共舆论逐渐开始酝酿发力，当大家的同情之心越发强烈、气愤之情越来越高涨的时候，作为房长的朱金生就不能坐视不理了，即便是朱东力没有来找自己帮忙调解，朱金生也不得不出面了，否则就会被湾子里的人看不起，认为他"占着茅坑不拉屎"。

其次，我们来看石运来的反应。论私人感情，石运来和朱金生之间的关系很好，朱金生对石运来的儿子还有救命之恩，石运来没有拒绝朱金生调解的理由。但是，二人之间的关系是个体与个体之间的"私"的关系，而宅基地事件在4组的湾子里已经成了"公"的事务，在新任理事长石又加的主导下，坚持让朱东力出钱已经成了理事会通过的"公"的决议。如果石运来此时"松口"，力劝理事会就此罢手，那么，石运来就有了因私废公的嫌疑，就会成为湾子里公共舆论攻击的对象。对他而言，这自然是得不偿失的事情。而他的及时介入，建议少交而不是不交的办法，则照顾了双方面的利益，既保住了与朱金生的私交关系，不至于成为忘恩负义的人，又维护了理事会决议的有效性，不至于为了"私"的关系而损害了"公"的利益，成为大家攻击的对象。

再次，我们来看石又加的行为抉择。前任理事会在宅基地问题上"设卡"主要目的在于彰显本湾子对土地的所有权，意在表明理事会对朱东力擅自决定单方面建房的举动不满，因此当朱东力表态愿意请3组显要人物吃顿饭通过私下的途径解决后，理事会成员、村民小组长都表示同意。但是当石又加当选理事长后，形势就发生了变化。石又加年仅30多岁，年轻气盛，很想在湾子里做出一番成就。因为湾子里有一些零散的鱼塘在分田单干初期就被不同的私人"承包"了，由于历任的村民小组长都不愿意得罪人，承包费一直没有收。石又加上台后召开理事会决定要收回鱼塘的承包权，可不能直接动手，不然就有可能惹大麻烦，"承包"鱼塘的人极有可能不买账。所以，他想借宅基地的事情，确立理事会在湾子里的威信，进而通过户主大会决议强制性收回鱼塘。由此，石又加在宅基地问题上始终以理事会集体决议的名义坚持自己的立场而不愿意退让，关键就在于一旦在这个问题上退让了，后面的工作就更难做了。然而，让他没有想到的是，理事会的坚持竟然导致朱金生和朱新发介入，引发了4组整个湾子村民的不满，虽然他敢于以理事会的名义对抗村委会，但是在湾子与湾子之间出现这种越来越难以收拾的局面，最终也让自己很难下台。当2010年3月笔者第二次去做调查的时候，朱东力的房子终于建了起来，而3组理事会还是没有收到钱。

最后，我们来分析朱新发的抉择行为。朱新发也很年轻，40多岁，是湾子里的"支事"（主持操办红白喜事的人），在2008年理事会改选时当选为理事长。在宅基地问题上，他的行为和朱金生有较大的相似性，刚开始的时候，他们都将宅基地的问题视作个人的问题，不愿意介入。随着事态的演变，事情的性质发生了变化，对方竟然以理事会的名义来对待自己湾子的人，而且还表现得如此咄咄逼人，这不明显是欺负我们湾子的人吗？这个时候，朱新发也坐不住了，这样下去，理事会的颜面往哪里放？由此，他才开始积极行动起来，找村干部协助解决双方的争端。

通过这个案例，我们可以看到的是宗族性权威对于"自己人单位"里发生的纠纷已经不再是全面介入了，而是有意识地先甄别，再进行"选择性治理"了。当纠纷体现为个体之间的事情时，他们并没有主动介入的意愿，毕竟这是个人的事情，与整个湾子没有大的关系。实际上，不仅是在跨湾子的事情上，即便是湾子里个体家庭内部发生纠纷，以及单个家庭之间发生各种类型的纠纷，只要不危及整个湾子的利益，随着农民权利意识的彰显，到20世纪90年代中后期，宗族性权威已经不再愿意干涉了，而将这类民事纠纷转移给了村组干部进行处理。在宗族性权威看来，个体之间的事情，不能再随便说话表态了，像20世纪80年代那样主动介入民事纠纷已经不再是划算的事情了，因为即便是他们介入，村民也不一定会买账，甚至会把他们的话直接给顶回去，"凭什么说我，不说他，你有什么资格在我面前指手画脚的，老不死的？"如此一来，介入纠纷，不仅不能增加自身在湾子里的威信，而且还会给自己带来不必要的麻烦，长此以往，宗族性权威自然也就"心寒"了。宗族性权威在个体性事件上的退场，带来的直接反应就是原本各个村民家庭在操办红白喜事时会专门去请"房头客"吃饭以表示尊重，但是到20世纪末，很多家庭都不再去请湾子里的宗族性权威吃饭了。

宗族性权威在个体性事件上退场了，但是在涉及湾子整体的面子、荣誉和利益的时候，又会换一副面孔出现。在宅基地问题上，我们就可以看出，当个体性事件发展演变成湾子与湾子之间的事件时，宗族性权威就不能再袖手旁观了，这个时候，如果他们不介入，后果会更加严重。湾子里的纠纷是自己人的事情，而别的湾子以群体的名义欺负自己湾子的人，那就成了两个湾子的事情，本湾子不能坐视别的湾子擅自欺负自己湾子的人。宗族性权威此时选择介入，不管调解是否成功，都会获得村民的尊重，因为他们是为湾子整体的面子、荣誉而采取的行动。在内群体与外群体的事件上如此，在湾子里涉及整个湾子利益的事件上也是如此，比如接"太公"、修撰族谱、修葺祖堂、重修坟山等群体性活动，宗族性权威大多也都会选择积极介入的方式主持活动。因此可以说，宗族性权威不是"不治"，而是"有选择地治"。

### （四）规则混乱与法律下乡的进路

吉尔兹认为："在每一个第三世界国家——在何为司法正义……等既定的观念与更加反映现代生活形式和压力的外来观念之间的张力便是全部司法过程的生命"，而这两种法律意识之间的对抗可称作"语言混乱"，进一步地讲"语言混乱"是导致第三世界秩序混乱的一个原因（2000：279）。在朱晓阳（2007）的研究中，他用"语言混乱"来代指现代司法制度与乡土社会之间的种种不适，以及由此产生的对西方实证社会科学无法研究中国社会之困惑的思考。在最近的研究中，董磊明等人（2008a；2009b）认为现今农民的价值观念、行为逻辑和联结模式正在发生质变，用"乡土中国""熟人社会"来概括乡村社会的性质已经不再合适，乡村法律实践的场景和逻辑发生了变迁。农村的社会结构、价值观念发生的巨变，加大了法律的荷载，农村社会出现了"结构混乱"，村庄内生力量无法有效整合社会秩序，"迎法下乡"已有了现实需求。

　　而通过上文的论述，我们可以看到的是传统道德在某些领域已经让位于现代法律，乡村社会不再是法律的"不毛之地"。但是，现代法律进入乡村社会也不是全面渗透，仅仅是在有限的领域内成为约束农民行为的规范，甚至在一定程度上可以说是经过宗族性权威"选择性治理"过滤后的领域才交给了现代法律去实施"规则之治"。在笔者看来，在以岳平县为代表的南方农村，农民的"自己人认同"意识仍然比较强而有力，法律进入现代社会依旧不可能是一蹴而就的事情，在当前和今后一个相当长的时间段内，外来文化规范与内生文化规范在整合地方社会秩序方面依然会呈现多元并存的局面。在这些地区，与其说是"结构混乱"使乡村社会产生了"迎法下乡"的需求，不如说是多种文化规范的并存，使农民在对待涉己纠纷时有了多种可以选择的资源，"规则混乱"构成理解乡村法律实践的基本场景。

　　在当前的岳平地区，至少有四种文化传统及其约束下的规则、规范在影响农民日常的纠纷调解逻辑：其一是宋明理学兴起以来的儒家宗法传统，表现为宗族性权威运用地方文化和地方传统进行以伦理、道德规范为主要手段的治理，尤其是表现在涉及"自己人单位"整体利益的纠纷事件上的治理。其二是人民公社时期形成的"讲政治"的社会主义新传统，表现为农民利益受损时不找法院找政府，或是法院判决后依然找政府，以上访等形式要求政府履行"为人民服务""执政为民"的宗旨，维护和保障上访者的权益，而政府却无法推卸责任的情形。这在体制上体现为信访制度的设计为农民开启了上访以寻求政府帮助的渠道。其三是现代法治的传统。以司法所、乡镇人民法庭、公安机关、监察机关等为代表，在介入民事纠纷时越来越讲程序正义、抽象的法律、普遍主义的规范。其四是改革开放以来逐步形成的实用型治理传统。这个传统的执行主体是乡村基层组织，表现为

"黑猫、白猫，抓住老鼠就是好猫"，只讲结果，不讲程序、办法、手段。不过，大概从 20 世纪 90 年代中后期开始，乡村基层干部的实用型传统开始受到越来越多的外来规范的约束，讲程序的倾向越来越明显。但是，过于追求程序正义，着眼于操作规范，反而弱化了乡村治权（申端锋，2009），给基层治理带来了极大的困境。

由此来看，在当前乡村司法的实践中，不仅是司法的社会基础在发生巨变，而且治理规则也呈现多元并存的局面，以致不同的人可以根据自己的需要寻找到不同的对维护自身利益最有利的纠纷调解路径，从而严重弱化了普遍主义的法律在乡村社会的控制力。从现实的情况来看，现代法律不是没有下沉到乡村社会，而是法律的下沉是在经过多元文化过滤后的被动中的下沉，其作用的有效发挥主要是在个体与个体的纠纷调处层面，在其他诸多的层面都仍然面临极大的实践困境。也是因此，在董磊明（2008b）看来，"迎法下乡"中的"法"不单是指普遍主义的现代法律，更多的是指乡村基层组织的治理能力，也即乡村治权。

### （五）农民的权利与国家的法律：夹缝中求生存的"自己人的治理"

通过上文论述，我们可以看到农民认同的"自己人单位"不仅是一个功能性单位，更是一个价值性单位，它是农民人生价值和生命意义的实现场域，功能可以在短期内衰退，价值却会在较长的一个时间段内影响农民的日常行为逻辑。分田到户以后，随着农民权利意识的不断觉醒和现代法律的积极渗透，"自己人的治理"的空间在不断地萎缩，越来越多的治理领域开始让位于现代法律。但是，正如我们所看到的，在涉及湾子整体利益的时候，农民的行为逻辑就会从权利本位的个人主义退回到义务本位的整体主义，农民就会从积极寻求司法救助倒转回来主动遵循"自己人"的治理规范。虽然说，"自己人的治理"在农民权利和现代法律的夹缝中举步维艰，但是只要农民以宗族为单位的群体性活动不断，只要农民的"自己人"意识不解体，只要地方文化和地方传统不被现代性所完全蚕食，农民的特殊主义行为逻辑就会得到持续锻造，"自己人的治理"也会继续延续，基层治理实践就不得不重视本土资源的持续利用。

## 五 分田到户以来农民"私"观念的表达与实践

分田到户以后，岳平地区农村宗族的社会文化网络迅速得以恢复，传统意义上的宗族不复存在了，但是实体的宗族元素在诸多层面得到了重建，观念上的宗族出现了一定程度的复兴。通过与其他几个地方农村宗族复兴情况的对比分析我们可以看出，以血缘为纽带、以宗族或是以宗族为基础的自然湾为单位的群体性活动的兴起，不仅具有功能的意义，而且具有价值的内涵。群体性活动及活动中的诸种规范、原则、禁忌能够产生出超越性的价值文化，能够凝聚人心、整合社会秩序，甚至能够为农民的超越性信仰提供基本养料的滋养。正是在频发的接"太公"、清明祭祖、"打人命"、宗族械斗、修撰族谱、修葺祖堂等群体自发的一致性活动中，农民的"自己人"意识得到不断的强化，农民个体的行为得到不断的规范与纠正，农民在世俗社会的私人道德受到社区公共道德的约束，农民的人生价值和生命意义系统得到不断的丰满、充实，由此使农村基层社会的内生秩序具有非常强的公共性。也正是在农民认同的以血缘为纽带的"自己人单位"里，生产出了具有社区公共性的道德，孕育了超越自我、超越当下、超越物欲的农民精神文化诉求，安顿了农民的灵魂，给农民提供了本体性价值层面的意义体验，建构出了具有主体性的有灵魂的社会秩序。

同样是在"自己人单位"里，农民的"大私观"得到了有效的表达和实践，使农民"小私观"的表达与实践受到了农民"大私观"的规范与约束，遏制了农民"小私观"的过度表达，从而使社区道德和社区秩序在经过短时间的调整之后仍然能够恢复到相对稳定的状态。在前文我们看到，从城镇里嫁到岳平农村的青年妇女在人生基本社会化的过程中接受的是现代的生育观念，但是当她嫁到夫家之后，仍然不得不调整自己的生育观念，使个体的意愿服从于地方文化和地方传统，被动地接受夫家传宗接代的农民生育观。

外来的青年妇女如此，当地人更是如此。2008 年，科发村 4 组硬化组内路面时，身为理事会成员的二房房长朱云龙拒绝拆除自家的门楼，导致了以朱新发为首的中青年农民的"造反"，一举将其赶出理事会，并以新组建的理事会的名义召集村民开会，在湾子里形成全体村民的一致决议，以集体的名义拆除了他家的门楼，致使朱云龙在当地一夜之间名誉扫地。2010 年 3 月，理事会决定要在清明节的时候到武汉江夏区朱姓太公所在地区去祭祖，朱云龙又以家人信仰基督的名义拒绝出份子钱 100 元，坚决不配合理事会的行动。2010 年春笔者去调查的时候，湾子里的人背后都骂他是"不要祖宗的败家子"。此情此景明白无误地告诉我们，朱云龙在湾子里再也抬不起头了。因为农民的意义世界具有公共性（杨华，2010a），个人意义世界的问题就不仅是个人的问题，也是"自己人"的群体层面的问题，当内群体中的个人为了基督信仰而彻底放弃传宗接代的地方传统信仰体系的时候，个体的信仰行为就会被污名化，被视作"不要祖宗的败家子"。正是因此，当地的基督教虽然在 20 世纪 70 年代末期已经开始传播，但是至今影响力有限，信仰基督的农民还必须祭拜祖先，必须参与宗族的群体性活动，否则就会被人说"闲话"。

但是，这并不是说农民的"私"观念没有发生任何变化。正如我们在前文所看到的，改革开放以来，市场改变了物质性资源的配置方式，为中青年农民提供了远比历史上任何一个时期更多的生活机会，个体青年农民权利意识的物质基础随着资源掌控量的迅速增加而不断得以强化，农民越来越开始重视彰显个体的权利，由此在乡村社会里，基于传统道德合法性而来的权利观逐步让位于基于现代法律合法性而来的权利观，法定权利成为资源占优势的中青年农民的基本诉求。在这种情况下，农民个体的行为逻辑发生了巨变，农民开始追逐法律赋予个体的权利，从而引发了农民家庭代际权力结构的历史性变迁和代际伦理的适应性调整。不仅在家庭内部代与代之间，而且在个人与个人、家庭与家庭之间，农民的权利意识也得以酝酿发力，从而在生产、生活的部分层面开始承接现代法律。

表 3-4 分田到户以来岳平农民"私"观念的表达与实践

| 个体与个体之间 | 权利承接法律（法律下乡） |
|---|---|
| 个人与家庭之间 | 权利与义务的相对平衡（调适后的家庭道德） |
| 个体与"自己人"之间 | 淡化的法律，调整中的道德 |

如上所述，在湖北京山等地，由于缺乏天然的以血缘为基础的团结力和凝聚力，农民的"自己人"意识主要依赖人情、面子等交往性关系来建构（杨宜音，2008），"自己人单位"仅仅具有功能层面的意义，而缺乏价值基础。所以，当革命摧毁了实体的碎片化的宗族之后，在市场化的背景中，农村脆弱的宗族社会文化网络一去不复返了，宗族性质的群体性活动基本上已经绝迹。在此背景下，农民只有"小私"的观念，而丧失了"大私"的观念表达，市场瓦解了共同体意义上的宗族，而只保留了个体意义上的"公民"。由于以己为中心建构的"自己人单位"缺乏强有力的价值生产能力，不能产生可以抵挡市场入侵的具有公共性的社区道德和社会秩序，致使地方道德和村庄秩序完全依赖国家意识形态的输入和国家权力的下沉来维系，一旦国家放弃了这方面的责任和实践上的努力，"自己人单位"也就失去了社会文化网络的支撑。

所以，这些地区在市场改变了代际资源分配结构之后，农民的权利观无限地向个体倾斜，家庭权力结构的调整结束之后，道德也丧失了公共性。可以说，在湖北京山等地，社会主义革命在先，消费主义市场在后，瓦解了宗族、村落以及地方传统和地方文化，使社区道德和社区秩序都失去了公共性。由于缺乏内生的价值生成能力和内生的秩序生产能力，主要靠外来力量的输入，当国家权力退出农村后，地方道德和秩序就会陷入混乱。所以，正如我们在当地农村所看到的，老年人被视为"无用的人"（贺雪峰，2009c），老年人自杀也是稀松平常的事情（李建斌，2008），做小姐被看作能挣钱、有面子的行为

（申端锋，2007），跳脱衣舞是丧事上必不可少的"热闹"环节（贺雪峰，2008d：250）……以此来看，学者们以此文化类型的农村为材料来源得出中国农民本体性价值世界坍塌（贺雪峰，2007a），中国农村出现了伦理性危机（申端锋，2007）的结论并不为过。

但是，在岳平地区，因为农民"大私观"始终没有被革命和市场所彻底摧毁，"大私观"的表达和实践始终存在，所以，个体的行为逻辑还要在很大程度上受到抑制，从而使权利意识彰显的农民不至于为了个体的利益而不管不顾社区的公共道德、公共规范。在尚未解体的"大私观"的约束下，家庭内部的权力结构在达到新式均衡后，代际权利与义务关系也在一定程度上获得了对等性适应，家庭代际伦理也在经过不断的调适适应了新的家庭权力结构后保持了"不孝顺父母，那是猪兄狗弟"的相对平衡。也就是说，市场撕开了宗族公共性的一个口子，解放了"小私"，促生了农民的权利意识，使农民个体及家庭的"小私观"获得了新的表达与实践。但是在农民"自己人"意识和整体主义进路的行为逻辑的阻击下，农民的"小私"行为受到了相对有效的约束，从而保持了农民意义世界的公共性以及"自己人道德"和"自己人秩序"的公共性。换句话说，市场使宗族离散了，却并没有能够彻底地瓦解宗族。

# 第四章 "宗族里的国家"：村社集体权力的运作逻辑

上一章我们讲了分田到户以后农民"私"观念的表达与实践，分析了"自己人的治理"在市场侵袭下发生的变迁逻辑，讨论了农民权利意识的觉醒和法律下乡的进路。本章我们将接着探讨分田到户以后最基层的体制性治理单位发生了什么样的变化，村社集体权力的性质发生了何种变迁，基层治理的实践逻辑是如何得以展开的，农民的"自己人"意识在村社集体权力的行使过程中扮演了什么样的角色，以及取消农业税费对正式治理体制和基层治理实践的影响。

## 一 村社集体权力的上移

伴随着家庭联产承包责任制的实施，人民公社制度很快就寿终正寝，取而代之的是"乡政村治"的乡村治理新框架。在新的村治模式中，村社集体的权力发生了悄无声息的变化，最基层的正式体制性治理单位从原来的生产队上移到后公社时期的村委会一级，原来的生产队队委会只保留了村民小组长一职。村社集体权力的上移，使最基层的权力决策单位与"自己人单位"之间的关系发生了新的变化，必然会影响到乡村治理的实践绩效。

### （一）从生产队到村民小组

在人民公社时期，生产队是最基层的治理单位。按照 1962 年中国共产党第八届中央委员会第十次全体会议通过的《农村人民公社工作条例修正草案》（即《农业六十条》）的规定，"生产队的规模，应该根据土地的数量和远近、居住的集中或者分散、劳动力能够搭配得开、畜力和农具能够配套、有利于发展多种经营等等条件确定"。正如我们在第三章所看到的，生产队的建制与农民的"自己人单位"之间存在三种关系，但是不管是重叠、切割还是整合，生产队都是以农民认同的"自己人单位"为内在基础的，是一个集血缘关系、地缘关系和行政关系为一体的建制单位。

生产队是"三级所有"的人民公社制度的基础，是最基本的核算单位。根据《农业六十条》的规定，公社的组织层级应该因地制宜，可以为公社和生产队两级，也可以为公社、大队、生产队三级，也就是说大队可以不设置，但生产队是必不可少的。在《农业六十条》的第四章共有 19 项条款涉及生产队的职能、职责、管理制度等多方面的内容规定。从规定中，我们可以总结出生产队的以下特征：生产队具有较强的独立性，是一个实体组织，实行独立核算，自负盈亏，直接组织生产，进行收益的分配；生产队拥有管辖范围内的土地、山林、水面和草原等集体财产的所有权和经营权，拥有劳动力和集体所有的大牲畜、农具的支配权和调度权；生产队有完成国家农副产品征购、派购任务的义务；生产队有提取公积金、公益金等集体积累资金的权利；生产队实行民主办队，设有管理委员会，专门负责生产队的管理工作；生产队队委会成员基本不脱产，必须从事农业生产，挣得一定数量的工分，凭工分从生产队获得报酬；生产队的干部和公社、大队的干部一样还必须认真执行"党政干部三大纪律、八项注意"。

从《农业六十条》的规定和实践经验来看，生产队在人民公社时期是我国社会主义社会在农村中的最基层单位，又是我国社会主义政权在农村中的最基层单位。生产队既是农民生产、生活和娱乐的最基本单位，又是贯彻落实国家政策、法律、制度最基础的执行单位。因此，在农民眼中，当时生产队长的权力大得很，就像"土皇帝"一样，大事、小事都要管，连鸡毛蒜皮的琐事也不放过。农民的话语有些夸张，但是可以肯定的是，队长作为队委会的一把手，管的事情必定非常多。不仅是队长，在国家极力改造干部思想，形塑"革命小农"的背景下，队员会其他成员也必然是事无巨细，职责范围内的事情都不会放过。所以，在人民公社时期，对生产队干部尤其是队长能力的要求是很高的，由此导致在一些生产队出现了连年更换队长的现象，甚至有少数队长在刚刚上任几个月后就主动"让贤"了，没有胆魄的人很难在这个位置上长期待下去。

表4-1 分田到户后被调查自然湾村民小组设置情况一览

| 自然湾 | 王家湾 | 刘家湾 | 桥头湾 | 陈家湾 | 前张湾 | 王兴湾 | 张家湾 |
|--------|--------|--------|--------|--------|--------|--------|--------|
| 村民小组个数 | 6 | 3 | 2 | 1 | 3 | 1 | 2 |

人民公社解体以后，情况很快发生了变化，生产队被村民小组所取代，队委会取消了，代之以村民小组长。相比于当年的生产队和队委会，村民小组的建制规模没有发生大的变化，但是村民小组长的权力严重萎缩，远不如当年的队长。从调查材料看，各个自然湾由生产队到村民小组的过渡是比较顺利的，只有桥头湾经过合并重组将4个生产队变成了2个村民小组，其他的自然湾基本上都保持了相对的稳定。

在新的体制下，按照1988年开始实施的《中华人民共和国村民委员会组织法（试行）》第十五条的规定："村民委员会可以分设若干村民小组，小组长由村民小组会议推选。"换句话说，村民委员会可以根据自己的需要决定是否设置村民小组长一职。实际的情况是早在1984年，刘家村就撤销了村民小组长一职。不过，其他村子的所有湾子基本上都一直保留有村民小组长一职。刘家村继承的是1979

年名山大队解散时刘家大队的单位建制，仅有刘家湾一个自然湾。在时任书记刘正毅看来，撤销了村民小组长一职，不但不会影响村里的工作，而且还为村里减少了开支。然而，刘家村的村民小组长是撤销了，但村两委班子中始终遵守每个村民小组必须出最少一个村干部的选拔原则，否则各个村民小组内的事情也不好做。

从村民小组长的职责来看，分田到户以后，岳平地区的农村，村民小组长基本上成了一个虚职，他们主要的职责是在农闲时组织农民出工清淤，搞好水渠建设。此外，在农业税费征收方面，组长要负责将任务指标下达到各个农户，但是收税费的工作是由乡村两级干部上门征收，组长很少主动上门向村民强制收税。在计划生育工作方面，组长只协助村干部搜集计生对象的情况，基本上不会介入计生政策的落实工作。基本上可以说，只要是有可能得罪湾子里的"自己人"的事情，村民小组长都很难以一个积极的姿态出现去配合乡村干部的工作。因此，在调查中，一些老干部都抱怨说："要是小组长不配合村干部工作，湾子里生了几个小孩，都不会有人知道。"

### （二）从生产大队到村委会

在人民公社时期，生产大队的权力相对来说比较有限，基本上被当地村民看作公社的派出机构，执行的是上级下派的各种任务，与普通村民的生产、生活关联并不大。在《农业六十条》中，第三章是专门论述"生产大队"的，但条款仅有两条，内容和篇幅与第四章"生产队"相比差了很多。从具体规定来看，生产大队的职责、职能都比生产队弱化了很多。不过，生产大队的干部和生产队的干部一样，基本上都是地方上土生土长的村民，在公社时期都不能完全脱离生产，属于不脱产或者半脱产干部。

随着家庭联产承包责任制的普遍推广，1982年，全国人民代表大会肯定了广西等地兴起的基层群众自治组织的实践价值，并以村民委员会的统称写入了当年颁布的《宪法》。从《宪法》和《村民委员会组织法（试行）》的条款来看，村委会基本上取代了生产队成为最基层的治理单位，村社集体的权力从生产队上移到新建制的村委会，村民小组长只不过是村民委员会的分支机构。从基层治理实践来说，新成立的行政村大多数都超越了单个宗族性自然湾的规模，在笔者调查的案例中，只有新成立的刘家村是一个单一的自然湾，其他的行政村都是由多个自然湾构成。一般来说，原本属于生产队集体所有的财产，尤其是土地，基本上都被村民小组所继承，但是管辖权都上移到了村委会。而在岳平农村，行政村建立在单一湾基础之上和建立在多个湾基础之上其整合能力往往表现出比较大的差异，单一湾的村委会的整合力要大大强于多个湾的村委会的整合力。由于在新的行政建制中，村民小组长的作用被大大弱化，分田到户以后，在岳平农村，无论是税费征收，还是计划生育政策实施，村干部都必须积极介入，而村民小组长几乎难以再发挥大的治理作用，大多扮演着自然湾"保护人"的角色。

### （三）基层治理体制的隐性变革

村社集体权力从公社体制下的生产队队委会上移到"乡政村治"模式下的村委会，意味着基层治理体制发生了质的变迁，最基层的治理单位在大多数地方都超越了农民认同的"自己人单位"。基层治理单位和"自己人单位"的分离在乡村社会构造出一种"公"与"私"相对立的两强并立格局。村委会是《宪法》承认并赋予相应权限的正式组织，虽然从名义上看是群众自治性组织，但是从实践中的情形看村干部往往被地方政府视为国家权力在乡村社会的"代理人"，自治往往流于形式。宗族性自然湾是农民认同的"自己人单位"，却不被国家正式体制所接纳，只能算是一个"大私"的单位。在人民公社时期，生产队和自然湾往往具有天然的亲和性，新旧制度的博弈基本上是在生产队里进行的，"革命小农"形塑的成败往往也与生产队队委会成员的革命觉悟程度有着紧密的关系。分田到户以后，最基层的治理单位往往凌驾于农民认同的"自己人单位"之上，"公权力"脱离了农民认同的"大私"单位的支撑，"公"的权力单位与"私"的认同单位之间界限开始明晰。正如我们在上一章所看到的，自然湾里盛行的是"自己人的治理"，宗族性权威可以根据内群体的规则演变进行"选择性治理"，同时，宗族性权威也不会介入到国家权力所应介入的"公"的事务。然而，这并不意味着基层治理单位和农民认同的"自己人单位"没有任何纠缠或是瓜葛。

1979 年，宝恩公社决定以科发所、种子场为基础组建科发大队，从全公社各个生产队抽调了上百名中青年劳动力，并将周边其他两个大队的三个自然湾兼并，一下子增加了 1000 多人。由于科发所和种子场原本分属于两个单位，各有一套党政领导班子，组建科发大队以后，原科发所的书记和大队长成了科发大队的书记和大队长，而种子场的书记和场长则成了科发大队的第三、四把手。如此一来，种子场的书记张定远很不服气，想要扳倒当时的科发大队书记王玉清。时值"双抢"农忙时节，当王玉清正在组织社员搞好生产的时候，张定远就偷偷地在下面三个新合并进来的自然湾里搞串联，分别在三个湾子里各找到了一个比较得力的人来负责本湾子的动员工作。没有想到的是，当串联工作基本结束准备夺权的时候，有社员私下里悄悄报告给了王玉清。后来，在王玉清的强硬还击下，夺权斗争失败了，公社很快就把原种子场的书记和场长调离了科发大队。这次运动虽然有惊无险，但是宗族性自然湾在这次运动中所展示出的行动能力让王玉清这辈子都不可能忘记。在随后 20 年的时间里，直到 1998 年王玉清下台，科发大队及后来的科发村就从来没有在这三个自然湾里发展过一个党员，也没有任用三个湾子里的任何一个农民精英担任过村干部。即便是 1998 年上台的新任书记，也不敢随便在这三个湾子里发展党员，选任村干部。直到 2005 年，随着三个自然湾里新农村建设运动的展开，村干部在自然湾里的地位越来越巩固，科发村的新任书记才开始在这些湾子里发展党员。

科发村的案例不是孤立的，在其他行政村基本上都有类似的问题存在。一般来说，村两委的干部基本上都是由大湾子的农民精英担任，小湾子的人想进入村两委班子是比较困难的事情。与此相应的是，村干部通常优先在大湾子里发展党员也就是优先在村干部所在的"自己人单位"里发展党员以培养势力，而不会盲目地在小湾子或是不听话的其他较大的湾子里发展党员。

村干部的治理策略是有战略考虑的，也是必要的。分田单干以后，国家的治理以村两委班子成员为主体，"自己人的治理"仍然顽强存在，"公"与"私"的界限比较明晰，但是"大私"单位所蕴藏着的力量不是"公权力"的代表——村干部所敢忽视的。所以，在村庄内部就呈现"双强"的权力结构：一方面是村干部所代表的"公权力"，另一方面是宗族性权威所代表的"大私"单位的"私权力"。笔者在第二章曾经分析过费孝通的"双轨政治"模型，在传统的乡土社会里，县政和村治之间有一个协商地带，分别由县官派出的差人与乡村领袖派出的乡约接洽对话，以此避免两个权力的实体发生面对面的碰撞，伤了和气就不好再办事了。同样的道理，当农民的"自己人认同意识"仍然比较强，仍然具有一定的群体性行动能力，而村社集体权力从"自己人单位"里抽出之后，乡村社会内部就形成了"双强"的权力格局。顺理成章的事情是，"两强中间必有一弱"，村民小组长就成为"双强"之权力格局中所必不可少的一个环节，即便是村民小组长不配合村干部执行任何硬性任务，村民小组长的角色也不是可有可无的。所以，在分田到户以后，直至取消农业税费这段时间里，在笔者调查的几个行政村里，除了刘家村早在1984年就撤销了村民小组长一职之外，其他的湾子里都保留了这样一个看似可有可无的"虚职"。而刘家村敢于撤销村民小组长一职不是因为别的，而是由于刘家村本身就是一个自然湾，行政村和自然湾是重叠的，最基层的治理单位仍然建基于"自己人单位"之上。

## 二　农业税费征收中的权力、策略与技术

农业税费征收是分田到户以后村组干部必须完成的基本任务之一，是考量基层治理实践中村社集体、"自己人单位"、农民三者关

系的一个重要着力点，也是探讨国家、集体与农民关系演变逻辑的主要依据之一。下文将通过分析村组干部在农业税费征收中运用的策略和技术，来解析农民的"自己人意识"是如何构成村组干部积极行政的主要阻力，同时又是如何构成村组干部成功治理的主要资源的，并从作为结构中的行动者——村组干部的治理技术的变迁逻辑中，进一步研究国家、集体与农民关系的深层演变机理，最后将尝试描绘出农民行为逻辑的变迁轨迹。

### （一）水涨船高的农民负担

分田到户的初期，农民生产积极性的提高迅速转化为农作物单位面积产量的提升，市场要素的初步引进转化为农产品价格的迅速提高，多重因素的叠加使农民家庭经济收入在 1980 ~ 1984 年获得了快速的增加，农民获得了极大的实惠。然而，好景不长，从 1985 年前后开始，农民家庭经济收入的增长速度就开始放慢。同时，针对农民的乱收费、乱罚款和乱摊派等"三乱"现象逐步出现并日益严重。根据山东省 1984 年对 99 个乡调查的资料显示，农民的税外负担已经达到了 11 类 96 项。[①] 在岳平地区，笔者虽然没有发现相关的统计数据，但是从与老干部们的访谈中也可以知道，从 20 世纪 80 年代中期开始，上级下达的各种集资、摊派任务越来越多，农民负担出现了逐步增加的显性趋势。

1994 年，分税制改革以后，地方政府的财源继财政包干制度变革以后再一次出现了短期内严重萎缩的现象，地方财政入不敷出的局面越来越严重，县、乡、村等基层政权组织对农村税费的依赖程度迅速增高。在税源减少进而税收萎缩的同时，自上而下的各种达标升级任务却源源不断地压到了基层政权组织的头上，迫使县、乡、村三级政权组织不得不借助征收技术的创新提高农业税费的收取额度，这就必

---

① 中华人民共和国财政部《中国农民负担史》编辑委员会编著《中国农民负担史》（第四卷），中国财政经济出版社，1994，第 398 ~ 399 页。

然会加重农民的经济负担。1996～1998年,税费负担达到了农民难以承受的地步,农产品价格又长期在低位徘徊,以致各种"抗费不抗税"和"既抗税又抗费"的农民反抗行为屡禁不止,农业税费征收的社会成本不断增加,国家与农民的关系,以及基层政权与农民的关系面临着极大的合法性考验。

客观地说,岳平地区农民的负担相比全国其他地方的农村来说一直不算太重。一般来说,在岳平县,农业税费的分摊办法有两个:一是完全按照农户家庭承包耕地数量来分摊;二是将农业税费分成两部分,另一部分按照家庭承包地数量分摊,另一部分按照家庭人口数来分摊。其中,第一种分摊办法在20世纪80年代比较流行,而第二种分摊办法在90年代逐渐占了优势,一个重要的客观原因是到90年代,农地调整的频率放缓,在部分自然湾里已经很难再根据农民家庭人口数量的增减来调整土地了。从笔者调查所涉及的湾子来看,每亩地或是每个人在农业税费征收时代所分摊到的农业税费最高额度基本上是在100～120元,相比于湖北京山农村亩均曾达到的360元左右的标准(赵晓峰、李宽,2009)来说,岳平农民的负担并不算太重。但是,如果将两个地方人均耕地数量相对比就可以看出,岳平农民人均农田不足1亩,而京山农民大多在两亩以上,岳平农民的人均耕地数量要远低于京山农民,也低于全国平均水平,自然农田产出的数量也比较少。两相对比之下,岳平农民的负担也是比较重的。农业税费征收额度比较高必然会在村组干部的基层治理实践中通过征收难等现象反映出来。

## (二)村组干部的治理术——两个"三子"的实用哲学

刘家湾的刘正毅从1978年到1991年都是村(大队)里的书记,谈起20世纪80年代的农业税费征收工作,他现在回想起来还说:"当时有'三怕':秤子、绳子、本子,这辈子见了这'三子',我就怕!别人要讲,我都不让别人讲,讲了就怕!"[1] 在80年代的初期,

---

[1] 资料主要来源于2010年4月8日笔者与LCY访谈的记录。

国家与农民的关系，和基层干部与群众的关系曾经维持了一个短暂的蜜月期，在"交足国家的，留足集体的，剩下的都是自己的"分配制度下，农民积极地交粮纳税。随着农民负担的不断加重和家庭经济收入的低位徘徊，农民负担的上涨幅度往往会超过农民家庭经济收入的增长幅度，过高的税率慢慢挫伤了农民上缴农业税费的积极性、主动性。但是，上级政府下达的农业税费征收指标却在不断上涨，"官法于奴，奴还是奴"，在压力型体制下，上级政府"叫你怎样，你还得怎样"。同样的道理也适用于村组干部和村民之间。

刘正毅说的"三子"，秤子是当时到农户家收税费，村干部都要扛上一杆秤，向农户要粮。绳子是捆猪用的，如果哪个农户不愿意交粮，而家里养有猪，村干部就会毫不客气地将他家的猪给捆走抵账。刘正毅回想说当时自己做了一件非常缺德的事情，"有个农户头天买了一头小猪回来，仅仅37斤，我第二天就把它给捆走了，还对人家说这还不够，你还差多少钱必须交，你说缺德不缺德"。本子是记账用的，哪家哪户交了多少，还欠多少，在本子上都是一清二楚的。因此，在那个时候做干部，就是掂杆秤、攥把绳、拿个本，谁见谁怕。

在20世纪80年代，直到90年代中期，农民承包村社集体所有的土地，就必须承担交粮纳税的义务。如果农民享有了承包土地的村社成员权，而不愿意履行义务，乡村干部是可以使用粗暴权力的。在那个特定的历史时段，为了完成任务，乡村干部的工作方法相对来说是比较简单粗暴的，"你不给，我就去你家拿。皇粮国税，谁能扛得过去啊"。也就是说，乡村干部是以垄断了合法使用暴力的权力为后盾来完成国家任务的。当时，上级政府只部署任务指标，只要结果，不问过程，只要你能在规定的时间段内完成任务，就会受到肯定和奖励。与此同时，受人民公社时期政治思想教育的影响，农民还有比较强的集体观念，不管税费任务有多重，一般来说没有人说不交的，即便有不交的，大多也是因为一时交不起而不得不拖着的。如果家里有粮或钱，乡村干部又敢于使"硬"，村民也无可奈何。所以说，直到

90 年代中期，农业税费的征缴在大多数湾子里都不算是什么真正的难题，农民的拖欠行为也并不严重。刘正毅的"三怕"更多的是因为他本人就是湾子里的人，这样明目张胆地到"自己人"的家里去捆猪扛粮，心里过意不去，觉得很没有面子。

到 90 年代中后期，形势就发生了变化。1995 年 5 月 19 日国家计生委下发了《关于印发在计划生育行政执法中坚持"七个不准"的通知》，通知是针对计划生育而来的，却不可避免地波及农业税费的征收。虽然早在 1993 年 7 月颁布实施的《中华人民共和国农业法》第十六条规定："农民依法缴纳税款，依法缴纳村集体提留和乡统筹费，依法承担农村义务工和劳动积累工"，但是随着"七不准"的实施，乡村干部在农业税费征收中也丧失了强制性使用"十八般兵器"的合法权力。

失去了制度性权力的保障，如果农民不主动交粮纳税，乡村干部又该怎么办呢？孙立平（2000）发现了"正式权力的非正式运作"，发现基层干部用人情、面子、常理等地方规范所蕴藏着的非制度性力量来弥补正式权力的不足，以此来完成税费提取的任务。在乡村干部缺乏制度赋予的足够的治理资源的情况下，为了完成"一票否决制"的税费提取任务，就不得不从村社内部寻求治理的资源。原来的"秤子、绳子、本子"不管用了，乡村干部不得不绞尽脑汁"发明"了新的"三子"：酒瓶子、嘴皮子、脸面子。

酒瓶子预示着请客吃饭、套近乎、攀交情，拉私人关系。这首先反映在乡镇干部和村干部之间。在农业税费负担越来越重，农民不堪重负的情况下，从心理上来说村干部非常自然地就会站在"自己人"的角度上考虑问题，会对上级政府下达的任务产生为难、抵触情绪，甚至会出现辞职不干、撂挑子的案例。为了能够让村干部坚定地站在乡镇政府的立场上思考问题并做出抉择，乡镇干部就不得不经常性地请村干部吃饭，但更多的时候是到村干部家"做客"吃饭，并且次次都要敞开肚皮喝酒，好酒坏酒都要一醉方休。有村干部反映说，当时自己之所以还硬着头皮坚持了下来，是因为辞职不成，乡镇干部三天两头到自己家喝酒，说"给我个面子再做几年，帮帮兄弟我，等兄弟我退了，你也就功德圆满了"。时间长了，你又不能说不让他来，毕竟他是领导啊。可家里头哪里承受得了啊，吃也要吃穷了。此外，酒瓶子的故事也会在村干部和组干部，以及村干部和村里其他有头有脸的农民精英之间发生，为的就是建构并强化以己为中心的关系网，为自己正常有效地开展工作增加筹码。

嘴皮子是说当干部就要能说会道，既要懂政策、懂法律，又要知晓、把握农民的心理，通过说服农民来保证工作的正常完成。到20世纪90年代中后期，农民对国家政策的熟悉程度不断提高，如果村干部不懂政策，又不会随机应变，就比较容易被想要抗税抗费的"狡猾"的村民给绕进圈子里，不仅收不到税费，而且还会被气得脸红脖子粗。而一个会耍嘴皮子、世故圆滑的村干部往往能够通过调动各种人情、面子、关系等资源将"钉子户"耍得团团转，说得哑口无言，不得不完成分摊到自家的任务。尤其是当一些癞皮的农民以各种借口为由拒绝交粮纳税时，村干部一方面要帮助他解决问题，另一方面还要将他的不合理诉求堵回去，否则就会出现不但收不到这家的税费，还会引发周边村民连锁反应的情况。

脸面子就是说村干部在收缴税费的时候是不能过多地顾及自己的"老脸"的，一次收不上来，就接二连三地来找你要。不但村干部自己要来，还要动员与当事人有关系的人一起来做工作。"猴子不上树，多敲几遍锣"，次数多了，那些"钉子户"一般也要给村干部面子，不然以后上面有什么补助政策自家也就享受不了了，而且都是乡里乡亲的，你现在不给村干部面子，将来自家办事要麻烦人家的时候就不好说话了。因此，除非家里特别穷，实在拿不出钱，只要村干部多上几次门，一般来说都还是管用的。

如果说20世纪80年代的"三子"凭借的是国家赋予基层组织的合法使用暴力的权力的话，90年代中后期以来的新"三子"依赖的就是地方规范和地方传统。酒瓶子、嘴皮子、脸面子，无论是哪一"子"调用的都是"自己人"的内部规范，尤其是人与人之间的交往规范。即便是没有宗族认同作为底色，单纯依靠交往性关系建构起来的"自己人圈子"，新"三子"也能够发挥重要的作用。而在血缘关系和地缘关系重叠的地方，"自己人圈子"将黏合得更紧，人与人之间的规范越发具有约束力，新"三子"的作用也更加突出。从内群体的规范中寻求治理资源，使乡村治理呈现非常明显的"简约治理"（黄宗智，2007）的特征。但是，这样的治理是有代价的，新"三子"的实质是人情、面子等地方规范，而人情的基本交往原则是互惠，面子则是相互给予，"今天你要我帮你忙，给你面子，明天有什么好处你就要想着我，还我个人情，也给我一个面子"。因此，如果双方当事人无论哪一方对未来丧失预期的时候，这种资源调用也就不会产生什么积极的效果，简约治理也就不可持续。

### （三）化"公"为"私"的税费征收术——村组干部的代垫行为

20世纪90年代后期，随着农业税费征缴难度的增加，乡镇政权为了确保本级农业税费应征缴额度下达任务指标的顺利完成，逐步将农业税费的征缴压力转移给村级组织，由村级组织来承担税费难以征缴的责任和缴不上来的严重后果。在这期间，乡镇政权借助于压力性体制，鼓励村级组织代垫农业税费就是典型的表现形式之一。"代垫"指的是村级组织在乡镇政权规定的农业税费征缴截止期限之前，不管是否从农户手中足额提取到应征收的税额，都必须通过村组干部借款或是让乡镇政权代扣工资报酬等各种方式优先确保乡镇政权应收税费任务的完成。根据我们的农村调查经验，村组干部的代垫行为在世纪之交的乡村基层治理实践中是比较普遍存在的现象，只是其具体的表现形式不同而已。

在岳平地区村组干部的代垫行为是从1999年前后开始的。当时税费征收的难度已经非常大，要想百分之百地按时完成任务基本上已经不可能。由此，乡镇政权为了保证本级财政能够在形势日渐恶化的背景下维持有效运转状态，不得不将税费征缴难的压力转移给村级组织，对村组干部采取了"逼""诱""哄"相结合的软硬兼施的工作策略，发明了诸多富有实践"成效"的工作方法，将村级组织推向了与民意直接对话的风口浪尖。

"逼"指的是乡镇政权在农业税费征收问题上往往会给村级组织设置最迟缴清的期限，一般是每年的 8 月 20 日或是下半年的某个特定日子，到期没能及时足额缴清自上至下分解量化而来的农业税赋的村级组织干部就不得不接受停职、扣薪以及其他各种类似的行政处分。并且在截止日快要到来之前，乡镇政权还会以简报或每日召开驻村干部会议等多种形式将每个村征收农业税费的进度在第一时间通知各个行政村的村组干部，从而在各个乡镇下辖的行政村之间形成村组干部之间的一种潜在的竞争机制，"凭什么别人征收得那么快，而自己却迟迟不能推进任务完成的进度呢，难道我就比别人工作能力差吗？"在乡村社会弥散着的对人的行为来说具有强大内在推动力的面子竞争的魔力之下，各个行政村的村组干部往往也会在乡镇政权的逼迫下不自觉地进入上级政府组织设计的"土政策"推行逻辑当中，卖力地去执行"土政策"而逐步深陷泥潭难以自拔。

"诱"则是说乡镇政权为了营造一种高度竞争以完成税费征收任务的氛围，会推出诸多的奖励政策或优惠措施，以物质激励或非物质嘉奖的方式来千方百计地调动村级组织工作的积极性。比如说，在税费缴清期限到来之前完成任务的，乡镇政权就会直接返还其中的 40% 给村级组织，其中 30% 用于村组干部的工资报酬开支，10% 则用于奖励村组干部。

"哄"是说乡镇政权的主要干部与村组干部之间除了工作上的"硬"的准行政隶属关系之外，还会在日常生活上保持一种温情脉脉的"软"的人情往来关系，即酒瓶子的办事逻辑，以便于乡镇政权能够对村级组织达到"拍一巴掌，给块糖吃，继续往前赶"的"领导"效果。

在这种情况下，到 1999 年，岳平县的地方政府不知是自己创造还是间接学习并借用了"代垫"的催缴技术，而这标志着当地的农业税费征收工作开始进入一个新的时期。对村级组织来说，农业税费是皇粮国税，是迟早都要完成的征收任务，是不可能赖得过去的。因此，一旦面临乡镇政权推出的高达40%的农业税费返还激励时，村级组织在无形之中就有了工作的积极性。况且，在一些村组干部看来，这些直接返还的农业税费完全可以抵消因"钉子户"和贫困户等因素交织而来的农民"抗费不抗税"及"既抗税又抗费"等行为所可能形成的农业税费尾欠的数额。所以，为了从形式上完成农业税费征收的任务，并获取相应数额的物质奖励，岳平地区很多农村的村干部都纷纷在乡镇政权规定的税费缴清截止日之前，以自筹资金的方式来垫付乡镇政权下达而未能及时从农户手中征收上来的相应数额的农业税费。

乡镇政权于村级组织而言，在工作上是一种"公"的准行政关系，村级组织于村民而言，在农业税费征收问题上也是一种基于朴素的"皇粮国税，天经地义"意识之上的"公"的关系。然而，村级组织代垫农业税费之后，原本是"公"的运转逻辑的农业税费征收工作则开始呈现"私"的逻辑。在全国其他地方的很多农村，一方面，村组干部开始从自己可能遭受的物质利益受损的前提出发来考虑问题，这就必然进一步激发其借助各种力量，采取各种有利于征缴税费拖欠的策略和手段来治理"钉子户"和贫困户交互杂糅的难题，从而使一些非常规的治理方式逐步成为常规化的治理方式，比如引入"混混"的力量来收取农业税费等；另一方面，村组干部的垫付行为还暗藏着借"公"谋"私"的空间，其垫付的资金往往会以高利贷的形式出现，是要收取远高于银行利率的利息的。从实践中的情形来看，村组干部的借款基本上都来自与自己关系比较好的亲戚、朋友，也就是说其逃不出熟人社会这个圈子。如此一来，村组干部借"公"谋"私"的行为必然"纸里包不住火"，很快就会被普通村民所知晓。村组干部的代垫逻辑一旦被公开化，就必然会引发村民的极度不满，引起更严重的农业税费征收难题，并在一定程度上加深村民对村级组织以及乡镇政权的信任危机。在这种情况下，村组干部的代垫行为在继续，税费征收因而越来越困难，村级组织还本付息的压力也与日俱增，这既增加了村级负债的压力，也进一步损害了村级组织和乡镇政权的合法性形象。

然而，在岳平农村，村组干部代垫行为的发生却是实实在在的，村组干部本身并没有借"公"谋"私"。也就是说，村组干部并没有在代垫农业税费之后，从代垫资金中获取任何利息性收入。从代垫资金的来源上来看，岳平农村村组干部的代垫资金几乎全部来自自己，并且直到今日也仍然是由时任的村组干部自己负担，而没有转化成村级的负债。一般来说，村组干部在代替村民垫付农业税费之前，都会亲自到尾欠户家打个招呼，声称一下："既然你实在交不起，我也不逼你，都是乡里乡亲的。可农业税费是'皇粮国税'，谁也逃不脱的，我先帮你家垫付了，等啥时间你有了（钱）再还我。"不要小看村组干部这一看似是形式的"声称"行为，其在乡村社会这一特定的场域里暗藏着的是一整套的日常行为逻辑。村组干部"官"虽小，却也算得上是村民心目中的"父母官"了，其愿意代替尾欠户垫付农业税费的行为在村民看来也算是"掌权为民"的一种现实生活体现形式了，更何况村组干部还亲自上门打了招呼，实际上相当于村组干部给尾欠户送了一个实实在在的人情。由此来看，岳平农村村组干部的代垫行为实际上是一种"化公为私"的逻辑，具体来讲就是将原本是"公"的农业税费提取任务转换成了"私"的村组干部与村民之间的人情、面子往来行为，用"自己人圈子"内部的规则来处理"公"的事务。并且，由于村组干部在村民看来并没有明显的不合法规和熟人社会运作逻辑的借"公"谋"私"的嫌疑存在，其垫付行为也就有了获得村民认可的基本前提。

谈起村组干部在农业税费征缴时代的垫付行为，即便是迄今还有极少数的尾欠户没有彻底"还清"村组干部的垫付款，岳平农村的村组干部和村民都对此持普遍认可的态度。在他们看来，对尾欠户而言，村组干部代垫农业税费说明其愿意"买"该村民的"账"，是该村民仍然有面子的表现；而对村组干部而言，其"掌权为民"的形象则借此机会得以体现，同时也是其面子积累和权威生成与维持的重要表现形式之一。因此可以说，由于村组干部基本保持了自身在整个代垫过程及由此而来的一系列后续征缴税费拖欠等活动中的廉洁形象，也就为村组干部化"公"为"私"的治理术提供了取得良好实践绩效的根本前提。所以，岳平农村村组干部的代垫行为虽然在一定程度上损害了国家权力的普适性、统一性和权威性，但是在客观上却发挥了弥补国家正式权力不足的重要作用，坚固了村级组织以及乡镇政权的执政根基，在特定的历史阶段内提升了基层政权的合法性形象。

### （四）国家与农民的"联手"：夹缝中的村组干部"生存术"

上文我们讨论了 20 世纪 80 年代以来村组干部治理策略和技术的变迁逻辑，分析了村组干部是如何通过借用"自己人"内部的资源来弥补正式权力的不足以完成上级政府部署的任务指标的。接下来，我们将结合 80 年代以来中央政府下达的各种减负文件的内容，进一步地探讨处于国家和农民"上压下顶"之间的村社集体是怎样一步步失去治理资源丧失治理权限的。

通过分析表 4 - 2 所涉及的几个减负文件，我们可以看出中央政府在 80 年代主要着力于制止各级政府的乱收费、乱罚款、乱集资等"三乱"行为，从 90 年代初开始明确要求要减轻农民负担，到 2000年前后开始强调要加强农村税费改革的试点，逐步从根源上解决农民负担居高不下的问题。从主要治理对象或者说是责任追究对象上看，90 年代中期之前，国家认为造成农民负担屡减不下的原因看似在基层，实则在上级各部门，毕竟涉及农民负担的很多文件都是从上面下达的。而到 90 年代中后期，从文件内容上看，国家更关注的是基层政权组织应该承担什么样的责任，倾向于认为是县、乡、村三级组织的不作为造成了农民负担的居高不下和农村群体性事件、恶性事件的不断出现，以致威胁到了国家的合法性基础。从主要治理内容上看，前期比较关注的是造成农民负担加重的非制度性不合法行为，后期更多的是关注基层政权组织的征收技术是否符合法定程序的问题，并在 1999 年前后开始进一步明确提出要精简乡镇机构和缩减村组干部

表 4－2　历年中央主要减负文件情况一览

| 减负文件名称 | 主要治理对象 | 主要治理内容 | 治理办法 | 与农民关联 |
|---|---|---|---|---|
| 1985 年《关于制止向农民乱派款、乱收费的通知》 | 责任在各级领导，多数派款收费的决定是由上级机关和单位下达的 | 乱收费、乱罚款、乱集资（同时肯定农民依法纳税和上缴集体提留是必要的） | 思想政治教育（要反复教育干部等）；制度化建设 | 省级党委、政府制订的减负规定要用适当形式公布，让广大群众都知道 |
| 1990 年《国务院关于切实减轻农民负担的通知》 | 责任在县级以下政府组织① | 减轻农民负担（同时肯定纳税、上交提留和统筹费、承担部分义务工是农民应尽的义务） | 制度化建设（下发了《农民承担费用和劳务管理条例》） | 本通知要向农民公布，广为宣传，做到家喻户晓 |
| 1993 年《关于切实减轻农民负担的紧急通知》 | 农民负担重的问题，表现在农村，根子在上边各部门，涉及农民负担的许多文件来自中央国家机关和省级国家机关 | 对于减负，相当多的地方和部门行动迟缓，暗中抵制，明令禁止的不合理收费仍在推行 | 制度化建设（并将减负上升为一项紧急的政治任务） | 肯定农民的政策觉悟得到了很大提高 |
| 1996 年《关于切实减轻农民负担工作的决定》 | 县、乡两级领导干部要确保在本辖区内，不出现村提留乡统筹费突破上年农民人均纯收入 5% 的村；不违反中央规定出台加重农民负担的项目；不发生因减轻农民负担引发的严重事件和恶性案件 | 对有能力缴纳而又不缴纳的，或者按照诉讼程序依法解决，不能用解决对抗性矛盾的手段和手段来处理这类问题。不允许动用专政工具来对付农民，不许到农民家里抓猪牵羊，强行收缴财物；不允许非法采取收回承包地等错误做法胁迫农民交钱交物 | 制度化建设（法治化建设；1996 年出台了《中华人民共和国农业法》） | 对非法向农民收取钱物的，农民有权拒交，有权向上级有关部门反映，有权向人民法院起诉。对农民的反映和起诉，要认真受理，不得压制 |

续表

| 减负文件名称 | 主要治理对象 | 主要治理内容 | 治理办法 | 与农民关联 |
|---|---|---|---|---|
| 1998年《关于切实做好当前减轻农民负担工作的通知》 | 再次肯定1996年中央文件中的三项要求 | 乡村干部不得在粮食收购现场坐收提留统筹款和税费;任何部分和单位不得截留税费减免指标 | 制度化建设 | 各地要高度重视和认识做好涉及农民负担的来信来访工作,注意倾听群众呼声 |
| 1999年《关于做好当前减轻农民负担工作的意见》 | 必须重申税收的立法权集中在中央;对省级以下政府及部分增自设立的收费项目一律取消 | 坚决精简乡镇机构和超编人员;精简村组干部人数 | 制度化、法治化建设 | 做好减负的宣传报道工作,将有关意见向农民宣传、接受农民群众的监督② |
| 2000年《关于进行农村税费改革试点工作的通知》 | 现行的农村税费制度和征收办法还不尽合理 | 有些地方基层干部采取非法手段强行向农民收钱收物,酿成恶性案件和群体性事件 | 法治化、制度建设 | 要采取多种形式向社会特别是广大农民进行深入宣传,做好家喻户晓 |
| 2003年《关于减轻农民负担工作意见的通知》 | | 清理收费项目要做到"四个一律取消" | 法治化、制度化 | 进一步提高"公示制"的质量和水平 |

注:①规定:未经县级人民政府批准新增的统筹费项目和其他收费,基层组织和农户有权拒绝执行;对有禁不止、继续摊派和乱收费、乱罚款的,县级以上人民政府要规定严格的惩处办法。
②同时规定:要做好对农民的宣传教育工作,帮助增强农民法制观念,学会通过正当的途径与方式反映意见和要求,自觉缴纳合理税费。

编制。从治理办法上看，20世纪80年代比较强调对干部进行政治思想教育和强化制度建设的作用，90年代初逐步开始强调要加强法制建设，并将制度建设逐步地细化到税费征收中的每一个环节。并且，随着中央政府逐步将农民负担问题上升到政治问题的高度，文件中也开始强调要追究领导干部的责任。也就是说，到90年代中后期，中央文件传达的精神中不仅要加强法制化、制度化建设以规范各级政府的收税、收费行为，而且要通过追究领导责任来强化各级政府组织的责任意识。从与农民的关联方面来看，国家从1986年前后就开始要求将中央和省级政府致力于减轻农民负担的努力通过各种方式向农民公布，让群众知晓，保护农民的知情权。到1996年，国家又进一步规定，对于地方政府不合法的收费行为，农民有拒绝不交的权利，以及向上级有关部门反映和向人民法庭上诉的权利。1998年再次强调要保障农民的上访权。由此可见，国家赋予农民的权利在不断地增多，农民的权利意识也在不断地增强。

进一步讲，80年代中后期农民负担开始出现了逐步加重的趋势，并迅速引起了中央政府的高度重视，中央政府开始采取措施规范农村税费的征收行为。然而，中央政府的努力并没有能够转化成实践中的成效，迫使其不得不采取越来越严格的手段和措施来应对农民负担不断加重的局面。如此循环往复，制度化建设的内容越来越详尽，法治化建设的努力也是一浪接一浪，基层政权组织的"十八般兵器"都被收缴不能用了，但是农民的负担没有降下来，因农民负担而来的群体性事件和恶性事件却屡禁不止。最后实在没有办法，不得不采取逐步废除农业税费的惠农政策。

在这个过程中，中央政府赋予了农民越来越多的公民权利，并且力图通过制度化、法治化建设来竭力保障农民的公民权，维护农民的正当权益。在90年代中期之前，由于中央下达的减负文件必须通过各级政府层层下达才能到达村级组织，村级组织也不会主动将文件拿给村民看，村民的知情权难以得到有效保证。到90年代中期以后，电视机、互联网、手机等现代传播媒介开始源源不断地进入农村，尤其是电视机在极短的时间内就"飞进了千家万户"，基层干部的信息垄断权被打破，国家政策很快被那些权利先觉分子所熟知，成为他们拒绝配合乡村干部工作的可资利用的有效资源。农民权利意识的觉醒进一步加大了乡村征缴税费的难度，税费拖欠的现象也越来越严重。

也就是说，80年代以来，中央政府通过规划性社会变迁逐步培养了农民的权利意识，使中央的减负努力逐渐能够在基层得到农民的响应，从而形成中央和民众遥相呼应的理想局面，迫使基层政权组织不得不收敛不合法的收费行为。李怀印认为："整个帝制时起，在统治精英中间有一个根深蒂固的观念，那就是衙门吏役参与地方事务，必然会导致不法行为。"（2008：14~15）历史何其相似，当农民负担越来越重的时候，中央政府对基层政权组织的不信任感也在加强，以致其不得不考虑联合民众的力量来削减其进行不法行为的能力。但是学界已有的诸多研究已经表明农民负担居高不下的根源不在地方，而在中央，并且首指1994年的分税制改革政策（陈安，2010）。正是分税制改革加重了基层政权组织的财政危机，而中央和省级政府并没有就此削减基层政权组织财政支出的压力，各种升级达标的任务和农村公共品建设的投入依然依赖农业税费收入。也正因此，中央政府措辞越来越严厉地要求要减轻农民负担，却难以收到实质性的效果。如此一来，乡村基层组织就成了"冤大头"，因为中央政府已经通过文件的下达表明了自己致力于减轻农民负担的立场，权利意识觉醒的农民自然就将农民负担居高不下的责任归咎于乡村干部的胡乱非为。由此，各种层出不穷的被媒体曝光的农村群体性事件和恶性事件的发生责任就追究到了乡村基层干部身上，其百口难辩，身处一线的乡村基层组织的形象逐渐被"妖魔化"。既然是基层组织不作为导致了农民负担的攀升，那么，精简、撤并它也就成为理所当然的政策选择。

但问题在于乡村基层组织并不应该成为体制变革的"替罪羊"。村组干部生活在村落社会里，分属不同的"自己人群体"，谙熟村落地方文化和"自己人"的惩罚方式。在"自己人意识"比较浓厚的地方，农民精英出任干部主要是为了增加面子、荣誉，是为了体现个人的社会性价值，进一步讲是为了光宗耀祖、族谱留名。所以，一旦当干部不能达到这些目标，又不能获得适当的经济报酬作为补偿，村组干部在农民精英看来也就失去了吸引力，欲辞之而不能。这种情况就是表4–3所列举的A类型，村组干部在岳平地区大多都是"自己人群体"里有头有脸的人物，是宗族性权威。如果出任村组干部，不能给"自己人群体"带来好处，获得"自己人"对自己的敬畏，增加"面子货币"，提升自身在村庄社会分层结构中的位置，宗族性权威就会丧失积极性和主动性。对于宗族性权威来说，如果出任村庄领袖要以损害个体一定的经济利益为代价，拿不到任何工资报酬，甚至在上级政府领导那里因为坚持为维护"自己人"利益说话而遭到批评，却能够因为有利于"自己人群体"而得到"面子货币"的补偿，强化自己的权威地位，也是值得的。在农业税费征收实践中，村组干部的代垫行为反映的就是这种B类型的宗族性权威的行为选择逻辑。

表4–3　宗族性权威出任村庄领袖的行为选择模式

| | 损自己人群体（大私） | 利自己人群体（大私） |
|---|---|---|
| 损个体（小私） | A | B |
| 利个体（小私） | C | D |

A类型折射的情况不仅存在于分田到户至税费改革的中国农村，还存在于杜赞奇（2006）笔下的1900～1942年的华北农村。然而，如果宗族性权威逃离了农村社区，不愿意承担村庄领袖的责任，村庄里的一些狠人、歹人、拳头硬的人就会浮出水面，C类型的村庄领袖就会出现，保护型经纪也就会被赢利型经纪所替代，基层政权组织就会陷入内卷化的陷阱，乡村社会的治理困境就会越来越严重。

如果有农民精英在C种类型下出任村庄领袖是要付出巨大的代价的。

李玉凤在 1992~1998 年是刘家村的支部书记，一个女性能够在长达 6 年的时间里就任书记的一个关键原因是其丈夫是刘家湾最大的房头二房的，共有兄弟、堂兄弟 11 个。当时村里的书记是李玉凤，主任是刘正书，会计是李玉凤的丈夫，据说当年在收缴税费时，李玉凤亦步亦趋地跟着乡镇政府，什么工作都想争先完成，引起了村民的极大不满。为了完成税费征缴和计划生育任务，李玉凤的丈夫经常拿着大砍刀跟着李玉凤一起去协助做"钉子户"的工作，经常威胁农民说："谁欺负我家李玉凤，不配合工作，我就砍他"，导致村民对其越来越反感。1997 年就引发了书记和主任之间的争吵，村主任对李玉凤表示了强烈的不满。后来，乡镇政府没有办法就把李玉凤撤职了。

1998 年，李玉凤下台后不久，乡镇计生部门到刘家湾执行计划生育政策时，遭到了湾子里村民的一致抵抗，双方还发生了比较激烈的冲突。冲突引起了乡镇党委书记的高度重视，为此专门成立了一个由镇政法委书记带队，乡镇综治办、派出所、人民法庭、计生办、城管所等多机构派人参与的工作队到刘家湾开展综合治理工作。工作队到刘家湾就是要杀鸡儆猴，给刘家湾的农民一点颜色看看，据说当时工作队定下了高达 30 万元的经济收入硬指标，囊括了税费尾欠征收、计生罚款、宅基地罚款、赌博罚款、性交易罚款等多项内容。工作队到刘家湾之后，吃住都在李玉凤家，与李家保持了良好的关系，以致在村民眼中工作队的每一次专项行动都是由李玉凤告发的，村民对李玉凤的反感情绪越来越严重。

虽然工作队在刘家湾一直保持着高压态势，但是村民对工作队的工作普遍持不支持的态度，双方僵持了半个月，工作进展不大，最好只好灰溜溜地撤了出去。工作队走了，李玉凤却走不了。在随后的几年来，李玉凤一家在湾子里就成了"过街老鼠"，没有人给他们好脸色看，甚至还当面故意讽刺她。而李玉凤 6 年书记的经历，也被当地村民"污名化"了，大家说她喜欢"打皮绊"，是个"狐狸精"，会"搞关系"。①

李玉凤的遭遇并不是孤立的事件，在农民认同的"自己人单位"还具有较强的一致行动能力，地方传统和地方文化保存较好的地方，村组干部是不能为了完成国家政策而去得罪"自己人群体"的，必须在国家政策和"自己人"利益之间寻找到一个平衡点。但是，从20世纪90年代中后期开始，夹缝中的村组干部想要在二者之间"走钢丝"越来越成为一件不可能的事情。

## （五）合法性的争夺：讨人嫌的村社集体与讨人欢的国家

制止"三乱"，减轻农民负担涉及党和政府的执政根基，以及党和政府在民众中的合法性形象问题。所以，在农民负担问题上，中央政府从一开始就非常重视，坚决要求千方百计制止农民负担过快加重的势头。实际上，在这个过程中，客观上存在一场合法性的争夺战争，只不过这是一场势力不均衡的战争，中央和省级政府在合法性的争夺之战中始终占据着优势的地位。通过接连不断地下发减负文件，中央政府将加重农民负担的责任推向了中央各部门和地方政府，到20世纪90年代中后期则进一步将责任推向了县及其以下各级政府组织。

对村社集体来说，村组干部都是各个湾子里的人，他们深晓农民的承受能力，从感情上和意愿上来说，他们并不想加重农民负担，更不愿意承担这个责任，不愿意成为村民指责的对象。但是，在自中央而下的各级政府及各个部门的压力下，"马儿不吃草，马儿照样也得跑，而且还得跑得欢"，这显然是不可能的。在岳平农村，正如我们所看到的，由于"自己人"的认同意识仍然比较强烈，农民的群体性行动能力仍然比较强，村组干部不敢在已经比较重的农村税费的基础之上再次加码，所以，农民承担的人均或是亩均农业税费相比全国

---

① 资料主要来源于笔者2010年5月18日，5月19日与LCY等人访谈的记录。

其他很多地方来说并不算太高。不仅如此，由于税费不可能全部收齐，最后的尾欠部分都算在了村提留里面，在岳平地区的很多村庄，这最终都转化成了村集体拖欠村组干部以及乡镇包村干部的工资。在农业税费征缴时代，很多村组干部辛辛苦苦工作一年却领不到一分钱工资，甚至还落得家里一贫如洗。刘家村的老书记刘正毅就说当时乡里的干部三天两头往湾子里跑，你不管饭行吗？村里没有钱，那就只能带他们到家里吃。时间一长，家里被吃得拿不出一分钱，记得有一阵子乡镇干部来了只能米饭配咸菜就着吃。吃了没几顿，他们就不来了。在刘正毅看来，那时候的干部真不好当，发不下来工资，还得倒贴钱，弄得连小孩子上学的学费都得向别人借。

即便如此，村组干部还不得不背负不好的名声。20 世纪 80 年代，农民负担刚刚开始显现的时候，农民并没有将矛头指向村组干部，"皇粮国税，天经地义"，农民的埋怨情绪并不严重。到 90 年代中后期，农民的知情权借助现代传播媒介的作用得到了有效的保障，国家的政策、法律、制度一竿子直插到了农民那里。农民开始"明白"原来国家是要减轻农民负担的，你看政策规定什么什么费用是不能收的啊，村组干部这样收费是不合法、不合程序的啊！政策都是这样规定的，村组干部还这样做，难道不是他们的问题吗？原来罪魁祸首是他们啊。农民对村组干部的不信任感迅速增强，这就必然加大税费征缴的难度，也使村干部和深入一线的乡镇包村干部一起成为农民抱怨的对象，乡镇政权和村级组织征缴税费的合法性受到了侵蚀。当中央政策规范了收税程序，乡村基层组织不能再凭借"秤子、绳子、本子"征收税费，而不得不依赖"酒瓶子、嘴皮子、脸面子"的时候，虽然大多数农民最后经受不住村干部的再三催缴还是上缴了税费，但是村干部的权威形象也就一去不复返了，交粮纳税成了可以讨价还价的事情。由此，在合法性的争夺之战中，村干部作为"公"的一面形象受到了极大的损害。而当治理资源进一步萎缩，村干部无力以互惠、相互买账等交往规范来对待配合自己工作的人时，人情和面子的非正式治理作用就会下降，以致到了最后村干部不得不放弃这些社区资源的利用，因为谁听了自己的话，谁反而更吃亏，那等于害了跟自己关系好的人，以后还怎么来往呢？也就是说，"正式权力的非正式运作"在短期内有利于弥补国家正式权力的不足，有利于税费征缴任务的完成，长期来看，必然损害乡村两级组织的合法性，严重打击乡村干部尤其是村干部工作的积极性。由此，在这场合法性的争夺之战中胜负已分，讨人嫌的是村干部，讨人欢的是国家。

## 三 失衡的农民公平观与失灵的
## 社区正义观：自治之殇

上文我们讲到从 20 世纪 90 年代中后期开始，村组干部的工作越来越不好做，乡村治理逐渐陷入积重难返的困境当中，"税费改革倒逼乡村体制改革"好像是不可避免地走进了历史的前台。然而，从我们近些年的研究成果来看，取消农业税费和乡村体制变革并没有能够从根本上化解村治中的难题。以 2005 年取消农业税费为界，乡村社会出现了新一轮的因基层政权组织悬浮导致的以治理缺位为轴心的治理性危机，基层政权的合法性面临着严峻的考验（赵晓峰，2010c）。在以往的研究中，我们曾经从税费改革的政治逻辑、治理逻辑、市场逻辑（贺雪峰，2008a；吕德文，2008；杨华，2008a；田先红，2008；鄢庆丰，2008），以及乡村基层组织角色与行为的变异逻辑等视角（赵晓峰，2009a）对这场治理性危机进行过解读，在笔者看来，以往的研究都是采取的自外而内的视角，尚缺乏村庄内部的视角。下文，笔者将从农民公平观和社区正义观的角度对税费改革后村社集体权力的运作逻辑进行深入的分析，通过研究农民"小私观"和"大私观"在新时期的表达与实践机制，来进一步探讨近些年来乡村社会所陷入的治理性危机的内在机理。

### （一）农民公平观的基石：权利与义务之间的"平衡账"

公平并不是现代国家所独享的价值观，在乡村社会内部长期以来也存在一套自洽的维系公平的社会文化心理机制，公平是村落社会秩序生成的重要文化观念的保障。如果农民的公平观念失去了内在的平衡，看似是个人层面的问题，实际上却必然表现为整体层面的问题，离开了自洽的公平机制，"自己人秩序"就难以维系。关于公平的社会文化心理机制，在笔者看来主要表现为权利与义务之间的一种平衡关系，并且这种平衡关系是具体的、实在的，而非抽象的、虚无的，从维系村落社会秩序的角度来讲，在农业税费征缴时代主要表现为三个方面。

首先是农民拥有承包村社集体所有土地的权利和缴纳相应的农业税费的义务之间的平衡关系。岳平地区的农村基本上是在 1981 年前后开始推行家庭联产承包责任制的，大多数村社集体所有的土地被分成了一大一小两部分，"一大"是承包地（田），"一小"是机动地（田）①，前者分配的基本依据是各个农户家庭的人口数量，后者一般由集体负责统一耕种或是由集体负责发包给农户耕种并收取承包费。此外，机动地的一个重要功能是平衡农户家庭人口数量与承包土地数量之间的对应关系。根据笔者调查的情况来看，20 世纪 80 年代，大部分村社集体都会按照"五年一大动，三年一小动"的原则调整土地的分配关系，到 90 年代以后，就很少再调整具体的土地分配关系，但是只要村社集体仍然保有机动地，就必然会按照"减人不减地，增人必增地"的原则从机动地中抽调土地分配给新增人口。然而，到 2004 年以后，随着土地确权确证政策的逐渐实施，农村土地具体的承包关系顺延了 30 年，村社集体拥有的机动地也丧失殆尽，不仅"减人减地"的土政策失去了实践效应，而且"增人增地"的土政策也失去了操作的空间，村社集体的土地所有权被彻底架空。

在村社集体内部，承包土地的权利和承担税费的义务是对等的均

---

① 在岳平农村，田和地是分开的，田专指能够耕种水稻的水田，地则是指耕种小麦、大豆、红薯等旱作物的旱地。下文中没有明确所指的话，笔者用地来统一指称田和地，如果有必要的，在文中会做出明确的交代。

衡关系。一般来说，农业税费是以人地适当的比例分成为依据征收的，比如村委会每年将乡镇政府下达的税费征收指标分解成两部分，一部分按照农户家庭承包的土地数量进行分摊，另一部分按照家庭人口数进行分摊。因此，一个农户每年应该缴纳税费的数量是由家庭承包土地数量和家庭人口规模决定的。而村社集体按家庭人口规模收缴农业税费的重要依据也是可预期的集体土地承包权，农民之所以愿意接受这种税费缴纳方式，也是为了在不久的将来享有可预期的集体土地承包权。也就是说，现有的和将来可预期的土地承包权与农户按人地比例分成交粮纳税的义务之间是一种跨时段的平衡关系。即便是在20世纪90年代中后期农业税费负担越来越严重的情况下出现了越来越多的不能按时承担义务的"钉子户"，在村民眼中也有一种平衡机制在发挥作用，那就是"钉子户"欠下的税费将来是必须要"补"上的，不然村干部就必须"收拾"他，或者在他办理各种证件时不给提供证明，或者收回他的土地承包权，总之，村干部必须想尽办法将"钉子户"欠下的税费收缴上来。所以，在农业税费征缴年代，一个重要的维系公平的平衡机制是"挂账"，即将尾欠户欠下的税费记在"账"上，并且要不断地通过各种办法向其施加压力，促使其最终承担义务。

如果农户连着数年拒绝承担交粮纳税的义务，村社集体就有权力收回农户承包的土地，重新发包。1998年，科发村在清理农业税费尾欠时一下子挖出了300多个没有履行义务的承包人，村委会强制性地注销了他们的农业户口，收回了他们的土地承包权。科发村村委会行使土地所有权的行径显得非常"霸道"，但在当地村民眼中是合理的，既然你不愿意承担缴纳农业税费的义务，自然你也就不应该享有承包土地的权利。所以，这次大规模的强制性行动竟然在村庄里没有激起多大波澜，尾欠农户"心甘情愿"地接受了村委会的"安排"。

其次是农村公共品供给中，农户承担经济成本与享有相关收益之间的平衡关系。在取消农业税费以前，农民每年还必须缴纳共同生产费，承担一定数量的农村义务工和劳动积累工。农户承担这些义务是为了农业生产的方便，是为了保证农田的产出率，也就是为了获取最大的经济收益。虽然，这部分农户义务的履行是以村组统筹的形式实现的，但也是农户所接受的，毕竟农户也享有了相应的权利。当然，如农业税费的征缴一样，总有一些农户不能按时缴纳共同生产费，还有更多的农户不能按时履行"两工"的义务，对于前者，村社集体采取的办法也是"挂账"，后者则是先按市场价或低于市场价的标准将"两工"折算成货币再"挂账"。总而言之，维持每个农户家庭内部成本与收益的平衡是农民的公共品需求偏好得以满足的重要实践机制。

再次是农村纠纷调解机制的平衡关系。互惠原则是乡村社会人际交往必须要遵守的基本原则，是维系乡土社会秩序的基础。由互惠关系所建构出来的社会秩序是一种大家都乐于服从的约束性义务，纠纷不过是互惠原则遭到侵犯的一种表现而已，解决纠纷也不过是竭力将受到损毁的互惠关系重新调适到原初的平衡状态罢了（赵旭东，2003：149）。互惠关系是一种约束性义务，从本质上讲，乡村社会里人们相互往来的基本原则是义务本位的，是履行义务在前，享有权利在后的，义务和权利之间也是一种可预期的平衡关系。如果有人只愿意享有权利而拒绝履行潜在的义务，人际交往的平衡关系就必然被打破，就会引发权利与义务之间的关系失衡，导致纠纷的出现。当然，在纠纷解决中，往往当事人双方并非势均力敌，而表现为"强""弱"分明的势力格局，所以纠纷的调解也不是要达到绝对的公平，而是要尽量将利益的再分配调整到双方都有可能接受的均衡状态，"强"的不能一味"恃强"，"弱"的也不能一无所得。否则，强势的一方过于恃强凌弱就会激起弱势一方的过激反应，"狗逼急了也会跳墙"，何况是人呢？这中间，强者和弱者之间的权利与义务关系也是与双方相对的权力结构关系相匹配的。

综上所述，农民公平观的基石是权利与义务之间的相对平衡关系，而维系平衡的基本手段是算长期的"平衡账"。如果农民享有了承包土地的权利而拒绝履行交粮纳税的义务却得不到可预期的有效惩罚，如果农民享有了村社集体提供的公共品的收益而拒绝履行缴纳共同生产费和出"两工"的义务，如果纠纷当事人一方只愿意享受互惠的权利却拒绝履行互惠的义务，那么，农民的公平观就失去了有效的维系机制，一个越轨者出现了，就必然会出现第二个、第三个乃至所有人都成为越轨者的局面，乡村社会的内生秩序也就不复存在了。所以，维持农民权利与义务关系在具体事务中的平衡，保证农民公平观发挥正常高效的实践效应，是地方文化和地方传统得以保持的基本实践机制，是生成村落社会秩序的重要保障。

### （二）作为农民公平观"守护之神"的社区正义观

归根到底，农民公平观维系的是人与人之间的关系，是"小私"与"小私"之间的事务。但是，农民公平观的基石是权利与义务关系，权利和义务之间是此消彼长的关系。在一个具体的单位内部，一个人的权利往往表现为另外一个人的义务，个体过度追逐权利就必然会侵犯他人的权利，个体不履行义务就意味着其他人有可能要承担过度的义务。所以，一个越轨者打破权利与义务平衡关系的行为，就极有可能产生"多米诺骨牌效应"，造成致命的后果。因此，农民公平观看似是个体之"小私"层面的事情，实际上却关涉着整体层面的秩序维系，"小私"出了问题，"自己人单位"以及村社集体都会受到波及。这就是说，农民公平观并不是独立存在的，它需要一个超越个体的仲裁者、维系者，那就是作为农民公平观"守护之神"的社区正义观及其实践主体——乡村权威。

社区正义观，简单地说就是衡量一种关系、考量一种行为是否公平与合理的观念，它规范的是个体与整体的关系，它要产生的效果是约束个体的越轨行为并维系整体的秩序稳定。这里所谓的"正义"也并非普遍主义的正义，而是具体的单位里的正义。所以，在不同的单位层级，社区正义观需要不同的治理主体来践行，比如在岳平农村，在"自己人单位"内部，在宗族主导型自然湾里，社区正义观往往是由宗族性权威来维系的，而在超越农民认同的"大私"单位之上的层面，在行政村层面，社区正义观则是由村社集体来维系的。因此，房头内部的纠纷，房长就可以出面解决，而房头与房头之间的纠纷就有可能需要多个房长共同参与才能解决，进一步地讲，宗族与宗族之间、"自己人单位"与"自己人单位"之间的纠纷就需要两个单位共同出人或是国家公权力介入才能解决。其中的关键在于单个农民的公平观往往表现为"差序的正义"，即"正义是针对不同人所具有的不同关系而言的，（也）即正义观念是依照社会关系中的差序格局来获得其实际意义的"（赵旭东，2003：304）。乡村权威要想充当农民公平观的裁决者并从中获得荣誉、地位和面子等稀缺性资源，就不能按照"差序的正义"原则，根据与自己关系的远近来行使正义与否的裁决权，而必须超越个体之"私"遵守单位内部所有人都认同的正义原则来决定自身的行为逻辑。因此，为了避嫌，更为了公平，小单位之间的纠纷往往需要更高一层的能够囊括这些小单位的更大单位的权威来主持正义，或是由这些小单位自己的权威共同协商来主持正义。也就是说，权威应该秉持的正义观是"单位里的正义观"（简称"单位正义"），是单位里所有人都认同的关于一种关系、一种行为公平与否的正义观念。

社区正义观的显性功能就是调适个体，以及个体与个体之间的权利与义务关系，使受到侵害的失衡关系恢复平衡；隐性功能则是以地方性共识的方式将权利与义务之间的平衡关系内化到每个人的日常行为逻辑中，使之成为农民自发、自觉的行为原则，从而保证农民公平观的持续有效。社区正义观规范的是个体以及个体与个体之间的行为，处理的是个体与个体以及个体与整体的关系，依赖的主体是"社区"层面的乡村权威。权威是掌握一定资源优势的农民精英，村社集体权力的行使者——村组干部也必然要依赖手中所掌握的合法抑或合理的资源来行使管理权，并以此来维系农民权利与义务关系的平衡。

村组干部可以借用的资源在吉登斯提出的权威性资源和配置性资源的类型划分基础之上可以进一步细分为以下几种：其一是物质性资

源，包括村社集体所有的厂矿、池塘、土地和山林所有权，以及上级政府的财政转移支付资金等；其二是权威性资源，即村组干部在村庄社会结构中所处的地位、所拥有的人情关系网络，以及所拥有的面子资源等；其三是制度性资源，即由国家通过政策、制度、法律等形式赋予村组干部的合法性治理资源，包括合法使用暴力的资源；其四是社会文化资源，包括地方文化和地方传统、地方性知识和地方性共识、农民公平观和社区正义观等涉及人际交往互动的具有公共性的原则和规范。

在 20 世纪 80 年代，村组干部所拥有的四种资源是完整的，到90 年代，随着分税制改革的推行和乡镇企业的没落，村组干部所能够掌控的物质性资源在岳平县的大多数农村都出现了严重萎缩的趋势，特别需要指出的是，村社集体基于土地所有权而来的土地调整分配权也逐渐失去了。并且，以《关于印发在计划生育行政执法中坚持"七个不准"的通知》的政策出台为标志，国家权力赋予村社集体的制度性资源，尤其是合法使用暴力的资源被极大地压缩，村社集体行使惩罚权的能力被大大缩减。因此，从 90 年代中后期开始，村组干部不得不更多地从社区内部寻找治理资源，一方面是依赖自身在社会结构中所处的相对优势地位，发挥人情、面子等关系资源来弥补正式权力的不足；另一方面是更多地利用社区公共规则和公共规范，发挥社会文化网络资源的实践价值，通过社区舆论和社区内生的惩罚机制来规范农民的行为。

我们已经看到，维系农民公平观的基本实践机制是要算长期的可预期实现的"平衡账"，从而维系当事人权利与义务关系的平衡。而社区正义观就是要借助乡村权威的治理资源，维护农民公平观念的长期有效。也就是说，农民公平观和社区正义观得以发挥实践效应的前提是要算可预期的权利与义务之间的"平衡账"，即便是这种平衡在短期内不能达成，从长期来看也是必须要清算的。因为有预期，就能形成相应的规范个体行为的能力，进而使不需要明文规定就能达成的自治实践得以持续展开。

### （三）遭遇重创的农民公平观：惠农政策之殇

在农业税费征缴时代，农民的公平观是权利和义务的统一，是义务在前、权利在后，作为个体的农民只有履行了具体的义务，才能享受到相应的权利。如果一个农民拒绝按照家庭人口比例缴纳农业税费，那么在接下来可预期的土地调整中就有可能丧失承包土地的权利，甚至有可能直接被开除村籍，被剥脱享受村民福利的资格。然而，从20世纪90年代中后期开始，村庄内生的权利与义务对称的农民公平观念遭到了重大的挑战，并且到2005年前后达到极致，社区内生规范逐渐丧失了合法性和合理性，乡村社会出现了因外生制度不能有效发挥作用而内生制度已经失效带来的一系列治理难题。

1996年，《关于切实做好减轻农民负担工作的决定》的出台虽然意在保护农民的利益，约束乡村组干部强制性收缴税费的行为，但是从村落内部来看，却收到了"鼓励"农民不交税费的实践效果。国家政策规定在农业税费征收中要照顾到贫困户的利益，减免贫困户应承担的税费，村组干部也是这样做的。不过，在这中间存在的问题，一是每年下达的贫困户减免指标非常有限，如何区分贫困户和"钉子户"是一个非常棘手的难题；二是交粮纳税的义务是和承包土地的权利相一致的，减免贫困户的税费必然会引发一些无赖户的纠缠。所以，多年来，乡村组干部都是以合法使用暴力为后盾来解决无赖户和"钉子户"的问题的。新政策的出台，削减了乡村组干部的权力，肯定了无赖户、"钉子户"不受暴力干扰的权利，这样一来，其实是在变相鼓励农民不交税费的行为。但是，那个时候，村组干部仍然握有"杀手锏"，即在土地调整时剥夺无赖户、"钉子户"承包土地的权利。

2004年，岳平农村完成了土地确权确证工作，这就意味着村社集体在接下来20多年的时间里丧失了调整土地的权利。按照中共湖北省委办公厅、湖北省人民政府办公厅下发的《关于依法完善农村土地二轮延包工作的若干意见》的规定，举家已迁到城镇（设区的市除外）落户的，本人有要求，应保留其承包地，并通过协商，依法做好承包经营权流转工作。户口没有外迁但长期在外的，应按原承包面积确权确地。如果本人提出不要承包地，可以帮助做好户口外迁工作，尊重本人的意愿。户口没有外迁但去向不明的，可暂时保留其适当份额的承包地，由村组作机动地管理。对前些年因负担过重、种田效益低等原因自行弃田抛荒，现在又回来要田种的农户，应按原承包面积确权确地。对其中的"逃税户""历年税费尾欠户"等群众意见大的也要确权确地，严格把追缴税费与确权确地分开。

为了切实保障农民的权益，湖北省人民政府很快又下发了《关于积极稳妥解决当前农村土地承包纠纷的意见》，进一步指出，外出务工农民回乡务农，只要在土地二轮延包中获得了承包权且没有明确放弃的，就必须承认其承包权。村、组未经外出务工农民同意将承包地发包给别的农户耕种的，如果是短期合同，应将交村、组的发包收益支付给拥有土地承包权的农户，合同到期后，将土地还给原承包农户耕作。如果是长期合同，要在协商一致的基础上通过给予原承包农户合理补偿的方式解决。任何组织和个人不能以欠缴税费和土地撂荒为由收回农户的承包地，已收回的要予以退还。

之后不久，湖北省人民政府办公厅再次下发《关于当前农村土地二轮延包工作中需要注意的几个政策性问题的紧急通知》，又一次明确要求确权确证工作必须以二轮延包为基础，不能推倒重来。不得以任何理由与清欠挂钩，化债工作只能在政策允许范围内，在充分协商的基础上，采取群众接受的办法稳妥进行。必须确保长期外出务工人员的合法权益，既要确权，又要确地。

从中可以看出新政策在诸多方面都构成了对农民公平观的挑战，原来没有履行交粮纳税义务的农民，不仅保有了承包土地的权利，而且还获得了国家的粮食补贴资金。原来因为不愿意承担税费负担而放弃土地承包权的农民，不仅没有受到必要的惩罚，而且获得了受到政策保护的土地承包权。换句话说，在新的政策导向中，对农民而言，更多的只是权利，而没有基本的义务。"有权利，无义务"的土地分配调整政策触及了农民公平观的根本，权利与义务对等的公平原则被打破，税费尾欠户、拒绝缴纳税费而被剥夺土地承包权的农户都获得了政策规定的承包土地的权利，且是以基本没有付出任何代价的方式获得的，这就必然引发两种公平观的冲撞，结果基于政策规定性而来的外来的"大公平观"的合法性逐渐淹没了基于社区正义观而来的内生的"小公平观"的合理性。如此一来，那些原本按照"小公平观"不应享受承包土地权利的农民的权利受到了保护，他们可以理直气壮地向村社集体主张自己的权利，却不会为此承担任何成本。而事情并没有就此结束，那些原本严格按照"小公平观"的标准履行了义务的农民的公平观念也被触动，在他们看来新政策是一种警醒，原来履行义务和享受权利是可以分开的，不履行义务也能享受权利，那以后村组干部再让我出钱、出劳，我也不出了，如果我出了，反而显得我多么无能。

在这种情况下，农村土地纠纷非但不会减少，反而会出现迅速增多的势头。笔者在此试举一例来说明其中的蹊跷。

原科发村村民梁祥生早在 1988 年因为躲避计划生育就将户口迁出了村庄，到 2007 年 5 月，科发村的土地确权确证工作在完成了两年多的时间之后，梁祥生以二轮延包政策为依据，要求村干部归还其原有的土地承包面积。然而，科发村在执行"完善二轮延包政策"时依据的标准是税费改革时核定到户的计税面积，以此来看，梁祥生的权利诉求明显缺乏足够的依据。但是，"会哭的孩子有奶吃"，梁祥生不断地向村干部主张权利，并多次到乡、县政府反映情况，最后迫使村干部不得不想尽办法从另外一个村民李树楠手中调出了 4 亩地交给他承包经营。李树楠之所以肯交出耕地，是因为他当了多年的村民小组长，村干部不断地向其讲述地方的道义观和"大公平观"。按照道义伦理的规定性，尽管李树楠在税费征缴年代不得不"承包"了相当数量的村民的撂荒地，但现在梁祥生没有地，李树楠就不能只顾自己的利益，不顾别人的死活。况且，按照新政策的规定，梁祥生的权利诉求是受到保护的，所以最后在村干部三番五次做工作之后，李树楠让出了耕地，梁祥生的权利主张行为也取得了预期的效果。

通过这个案例，我们可以看到，任何个体的农民为了争取最大的权益，就会选择最有力的政策依据来主张自己的权利。而村干部却受制于压力型体制和科层化制度，即便农民提出的权利诉求不合理，只要当事人不放弃权利诉求，以上访等形式向上"闹事"，村干部就不得不想尽办法去满足其要求以平息事端。显然，上述案例反映的只是一个特殊情况，纠纷的解决根源于李某是村民小组长，经不住村干部的"纠缠"才出让了土地权利，否则梁祥生就会持续"闹事"，基层治理就会陷入困境。基层的实践也说明，在大量的土地纠纷面前，村组干部往往束手无策，很多纠纷都是悬而未决，这就必然会影响到村组干部的威信，造成"干部不为民做主，农民也不找干部"的干群关系"两张皮"现象。

接下来，我们再来看农村债权债务锁定政策。2003年下发的《湖北省人民政府关于积极稳妥化解村级债务的通知》中规定："化解农户税费尾欠，无论哪种情况，都不能采取强制手段逼债，更不能组织小分队上门强征、强要、强搬实物，违者要追究当事人的法律责任。"一方面是国家不断增加粮食补贴资金，另一方面是村组干部还要在禁止使用强制手段的前提下去收尾欠税费，再加上不管是否交足尾欠税费都能够享受到土地承包的权利，由此造成的必然结果是没有任何税费尾欠户愿意主动交还拖欠的农业税费。国家政策禁止征收农业税费拖欠，实际上就是变相地承认"钉子户"以及贫困户不缴纳拖欠的农业税费是合理的，也是不会追究法律责任的。本来在农民的公平观念里，农业税费即便是当下拖欠了，将来也必然是要偿还给村集体的，否则就会面临被剥夺土地承包权利的危险。而新的农村土地确权确证政策不仅保证了税费尾欠农户承包土地的权利，而且搁置了农民履行归还尾欠税费的义务。

此外，在国家配合税费改革推出的以粮食直补、农机补贴、农村合作医疗、义务教育"两免一补"等为表现形式的惠农政策中，国家以"撒胡椒面"式的办法直接与农民打起了交道，同样没有剥夺那些有农业税费拖欠的农户享受国家惠农新政的权利。既然承不承担义务、交不交纳税费一个样，都能享受承包土地的权利，还能享受国家的惠农政策，那么，"别人欠得，我当然也就欠得"。因此，在后税费时代，虽然国家推出了"一事一议"筹资筹劳政策，来替代在税费征缴年代通过乡村基层组织向农民征收农业共同生产费、农村义务工和劳动积累工等手段向农民提供农村公共品的办法，以弥补国家财政对农村公共品投入的不足，但是在岳平农村以及全国其他地方的绝大多数农村，国家推行的"一事一议"筹资筹劳政策都没有得到真正的落实。不是村组干部不想落实，而是越来越没有可能。既然拖欠的农业税费都可以不交还，原本的"钉子户"就更"牛气"了，变相地激励他们对村社集体经手的所有的收费活动嗤之以鼻，甚至还促使他们敢于对村干部冷嘲热讽："我就是不交，你能拿我怎么办！"然而，那些原本老老实实缴纳税费的农民心底就更加不平衡了，由此就必然会导致一种不满的社会情绪在村庄内部蔓延，"别人连农业税费都欠得，凭啥让我交钱啊，我也不是好欺负的"。农民的普遍不满带来的直接影响就是农民对村组干部经手的所有的收费项目都采取不配合的态度，"一事一议"筹资筹劳款等收费项目即便是村民代表大会通过了执行决议，也会有越来越多的村民不愿意缴纳相应的份额，农村公共品供给必然陷入困境。如此一来，正如我们在岳平农村所看到的，农民坐领种粮补贴而撂荒的现象越来越严重，在那些水利条件比较差的村庄，撂荒的土地面积竟然能够达到50%以上。

由此来看，新的惠农政策过于刚性，其宣扬的"大公平观"严重切割了社区内部的"小公平观"，使可预期的"平衡账"的清算机制失去了治理功能，二者碰撞的结果是"大公平观"的完胜，是地方传统和地方文化的退场，也是"有权利而无义务"的残缺公民观的彰显，更是乡村治理状况的日益恶化，以致原本为解决矛盾而推出的政策收到了意想不到的负面效果。

### （四）国家基础性权力建设与社区正义观的失灵

社区正义观是农民公平观的"守护神"，农民公平观出了问题，追根溯源肯定是社区正义观受到了侵蚀。近年来的新政策宣扬的是一种国家的正义观，这种"大正义观"强调"一国之内皆是公民"，应该以普惠的标准建立起国家与农民的直接联系，使农民能够直接受到国家正义观的保护。自外而内的"大正义观"讲究的是程序正义，以规范程序操作的办法来约束各级治理主体的行为，建立起普遍性规则直接对接数以亿计的小农家庭的实践机制。它虽然有利于保护个体农民的权利，却构成了对村社集体的极大约束，基层治理模式因此发生了质的变迁。

追求程序正义，实际上是国家基础性权力建设的必然结果。国家基础性权力的理论在引入国内时，学界和政界关注更多的都是现代公共服务机构和现代公共管理规则的建设，并将建立起普遍性的现代公共规则治理体系视作国家政权建设成败的关键衡量指标。由此，在国家基础性权力向下延伸的过程中，基于地方传统和地方文化而来的"自己人单位"里的地方性知识和地方性共识都是要被摧毁的，以有利于建立国家认可的现代治理规则在"率土之滨"的普适性。而要达到这一点，必须建立起科层化的制度体系，以规范、约束基层治理主体的行政抑或自治行为。因此，正如我们所看到的，国家通过政策、制度、法律法规的输入建立起了一整套的操作规范，将村社集体的自治行为限制在诸种程序的操作框架内，以防止村组干部胡作非为，做出有损程序正义的事情来。

不仅如此，国家基础性权力的完善还有赖于基础性设施的发展（迈克尔·曼，2007）。改革开放 30 多年来，国家基础性设施获得了快速的发展，国家监控社会的能力得到了极大的提高，国家离农民越来越近了。国家基础性设施的完善表现在社会生活的各个方面，比如交通道路的网络化发展、公检法机构的向下延伸、工商税务及督察机构的完善、现代传媒技术的利用、信息监控能力的强化等。如果我们将赤裸裸地使用暴力的行政能力建设称为刚性权力的发展的话，那么，新时期更加依赖国家基础性设施发展的行政能力建设可称为柔性权力的完善。刚性权力容易激起农民的反抗，激化社会矛盾，引发恶性事件和群体性事件；而柔性权力则尽力避免国家暴力的滥用，易于缓和社会矛盾，营造和谐的社会氛围。但是，刚性权力弱化之后，如果柔性权力能够体系化，能够发挥有效的治理功能，对国家政权建设来说，这非但不是国家权力的弱化，反而是国家权力的发展与完善。然而，实际的情况是国家柔性权力的建设还不成功，刚性权力已经极度弱化，由此导致虽然国家直接监控农民的能力提升了，但是乡村治理的绩效没有能够得到相应的改善。

此外，国家还试图在正式体制之外建立一套高效的信息反馈机制，强化中央政府与农民的直接交往能力，增强中央政府对基层治理主体的反制能力，以矫正基层干部的越轨行为。这中间，一个重要的制度建设项目是信访制度的设立。信访制度不是为直接解决问题而设，而是为责任追究、纠偏行为而设。农民越级上访了，接待上访的

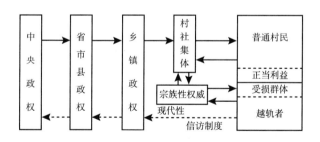

图 4 - 1　"新双轨政治"模型

机构并不能直接帮助其解决问题，而只能将信访案例打回到"属地"，由"属地"政府负责解决。在这个过程中，上级政府了解了基层的情况，并实现了对基层政府组织的监督。

由此，国家基础性权力建设的成果是构建了一个"新双轨政治"的模型。①

在"新双轨政治"模型中，国家以追求程序正义的现代公共规则来规范整个官僚行政系统各个层级工作人员的行政行为，并将之延伸到村社集体的层级，以之约束村组干部的自治行为，原来的"官治"与"自治"的界限被打破，国家通过规则建设达到了直接治理普通村民的目的。然而，政策适用性的程度已经不再是由绅士等村社利益的代表通过私人关系网络向上反馈，而是由数以亿计的村民通过信访制度向上反馈，或是借助于媒体曝光、社会舆论等现代性因素向上反馈，国家与农民的联系更加紧密了。如此一来，村组干部的治理行为就受到了相对有效的监督，一旦违背了"大正义观"的操作规范，就有可能引发农民的上访行为，就会给自身带来不必要的麻烦。

然而，社区正义观是农民认同的"自己人单位"里才能通行的正义观，是在外来政策、制度、法律与内生的地方文化、地方传统长期互动中形成的一种关于特定的关系、行为是否公平合理的正义观。社区正义观追求的是实质正义，它不在乎乡村权威使用了暴力手段，还是借用了人情、关系、面子等"自己人单位"内部的资源，只要能够在可预期的时间段内算清楚"平衡账"，实现每个人权利与义务

---

① 费孝通在回应张东荪对"双轨政治"的批评时指出，用甲橛和乙橛来指称"双轨政治"只是把传统政治结构形态的一方面形成得更毕肖了一些。确切地讲，甲橛和乙橛只能涵盖集权的中央和自治的地方社会团体相对立而共存的样态，并不能解释双轨政治的另一个理论上的原则："政治绝不能只在自上而下的单轨上运行的。一个健全的，能持久的政治必须是上通下达，来还自如的双规形式。"因此，费孝通还着重强调了以绅士为中介的自下而上的"无形轨道"的重要性，"绅士可以从一切社会关系：亲戚、同乡、同年等等，把压力透到上层，一直可以到皇帝本人"。所以，在费孝通那里，"双轨政治"包含两个方面的内容：一是皇权与地方之间甲橛和乙橛的关系；二是共存的自上而下的政策传输机制（从中央政权到绅士）与自下而上的政策适用性及实施效果的反馈机制（从绅士到中央政权）（2006a：155～156）。在"新双轨政治"模型下，"国家—绅士—农民"的三边关系模式被"国家与农民"的双边关系模式所替代，乙橛没有了，甲橛和乙橛的对立共存关系消失，政策传输机制与反馈机制实现了中央政权与农民之间的直接对接。

关系的平衡，能够维持农民公平观念的持续有效，就能够发挥治理的实践功能。因此，在村组干部能够掌控的物质性资源、制度性资源萎缩之后，村组干部通过借用社会文化网络资源和权威性资源来维系村落社区的公平机制，只要能够成功，就不会严重危及地方治理的有效性。

这样一来，问题自然而然就出现了。国家的"大正义观"倡导的普适性规范与社区的"小正义观"践行的特殊主义的地方规范之间发生了碰撞，结果是"新双轨政治"模型得以确立，普适性规范成为村组干部的行为逻辑。在"新双轨政治"模型中，"大正义观"直接承接了个体权利，中断了社区内生"小正义观"的实践，打破了权利与义务之间"算平衡账"的对称机制，瓦解了"单位正义"的有效性，个体的权利得到了保障，而村社集体的权利却被过度削弱，村社集体失去了有效的治理资源，社区正义观失去了存在的合法性，失衡的农民公平观不能再得到有效调适，"有权利而无义务"的残缺公民观逐渐发酵，社区秩序陷入正式治理无效的局面。

### （五）丧失自治权的村民自治实践："谁之过"

综上所述，失衡的农民公平观和失灵的社区正义观是后税费时代村社集体"悬浮"于乡村社会之上的直接诱因，是以治理缺位为轴心的乡村治理性危机形成的重要原因。国家权力主导下的规则之治阉割了村社集体的自治权限，使维系集体治权有效性的治理资源失去了再生产能力，以致村民自治制度的实践流于形式。在新的乡村治理体系中，与其说村社集体是自治的组织，还不如说村社集体是自上而下的整个官僚行政体系在乡村社会的进一步延伸，村社集体从性质上来说更像是乡镇政府的派出机构，村组干部不再是行使自治权的民意代表，而是专享行政权的国家"代理人"。如果村组干部按照大多数村民的意愿行使，只要有极个别的人坚持以国家政策来要求村组干部，村组干部就不能为了维护绝大多数农民的利益而违背国家政策，制裁越轨的少数人。以农业税费尾欠和粮补资金的发放来说，在税费改革的早期，就有部分村社集体以村民签字盖章的形式将二者挂钩，用粮补资金来抵扣农业税费尾欠，但是很快这种办法就被利益受损的个别人"捅"到了上级政府那里，村组干部为此不得不改正这种大多数村民都同意的"自治行为"，还要为此承担违法乱纪的行政责任。也就是说，村民自治权在后税费时代基本上已经被国家行政权所取代，村民自治实践只剩下形式而已。

然而，在"新双轨政治"模型中，宗族性权威和村社集体是划疆而治的，宗族性权威只会在"自己人"的"私事"上"有选择"地行使"自治权"，而村社集体则主要负责超越"自己人单位"之上的"公事"，以及乡镇政府下达的"公事"。本研究在下一章将会探讨当宗族性权威获得了国家权力的认可，获得了合法性之后是如何在"公事"上行使"自治权"的，这里要进一步分析的是村社集体的治理困境在体制上是如何陷入困境的。

我们在"新双轨政治"模型中可以看到的是普通村民的类型需要进一步细化，根据治理的需要初步可以区分为三种类型：一般村民、利益受损的村民、越轨的村民。国家正式治理面对的主体是一般村民，同时国家还要救济利益受损的村民，保护他们的正当权益。此外，国家还要有能力制裁越轨的村民，纠正其越轨行为。然而，在政策实践效果的反馈过程中，国家要直接对接数以亿计的分散小农，不同利益诉求的村民都可以通过信访制度向上级政府主张权利，由此，国家面临的首要的治理难题是如何区分农民的上访诉求类型，区分哪些是正当利益诉求的上访，哪些是非正当利益诉求的上访。问题的难度在于，农民上访的利益诉求是否合理只有在具体的语境下才能区分清楚，缺乏村庄背景和具体场域的资料支撑，上级政府并不能做出有效的判断，只能将上访农民重新推给基层政权组织去解决。

但问题是，那些上访的农民中至少有两种类型是无法或难以治理的：一是谋利型上访（田先红，2010），即上访农民利用各级干部怕农民上访的心理，提出各种要求威胁政府，除非满足其提出的涵盖经济利益在内的各种条件，否则就会"一条路走到黑"，无休止地上访；二是因村社集体缺乏治理资源，而农民又坚持要求按照地方文化和地方传统，按照社区内的公平观念和正义观念提出利益诉求的"正当"的治理型上访，比如农民为争取土地承包权而引发的上访，以及在干旱时节农民为村社集体不能及时提供水利供给引发的上访等。

由于无法区分农民上访的类型，就不能对上访农民进行有效治理，进而就会形成恶性循环，农民上访的数量自然就会呈螺旋式上升，就会给中央政府造成更大的压力，反过来就会更加规范基层干部的行为，进一步限制基层干部的权力。而基层干部越没有治理资源，就越不能对上访农民实施有效治理，乡村治理形势就会更加恶化。况且在现有的信访治理实践中，农民上访的成本越来越低，并且在极大多数时候都被地方政府承担了，上访农民并没有付出什么代价，反而给基层干部带来了极大的麻烦。宝恩镇就有一个上访农民，从2007年开始上访，短短三年多的时间里，乡镇政府就为这一个上访农民花费了20多万元，每一次他去北京上访，乡镇政府都得去接访，他就会提出各种不合理的要求，比如自己还没有去哪里玩过，想游玩一下再回去。等到准备回的时候，他又会提出自己这辈子还没有坐过飞机呢，要坐飞机回去，否则就赖在北京了。一次又一次的上访、接访，直到现在还没有解决问题。

所以，在现有的"新双轨政治"模型中，信息甄别是一个棘手的难题，信息淤塞是必然的结果。而由此导致的后果是国家对包括村社集体在内的地方政权组织越来越不信任，就越来越强调制度建设，制定越来越多、越来越具体的规则，村社集体的自治权就越来越被侵蚀，村组干部的正式治理就越来越不可行。

## 四　村社集体权力运作的底层逻辑

本章论述了宗族意识浸染下的村社集体权力运作的底层逻辑，随着村社集体权力从生产队一级上移到行政村一级，最基层的治理单位在大多数村庄都出现了凌驾于"自己人单位"之上的局面，乡村社会逐步形成了"两头强，中间弱"的权力模型，村社集体与宗族性权威之间衍生出划疆而治的格局。

受制于新的权力模型，在国家汲取资源的压力强大的时候，村社集体的权力运作必须与"自己人单位"的利益保持基本一致，维护农民的利益。所以，在整个农业税费征缴时代，岳平农村农民的税费负担相较于全国其他地方普遍较轻，农民在生育行为中的男孩偏好基本上都得到了表达，村组干部宁肯不当干部也不敢置"自己人"的利益于不顾。与此同时，"自己人单位"也为村社集体权力的运作提供了重要的治理资源，尤其是从20世纪90年代中后期开始，"自己人单位"里的人际交往规则，人情、面子、关系等都成为村组干部可以调用的重要的村庄内生资源；"自己人单位"里通行的地方性知识和地方性共识、权利与义务对等的农民公平观念和社区正义观念都构成村组干部"正式权力非正式运作"行之有效的支撑力量。也就是说，分田单干后的村社集体权力虽然凌驾于"自己人单位"之上，但是通过灵活运用诸如税费"代垫"等"化'公务'为'私务'"，以及"正式权力非正式运作"中的"以'私'补'公'"等权力的"公""私"交替使用技术创新，乡村社会治理秩序维持了基本稳定。

不过，随着收财限权式的涉农财经制度变革和精兵简政式的乡村体制变革的逐步推进，随着国家基础性权力建设的深入，村社集体权力逐渐丧失了从"自己人单位"中寻求治理资源的空间，一方面以互惠为原则的人情交往逻辑和以交换为原则的面子运作逻辑都失去了治理效用，先前按照人情和面子交往规则行事的村民非但没有得到好处，反而被"钉子户"、税费尾欠户等越轨者看了"笑话"，村组干部不好意思再借用人情和面子资源，村民也不会在"公务"上再送村组干部"人情"和给村组干部"面子"，以致人与人之间的交往规则资源逐渐丧失了治理价值。另一方面，"新双轨政治"模型的形成冲击了按权利与义务对称原则"算平衡账"的农民权益清算机制，侵蚀了农民公平观和社区正义观发挥效用的根基，使地方性知识和地方性共识资源遭到了致命的破坏，必然使"公权力"的运作丧失内生资源的支撑。旧的没有了，而新的没立起来，国家基础性权力的渗透并没有带来乡村社会的善治。

本章的论述证明，立足"自己人单位"是村社集体权力良性运作的关键，是农村基层正式治理秩序得以维系的重要保障。本研究接下来将要探讨的是当村社集体权力退却，宗族性权威重新获得了介入"公务"合法性之后，地方社会秩序和乡村治理格局会发生什么样的变化。

# 第五章 "集体退"，"宗族进"：
## "自己人治理"逻辑的表达与实践

取消农业税费以后，村社集体掌控资源的能力进一步下降，乡村社会逐步陷入新一轮治理性危机当中。正式治理陷入困境的原因主要在于两个方面：一是收财限权式的涉农财税制度变革和精兵简政式的乡村体制改革严重弱化了村社集体掌控物质性资源和制度合法性资源的能力，削弱了村社集体的正式权力；二是国家基础性权力建设追求程序正义，强调公共治理规则的普适性，破坏了"自己人单位"里通行的农民公平观和社区正义观等地方规则的平衡机制，消减了非正式治理资源的实践价值，压缩了村社集体可控内生治理资源的空间，使法定意义上的村民自治流于形式。

危机之中思变革，岳平地区的地方政府很快找到了新的非正式治理的技术创新，从民间智慧中汲取经验，打破村社集体和宗族性权威划疆而治的界限，通过改造并利用传统治理资源，赋予"自己人治理"一定的合法性，使宗族性权威具有了介入"公事"的合法权力，从而弥补了正式权力和正式治理的不足局面，极大地推进了当地以湾子为单位的新农村建设实践。本章，笔者论述的主题是村社集体权力退出，宗族性力量跟进以后，"自己人治理"是如何突破"私务"的界限，在"公务"领域发挥作用的，借此研究"自己人治理"逻辑的表达与实践机制，探讨农民的公私观念是如何型构地方治理秩序的。

# 一 理事会的兴起

本研究在第四章探讨了"有（农民）认同感，无（国家授权）合法性"的"自己人治理"的内在机理，下文将要探讨的主题是当"自己人治理"拥有了地方政府授权的合法性之后，宗族性权威是如何行使治理权限和展开治理实践的。

## （一）宝恩镇的第一个理事会

"自己人治理"浮出水面是通过改组房头会、组建理事会的形式实现的。宝恩镇的第一个理事会于 2005 年 9 月在名山村刘家湾成立，是农民自发成立的公益性自组织。在 2005 年以前，通向刘家湾的道路长期以来都是泥泞难走的泥巴路，载客带人的地方交通工具——三轮车都不愿意到这个湾子里来，农民因为道路的问题吃了不少的苦。

2005 年秋，刘家湾里唯一的外姓，俗称刘姓第五房的户主高旭升找到当时名山村的副书记刘正先提议要修整通向湾子的道路，并信誓旦旦地保证说自家的二兄弟可以想办法以各种名义出资 3 万元。刘正先也是刘家湾的人，听了高旭升的意见后觉得是个不错的修路机会，马上组织刘家湾的村民召开群众会，讨论是否应该修路、如何修、谁来组织、资金怎么筹集等问题。会议效果出奇地好，几乎所有参会的村民都明确表态同意修路。对于谁来组织的问题，村民提议由各个房头推选代表，房头大的多出，房头小的少出，每个房头都必须有代表。当天晚上就选出了各个房头的代表，并准备成立修路理事会。

为了把路修成，刘正先就去动员老书记刘正毅让他做理事会的负责人，并做通了刘正毅老伴的思想工作。第二天晚上，刘正先召开了代表会，正式成立了理事会，并推荐由刘正毅当选理事长，顺利地搭建了领导班子。

表 5 – 1　刘家湾理事会人员构成

| 职　务 | 姓　名 | 房　头 | 个　人　情　况 |
|---|---|---|---|
| 会　长 | 刘正毅 | 二房 | 二房房长,55 岁,曾任村支书 14 年,关系广,群众基础好 |
| 副会长 | 刘义林 | 三房 | 三房房长,70 多岁,在三房中比较有威信 |
| 副会长 | 刘正立 | 四房 | 四房房长,60 岁左右,敢说直话,公社时做过生产队长 |
| 副会长 | 高旭升 | 五房 | 60 多岁,刘家湾的第五房,唯一的外姓户,原住紧挨着刘家湾的下盘湾,农业学大寨时搬到刘家湾定居的 |
| 会　计 | 刘子序 | 二房 | 60 多岁,曾当过小学老师,是湾子里的"知客" |
| 出　纳 | 刘正友 | 一房 | 60 多岁,一房房长,刚从小学校长的位置上退休下来 |
| 文　书 | 刘正生 | 二房 | 60 多岁,退休的中学老师,曾主持族谱修撰工作 |
| 干　事 | 刘义家 | 二房 | 50 岁,高中文化,为人耿直,敢说直话 |
| 干　事 | 刘正海 | 二房 | 40 多岁,高中文化,公社时当过大队副书记 |

　　从刘家湾理事会的人员构成中可以看出，不管人数规模大小，各个房头都有自己的代表，因为二房最大，人数占了湾子里总人数的 70%，下面还有 4 个亚房，每个亚房也推选了自己的代表，二房就出现了 5 个代表，占了 9 个代表席位中的 5 席。在刘家湾的村民看来，要想在湾子里办事，离开二房的支持是不可能成功的。所以，二房占了 5/9 的席位，在村民看来也是比较正常的。

　　理事会成立后，很快就形成了自筹经费修路的决议：在外务工、经商、当官的，按每个人头出资 150 元的标准预算，家庭人口越多出的资金也就越多；在家务农的，每人出资 100 元。在筹集经费的过程中，理事会的成员要负责催缴各自房头的村民，如果哪个房头有人没有及时出资，所属房头的理事就必须承担先垫资再筹资的责任。事情的进展非常顺利，只要是能够联系上的村民或是从村里走出去的"城里人"，都足额出了"份子钱"，不少村民还在"份子钱"之外捐了款。钱有了，路很快就修好了。按照当地的习惯，在路通之后，理事会搞了一个隆重的庆典仪式，邀请地方政府、企事业单位，以及湾子里走出的"第三种力量"等人来参加，一次性收到捐款近 3 万元。

　　通湾公路修完之后，2007 年，理事会又组织村民拓宽了通山道路,并硬化了路面。一次偶然的机会,省委宣传部的领导在乡镇干部的带领下到湾子里视察工作,了解了理事会组织修路的情况,对理事会做的财务公开工作非常满意,表示要支持湾子里的新农村建设工作,准备将刘家湾作为试点单位。2008 年,乡镇政府委任乡党委常务副书记王兴平到湾子里做包村干部,负责省委宣传部在湾子里的新农村建设试点项目,刘家湾获得了空前的发展良机。2008 年,省委宣传部筹资 65 万元,专项支援刘家湾的溪坑堤岸改造工程。2009年,省委宣传部又出资硬化湾内的路面,并准备修建文化广场。所有这些项目的展开,都离不开理事会的直接参与。

### (二)理事会的普及式发展

刘家湾自筹经费修路的事件在当地引起了极大的反响,不久之后,桥头湾、陈家湾都组建了理事会,修建了通湾公路。其中,桥头湾是一个杂姓湾,共有柯、罗、陈、邓、方等五大姓,因此在组建的修路理事会成员中各个姓氏都推荐出了代表,负责各自姓氏的统一筹资问题。修路成功后,桥头湾专门立了一块功德碑,并撰写了一副对联:"异姓同心共建儿孙路,和门积德齐浇富贵花"。而陈家湾理事会在筹资修路决议中规定按家庭男丁数量筹资,每个男丁出资 300元。修完路之后,陈家湾理事会又抓住时机再次以每个男丁出资 200元的方式筹集资金修建了新祖堂。

不单是名山村,在宝恩镇的其他村庄,很多湾子都成立了新农村发展理事会。理事会在当地获得普及式发展的内在奥秘可以通过科发村三个自然湾的情况来说明。作为移民村,科发村仅有三个自然湾,分别是 3 组石家湾、4 组朱家湾和 8 组陈家湾。2006 年,科发村村委会准备选定 3 组石家湾为试点,组建理事会,修建通湾公路,并且由村委会出一部分钱,村民仅需筹集剩余部分即可。但是,当时的村民小组长性格过于懦弱,作风不够硬朗,害怕村民扯皮,不敢承担责任,就放弃了这个机会。3 组的放弃给了其他两个湾子机会,8 组首先站了出来。8 组离镇中心较远,道路非常不好,看到 3 组不愿意做，8组的农民精英在陈连宝的带领下迅速组建了理事会，成功地修建了通湾公路。

8组的成功刺激了4组的农民精英，就有人找到组长说，村干部偏心，人家湾子里可以搞新农村建设，为啥咱湾子就不能搞啊？组长就去找村干部反映情况。村干部很快就到4组去做工作说，要想修路搞新农村建设当然可以，我们村里出一部分钱，你自己成立理事会，筹集一部分钱，再跟我村里签订协议，按时开工、完工，保证工程质量，村里就支持。4组也很快就成立了以三个房头的房长直接当选理事的理事会。然而，理事会却久久不能有效地开展工作，三个房长在面临拆迁的问题时过于犹豫，不敢站起来"挑大梁"，不愿意承担责任。眼看着时间一天天过去，路还没有开工，如果一味拖下去，村里就很有可能放弃在湾子里修路的计划。湾子里的几个中青年农民精英坐不住了，要求召开群众会。在群众会上，朱新发等人率先站了出来，对三个房长畏首畏尾的行为表示了强烈的不满，"既然你们老了，不愿意承担责任，那就交给我们年轻人来做，你们靠边站吧"。由此，4组很快就改组了理事会，三个房长退出了，几个中青年农民精英成功"组阁"。新的理事会很快就达成了修路的决议，成功修建了通湾公路，并硬化了湾子里的主干道，解决了走路难的问题，赢得了湾子里村民的普遍认同。

看到4组的成功，3组的青年农民精英也坐不住了，石又加等人撇开组长，直接去找村干部要求修路，搞新农村建设。同样，村两委要求湾子里必须成立理事会，自己的事情自己办，村里除了出一部分资金外，其他的工作概不参与，也不负其他任何责任。石又加等人表示了同意。由此，3组的理事会也组建了起来，在湾子里搞起了红红火火的新农村建设实践。

从科发村三个自然湾成立理事会的事件中我们可以看出，在湾子与湾子之间存在相当强的竞争关系，哪个湾子的人都不愿意自己湾子落在别人的湾子后面，被别人看笑话。在资源有限、湾子与湾子之间存在激烈竞争的情况下，谁先动手谁就能掌握主动权。而一个湾子优先发展起来，又会带动其他湾子很快地发展起来。也就是说，以湾子为单位的竞争机制的发酵是岳平县宝恩镇新农村建设以理事会的形式获得风起云涌的良性发展的关键。

（三）理事会的"前世今生"

理事会在岳平县的地方历史上并不算什么新鲜的事务。新中国成立前，岳平地区的农村普遍存在宗族性组织——长老会。长老会由各个房头的房长组成，负责处理各个房头内部以及房头之间的日常事务，长老会形成的决议在很大程度上就相当于法律，宗族里的人必须遵守。新中国成立以后，长老会丧失了存在的合法性，房头也成了封建落后势力的代表，房长失去了干预"公务"的权力。由此，在新中国前50多年的历史中，房长和房头势力虽然并没有被完全消灭掉，但也只能在接"太公"、修撰族谱、建祖堂、"打人命"，以及日常的红白喜事等"私务"上发挥作用。而这已经成为岳平地区地方干部和农民心目中的最为基本的"政治正确"。

取消农业税费以后，国家开始推行新农村建设，投入了大量的资金用于改善农村的基础设施条件。然而，国家的财力是有限的，不可能承担所有的建设成本。因此，村委会在争取资源开展新农村建设时很快就遇到了难以克服的困难：一是村委会很难筹集到国家财政补贴之外的项目必需资金，农民几乎对所有由村委会出面组织的集资活动投了反对票，"一事一议"筹资筹劳政策基本上陷入"有事不能议，议而不能决，决而不能行"的尴尬境地；二是村委会在项目实施过程中会遇到了很多意想不到的麻烦，占地、拆猪圈、拆茅厕等涉及农民利益的事情一件接着一件，村委会一出面，农民就会漫天要价，要求给予补偿，否则就阻挠项目实施。农民在个体利益上坚决不让步的行为必然使村干部的工作陷入困境，因为国家划拨的资金原本就不够整个工程所需的费用，更不会为补偿农民的损失专门再另外划拨一部分费用。如此一来，由村委会出面组织实施新农村建设项目，对村干部来说往往是得不偿失的，所以，吃到苦头之后，村干部也就懒于再去做吃力不讨好的事情了。

但是在岳平农村，村委会办不成的事情，理事会却能够办成。理事会的成功与岳平农村的房头有着密切的关系。我们可以清楚看到的是，理事会不是以行政村为单位组建的，而是以自然湾为单位组建的，理事会与农民认同的"自己人单位"高度重叠，二者的利益边界是一致的。在自然湾里，房头虽然不被现代法律和国家政策所认可，却是客观存在的一支实实在在的力量，每一个农民都是生活在房头之内长期浸染于房头文化当中的，而房头不仅是一个功能单位，更是一个价值单位。依托于农民的"自己人认同"意识，各个房头的房长可以不依赖法律，只要基于公心，能够公正、公道，"黑着脸说直话"，就可以教训越轨者，维持"自己人秩序"。理事会借用的就是房头这个重要的地方性传统力量，离开房头认同和房头意识，理事会的运作就不可能在岳平农村获得成功。

理事会利用了传统的房头力量，但理事会并非长老会的简单翻版。长老会里各个房长的权力往往基于先赋性地位，由长子长孙继承而来，是传统型权威的典型代表。理事会里理事的产生借用了宗族的社会文化网络资源，尤其是权威生成维持机制的认同力量，并不一定是由房长直接改头换面就可以立足的。如果房长不能或是不敢说直话，承担责任，就极有可能被赶下台去，而由中青年农民精英当选理事。由于在新中国60多年的发展实践中，革命摧毁了传统权威的合法性，市场改变了代际资源分配的方式，老年人的经济社会地位普遍下降，青年人的经济社会地位普遍提高，家庭权力已经发生了代际转移，老年人在家庭内权力地位的下降势必影响到其在湾子里的社会地位，这就为掌握资源优势的中青年农民精英走上村庄政治舞台提供了经济社会基础。在这种情况下，如果基于先赋性地位而来的房长放弃承担责任，基于后天资源优势而来的中青年农民精英就会跳出"水面"，成为理事会的中坚力量。这种现象已经在岳平县的新农村建设实践中成为普遍的现实。

因为理事会在介入新农村建设的"公务"时，不可避免地会遭遇到各种矛盾，而通过说服教育往往是不能解决所有问题的，这就必然需要理事会具有敢于硬碰硬的能力，需要理事会的成员具有敢于硬碰硬的胆魄。但是，老的房长和房头会已经不能再适应新的形势需要，它们在新中国的农村发展实践中已经萎缩于"自己人单位"内部的"私务"，对"自己人"内部的事务也逐渐演变成了"有选择地治理"的格局，其权力和威信都在迅速下降。很明显，等房长在家庭内部已经被边缘化，不能再对家庭成员实施有效管理，权力让位于妻子和子女后，在家庭之外就难以理直气壮地"说直话"了。因此，新农村建设实际上将房头会和房长推到了一个十分尴尬的境地。

但是，岳平人仍然长期浸染于宗族的社会文化网络当中，公正、公道、说直话仍然是自然湾中内生权威产生的基本文化机制。当老的房长不敢"往前冲"，"怕得罪人"的时候，由房头会直接转化而来的理事会就不能发挥有效的治理作用。于是，老的房长退出了，掌握资源优势的中青年农民精英就站了出来。理事会的成立和改造调整了"自己人单位"内部的权力结构，为湾子的发展带来新的变革性力量。

## 二 "自己人治理"的逻辑

学界已有的研究试图证明基层政权组织在农业税费征收年代无力根治"钉子户"难题是税费改革被迫推行的根本原因，边缘人和"钉子户"是推动农村治理体制变革的重要隐性力量（吕德文，2009）。笔者在上一章也阐述到取消农业税费以后，大传统和小传统发生了碰撞，外来的刚性政策、法律和制度不能解决农民在公共品供给等领域的配合问题，而内生的地方规则和文化共识也惨遭破坏，不能再为村社集体的正式治理提供资源支撑，基层治理秩序陷入困境。然而，理事会却成功地克服了"钉子户"难题，较好地适应了后税费时代农村经济社会发展的形势需要，其内在的机制构成本研究接下来探讨的主题。

### （一）治理"钉子户"的逻辑

下文将继续以刘家湾的新农村建设为例来阐述理事会的实践机制，探讨"自己人治理"的内在逻辑。

理事会要组织农民修路就要占地，刘家湾在修建通湾公路和硬化通山路面的两个工程中就先后占了58户的农田，涉及农户达到了全湾农户数量的1/6。可以想见的是，如果是村社集体出面组织，只要有一户农民不同意，并以上访相威胁的话，路就很有可能修不成了。而刘家湾的理事会不仅修建了道路，而且仅仅给被占地农户补偿了青苗费，极大地节省了经济开支。至于被占地，理事会充分地利用了"平衡账"的清算机制，将被占地"挂账"造册，待将来土地调整时补回或是等湾子整体经济发展后补回被占地农户的经济损失。两种方案，无论哪一种，在短期内都是难以实现的，但刘家湾的被占地农户90%以上都积极接受了理事会的安排，仅有的几户虽然不同意，却也是"胳膊扭不过大腿"，"少数人不能阻挡历史发展的进程"，不得不出让了土地。

而理事会要在湾子里搞新农村建设，修建溪坑堤岸，硬化路面，不可避免就要拆迁一些影响工程施工的门楼、厕所、猪圈、厨房等私人建筑物。如果是村委会主导新农村建设规划与实践，那些私人利益受到损害的农户就必然会以维护自身权益为名提出合理抑或不合理的经济赔偿诉求，使工程陷入僵局，甚至使工程半途而废。理事会出面则不一样，如果有农户为了彰显个体权利，耽搁了工程的进程，理事会就会先去做当事人的思想工作，如果做不通，就要召开全湾户主大会，形成决议，大家一起行动去拆迁。面对这种情况，私人利益受损的农户往往也就无能为力了，你总不能与全湾乡亲们为敌吧。

村社集体无力主导新农村建设的关键在于"公权力"在介入农村公共品供给领域时难以有效约束村民的"搭便车"行为，难以化解"钉子户"漫天要价的难题。毕竟，按照现代法律的规定，农民的土地承包权和私人财产权都是受到保护的，"公权力"在不能为农民提供令其满意的补偿时贸然介入就失去了合法性，就必然会遭到农民的抵制。理事会则不同，理事会将农民认同的"大私"力量解放出来以约束"钉子户"，防止"搭便车"行为，从而保证了公共品的有效供给。

正如笔者在第二章所说，个人和家庭只不过是农民认同的"小私"单位，而以房头为内在基础的自然湾无疑是一个农民认同的"大私"单位。虽然农民的行为逻辑在新中国成立后的60多年间已经发生了重要的变化，在行动取向上具有了越来越多的权利本位的色彩，但是在涉及"自己人单位"的整体利益时，因为农民对"自己人单位"的认同尚未瓦解，"自己人单位"仍然构成制约农民行为选择的主导性的结构性力量，农民的群我主义行为逻辑还在一定程度上有所保留，即便这种保留是被动的，也仍然是影响并决定农民实际行动的关键变量。

因为有了"自己人认同"，自然湾就是超越个人和单个家庭的"公"，为了成就"公"的事业，个体就不能一味追求私利而影响"公"的整体利益的实现。顺理成章的是，房头会和理事会就成了自然湾"公"的形象代表，只不过房头会自新中国成立后已经为社会主义意识形态所不容忍，只能成为非正式的存在力量。所以，房头会本质上是一种"私"的力量代表，不过它不是一般的"小私"，而是超越个体的"大私"。理事会能够发挥作用的边界与房头会重叠，因为具有了地方政府授权的"公"的身份，就有了介入地方"公务"的合法性。不过，理事会介入的"公务"只能是在自然湾内部，超越了"自己人单位"，理事会也就鞭长莫及了。

从实践中的情形来看，理事会的出现重构了农民公私观念的层次性。按照公私观念理想图式的阐释，国家代表的"公"的程度和层级都是最高的，是"大公"。如果把自中央到乡镇的整个官僚行政体系看作一体的话，"大公"就延伸至乡镇政权。由此，村社集体就成了"小公"。作为国家"公权力"在乡村社会的"代理人"，村社集体之"公"与整个国家政权之"公"则有明显的不同，村社集体名义上仍然属于社会性自治组织，而乡镇及以上的各级政权则属于官僚行政体系。而理事会借用的是农民认同的"大私"力量，是一个实质性的"私"，却因为有了地方政府的授权，被国家正式治理体制所接纳而成为一种"公"的力量。只不过，理事会的"公"是比村社集体之"小公"更低一个层次的"小公"，与"大私"的关系更近一层。由此，在农民认同的公与私的层级序列中，从层级最高的"公"出发，基本的排序结构应该是乡镇及以上的国家政权、村社集体、理事会、房头会、家庭、个人。虽然在这个序列中，我们仍然可以将理事会定位在"大私"而非"小公"的层面上（贺雪峰，2010b），但是由于理事会具有了"小公"的身份，就有了随机应变、左右逢源的无限可能。

进一步讲，村社集体无力应对"钉子户"挑战的关键是权力上移到村委会一级之后，村社集体在农民心目中丧失了认同感，农民很难把"自己人认同"拓展到村委会一级，村委会的权力合法性从表面上来源于农民的"选票"，实际上来源于上级政府的授权。不仅农民如此看，而且国家政策的导向也是如此，国家往往把村干部看作国家权力在乡村社会的"代理人"，国家针对官僚行政体系制定的程序化、科层化、技术化的政策、制度、法律的约束力一直延伸到村委会一级，这必然使农民产生并逐步强化村社集体是"公权力"的错觉，而不会将村委会视作村民自治组织。相比于村委会，理事会则既有地方政权授予的"公"的合法性，又有村民赋予的"私"的认同感，是一个典型的公私结合体。因为农民认同理事会是一个超越个体的"公"的单位，理事会就能以整体主义的逻辑对待、处理"钉子户"；又因为理事会虽然具有地方政府授权的"公"的合法性，但没有进入国家认可的正式行政体制，仍然是一个"私"的组织，理事会就可以用特殊主义的逻辑来对抗普遍主义的国家法律、政策和制度。这从刘家湾新农村建设衍生出来的故事中就可以看出端倪。

刘鸿飞是一个退休工人，一家人搬离湾子有 20 多年了。2009 年，刘家湾修建溪坑堤岸时，按照规划要占用他家猪圈所在的土地，理事会先后派了两拨人专门跑到他家里去做他的思想工作，但无论如何做不通。软的不行，理事会就决定来硬的。理事会召集村民开户主大会，形成书面决议，决定为了湾子整体的利益必须拆除刘鸿飞家的猪圈。决议形成后，理事会就不再跟刘鸿飞纠缠了，马上组织人将他家猪圈拆掉了一大半。

等堤岸修成以后，刘鸿飞带着儿子和儿媳回来了，气势汹汹的，谁也不找，直接到理事长刘正毅家去扯皮、评理，"别人，我不找，我找你，凭啥占我宅基地"。双方话不投机，越吵越凶，眼看快要打起来了，刘鸿飞的儿子赶紧拨打了110。刘正毅毫不退缩，跟刘鸿飞打赌说："我就在桥头（刘正毅家门口附近）站着，等110来，看他们说谁对谁错。"这个时候，他们的争吵已经引起了湾子里老百姓的旁观，桥头上一下子聚集了100多人。不少人都主动站了出来，支持刘正毅，说："这哪是你（刘鸿飞）家的宅基地啊，这是'公土'，凭啥说是你家的宅基地？"其他的人也跟着起哄，说刘鸿飞的不是。

110打通以后不久，派出所很快就来人了，一看围观了100多个村民，心里难免胆怯，再一了解情况，不仅没有追究理事长的责任，还反过来说刘鸿飞的不是："这是你们湾子自己的事情，人家（理事长）也是为了你们湾子的利益，你还闹什么闹，赶紧回去吧，不嫌丢脸啊！"群众都在旁边起哄看刘鸿飞的笑话。派出所的人给出处理意见之后就急匆匆地走了。刘鸿飞只好领着一家人灰头土脸地离开了湾子。

然而，事情并没有到此结束，刘鸿飞等人回到家里后，将事情"捅"到了网上。岳平县信访办的工作人员看到后，就到湾子里来做了详细的调查。调查的结果基本上是对理事会的做法持肯定态度，并不觉得存在问题。事情后来也就不了了之了。

谈起这件事情，理事长刘正毅非常兴奋地说："做这种事情，非要斗争不可！没有斗争是做不成的！我这是办好事，又不是办坏事。

湾子的人都知道，我是个鬼不怕！""你告到中央去，告到联合国去，还是这样的！你愿意告，喜欢告，就去告去吧！那天我就是这样讲的。""我这是'村民自治'，起码这一点是正确的，通过了，我们就是'一家人'自己在办事，有利于人民的事情才办，无利的不做"，"'村民自治'，村民是一个家，家务事，我不怕他，犯不了法的"。

刘家湾的新农村建设引发的农民上访行为并不止刘鸿飞这一个案例。我们这里再讲述两个例证。

刘慧生也是刘家湾的村民。2007 年，理事会做通山道路硬化工程规划时要占用他家的田，他不肯让步。施工队施工时，他站到大铲车前面不让铲车过去。理事会的人听闻后，都赶了过来，把他给拉到了一旁，并对他进行了指责、教育。刘慧生弟媳的舅舅在市检察院工作，刘慧生就去反映了田地被占的情况。弟媳的舅舅就反问："是村，还是镇里修路占了你的田？"刘慧生说是"湾子修的"。对方就回应说："湾子修的，你还好意思来找我，回去吧。"就这样，刘慧生无话可说了。

刘正乐也是在 2007 年修路时被占了地，从那时起到现在一直在上访。据说一年能够到各级信访部门告好几次状。但结果和刘慧生是一样的，屡次都被劝了回来。2010 年 4 月 20 日再次去镇信访办告状时，镇里的工作人员说："你湾子自己的事情，我管不了。"理事会的人在谈到刘正乐的案例时说："这个人不懂时事，不讲政策，世界是什么，他搞不清楚的，他不懂发展是什么，他只管自己的，小农民意识！"

通过上述三个案例，我们可以看到理事会治理"钉子户"的逻辑是以斗争求团结、求和谐、求发展。当理事会在面对分散小农一家一户的私利时，首先采取的办法是说服教育，因为理事会代表的是湾子的整体利益，是"公"，所以在做工作时他就可以大讲特讲"人要有大公无私的精神，最起码也要有一点公心，都是为了姓刘的，为了咱们湾子，为了子孙后代，连一点点私利都不让，那事情怎么做得成呢？事情做不成，那不是让外人看咱们姓刘的笑话吗？"一旦理事会把事情抬到了湾子之"公"的层面，大多数村民都会做出适当的让步，毕竟每个人都不愿意被别人说闲话、看不起。不过，"人上一百，各形各色"，总有人不愿意买理事会的"账"，何况农民的权利意识已经明显觉醒，他们已经学会用法律和政策作为武器来维护自身权益了。对于拒绝出让个人利益的"钉子户"，理事会采取的手段就是用户主大会形成的"同意权力"（费孝通，2006a）来应对。在理事会的治理实践中，对"钉子户"的斗争是必要的，斗争是为了防止"钉子户"不配合行为的扩散，斗争是团结、和谐和发展的手段。理事会就是通过村民的一致授权获得了合法使用暴力的权力，并以此作为治理"钉子户"的基本手段、策略和技术。离开农民认同的"自己人意识"，就形不成"同意权力"，就没有有效治理"钉子户"的手段，也就难以在更高的发展层级上谈团结与和谐。

此外，理事会的厉害之处还在于它以"自己人认同"的方式阻隔了权利意识觉醒的个体与国家法律的直接对接。因为理事会使用的是"同意权力"，它就有了群众基础，有了合法性的民意根基。同时，理事会又不在正式的官僚行政体系的等级序列中，是一个民间性的组织，不受程序化的国家法的刚性约束，有地方文化和地方传统支持的一套运作规则，各级政府并不好直接指责理事会。由此，追求程序正义的国家法，并不能完全替代追求实质正义的地方规范。在这种情况下，不论利益受损的农民是寻求国家的司法救济，还是寻求官方的行政救济，都难以得到正式体制的明确支持。即便是理事会的行为不合法，但它也是为了大多数人的利益，具有深厚的民众基础。正式体制的介入，只会带来更加复杂化的后果。因此，正如我们在案例中所看到的，利益受损农户的权利诉求都遭到了回绝。很显然，如果同样的事情发生在村委会身上，结果完全可能会发生一百八十度的大转折，村委会不得不做出必要的退让。

## （二）有限资源的"自己人"分配逻辑

综上所述，理事会的重要实践价值就是治理"钉子户"。在理事会主导的以湾子为单位的新农村建设中，治理"钉子户"问题之所以重要，主要是因为资源有限，不能满足每一个人的利益诉求（包括国家法律所保障的诸如占地补偿款等合法的那些部分）。[①] 以刘家湾为例，在理事会成立初期，项目资金是从农民那里筹集的，数量非常有限。即便是在省委宣传部介入将刘家湾选定为新农村建设试点单位之后，政府投向刘家湾的总资金额度也是有限的。因此，为了追求"帕累托最优"的治理效果，如何分配资源就成为地方政府不得不考虑、理事会不得不处理的难题。如表 5-2 所示，在总的资源有限的情况下，福利分配主要有四种类型。

表5-2 有限资源的福利分配模式

| | "自己人单位"里有限资源的福利分配类型 | |
| --- | --- | --- |
| | 损"大私"（自然湾） | 利"大私"（自然湾） |
| 损"小私"（个体） | A | B |
| 利"小私"（个体） | C | D |

很显然，如果一个项目对湾子和个人都没有好处，那么这个项目就不会得到村民的同意，理事会也不会投入精力实施。所以，A 类型的福利分配模式在农民有自愿选择权，"自己人单位"可以自行抉择

---

① 严格地讲，这里所谓的"钉子户"问题并不是真正意义上没有合法合理的依据就漫天要价，如城市拆迁中出现的"钉子户"问题。在当地的新农村建设实践中，因为理事会能够筹措的总量资源有限，理事会没有财力按照国家相关的法律规定标准给予利益受损群体以合法的补助。为此，只能借助召开户主大会或村民代表会议表决通过的群体决策方式，以规定统一的补偿标准，并以此形成执行的效力。而"钉子户"在这里是指不愿意按照户主大会或村民代表会议形成的社会自治性的"合理不合法"的决议，而以法律规定或其他各种理由去寻求更高补偿标准或提出更多条件的农户。这样的农户，在当地农民看来，就是只顾小家庭的利益而不顾湾子整体利益的名副其实的"钉子户"，是理事会必须要啃下的"硬骨头"。

的情况下是不可能存在的。而一旦一个项目的实施,既对自然湾有利又能满足个体的利益诉求的话,这种的项目实施就能达到最佳的福利分配效果,实现"帕累托最优"的绩效,一般来说也就不会遭到村民的拒绝、反对。所以,D类型的福利分配模式也不存在"钉子户"治理难的问题。至于对个体有利,而对自然湾不利的项目,则很难通过群众会的决议,一般也难以投入实践。因此,C类型的福利分配模式也不是我们要考虑的重点。

鉴于此,我们接下来分析的重点就是有限资源条件下的B类型的福利分配模式。因为资源有限,理事会在考虑资金分配时就不得不兼顾"大私"和"小私"两方面的利益。同时,理事会也不得不面临利益取舍的难题。如果理事会优先满足个体的利益诉求,就有可能面临项目建设资源不足,对"大私"之"公利"有益的工程无法得到足额资金的保障的难题,就会使新农村建设陷入僵局。所以,理事会只能从"大私"单位的整体利益出发来做出抉择,而不能也不会用有限的资源优先去满足个体的利益诉求。"钉子户"的治理难题,就是在这种情况下凸显出来的。如果按照国家的法律规定来办,以修路占地为例,刘家湾修建的两条道路占了58户多达20多亩的农田,要是足额补偿的话,光是占地补偿款就会使理事会陷入资金困境当中,寸步难行。由此,为了"大私"的整体利益,个体就不得不让渡一部分私利。并且在这个过程中,理事会绝对不能"开口子",给予任何一个"钉子户"特殊的照顾,否则就有可能引发连锁反应,导致钉子户效应的扩散,最终使整个项目搁浅。这就使治理"钉子户"的重要性充分地显现了出来。

以现代国家的理念来看,国家权力是为保护公民权利而生的,在国家法律所及之处,公民的权利都是要受保护的。农民的承包田是用益物权,农户的厕所、厨房、门楼、猪圈等都是私人财产,是受国家法律保护的神圣不可侵犯的权利。因为有法律的保护,个体利益受到侵犯的农户,就有权利维护私人的正当权益,而且农民的维权行为应该受到地方政府的明确支持。在农民的权利意识越来越彰显的形势下，任何组织和个人都应当尊重并维护农民的正当权益。正是基于此，刘鸿飞等人才敢于回到湾子里找理事会主张个体的权利。如果拆迁猪圈的行为是村干部做出的，就不得不承担违规拆迁的责任，就要受到法律的惩罚或是行政处分。所以，脱离了农民认同的民意支持之后，村委会在处理相关的"公务"时就不得不畏首畏尾。如果村委会严格按照国家法律办理"公务"，充分保障每一个当事人的权益，那么，项目建设的成本将可能会高到村委会无法承担的地步。这样一来，结果或是项目就此搁浅，或是村委会另外寻求更充足的资源来满足每一个农民个体的权利诉求。这种情况在城市拆迁中已经成为普遍的现实，一个城中村的拆迁往往会给被拆迁的农户带来丰厚的资金回报，甚至一夜之间就可以造就几十乃至上百个千万富翁。

但是，在中国中西部地区的农村，资源非常有限，如果严格以法律规定的标准来行事，绝大多数农村公共品的供给项目是无法得以实施的。近些年来，国家财政支农资金划拨的额度在逐年加大，但是分散到数以十万计的行政村、数以百万计的自然村，数量还是显得相对不足。所以，国家在农村道路、水利建设等项目投资中直到现在采取的仍然是国家出"大头"，地方以自筹资金的方式出"小头"的运作办法。因此，资源不足是各地在新农村建设中面临的常规性难题，也是很多地方的农村公共品陷入供给不足危机当中的根本原因。

在可控资源不足的总量条件约束下，如何处理个人与自然湾、个体与"自己人单位"、"小私"与"大私"之间的利益矛盾，就成为决定一个地方新农村建设成败的关键因素。岳平农村以自然湾为单位的新农村建设之所以取得成功，原因在于在有限资源条件下较好地处理了"小私"与"大私"的利益关系，通过利用、改造房头会，组建理事会，化解了"钉子户"的治理难题，使有限资源发挥了最大的实践效力，达到了"帕累托最优"的治理效果。显然，如果理事会不是从"大私"的整体利益出发，而是从充分保护个体神圣不受侵犯的公民权利出发，优先满足每一个如刘鸿飞那样的"钉子户"的利益诉求，以自然湾为单位的村庄规划与建设项目就难以得到有效实施，新农村建设就会陷入"乡村不动"的僵局。

在理事会的主持下，刘家湾的新农村建设贯彻实施的是有限资源的"自己人分配"模式。在"自己人分配"的福利分配模式中，利益受到损害的农民必须按照理事会研究、群众会讨论通过的标准索取适当的补偿。如果利益受损的农民觉得这个标准过低，而提出要以国家法律规定的标准索取补偿，原本是主张个体正当权益的行为，在"自己人"看来却是不合理的。合法不合理的权利主张行为，在"自己人单位"里就会被贴上"小道理"的标签，而"小道理是要服从大道理"的，"大道理"就是群众会通过的一致决议。所以，"大道理能管小道理"是"自己人分配"的福利分配模式得以成立的内在机制，也是以自然湾为单位的新农村建设得以顺利推进的基本原因。

## 三 "外人当政"引发的风波

"自己人治理"得以成形的关键不仅是要改造、利用房头会，组建理事会，而且还要限制村社集体权力对"自己人"内部事务的干涉，否则就有可能激化矛盾，导致"自己人治理"陷入危机。接下来，我们分析的重点就是村社集体、理事会、村民三者在新农村建设中的互动机制，进一步地探讨"自己人治理"的实践哲学。我们首先从村社集体权力的结构化安排入手。

### （一）集体权力的宗族化

1978 年分大队之后，刘家湾被单列出来成立刘家大队，桥头湾、陈家湾和其他几个湾子合并在一起成立了官桥大队，孙家湾、杨家湾、王兴湾、前张湾和张家湾合并在一起成立了名山大队。后来，人民公社制度解体，村组建制确立，三个大队变成了三个行政村，管辖的范围没有发生变化，这种情况一直持续到 2000 年底。

2000 年底，按照上级政府的安排部署，刘家村、名山村，再加上桥头湾和陈家湾合并，成立了新的名山村。新名山村的第一任书记是杨家湾的杨大生, 半年之后又换成了刘家湾的老书记刘正毅。刘正毅在做了一年多之后, 再次撂挑子跑到广州经商了。不得已, 乡镇政府下派政府工作人员张友军到新名山村担任代书记。张友军搞了不到一年就做不下去了, 又换成了刘家湾的一个老板刘义财来当书记。半年不到的时间, 刘义财也撒手不管了, 村子的工作陷入瘫痪状态。

三年不到的时间, 新名山村就换了四任书记, 并且工作一直开展不起来。2003 年 7 月, 宝恩镇镇长就动员刘家湾的刘绪才当书记。刘绪才当时在镇福利院当会计, 其本人跟镇长是战友关系, 交情一直比较深。为了让刘绪才放心地回到村子里当书记, 镇长许诺将来有什么好的项目优先安排给名山村。不管是出于上下级 "公" 的关系的考虑, 还是出于二人 "私" 的战友关系考虑, 刘绪才都没有其他选择, 只能回到村子里当了书记。刘绪才从当书记开始, 到 2009 年 8 月下台, 共对村两委班子进行了四次 "组阁", 具体情况如表 5 – 3 所示。

**表 5 – 3　刘绪才历次 "组阁" 情况**

| 2003 年 7 月, 刘绪才第一次 "组阁" | | | | | | |
|---|---|---|---|---|---|---|
| 职务 | 书记 | 主任 | 会计 | 计生员 | 财经委员 | 妇女主任 | 委员 |
| 人选 | 刘绪才 | 陈子华 | 王亚力 | 刘正先 | 刘家富 | 何青页 | 刘正彦 |
| 湾子 | 刘家湾 | 桥头湾 | 王兴湾 | 刘家湾 | 刘家湾 | 桥头湾 | 刘家湾 |

| 2004 年第二次 "组阁" | | | |
|---|---|---|---|
| 职务 | 书记 | 会计 | 出纳 | 妇女主任 |
| 人选 | 刘绪才 | 王亚力 | 刘正先 | 何青页 |
| 湾子 | 刘家湾 | 王兴湾 | 刘家湾 | 桥头湾 |

| 2005 年第三次 "组阁" (换届选举) | | | |
|---|---|---|---|
| 职务 | 书记 | 主任 | 会计 | 妇女主任 |
| 人选 | 刘绪才 | 邓校生 | 张友华 | 刘正先 |
| 湾子 | 刘家湾 | 桥头湾 | 孙家湾 | 刘家湾 |

| 2008 年第四次 "组阁" (换届选举) | | | |
|---|---|---|---|
| 职务 | 书记 | 主任 | 副书记 | 会计 | 妇女主任 |
| 人选 | 刘绪才 | 邓校生 | 刘正先 | 张友华 | 石晶花 |
| 湾子 | 刘家湾 | 桥头湾 | 刘家湾 | 孙家湾 | 杨家湾 |

资料来源: 2010 年 4 月 18 日笔者与 LJH 访谈的记录。

刘绪才的四次"组阁"，其中后两次是通过村两委班子换届选举实现的。虽然是换届选举，但是职务的设立和人员的提名基本上都是按照刘绪才的意愿进行的，最终的结果跟最初的提名相比也没有发生任何变化，选举只不过走了一个过场而已。在村支部书记的选举中，由于刘家湾的党员人数占了新名山村的一半还要多一点，只要刘绪才参选，书记自然就是他的。而在村委会成员的选举中，提名权在刘绪才手中，各个湾子的村民代表也是由刘绪才直接点名或是其他村组干部点名、刘绪才点头通过后选出的，选举的主动权完全掌握在刘绪才手中。在选举的过程中，名义上说是严格按照《村民委员会组织法》的规定设计的选举程序，但是在大量村民外出务工的情况下，想让村民主动参与投票显然是不现实的，最后往往就演变成由各个湾子的村民替不在家的村民代表填选票，而被代填选票的村民也不会在意谁当选和谁没有当选的问题。由于村民代表都是按照村支部书记的意愿选定的，在选举前，刘绪才都会事先在村民代表会议上"透风"，哪个职位谁最合适，书记的意图就这样进入到了村民代表的脑海中。虽然在选举的具体操作中书记并不能控制每一个细节，但是总体来说，刘绪才都能通过合法的选举将自己的意愿变成现实。

在刘绪才主导下的村两委班子成员结构中，我们可以看到刘家湾一直占据着绝对的优势，所占的席位在所有湾子中始终是最多的。同时，桥头湾也长期占据着一个以上的席位，而老名山村的几个湾子却始终只能共享一到两个席位。不过，在其他没有选出村干部的湾子里，村里一直以来都安排有一个人出任村民小组长的角色。2005 年，村民小组长一职被撤销以后，各个自然湾还是保留了一个没有经济报酬的信息员协助村干部在湾子里开展工作。这样的权力安排能够长期稳定下来，而不是像 2000 ~ 2003 年那样更迭频繁，关键是因为两个势力最大的湾子——刘家湾和桥头湾都有农民精英出任村干部，并且一把手始终是刘家湾的人。即便如此，由于刘绪才在当选初期的几年时间里从来没有任用杨家湾的人，而杨家湾和刘家湾又是长期不通婚的"世仇"关系，导致杨家湾的计划生育工作非常难做，到 2008 年的时候，还是不得不从杨家湾象征性地提拔了一个刚刚嫁到湾子的年轻媳妇出任妇女主任。

由此来看，由于合村之后的新名山村管辖范围过大，严重超越了农民认同的"自己人单位"的界限，新的村社集体对八个之多的"大私"单位缺乏有效的整合，导致乡村治理工作一度陷入困境。刘绪才的当选只不过是在显性层面改善了过去的僵局，毕竟刘绪才有着别人不具备的优势条件：其一，刘绪才是刘家湾二房的人，而刘家湾是名山村的第一大湾，二房又是刘家湾最大的房头；其二，刘绪才跟镇里的镇长关系很好，跟地方上不少官员都是战友、朋友关系，搞项目的能力比较强。正是因此，刘绪才才能够在书记的位置上稳稳地坐了六年的时间。

但是，刘绪才身上也有自己明显的缺点：一是口拙，不会讲话，最怕开群众会和向领导汇报工作；二是工作能力不强，上级交代的任务不及时完成，都推给了刘正先等人；三是生活作风有问题，长期跟湾子里的一个妇女保持着不正当的性关系，喜欢"打皮绊"，据村民反映说其在外面也有情人。所以，六年来，刘绪才的主要工作是通过私人关系向上面跑项目，村里的工作做得比较少。实际上，刘绪才的不作为，给理事会的顺利运转提供了良好的外在环境条件，这一点在后来的实践中就凸显了出来。然而，随着刘家湾成为省委宣传部的试点单位，刘的劣势充分显露了出来。在多次正规性活动中，刘绪才都没有出现在上级领导的眼前。如此一来，刘的行为就引起了乡镇党委书记刘杰豪和包村干部王兴平的不满乃至反感。于是，一场权力之变开始在私底下悄悄地酝酿着。

罢免刘绪才的想法是由包村干部王兴平率先提出来并得到镇党委书记刘杰豪赞同的。刘家湾第一个知道刘绪才要下台的人是老书记、理事会的会长刘正毅。王兴平在考虑罢免刘绪才时就找到了刘正毅征求他的意见，看刘家湾何人能够接任村支部书记的职务。二人首先想到的人选是副书记刘正先，但跟刘正先私下沟通时，刘正先明确表示自己不敢接受书记的职务，他的顾虑是刘绪才是刘家湾二房的，自家兄弟五个，而自己是三房的，三房本来势力就小，自己又是一个"独苗"，如果自己当选了，刘绪才和他的兄弟们肯定会认为是自己在背后捣鬼，把他给搞下去了。如果这样的话，后果可能就会非常严重，刘绪才和他的兄弟们肯定不会轻易地放过自己。虽然刘正毅给刘正先壮胆说"有我保你，你不用怕"，但刘正先还是从个人和家庭安危的角度考虑，拒绝了王兴平和刘正毅的提议，表示即便是接书记的职务，也要转上一圈找个人"过过手"才能接。

刘正先不敢接，王兴平就想到了高展飞。高展飞是高旭升的儿子，是刘家湾里唯一外姓家庭里的人。但是，高家在外面的关系很广，高展飞的二叔是副厅级干部，妻家兄弟是岳平县组织部的副部长，还有两个叔叔在市里做生意，高展飞本人在镇里的城建办工作。王兴平将想法告诉了刘正毅，刘正毅心里有想法，但也不好反对，只好表示同意。王兴平进一步要求刘正毅必须保证全力支持高展飞的工作，如果高展飞出了问题就要找刘正毅的麻烦。这给刘正毅和理事会后来的工作带来了极大的麻烦。

## （二）"湾里的湾外人"当了村支书[①]

对于高展飞回村当书记的事情，高旭升是明确反对的。高旭升很清楚，别说整个名山村了，单说一个刘家湾，高展飞就很难拿得下来，理由有二：其一，高家是1976年农业学大寨修建名山水库时从下盘湾搬迁过来的，独门独户，在湾子里没有房头势力的支撑，工作起来肯定会受到刘姓宗族势力的歧视；其二，高展飞初中毕业后就出去做了木匠，后来通过关系才得以到镇城建办工作，没有农村基层工作的经验。不过，"胳膊扭不过大腿"，刘杰豪、王兴平和刘正毅一起到高家做高旭升的思想工作，从早上一直到中午1点多，终于把高旭升给说服了。

而高展飞则不同，虽然在刚接到任命时也有所顾虑，但是机会难

---

① 关于这一事件的材料来源于笔者调研期间与部分村民的访谈记录。

得，错过了这村就找不到这店了。对于高展飞来说，最大的诱惑在于如果把握好了，这将成为他人生中的一个重要的跳板，刘家湾的新农村建设搞成功了，他就完全有可能通过家庭关系借助私人网络资源获得向上晋升的机会。除了仕途上的机会外，在刘家湾的人看来，高展飞还非常艳羡新农村建设中潜在的巨大经济利益。2005年修通湾公路时，刘正毅等人为了能够拿到高旭升承诺的3万元钱，顺手就将工程承包给了高展飞。单是这个工程，高展飞就获益匪浅，直接利润在3万元以上。而当时还只能算是小打小闹，刘家湾成为试点后，每年省委宣传部通过各种关系投入湾子的资金都多达几十万元，仅仅2009年修建溪坑堤岸就投入了65万元。因此，即便是有风险，这个浑水在高展飞看来也是值得蹚蹚的。

几乎没有给刘家湾的人多少反应的机会，2009年8月8日，乡镇党委就派人到名山村宣布了提升刘绪才到镇城建办工作，委任高展飞就任村支部书记的人事任免决议。结果，当天晚上刘家湾就出事了，高旭升的担心在第一时间被验证了。8日晚上，刘家湾就有20多个年轻人表示不服，"凭什么让姓高的当书记啊，我们姓刘的就没有人了吗？"他们吵闹着要去镇政府闹事，如果不及时阻止，很有可能就会演变成深夜打砸镇政府的恶性事件。好在事情及时被副书记刘正先和村主任邓校生发现了，但是两个人都不敢去当面阻拦，就赶紧打电话告知了包村干部王兴平。王兴平让刘正先去把刘正毅给叫起来收拾这个烂摊子。也是这一次，刘正先才知道刘正毅上套了，被王兴平给"套"了进去。因为王兴平在匆忙中很气愤地说："去找刘正毅，他可是打过保票的，要是出了事，我找他的麻烦。"

刘正先不敢迟疑，赶紧去刘正毅家将他从睡梦中叫醒。就这样，三更半夜的，刘正毅提着裤子就跑了出来。刘正毅到了现场啥都不说，就拉大家到湾子里一个开农家乐的农户家去吃饭、喝酒。一边吃喝，一边给大家分析形势，"这是乡镇党委的研究决定，你们心中有气，硬要去闹事，对咱们湾的影响很不好。现在咱们湾是省里的试点，要是你们去闹了，那就是不给镇领导面子，把领导给惹急了，人家把试点给端了，拿到别的湾子里去做，那咱不就亏大了。何况你们这样去闹，是违法的行为，弄不好，得'吃不了兜着走'，不仅绪才当不了书记，姓高的当了书记，你们还得蹲进去，多不划算啊。"就这样，由刘正毅等人陪着，20多个人一直喝酒喝到天亮，"气"发泄出来之后，事情也就暂时告了一个段落。

王兴平等人之所以选择在8月8日这个时间点要坚决拿下刘绪才，关键是有一个很好的由头，那就是刘家湾的新农村建设试点项目——文化广场的建设遇到了阻力，施工期已经一拖再拖了。文化广场的地址选择在湾子边农户的承包田上，涉及7户人家的私人利益。

表5-4 刘家湾文化广场建设项目占地情况一览

| 户主 | 刘旭发 | 刘正炎 | 刘正茹 | 刘正连 | 刘华清 | 刘华民 | 刘华辉 |
|---|---|---|---|---|---|---|---|
| 亩数 | 1.0 | 0.8 | 0.6 | 0.5 | 0.5 | 0.4 | 0.9 |

广场建设项目一度搁浅，刘绪才脱不了干系，但是主要责任并不在他身上，因为湾子里的新农村建设工作一直是在理事会的主持下展开的。项目不能按时施工，原因在于这次占地数量虽然不多，但是分散度不够，集中在了7个农户身上。刘家湾的人地关系一直都比较紧张，按照1981年的分地标准，人均只有0.5亩，一下子让农民拿出那么多地确实比较困难。不过，在理事会的人看来，只要肯做工作，难度并不大，只是需要时间。

高展飞上任之前，理事会已经做了大量的工作，大多数被占地农民都已经同意像先前湾子修路占地一样，将被占地数量编辑造册，先挂在"账"上，只剩下刘旭发一家的工作没有做下来。刘旭发一家共有四口人，两个儿子还没有结婚，家里共有两亩多地，因为长期在武汉做生意，承包地都交给了父母由他们负责经营。对于这次占地，刘旭发的父亲刘正彦提出了两个要求：一是一亩承包地上种的是经济作物，做扫帚用的帚籽苗，不能按一般的青苗费标准补偿；二是承包地不能让，除非有人愿意将自家的土地调整给他种。然而，刘正彦提出的第二个要求在理事会看来是不能接受的，因为不能开先例，此先例一开，以后湾子里搞新农村建设再占地就不可能了，并且先前因为修路等原因被占地的农户都会反悔，提出要地的要求。所以，理事会形成的决议就是坚决顶住，继续做工作，绝对不能让步，否则后果不堪设想。

让刘正毅等人没有想到的是，年轻气盛的高展飞"新官上任三把火"，第一把火就烧到了刘正彦身上。为了迅速打开工作局面，在领导那里获得称赞，在村民心目中树立威信，2009 年 8 月 22 日，高展飞上任还不到半个月，既没有跟理事会商量，也没有跟高旭升打招呼，就急匆匆地跟刘正彦签订了换田协议。

### 换田协议

出于名山村刘家湾文化中心广场建设的需要，需六组刘旭发户巷边田（加工厂旁）1 亩，经刘旭发、高兆华①户及名山村两委共同协商，将高兆华户下田 0.8 亩调换与刘旭发户经营管理（至土地调整为止）。此协议从签字之日起生效。

协议人签字

×××　×××

名山村委会

2009.8.22

在高展飞的一手操办下，刘正彦不仅换得了田地，还以经济作物的名义得到了 3000 元的补偿金。然而，"世上没有不透风的墙"，刘正彦得田又得钱的消息很快就在湾子里传开了，甚至还有人说他亲眼看到了双方签订的"换田协议"。就这样，事情一下子变得不

---

① 高兆华是高展飞的四叔，长期在市里做生意，家里的承包地由高旭升负责经营。在签订换田协议之前，高展飞并没有跟四叔商量，也没有告诉高旭升，就擅自做了主。

可收拾，其他几户都气不打一处来，"你这不是区别对待，瞧不起人吗？凭啥人家又得田来又得钱，我却啥也没有"，纷纷表示反悔，要求"换田"，或满足他们的各种要求，否则就不让施工队施工。面对这种情况，高展飞并没有表现出明显的悔意，继续把理事会抛在一边，试图闯出一条路来。遗憾的是，僵持的局面一直持续到了2010年3月。

高展飞的独断专行不仅激起了湾子里利益受损农户的一致反对，而且也遭到了父亲高旭升的批评和反对。在高旭升看来，0.8亩田并不算什么，问题是自家的田就这样被白白地换了出去，还得不到好处，走在湾子里，都有人当面说他："你的儿子都当了书记了，还守不住自家的田，你儿子这不是苕（傻子）吗？"搞得高旭升在湾子里根本就抬不起头，自感这事做得很没有面子。另外，高旭升本人也是理事会的成员，在湾子里生活了30多年，对湾子的事情都非常熟悉，他深知高展飞这样一闹，肯定会引起其他农户的连锁反应，所以，不管于公于私，他都不能支持高展飞私自调田的决定。

然而，事情回旋的余地并不大，"理"并没有站到高展飞这边。按照当地的方言："男怕虚字，女怕虚身"，意思是男人一旦签了字就必须负责任，女人一旦身体被玷污了就嫁不出去了。所以，只要刘正彦父子不主动放弃协议，高展飞就丝毫没有办法，即便是告到法院，高展飞也是必输无疑。

2010年4月初，刘正彦将调换到的水田换成旱地，准备种旱地作物。4月7日上午，高旭升的老婆偷偷地跑到田里，把水一下子放到了田了，将刘正彦种的旱作物给淹掉了。刘正彦知道后十分恼火，气冲冲地跑到高家要去找高旭升老婆的麻烦，双方差点厮打起来。矛盾进一步升级了，刘旭发放出话来，"只要是姓高的还在当书记，想要田，一点门都没有"。对于刘氏父子来说，只要协议不丢，姓高的就拿他们没有任何办法。

令高展飞等人更不安的是，2010年是刘家湾新农村建设试点工作至关重要的一年，按照一定三年的协议规划，如果今年湾里的工作上不去，省委宣传部的工作队就极有可能撤离出去，那刘家湾就失去了这个难得的发展机会，他就会成为湾子里被众人辱骂的"罪人"，高家在湾子里就会更加边缘化。

然而，高展飞越着急，事情越麻烦。以前，高展飞带着刘正先等人去武汉找刘旭发，双方还能谈谈，现在刘旭发干脆闭门不见，根本不顾及高展飞的感受。刘旭发如此，其他的村民也都不给高展飞好脸色看。原本已经跟理事会达成协议并签了字的被占地农户纷纷提出抗议，刘正炎、刘正茹、刘正强（刘华清的田流转给他种了）等人都站了出来，坚决不同意在自家的承包田上建文化广场。

到了5月，高展飞不得不回过头来寻求理事会的支持，在理事会的协助下，广场断断续续地开始施工了。但是，湾子的刘姓村民对高展飞的反感还在持续增强，矛盾时不时都在激化着。以理事会的成员刘正立为代表，湾子里的人都在盛传高展飞控制了施工队，从中捞取了大量的回扣。虽然没有人能够拿出充分的证据，但是由于很多人都是泥瓦匠出身，还有村民自己也在外承包工程，一看工程质量和预算造表，明眼人都能瞧得出其中的猫腻。

此外，刚刚下台不久的刘绪才也开始动了扳倒高展飞，重坐支书"宝座"的念头。因为2009年底，宝恩镇书记刘杰豪被调走了，换来的新书记恰好是刘绪才的老战友，而王兴平也在4月上调到了县旅游局工作，这使刘绪才看到了新的希望。据刘绪才私下里的说法，上面的关系已经打通了，只要姓高的下了台，书记就还是他刘绪才的。

与此同时，高展飞与刘正先的关系也在迅速地恶化。按照王兴平，以及新的包村干部、镇委委员、镇武装部长云某的安排，高展飞负责名山村的全局工作，刘正先负责刘家湾的试点工作。但是，高展飞始终舍不得放权，处处干涉湾子的事情，致使刘绪才根本就不能在湾子里正常地开展工作。刘正先前脚刚过，高展飞后脚就至，刘绪才在湾子说过的话、做过的承诺丝毫没有效力。甚至有一次，因为刘正先带了三桌客人到刘正毅家吃农家乐，而没有将其中一拨客人安排到高家，高展飞竟然跟刘正先打了起来。到5月的时候，高展飞还曾放出话要罢免刘正先副书记的职务。刘正先心中的委屈和怨气越积越多，多次去找乡镇包村干部要求给个说法，使双方的矛盾持续恶化。

从根本上来说，高展飞在湾子里形势对自己已经严重不利的情况下还敢于耍狠，是因为在他看来，他已经牢固地掌握了村两委的主导权，具有了与刘正先及刘家湾相抗衡的资本。从他上任开始，他就拉帮结派，极力想要构建以自己为中心的村两委权力体系，将村两委的权力紧紧地抓在自己手中。2009年8月，高展飞当上书记后，马上规定村干部实行坐班制，周一到周五都必须到村里的办公室报到、办公；他还提高了村干部的工资待遇标准，并以组建"狗血桃"合作社的名义申请到了国家财政专项扶持资金，以此为财政保障给村干部足额发放了工资，并在年终的时候给各个村干部发放了数额千元以上不等的奖金，赢得了其他几个村干部的支持。此外，多年来，高旭升还通过将自己的妹妹嫁给刘姓二房以结姻亲等方式，在刘家湾以自己为中心经过多年的努力也建构了一个功能性的"自己人单位"，也有一定的派系势力。鉴于此，高展飞认为在这场权力的斗争中自己未必会输给刘姓人。但是，在刘正先看来，高展飞已经是穷途末路了。高展飞上任后在湾子里的行为无疑是慢性自杀，以刘绪才为首的刘姓人对高展飞已经忍无可忍了，即便是那些跟高家有姻亲关系的人想要继续维护他，也不敢再公开表态了，否则就是与"自己人"为敌，孰轻孰重不言而明，刘姓人的人心越来越齐了。而团结起来的刘姓人结成的势力联盟就成了刘正先的坚强后盾。

由此一来，虽然高展飞仍然表现得很强硬，但是他在湾子里已经彻底丧失了威信，只要他在周边村民较多的时候出现在施工现场，就会有人找他扯皮。笔者在调查的过程中，就不止一次看到过刘姓村民当面指责高展飞不是的场面。双方的"气"在不断地累积、沉淀，以致高展飞与湾子里刘姓村民之间的矛盾逐步丧失了调和的空间。

### （三）理事会的尴尬

刘正毅有着十多年的书记经历，是理事会里的灵魂人物，在2005 年以来湾子的新农村建设工作中发挥着主导性的作用。但是，在高展飞介入湾子的工作之前，刘正毅和他带领下的理事会却犯了两个严重的错误：其一是 2005 年修建通湾公路时，为了能够顺利得到高旭升承诺的 3 万元资金，刘正毅等人认为既然工程承包给谁都是做，那就做个顺水人情将工程在没有经过招标的情况下直接承包给了高展飞。刘正毅和理事会的行为在当时并没有引起村民们的不满，因为大家基本上都能够领会此举的内在含义。问题是最后高旭升承诺的资金仅仅到位了 5000 元，此举一下子就将理事会摆在了非常尴尬的境地。其二是 2009 年 8 月，乡镇领导主张换掉刘绪才，任命高展飞做书记时，在王兴平等人的威逼利诱下，刘正毅私底下向王兴平和高展飞打了保票，竭力协助高展飞的工作。这就将理事会的后路给断掉了，除非乡镇领导主动将高展飞调走，刘正毅和理事会即便再有意见，也必须全力支持高展飞当书记。

广场的工作从一开始就是由理事会负责推进的，为此，理事会还专门印发了《告刘家湾土地应征户书》。

## 告刘家湾土地应征户书

各土地应征户，你们好：

经湾群众会、代表会一致通过，经村委会、理事会研究决定，征收您户土地。根据全国改革开放指示精神，省委新农村建设重点工程在我湾首次启动，为我村改造自然环境，将我湾打造成全省农村新农村建设样板湾，成为文化、卫生、文明为一体的新型农村，提供社会知名度。

展望我们刘家湾美好前景，做好造福子孙后代的千秋伟业，全湾必须抢抓这一千载难逢的历史机遇，识大体顾大局，舍小家顾大家。因此，全湾上下一定要提高思想认识，克服重重困难。希望各户大力支持，积极予以配合为谢。

从《告刘家湾土地应征户书》中可以看出，理事会将文化广场的建设视作"自己人"内部的事务，因此被征用土地的农户应该发扬"大公无私"的精神，"识大体顾大局，舍小家顾大家"。在刘绪才当书记时，理事会一直坚持按照群众会、代表会通过的决议，采取将被占地挂在"账"上的老方法来做应征户的思想工作。

然而，让刘正毅等人没有想到的是，高展飞上任后，完全没有将理事会放在眼里，而是以村干部为主力介入到刘家湾的试点工作当中。高展飞将理事会放到一边，弃之不用，很快就使湾子的广场工程建设陷入僵局。在随后的半年多时间里，广场的建设就处于停顿状态。到了第二年3月，高展飞开始着急了，广场建设如果再没有进展，省委宣传部就有可能终止试点工作，不仅自家在湾子里的地位会被进一步边缘化，而且自己的书记位置也将岌岌可危，因为乡镇领导肯定不会看着"煮熟的鸭子又飞走了"。刚开始的时候，刘正毅和理事会的人心中有气，对高展飞有很大的意见，甚至有理事公然表态"既然他姓高的看不起我们理事会，那就让他姓高的自己搞去，凭他一个乳臭未干的臭小子，他能搞得动。他要搞不动再来找我们，请，我也不去给他姓高的帮忙"。但是，随着时间的流逝，工程仍然没有丝毫进展，眼看着省委宣传部的领导就要来视察工作了，刘正毅和理事会的人也开始着急了，毕竟这是"我们刘家湾的事情，项目跑了，我们理事会的几个人就成了湾子的罪人了"。也是在这个时候，高展飞开始私底下找刘正毅说好话，并表态一定支持理事会的工作，也希望刘正毅能够说服理事会的人来支持自己的工作。3月底，在王兴平的主导下，理事会召集湾子里的村民代表召开了一个小型会议，讨论了湾子里的新农村建设工作应何去何从的问题。在本次会议上，村民代表们达成的决议是湾子的建设不能停，一定要以实干出来的成绩将省委宣传部的工作队留下来。① 同时，在本次会议上，也有人明确提出："一个村要有村里的'主'，一个湾要有一个湾的'主'，村干部是村里的'主'，理事会是湾里的'主'，湾里的事情应该理事会说了算。"这个代表的意见得到了大家的普遍认同，王兴平也提出今后湾子的工作主要由理事会说了算，不过也要与高展飞商量着来。

然而，这次会议还是没有能够厘清高展飞和理事会之间的权责界限，高展飞还会以各种名义阻碍理事会决议的行使。比如，在施工队问题上，理事会等人鉴于刘家湾内已经有不少人说现有的工程队施工质量太差，要求更换施工队的既存事实，准备重新以招标的形式选定施工队。但是，现有的施工队是在高展飞上任之后刚刚更换过的，高展飞并不同意理事会的建议。4月底，王兴平调走后，镇委委员、武装部长云某到刘家湾做了包村干部。在纷繁复杂的矛盾面前，云部长经过私下调研之后，决定划清高展飞的书记职责，让高展飞负责整个名山村的日常工作，而由刘正先全面负责刘家湾的工作，配合理事会抓紧时间将湾子的新农村建设工作开展起来。令云部长没有想到的是，高展飞表面上听从了他的安排，实际上仍然在以各种方式干涉湾子的试点工作，高展飞和刘正先的矛盾也逐渐凸显。再加上工程质量的问题、施工队的问题、刘旭发等"钉子户"的问题，虽然理事会做了大量的调解工作，但是始终没有取得明显的进展。

对于高展飞执意不放弃主管湾子新农村建设试点工作的权力，刘家湾的老百姓基本上都持反对的态度，对高展飞的反感也在持续增强。"家人有事家人闹！都是一个湾子，一个姓的，我们自己弄就好弄，自己的事情自己办，不行就商量。村里一出面，大家都不接受了。""他认为赔钱就能解决问题，能吗？你要赔钱，我也不让做。他傻，就傻到这个地方。"对于湾子里的民情、民愤，对于刘姓人一

① 按照省委宣传部新农村建设工作队的计划，试点工作一定3年，3年内如果工作有显著的成效，就会考虑再追加3年，如此反复，最能够在一个地方投入资金做9年的时间。而2010年是刘家湾试点工作的第三年，对于湾子的长期发展来说，是一个决定命运的关键年头。

定要给姓高的"小鞋"穿的想法和做法，作为理事长的刘正毅是非常清楚的，他也知道有不少人对自己当年将工程承包给高展飞的做法非常不满意。不过，刘正毅是"哑巴吃黄连——有苦说不出"，他又不能罢免高展飞，换上一个刘家湾的人当书记。所以，在3~6月整个矛盾的积聚爆发期，刘正毅都显得很焦灼，烟没少抽、酒没少喝、腿没少跑、嘴皮没少磨，而觉睡得却越来越少、越来越不踏实。因为，刘正毅心里很明白，到了这个时候，退是没有出路的，退，将来自己和理事会就成了湾子的"千古罪人"了；进，不解决高展飞的问题，也是不可能的。可是，换书记的事情，刘正毅也不好跟镇上的领导提及。刘正毅的担心在于一旦高展飞下了台，高旭升必然会将高展飞上台时他言之凿凿的保证给捅出来，那样，他在湾子里也同样难于做人，再想理直气壮地带领大家做事就必然会显得底气不足。此情此景，使刘正毅和理事会陷入非常尴尬的境地。

### （四）风波的平息："以权治权"

2010年6月初，所有人都没有想到的事情发生了，理事长刘正毅患上了"狂犬病"，很快就离世了。在5月中旬，理事会决定强制性推行群众会的决议，举行广场奠基仪式的那天，刘正毅被一只小狗给咬了一口，而他对此也没有放在心上，没有及时采取预防措施。6月初的一天，为了广场的事情，他与一户村民发生了激烈的争吵，为此憋了一肚子气。晚上，病就发作了。

按照当地的风俗，"叶落归根"，人老了是要进祖坟山的。但是，刘正毅在临终前仍然不甘心，始终放不下湾子的发展工作，他希望自己死后能够葬到通山公路的上边——一个可以居高临下鸟瞰全湾样貌的地方，以便死后能够看到湾子未来的美好图景。他过世后，湾子的人都很悲伤，也很担心接下来湾子的路该怎样走的问题。对于刘正毅的过世，精明的高旭升给刘正先提建议要召开追悼会纪念刘正毅。刘正先表示赞同，并同意由自己来主持。但是，村里的其他干部却躲之不及，在书记、主任看来，只有国家领导人过世后才能开追悼会，湾子里私自开追悼会，一旦被"上面"追查下来，可能会影响自己的仕途，所以，他们都不愿意代表村里去出席仪式。刘正先等人对此非常不满，气愤不过，"你村里这样做，岂不是让湾子里的老百姓寒心吗，那以后的工作谁来做？"于是，刘正先就给云部长打了电话，汇报了情况。后来，在云部长的直接干预下，村里才委派村主任邓校生代表村两委班子到现场表示了慰问。

由此，高展飞做书记以来的做法在湾子里积累下来的矛盾达到了新的高潮，"气场"在不断地膨胀，高展飞与刘姓人的矛盾已经到了随时都有可能爆发的地步。6月25日早晨，高展飞从镇上返回湾子，刚到湾子边上，就遇到了理事刘正立。

刘正立拦住高展飞说："广场的进展太慢了，远远赶不上省委（宣传部）工作队的要求。作为书记，你能不能请云部长过来，到湾子里跟大家见个面，商量一下接下来的工作该怎么做？最好能加上个施工队，这样可能会快一点。"

高："这是村里的事，村里解决。不要你管，你也管不了！"

刘："这是湾子里的事，我是湾子的人，何况我还是理事呢，我说不得？"

高："你算老几啊！"

话不投机半句多，两个人就打了起来。

周边的群众随之纷纷说："你是姓高的人，滚出我们湾子去！"

高："我本身也是刘家湾的人，在这个地方（原来的下盘湾在刘家湾的旁边）住了七代人了。你赶是赶不走的，走是不可能的。"

刘正毅的过世使湾子的工作缺少了"主心骨"，云部长等人希望刘正先能够赶紧再物色一个理事长的人选。不过，不论是刘正先，还是理事会的其他人，都深感在当前的形势下是不可能有人会出任理事长的。即便是在常规性情况下，类似于刘正毅这样"敢说、敢干、敢斗争、敢得罪人、敢挑担子"的人在刘家湾也是少之又少的。同时，刘正毅的过世，一方面增加了副书记刘正先的压力，如果湾子的发展就此搁浅，他难辞其咎；另一方面使刘绪才看到了扳倒高展飞，重掌书记之权的无限可能性。为此，刘绪才积极拉拢刘正先，暗中支持"钉子户"的不合作行为，使权力之争与广场建设两个问题紧密地纠缠在一起，错综复杂，更难化解。

包村干部云部长深深感到再这样下去，不仅刘家湾完了，而且自己的仕途也必然会受到影响，不能再坐视不管了，必须要采取实质性行动了。但是，他并没有权力和能力动摇高展飞的书记位置，高展飞的后台也是他碰不起的。经过权衡，云部长决定彻底将湾子的试点工作交给刘正先去做，并下派包片干部胡书记到刘家湾专门协助刘正先开展工作，而将高展飞从湾子事务中给抽调出来。如此一来，高展飞就丧失了干涉试点工作的能力，如果他硬要介入，势必就会被胡书记给顶回去，从而避免了高展飞与刘姓人的直接冲突。

权力问题终归还要权力来化解。风波就这样暂时得以平息了。高展飞的远离，果然带来了形势的迅速好转，"气场"迅速消失了，虽然理事会短期内难以选出新的理事长，但是在刘正先的带领和理事会的协助下，湾子的试点工作开展得有声有色。到9月，广场已经基本建设完毕，刘正先和理事会又开始在2007年修建的通山道路的硬化路面上，继续修建石灰沙子路。

### （五）权力合法性的民间命题

按照《村民委员会组织法》的规定，村委会成员由村民选举产生，是典型的"票决制民主"。实际上，如果注意到选举制度实施的村社基础，我们就会发现，一人一票的选举制民主往往不过是一种形式而已，真实的村级民主选举是由村社内部的权力结构所决定的，进一步确切地讲是由各个"自己人单位"的规模、势力等多重因素所决定的，是一种"荐举制民主"。村两委班子中最有权势的支书，只能由刘家湾的人来出任，其他的干部安排也必须照顾到行政村内其他大湾子的利益。为了更好地做好各个湾子的工作，那些在村两委班子成员安排中照顾不到的小湾子，村干部还必须想办法在那里设立一个"代理人"，不然村干部到了这些小湾子就成了聋子、瞎子，没有人会去配合他们的工作。

合村并组以后，名山村的行政管辖范围远远超越了农民认同的"自己人单位"，如果村两委班子成员的安排照顾不到各个湾子的代表性问题，这个湾子的工作就非常容易陷入瘫痪状态。2000～2003年三年左右的时间，名山村先后换了四个书记的情况就是很好的印证。刘绪才上任后，一度忽视杨家湾的代表性问题，导致该湾成了正式治理的盲点，以致后来不得不形式性地任命了一个没有任何经验和资历的年轻媳妇当了村里的妇女主任。

刘绪才任支书时，他本人很少牵扯到刘家湾具体的试点工作中去，将权力基本上都下放给了理事会。从2005年到2009年，湾子的新农村建设能够开展得如火如荼，关键就在于村两委和理事会之间有效地划分了双方的权力界限，自上而下的诸如低保指标的确定和发放、计生政策的贯彻落实等"公务"由村两委负责处理，而湾子的建设工作由理事会负责处理。在这种权力结构的安排中，按照村委会主任邓校生的说法是"村委会上升为小政府，理事会上升为村委会。村委会的职责所在是完成上级部署的任务、指标，理事会则是尽力把利益留在湾子里，把湾子的工作搞好"。

由于村委会是"小政府"，相当于乡镇政府的派出机构，村干部就必须按照国家法律、政策规定的程序和规则来办事。理事会则不同，理事会的治理程序和规则是由群众会、代表会同意授权的，它遵照的行事规则是地方性的。两种权力性质的区别在于：村委会的权力边界远远超越了农民认同的"大私"单位，看似来自民众，实际上却来自上级政府的授权。村委会成员在农民心目中并没有认同感，他们并不能成为"自己人单位"的一分子，只是"公权力"的自然延伸。理事会的权力边界与"自己人单位"完全重叠，它的权力根基在民众，有强烈的农民"自己人"的认同感作为内在支撑，而国家权力的贡献在于给予了理事会一个合法的可以介入公共事务的身份，从而使理事会具有了同时扮演"大私"与"小公"双重角色的可能。也就是说，村两委在农民那里是"有合法性，没认同感"，理事会在农民那里则是既有认同感，又有合法性，认同感是"私"，合法性是"公"，二者的区别就在于村两委是有"公"无"私"，理事会是"公""私"兼备。因此也可以说，形式化的村民选举并没有解决村委会的权力根基问题，没有解决农民的认同感来源问题。

因为村两委是"公权力"，作为村支部书记出现的高展飞在湾子的行为就是"公事"，就必须按照"公"的现代治理规则行事。而刘家湾的新农村建设在理事会的带领下，多年来都是按照地方的公平观念和正义规则处理内部事务的。高展飞的执意介入，打破了"自己人单位"内部的利益平衡机制，用"公权力"来解决"私务"，就将"私务"转变成了"公务"，刘正彦父子占地事件的解决办法也就成了"公权力"解决"公务"的标准，原本按照"私务"标准得以解决的问题也必须通过新的"公务"的标准来解决了，否则规则的标准不就混乱了吗？规则的标准一混乱，被占地农户的利益如何平衡，也就不能由理事会说了算，而只能由村两委说了算，除非村两委退出，被打破的平衡重新回归原初状态。

"公事"就要"公办"，"公办"的结果就是"公事"既要对村两委有利，对"自己人单位"有利，还要以不损害个人利益，充分保障个体权益为前提。就刘家湾的新农村建设试点工作来说，村两委必须满足所有被占地农户提出的所有个性化的要求，才能推进对农民认同的"自己人单位"有益的事情。村两委不能像理事会那样，利用群众会、代表会的授权来强制性解决"钉子户"的难题。损害了农民的"私权"，如果有诸如刘鸿飞这样的"钉子户"去积极寻求行政救济或是司法救济，村干部就"吃不了兜着走"了。因此，理事会退出，村两委跟进，"私务"变"公务"，就必然极快、极高地提升湾子建设的经济社会成本，在资源总量有限的前提下，就将试点工作推到了绝境。

既然绝境是由"私务""公办"造成的，那么，当"公权力"退出，农民认同的"自己人"重掌"小公"与"大私"的权柄的时候，"私务"就还是"私办"，失去的平衡就得以调整到新的平衡状态，湾子的建设形势随之就得以迅速地好转。由此可见，即便是经历了革命和市场的洗礼，农民的"小私观"发生了史无前例的巨变，但只要农民的"大私观"还能在一定程度上得以保留，农民赋予的"认同感"和国家赋予的"合法性"就成为考量基层治理主体权力性质的双重维度。也因此，在岳平农村，当村社集体退出乡村社会之后，在宗族的社会文化网络的支撑之下，"自己人治理"的逻辑才能够得以有效地表达和实践，自然湾才具有了比较强的主体性和价值生产能力，乡村社会也才能够维持相对稳定的内生秩序。

## 四 非均衡的资源分配引发的农民上访事件

上文我们讲述了"湾里的湾外人"当了村支书，"公权力"介入到湾子内部"自己人"的"私务"之后引发的一系列纠纷，从中窥探到了村委会和理事会权力来源的差异。下文要讨论的主题是以刘家湾为主体的新农村建设试点单位，在名山村乃至整个宝恩镇、岳平县来说都只有一个，其他绝大多数的自然湾（自然村）都不太可能拥有这样的机会。因此，一个湾试点工作的起色，必然会激发同一单位或同一区域内不同"自己人群体"对国家财政下乡状况的想象，从而也就有可能引发农民基于自身判断而来的种种过激行为。

### （一）"资源下乡"中的分配难题

取消农业税费以后，国家逐渐改变了财政资源下乡的方式。先前，国家财政资源往往采取的是自上而下逐级转拨直至到村的办法，取消农业税费以后则主要表现为三种方式。

其一是以粮食补贴、合作医疗、义务教育"两免一补"、家电下乡，以及正在试验中的农村养老保险制度等为主要表现形式的国家财政直接对接数以亿计的分散的小农家庭的"撒胡椒面"式的划拨方式。这种划拨方式的好处是减少了中间环节的截留，提高了财政支农资金的瞄准率，使符合条件的农民都能够享受到国家财政的"阳光"

普照。从政策实施的效果来看，在短期内发挥了极大地改善国家在农民心目中的合法性形象，巩固执政党和政府在农村执政的民意根基的实践效能。同时，正如岳平县出现了农民拿着种粮补贴，想抛荒照样抛荒的现象一样，"撒胡椒面"式的国家财政直接对接小农家庭的体制变革方式在基层治理的层面来讲能够发挥的现实作用并不大，从很大程度上可以说此种财政划拨方式变革的政治意义要大于治理意义，主要是基于政治逻辑的改革而非是基于治理意义的体制变革。

其二是以低保、自然灾害救助等为表现形式，以村委会为中介，国家与农民间接打交道的相对传统的财政支农资金划拨方式。这种传统的财政拨付体制的主要特点是村委会的权力比较大，有效瞄准率可控性比较差，资源利用率相对低下。以低保为例，国家财政拨付的资金有限，分解到各个行政村的指标更有限，如何分配指标就成为乡村治理中的难题。在全国部分地方的农村，低保指标甚至成为村委会重要的可资利用的治理资源。从岳平农村的情况来看，由于农民的"自己人认同"意识比较强，除非村干部事先隐瞒总指标数量，一般来说，村干部都会先按照各个湾子的人口规模分解指标，再由各个湾子自己推荐符合条件的低保人选。由于将低保名单的确定权下放到了各个湾子，在"自己人单位"内部谁更贫穷、谁更符合条件往往都是大家普遍认可的，引发的纠纷相对也就较少。但自然灾害救助则不同，我们接下来讲到的农民上访事件就是由此引发的。

其三是以项目形式出现的财政支农资金划拨方式。在此种方式中，项目自下而上由村开始一级一级申请，经过层层审批之后得以实行。由于财政资金的有限，国家不可能同时对数以十万计的行政村以统一进度、同一方式和标准投资建设社会主义新农村。由此引发的问题是村干部在外社交网络越广，获得项目的机会越多，相反，则很难获得优先发展的机会。同样的道理，在岳平县，国家财政资金更不可能像粮食补贴资金一样直接对接各个自然湾，必然是各种项目的建设在各个自然湾中都会有先有后、逐步推进地展开。以名山村为例，自2008年以来，刘家湾每年都能获得省委宣传部统筹投入的高达数十万元的财政支农资金，而其他湾子则基本上没有这样的机会。

近些年来，国家财政收入在飞速上涨，国家财政投入到"三农"的力度也在不断加大，但总量始终有限。所以，财政拨付的第二种和第三种方式将会在未来一个相当长的时间段内长期存在，其引发的问题自然也应该引起足够的重视。由于总量有限，就不可能同时兼顾到所有的行政村、自然村（自然湾），这就构成资源下乡中的分配难题。在岳平地区，"自己人单位"之间存在激烈的竞争意识，一个湾子成立了修路理事会就会激发其他湾子也成立同样的组织，相应地，一个湾子优先获得了发展的机会，势必会引起其他湾子的"眼红"，激发他们的不公平感和不平衡心理，就有可能会给基层治理实践带来重要的影响。

### （二）基于集体成员权的上访由头

在名山村的各个湾子调查时，经常听到农民艳羡刘家湾的声音，也能听到艳羡之外的不满，有村民还直接提出"都是名山村的湾子，它们刘家湾每年得到那么多国家的钱，发展得那么好，给我们投入一点就不行吗？"对于其他湾子农民的质疑声，名山村的干部也是清楚的，但是刘家湾是试点，试点单位的钱是国家财政定点的专项资金，即便是村干部有心去做平衡农民心理的事情，也没有权力再分配国家下拨的财政资源。刘家湾能够获得这样好的发展机会，湾子的人也是非常高兴的，他们在跟其他湾子、其他村子的人说起近两年湾子的发展时，自豪之情油然而生。

资源投入的不平衡在名山村引发了一起个体利益裹挟着"自己人单位"的群体利益的农民上访案例。张家湾地处岳平县西北部，坐落在××市与岳平县交界的海拔418.5米的名山上，全湾原本有63户280余人，水田109亩，旱地58亩，山场1000亩。近年来，随着生态环境的不断恢复，山上野猪成群出没，毁坏庄稼，粮食作物已无法耕种，村民们因小孩在镇区上学、外出打工、投亲靠友、在外已购置房屋等原因，绝大部分已自发搬往山外，湾内实际常年生活居住户为 22 户 49 人。绝大部分为老年人，在家照看房屋、种植杂果。①
2010 年 2 月刚刚过罢新年，张家湾就出现了 18 个 "好汉"，一封信
直通到了一个副省级干部那里，层层批转之后，按照 "属地管理"
的《信访条例》规定，案件就返回到了宝恩镇，由宝恩镇政府和名
山村村委会负责处理。

上访的缘由可以追溯到 2009 年 9 月。当时张家湾以张广户等人
为首决定成立理事会，修建通湾公路。但是，他们申请修路的计划没
有得到镇政府和村委会的同意，在乡村两级主管干部看来，这个修路
计划并不成熟，因此一直都没有通过审批。张广户等人最后决定孤注
一掷，先把路给修起来再说。通湾公路长约 2.3 公里，按照预算需要
经费 42 万元。理事会按照人均 200 元的标准筹集到份子钱 7 万元，
收到捐款 3 万元，路修好后搞庆典获得收入 6.5 万元，资金缺口高达
25.5 万元。最后工程承包给了从湾子里走出去已经在镇上居住的两
个人，因为理事会拿不出那么多钱，只能由包工队先垫钱。据说由于
资金缺口太大，包工头一下子拿不出那么多钱，理事会（共有 7 人
组成）也有少数几个人分别垫了几万元钱，商定等将来国家资助的
工程款下来后该工程中的利润由这几个出资方按一定比例分享。谈起
修路的缘由，在访谈时张广户就说："政府在我们名山村扶贫，一年
几十万，张家湾也是名山的，是不是扶贫的对象？" "国家投那么多
钱到刘家湾，我们不满意是肯定的。"

按照镇包村干部、名山村村干部的说法，张家湾理事会是被张广
户等少数几个人控制的，他们出资修路的动机从一开始就不纯，就是
想通过修路捞几万块钱。在整个修路过程中，政府都没有同意，村民
小组长虽然在不知情的情况下被选进了理事会却也被撂在了一边，什
么事情都是他们几个为首的说了算。湾子里本来就没有多少人，他们
想怎么样就怎么样，组长中途说工程质量太差还遭到了理事会成员的
辱骂。

---

① 见宝恩镇政府《关于岳平县宝恩镇名山村 5 组（张家湾）村民反映情况的回复》。

2009 年 11 月初，在张家湾筹备修路的过程中，宝恩镇遭遇到了一场突如其来的冰雹灾害，张家湾是受灾比较严重的湾子之一。在冰雹灾害发生后，市、县、乡、村干部都及时出现在了救灾第一现场，乡村两级组织还对在湾子里居住的村民给予了必要的及时救助，帮助受灾村民渡过了难关。不过，政府提供的救助是救济性的，面对的主要是户口在村子里，有承包地又在家居住的农户。而那些户口在本湾却没有承包地的，户口在本村但在外打工的，或是在外已经买了房子的都没能及时享受到救灾的待遇。因此，到了农历年关的时候，外面打工的村民都回来了，纷纷对自己没有能享受到相关的待遇表示不满。冰雹灾害、农民的不满等诸因素交织在一起，促使张广户等人正式决定以写信的形式上访以给地方政府施加压力。在乡村干部看来，张广户等人的上访行为是在筹划修路事件的时候就已经谋划好了的，因为上访是通过张广户的闺女（在该副省级干部家当保姆）在年后"捅"上去的。

从调查中搜集到的各方信息综合来看，张家湾的理事会并不像其他各个湾子的理事会那样得到了镇政府或村委会的明确授权或者说是象征性认同，是在张广户等人的积极筹划下私自成立的，其中像组长张广友等个别人甚至是在完全不知情的情况下被"选"进了理事会。鉴于张家湾长期在家居住的村民总人数还不到 50 人，可以进一步地讲，理事会的成立并没有能够得到足够的民意支持。所以，在调查中就有人揣测张广户等人谋划成立理事会一意孤行要修路从根本上来说是为了从中谋取私利，并且显得有恃无恐。从事情后来的进展来看，张广户等人的强势是因为他们找到了政府的"软肋"，知道政府怕上访，当然也是因为张广户对自己能够上访成功有足够的自信。

此外，张广户等人之所以能够将个体行为上升为群体行为，将少数几个人的意愿上升为全湾人的意愿，关键在于他们清醒地看到了对己有利的形势。对于刘家湾在新农村建设中的单兵突进，名山村其他各个湾子的老百姓都有相当强烈的不满情绪，都觉得对自己的湾子来说是非常不公平的，"同是村社集体的重要一员，凭什么刘家湾能够得到那么多国家的扶贫资金，而我们湾子就一点也得不到"。很显然，在这里，村社集体成员权不单是指个人的成员权，更是指以湾子为单位的成员权。张广户等人正是看到了这一点，才敢于擅自成立理事会，并以理事会名义发起修路启事。湾子里的大多数人（90%以上的村民交了份子钱）在明明知道即便是自己按人均200元的标准出了份子钱也有可能修不起路的情况下，还是为修路出了资，极大程度上是因为张广户等人承诺剩余的钱由他们来搞定，湾子的群众不用为此操心。在访谈中，农民也说，路修成这个样子，如果国家不出钱，想再让群众出钱也是不可能的事情。路是湾子里所有人都想要的，即便是不在湾子住的人，清明祭祖的时候也是要回来的，但修路的花费超出了湾子里的农民能够且愿意承受的限度。然而，如果路修成了，作为个体的农民家庭只需要出少量的份子钱，那么，大多数人都还是非常乐意的，毕竟路不是哪一个个体的，而是"我们大家的"。至于说剩余的钱从哪里来，大多数人就不会去刻意追问了。也就是说，"自己人认同"意识的存在是张广户等人能够成功筹备修路事宜的关键。

### （三）上访农民的利益诉求

因为张家湾的理事会充其量只是一个"大私"的组织，缺乏"小公"的身份，没有得到"公权力"的合法性认可，所以，路虽然修成了，但是无法得到上级部门的验收，自然也就不可能得到上级政府的拨款。如此一来，20多万元的资金缺口就无法得以填补。张广户等人当然不甘于吃哑巴亏，2010年2月底，张广户正在武汉做保姆的闺女就将上访信直接递交到了某位副省级干部手中。

尊敬的×××：

您好！

十分冒昧写信给您，缘于久闻您是一位体恤民情、为民办事的好公仆。

我们是岳平县宝恩镇名山村五组的村民，我湾位于××、岳平两县交界处海拔 400 余米的名山上，全湾 59 户 460 余人，拥有耕地面积 200 余亩，山场面积 5000 余亩，是宝恩镇唯一的贫困农村。① 同时，我们拥有老区人民一样的情怀，当年新四军战士×××、×××被日伪追杀时来到我湾山洞中躲藏，全湾乡亲每天轮流送饭，至今仍有 4 名无名烈士长眠于此。

由于地理位置所限，导致交流不便；由于土地贫瘠，乡亲们生活艰辛。历史上我们湾是贫穷闭塞的代名词，乡亲们出行走的是坎坷崎岖近 10 公里的羊肠小道；乡亲们生产生活完全靠肩挑背扛。当年不少乡亲迫于生计背井离乡，不少年轻后生由于地区条件差娶不到媳妇，导致打了一辈子光棍。可以说，乡亲们繁衍生息是一部辛酸的血泪史和艰难的生存史。

尽管条件艰辛，但乡亲们具有大山一样挺拔的性格和从不向命运低头的顽强精神。1998 年，我们历时数月，靠布满老茧的双手硬是从陡峭的山崖中一米一米地修通了一条全长 3 公里的机耕路，通过邻县的乡村公路终于连通了外面的世界（当年《×××日报》头版头条作过长篇通讯报道）。

改革开放以来，特别是党的富民政策近年来的贯彻实施，我湾乡亲们继续发扬自强不息的精神，历尽艰辛再一次自发组织修通了连接宝恩镇区全长 3 公里的组级公路。然而上天似乎要考验乡亲们的意志，去年 11 月 9 日，正当我们信心百倍准备硬化全长 3 公里的通湾公路时，我们湾却遭遇了百年不遇的冰雹灾害，当时的现场惨状，让人同情落泪（中央电视台曾专题报道）。灾情发生后，县、镇各级领导赶到了现场，并给 19 户无家可归的村民每户发放了几十米雨布、两床棉被、30 斤大米、10 斤油（人口少的两户共一壶）。当时地方政府领导为稳定村民人心需要，当面承诺要帮助我们恢复生产，重建家园。后来还是省委宣

---

① 上访农民刻意夸大了人口总量、耕地及山场面积。

传部的机关干部同情我们,自发捐款 2.51 万元,由镇村干部经手购买了红瓦,给我们每户发放了 250 片红瓦(仅够盖半间房),以后再无下文。尤其令人心寒的是,今年春节之前,我们原以为地方政府要向我们灾区送温暖,但至今没有一个领导来湾表示慰问。但乡亲们仍理解政府的难处,没有向上伸手,而是发扬自力更生精神,自发组织互助重建,不少村民重新盖起了瓦房。特别是我们还历时数月,耗资 40 余万,其中村民自发筹资 10 余万元,硬化了全长 3 公里的通湾水泥公路。除去今后争取政策性补贴资金外,概算缺口资金近 10 万元,如此较大的资金缺口是我们目前面临的最大困难。我们也试图找当地政府帮助解决,但当地政府领导总是以政府也有困难为借口互相推诿。

尊敬的×××,我们并非凡事都向上伸手不讲道理的"刁民",我们积极主动修建乡村公路也是积极响应国家建设新农村的号召,志在改变家乡贫困落后面貌的具体行动。我们这里的"狗血桃""红心李"等特色水果以及其他无公害的农副产品远近闻名,通过修建这条公路,也可以说是修通了我们湾通向致富的康庄大道。在此,我们恳请您关心、支持我们这样一个曾为革命战争做过一定贡献的贫困村的建设,我们湾乡亲们将不胜感谢!

专此呈报

岳平县宝恩镇名山村五组村民代表(签名略,共 18 人)

从上访信中可以看出,张广户等人以冰雹事件为契机上访的根本出发点在于修路中的资金缺口,希望以上访的形式来向地方政府施压,以解决资金难题。并且,在张广户等人看来,政策性补贴资金已经成了囊中之物,所以主要的上访诉求已不在此,而是要寻求现有政策之外的资金支持。在乡村干部和刘家湾的人看来,他们是过于"眼红"刘家湾,希望能够从试点资金中分得一杯羹。然而省委宣传部支援刘家湾的资金是投入试点单位的专款,镇政府和村委会并没有合法的权力从中挪用。更何况,一旦张家湾上访成功,乡村两级组织通过各种途径帮助其填补了资金缺口，其他湾子就很有可能会相继追随张家湾，采取同样的办法来争取基于村社集体成员权的"自己人单位"的整体权益。事实上也是如此，前张湾和王兴湾也在私底下筹划修建通湾公路，面临的问题同样也是巨大的资金缺口，他们现在还没有采取行动极大程度上是在观望张家湾事件的进展，从中寻找可以借鉴的经验。所以，对于张家湾的上访诉求，镇政府和村委会必然会谨慎应对。

### （四）乡镇政府和村社集体的应对

上级政府的批示很快就到了宝恩镇，包村干部王兴平和名山村村两委成员不敢怠慢，迅速对上访事件进行了详尽的调查。从调查搜集到的信息来看，签名的 18 名村民代表很多都不知情，更不承认自己在上访信件上签了名，真正参与签名的群众达不到 1/2。为了能够对上面有个交代，王兴平等人很快就写了一个回复函。部分内容摘录如下：

### 关于岳平县宝恩镇名山村 5 组（张家湾）
### 村民反映情况的回复

一、张家湾基本情况

…………

二、宝恩镇"11·9"冰雹受灾情况

2009 年 11 月 9 日凌晨 4:00 左右，宝恩镇 22 个村、2 个社区（共有 28 个村、2 个社区）出现强对流天气，瞬间雷电交加，狂风骤雨，暴雨夹杂冰雹……

…………

（三）群众生活方面

名山村张家湾 63 户（其中 41 户已常年无人居住）瓦面基本毁坏，常年居住在家的 49 人受灾，群众家里的棉被、衣物大部分淋湿……

全镇房屋受灾 2309 户 10487 间，重灾 486 户，7 所学校部分建筑物受到不同程度破坏，直接经济损失 1920 万元。

据统计，此次灾情造成全镇直接经济损失 3670 万元。

三、"11·9"冰雹抗灾救灾情况

…………

四、张家湾救灾情况

灾情发生后，2009 年 11 月 9 日早晨 7 点前名山村"两委"成员赶到了现场。7:30 左右镇党委副书记、妇联主任，以及管辖该地的党总支书记、副书记全部赶到了现场。随后××市副市长，岳平县长，岳平县县委常委、副县长，××市民政局及岳平县 10 多个相关部办委局都先后赶赴现场，协助指导救灾工作。

（一）各级组织对该湾的救助

整个救灾的过程中，我们先后 9 次为该湾在山上居住的 49 位灾民送去了 900 米彩条布、129 床棉被、5 箱方便面、5 箱矿泉水、1320 斤大米、220 斤食用油、36 件棉袄、50 支蜡烛、10 个手电筒、1 箱糕点。随后又送去布瓦 4.2 万块、红瓦 1.328 万块，折合人民币 4.1877 万元，通过"一卡通"现金救助 24 户，计 4.55 万元，合计 8.7377 万元。而全镇去年救灾发放物质与现金合计才 38.5 万元，该湾占 22.7%。

在救灾过程中，邻近灾情比张家湾更严重的××市××镇与张家湾有亲戚关系的群众到该湾来看望亲朋的灾情时，说："你们市、县和镇、村领导真重视，每天都有人到现场，什么物资都送来了。而我们××市仅民政部门一位女同志来了解了一下情况，什么东西都没有，全靠我们自己，让我们主动地自救。"

（二）该湾群众的生产自救

自然灾害发生后，群众本应主动生产自救。可该湾的情况是这样的：由于当时持续降雨、雪，根据实际情况我们先购买了大批彩条雨布分发给群众救急。等彩条雨布发放足够后，群众又要布瓦；等我们将布瓦组织好后，群众又要丝棉瓦和红瓦；等我们将丝棉瓦和红瓦组织好后，群众要现金。有的群众临时不住条件较好农户的房屋，要求上级调拨帐篷，我们向市、县两级民政部门申请了 10 顶，运到了受灾现场，但用完后民政部门要如数收回。这批先说要帐篷的群众又说不要了，我们做工作只留下了一顶给视力不便的张广义老人用，其余的又运回来了。等、靠、要的依赖思想可见一斑。而受灾更严重的邻近的××市××镇灾民和宝恩镇其他村的灾民都在热火朝天地进行自救。该湾村民张广元现场煽动正在自救的农户，"都停下来不要搞了，看他政府怎么办"，因此与上前制止的镇干部发生口角和冲突。群众民主推选的 7 户灾后重建户重建 1 户，在镇区买房 3 户，改建 1 户，其余 2 户不能动工（因强行硬化水泥路受阻止）。全镇 2309 户受灾户除张家湾等、靠、要思想严重于 12 月中旬基本完工外，其余 2200 多户全部于 11 月底前完成了生产自救工作。

五、历年来宝恩镇党委、政府对张家湾帮扶情况

…………

宝恩镇共有 327 个村民小组，镇党委、政府对张家湾一个小组累计投入了近 18 万元，解决了吃水难、行路难、卖果难等问题，在宝恩地区的历史上是独一无二的投入与帮扶。

六、近年来岳平县历任领导及外商、老板等来张家湾调研开发情况

…………

各级领导历次调研的结果是：因野猪数量不断增多，已不能种植农作物，该湾已不适宜居住与生活。在群众主动外迁的过程中，向上争取项目资金，采取市财政补一点、镇财政补一点、群众自己出一点的办法，在方案与时机成熟时，进行总体搬迁。移民是一项系统性工程，稍有不慎就会造成地方的不稳定，更是对移民的不负责任，如搬迁选址与征地、重建资金，搬迁后移民的生产方式、生活来源与保障问题等等。

各位企业老板调研的结果是：此地山清水秀、远离闹市、风光秀美、空气新鲜、交通便捷，距武汉市区 70 公里、××市区

50 公里、岳平县 40 公里，无任何工业污染，适宜开发成休闲度假区。但因地域狭小，另又有村庄夹在其中，投资后外部环境难以协调，群众期望值高，难以协商。

七、该信访件产生的原因与目的

该湾通外的 2.3 公里长公路从开始劈山炸石，到建成简易机耕路通车与拓宽维修，都是年过六旬的老组长张广友负责，每次资金由镇干部负责支付，张广友监督实施，其本人公道、正派，未领取任何报酬，反而每次还贴出了接待的饭菜钱。

而水泥硬化乡村公路是国家支持的，只要按要求实施国家还要补贴 10 万元/公里。在该湾少数别有用心的群众眼中是有利可图的。因此，他们打着建设社会主义新农村的旗号，将张广友踢开，以闹家族方式另起炉灶，成立修路理事会，不听从党委、政府的统一部署与安排，我行我素。在去冬天寒地冻的恶劣天气条件下，他们未采取任何防冻措施，强行施工。镇分管公路建设的负责同志、蹲点挂点镇干部、村干部多次前往施工现场阻止未果，原镇党委书记刘杰豪数次亲自给为首者打电话进行制止，也丝毫未见成效，于去年腊月初六完工，腊月十八搞通车庆典（养护期仅 12 天）。该湾为首者从全湾群众中集资 9 万余元（人均 200 元），通车庆典收入 6.7 万元，被他们花掉 3.1 万元。该路合同总投资 42.665 万元，如果质量合格国家补贴 10 万元/公里，存在资金缺口 7 万元左右。问题就出在这里：

1. 该路硬化合同要求每立方米混凝土必须用 8 包水泥，而施工方平均只用了 5 包左右。

2. 合同要求厚度不低于 20 厘米，绝大部分厚度均未达到。

3. 施工期正是天寒地冻，山上气温在 -5℃ 以下，水泥硬化路体已冻坏。

4. 该路未通车前已有 24 处发生裂缝。

5. 该路未通车前，有些地段用脚能在水泥路面上踢出江沙。

6. 为保护路的质量，敢讲真话的群众两次被为首者殴打。该湾群众张祖祥多次到施工现场指出水泥配比不够，并作为监督方在现场负责统计所用水泥包数，承包人张广德破口大骂张祖祥。

7. 该公路承包合同签订两次，第一次是每立方米混凝土 260 元。为首者认为价格太低，想将本已定好的每立方米混凝土 260 元的价格提高到 270 元，最终提到了 265 元。商谈过程中张广明要打说真话的张广友，他们最终作出让步。

鉴于以上情况，群众已放出口风：路的质量不过关就不出资。上级公路部门验收不能过关，国家补贴将不能到位。少数为首者想借机捞一把的如意算盘将会落空，还要亏本。该路硬化质量问题待市公路部门取样检测后便可一目了然。

八、宝恩镇党委、政府对该湾 2.3 公里机耕路硬化的意见

我们根据该湾的现状，多次研究的意见是：水泥硬化该路段的现实作用已不大，时机也不成熟。因为：1. 实际常年居住在山上的人口只有 49 人（这 49 人中有相当一部分是已住在镇区的"走读生"）。2. 已有机耕路的路基还不牢固，路面宽道过窄，路边排水条件差。3. 资金投入量较大。4. 若以政府行为向群众集资，政策不许可，也增加了农民负担，是劳民伤财。

我们的打算是在条件成熟时：1. 对该湾总体搬迁。2. 引进外资进行旅游开发。3. 群众以土地入股参与分红。4. 已种果树归群众所有、管理与收益。5. 条件符合的群众优先进入旅游区从事力所能及的工作，但必须按章行事，服从企业管理，维护企业利益。6. 对各果农统一建同一种风格的守果小房一间，以方便水果收获季节群众的生产与生活。

此外，春节全镇共慰问特困户 100 户，每户 200 元，计 2 万元。参与签名反映情况的农户救助情况：张×生 3000 元；张×银、张×明、张×才、张×俭、张×学、张×太、张×朋共 7 户，各救助现金 500 元。

从中可以看出，回复函的主要内容紧紧围绕两个焦点问题。

其一是围绕乡镇政府和村两委积极行政的正当性展开的。针对信访案件中陈述的张家湾农民的自力更生精神，回复函用大量的事实证明近些年来镇政府在张家湾已经先后投入了 18 万元用于改善湾子的基础设施条件，政府在张家湾的发展中并没有缺位。对于冰雹灾害的救济情况，回复函也将政府的整个救济过程详尽地列举了出来，并从与农民自救行为的对比中来说明自身的正当性和批判农民的等、靠、要思想。当然，回复函最后主要针对的仍然是通湾公路的资金缺口问题。在张家湾修路的过程中，镇分管公路建设的负责同志、蹲点挂点镇干部、村干部都曾经多次亲临施工现场阻止农民的修路行为，前任书记也多次与带头修路的人进行过交涉，因此，张家湾农民的修路行为从一开始就没有得到政府的批准，政府多次介入也被农民给挡了回来，那么，现在出了问题，责任当然不应该算在政府身上。并且，政府不是不关注张家湾的发展，而是有更加长远的规划，准备通过招商引资开发名山的旅游资源，对湾子进行整体搬迁，使湾子的村民能够充分享受到名山开发的经济利益，更好地改善湾子里农民的生产、生活条件。

其二是围绕上访农民的非正当性展开的。首先，张家湾理事会的成立是不合法的，是少数人在有利可图的情况下踢开组长以"闹家族"方式另起炉灶、别有用心的不正当行为，从起点上否定了理事会修路事件的合法性。其次，在修建道路的过程中，理事会包庇施工队，无视工程质量，对施工队偷工减料的事实视而不见，反而对湾子里农民的自发监督行为采取了暴力应对的态度，这就进一步凸显出理事会中的少数人与施工队狼狈为奸，企图以此牟利的事实。再次，施工期不合理，工程质量严重不达标，路刚修成就被损坏，事情已经引发了湾子里村民的不满，采取以民（民意）治民（刁民）的办法说明理事会的修路行为不得民心。此外，回复函也简要地阐述了救灾过程中农民的"刁蛮"行为，借邻县村民的口来反衬张家湾留守农民等、靠、要思想的严重性，以此来否定农民上访由头的正当性。

回复函递上去后，市、县工作队多次到宝恩镇调查、了解情况。

镇政府也请县公路监管部门到张家湾做了工程质量的鉴定，鉴定结果很明确：工程质量不合格，严重不达标。镇政府和村两委有了监管部门的鉴定书，也就有了最有力的反击武器。如果理事会的少数几个领头的人过于张狂的话，那就按政策来办，倒霉的还是垫了钱的人。所以，理事会里领头的几个人和施工队的人随后就采取了示弱的态度，多次找镇、村两级干部协商解决经费问题。镇、村两级干部虽然对上访农民很反感，但是又担心他们拿不到钱，还会继续无休无止地上访闹事，毕竟资金缺口太大，这几个上访的农民也缺乏相应的经济承受能力，最后还是想办法帮助他们争取到了国家的政策补贴资金。至于剩下的资金缺口，镇、村两级干部，理事会领头的人和包工头都心知肚明，那些都是纯利润，即便是拿不到这部分钱，垫资的人也稳赚不赔。张家湾农民的上访事件到此也就告一段落了。

### （五）理事会兴起的忧思

农村改革30多年来，村庄的封闭性逐渐被打破，开放性越来越强，农民的社会交往网络日益广泛化、复杂化，可资利用的社会网络资本越来越丰厚，造就了越来越多的类似于张广户这样的可以"一步通天"的农民。如果说在传统的"双轨政治"模型中，政策的反馈机制主要是由士绅代表村社利益通过私人关系网络向上反映情况以解决政策不适难题的话，在近些年逐渐形成的"新双轨政治"模型中，政策的反馈已经不再被少数人所垄断，几乎所有的农民都可以借助于私人关系网络或是正式的信访体制走上访的路线。由于离农村越远，对信息的掌握程度越低，层级越高的政府就越难以区分农民上访的类型，无法从中辨别出"非正常访"来，只能笼统地打回"属地"由地方政府处理。从这个意义上讲，信访体制的功能不是直接去解决问题，而是要追究责任的归属。由于难以从中区分利益受损农民的上访、越轨农民的"非正常访"等类型，也就难以对上访农民进行有效的治理，就必然会带来信息淤塞现象。由此导致在现有的压力型体制下，地方政府的责任越来越大，治理能力却越来越有限，不得不遵循"不出事逻辑"（贺雪峰、刘岳，2010），"凡事只要能摆平就是本事"。如此一来，诸如张广户之类的农民上访基本上都能取得一定的成功，获得理想的收益。这实质上是对上访农民的一种变相的鼓励，极有可能会激励更多农民"非正当"上访行为的出现，如此循环往复，必然会给基层治理带来日益严重的危机。

张家湾的农民正是看到了基层治理体制存在的弊端，综合利用了压力型体制、信访制度的"责任追究"属性、基层政权奉行的"不出事逻辑"等"新双轨政治"模型下正式治理体制的缺陷，取得了上访的阶段性成功。而上访农民能够打着湾子整体利益的招牌，模仿当年小岗村18条"好汉"的做法，炮制出集体上访的案例则说明，在农民的"自己人认同"意识仍然比较强烈的地方，个人虽然不敢明目张胆地谋取私利，却可以将个人谋私的行为裹挟到群体"公"的权益主张行为当中，假公济私以达到个体或少数几个人的"私"的目的。因为有农民认同的"大私"单位的存在，一般来说，个人过于彰显个体权利的行为就会遭到抵制，个人借公谋私的行为也会被戳穿。不过，个体谋私利的行为在"自己人单位"内部虽然是不被允许的，是会被"自己人"所鄙视的，但是在"大私"单位之外"公"的领域，只要对"自己人"有利，个体打着"小公"的招牌在实现"自己人"整体利益诉求的同时谋取一定的个体私利，又不给其他人带来太多的麻烦，那么，这样堂而皇之的个体行为也就会被"自己人"所容忍。

张家湾的农民不是不知道修路事件中存在的风险，他们从一开始就深知如果强行将镇、村干部撂在一边擅自修路，就有可能既得不到国家政策规定的补助款，更有可能无法依赖地方政府来填补自筹款和补助款之外的资金缺口。但是，在张广户等人的主导下，理事会承诺湾子的农民只要出了份子钱，其他的经费不需大家考虑，理事会会想办法自己解决。而对于张家湾的农民来说，他们也大多不愿意咽下"政府都给刘家湾投了那么多钱，可轮到了我们湾，修一条路政府都不愿意管"的怨气，默默采取了支持张广户等人的态度。上访事件一出，虽然18个人中的大多数都否认自己在上访信件上签了字，但是基本上湾子的所有人都共守了秘密，都不愿意将其中的细节告知镇、村干部。所以，到现在为止，镇、村干部对修路、上访中的很多关键环节都还没有完全弄清楚，部分内容都还是基于常理的判断或是基于组长张广友等人提供的少量信息。

上文的论述充分说明，通过改造中利用房头会，组建理事会，可以有效地推进以湾子为单位的新农村建设进程，以较少的资源投入发挥最大的实践效能。同时，由于"大私"单位之间存在攀比、竞争机制，以及有限的资源总量在分配中不能兼顾到所有湾子的利益，一个理事会兴起了，一个湾子发展起来了，其他湾子的人就有可能会受到刺激，即便是地方政府不授权这些湾子成立理事会，他们也有可能效仿张家湾擅自以"闹家族"的形式成立理事会，强行推进湾子的新农村建设工作，再反过来去"倒逼"地方政府给予合法性认可，迫使地方政府不得不投入必要而又可能的资源支援其发展，否则就有可能以"小公"名义无休无止地闹事、上访。所以，如何利用好"大私"的力量，改造好"大私"单位，发挥传统资源的现代治理价值，仍然是一个值得深入探索的重要领域。

## 五 道中"道"，非"常道"：农民公私观理想图式的表达

我们在前文讨论了理事会主导下以自然湾为单位的基层治理逻辑，分析了农民认同的"大私"力量是如何型构地方治理秩序的。下文将继续以各个湾子的修路事件为例来探讨"大私"单位与"大私"单位之间的互动逻辑，以及"大公"、"大私"和"小私"之间的互动逻辑，从中探析农民公私观念理想图式的表达机制。

上文已经讲述到2005年，刘家湾自发成立理事会，自筹资金修建完通湾公路后不久，宝恩镇政府很快就将这一成功经验复制到了其他各个行政村和自然湾。其中，在新名山村的桥头湾和陈家湾，农民

也在极短的时间内以类似的方式修建了通湾公路。而同样是在 2005 年，名山村还申请到了一个村级公路的国家项目，修建了通村公路。

2005 年以前，名山村村委会的办公楼坐落在杨家湾。当名山村村两委准备争取国家项目资金修建通村公路时，为了能够把握机会同时解决前张湾和王兴湾的道路问题，村两委就动员孙家湾、杨家湾、前张湾和王兴湾一起共同组建修路理事会，每个湾子出 2~3 个代表，负责筹集国家补助资金之外的不足部分。理事会很快就成立了，按照协商的结果，四个湾子里的每个村民出资 100 元，剩余的部分由村两委负责解决。工程承包出去以后，施工队很快就开始施工，然而当道路修到杨家湾的时候，由理事会负责收缴的份子钱还没有能够顺利收上来，当时的情况是：孙家湾大概收缴了 50% 的村民的份子钱，当选的理事却始终坚持除非湾子里所有村民的钱都交上来，否则就不能将钱交给施工队，以此来避免将来可能的无休无止的扯皮行为。但湾子里的村民想的是路既然是要通向村委会，我们为什么要出钱，路修了我们还不是照样走！将近一半的村民都抱着类似的"搭便车"心理，当选理事自然不敢轻易将钱交给施工队，所以就只能拖着。而前张湾和王兴湾的村民提出的条件是你把路修到我们湾子里，我们再出钱。即便是这两个湾子里当选的理事做了大量的工作，各自也只收到了几千块钱。唯独杨家湾有 80% 以上的农户缴纳了份子钱，当选理事也将钱交给了施工队。面对这种情况，施工队自然不愿意冒着极大的风险垫钱将路修到前张湾和王兴湾。原本计划好的"谁出资，谁受益"的修路方案因此只进行了一半，迄今为止，图 5-1 中所示 bf 和 bc 两段路依然是泥泞难走。

更奇怪的事情还发生在张家湾修建通湾公路的抉择行为中。当笔者第一次在名山村副书记刘正先和刘家湾理事会会长刘正毅的陪同下，于一个下雨天去张家湾调查的路上发现，ab 和 fh 路段都已经是石板路面了，可独独中间的 bf 路段却没有硬化，仍然是泥泞难走。当时笔者就非常好奇地问刘正先和刘正毅，他们俩都笑了笑，解释说："奇怪吧，农村的事就是无奇不有，这段路没有修是因为张家湾

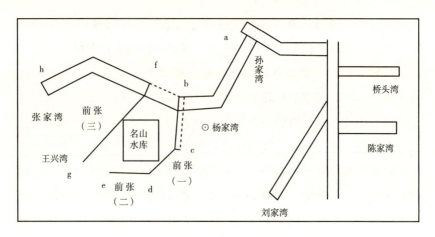

**图 5 - 1　名山村 2005 年以来道路建设实施情况**

的人认为不应该由他们一个湾子出钱，这应该属于是张家湾、前张湾和王兴湾的'公路'，三个湾子的人都要走，应该大家一起出钱，或是应该由国家来出钱，那样才公平。"

　　看到笔者感到不可思议的样子，刘正先还接着讲了王兴湾和前张湾正在筹划修路的故事。王兴湾的人看到张家湾的人修建了通湾公路，也准备修建 gf 路段。可问题是王兴湾的人愿意出钱，但前张（三）却有很多农户不愿意出钱。前张湾原本坐落在名山水库所在位置，后因修建名山水库搬迁了出来，一部分农户搬迁到了其他地方居住，留在本地的农户分散开来居住在如图 5 - 1 所示的三个位置上，其中，前张（三）因为人少且紧挨王兴湾就划成了一个村民小组。后来到王兴湾访谈时，该组组长介绍说湾子的人确实正在私底下筹划修路，也在与前张（三）的人协商看如何出资，姓王的人出钱是没的可说的，如果谁家不出，来年开春清明祭祖就不让他从湾子的路上过，至于姓张的农户，还需要再好好协商一下。

　　不单单王兴湾，前张湾也确实在私底下策划修路的事情。他们的困难在于当年修建名山水库时，政府给他们安排的统一居住点是在前张（一）所在的位置。后来因为水库没有能够完全修好，储水量有限，前张湾的旧址有一部分就没有被水面淹没。所以到 20 世纪 80 年代初，就有部分农户逐渐搬迁回原址建房定居。但是，农户的搬迁行为却没有能够及时得到当时的镇政府和村委会的审批，属于农民自发、自愿的私下行为，以致到现在镇、村两级干部都不愿意赋予当年农民的搬迁行为以合法性，在他们看来，一旦赋予了合法性就是一件非常麻烦的事情，毕竟这些农户住的地方是库区，如果突然发了大水，躲都来不及。镇、村干部既然认为他们的搬迁行为不具有合法性，自然也就不会承认 cd 路段存在。因此，如果前张湾的人要修路，他们是可以申请到 bc 路段的国家政策扶持资金的，却极有可能申请不到 cd 路段的经费。前张湾的人就相关问题跟村干部交涉过多次，都没能得到村干部肯定的答复。这也是前张湾的人最大的一块心病。他们有自信如果湾子决定要修路，不管是早已从湾子里搬迁出去的人，还是前张（三）的人，只要想在清明节的时候还能回来祭祖，就必然会出份子钱，但他们无法通过正常的渠道申请到 cd 路段的国家专项扶持资金。

孙家湾、杨家湾、前张湾、王兴湾和张家湾同属老名山村的管辖范围，发生在它们身上的关于修路的故事蕴藏着并不寻常的"道理"，它充分说明以农民认同的"自己人单位"为界限，"大私"单位之内的事情是"自己人"的事情，是需要全湾人群策群力解决的"私事"，任何一个具有"自己人"身份的人都应该为之出钱、出力，否则就会受到全湾其他人的指责和抱怨。而"大私"单位之外的事情，是超越"自己人单位"之上的"公事"，是需要国家之"大公"力量介入解决的"公事"或是应该由相关的"大私"单位协同出力共同解决的"公事"。"既然是'公事'，能占便宜谁不占呢，不占白不占"，所以，在"大私"单位之上的协同作战就演变成了"路从湾前过，不走白不走。不想让我走，你把路挪走"的合作困境。从这里也可以看到理事会发挥作用的界限，以湾子为单位成立的理事会是可以经过群众会、代表会的授权拥有合法使用暴力的权限来治理"钉子户"的，而在超越湾子的基础上成立的理事会却很难具备同样的权限，当选的理事也会顾虑重重，从而使跨湾子的集体行动在当前很难取得成功。

接下来，我们再通过分析"一事一议"筹资筹劳政策实施的村庄基础来进一步探讨农民公私观念的实践机制。根据国家统计局农村社会经济调查总队2004年对全国31个省、区、市6.8万个农村住户的抽样调查显示，"一事一议"筹资费人均仅1.6元，按人均筹资15元的上限和议办一事匡算，真正开展了"一事一议"的行政村的比例仅为10%多一点。调查同时表明，筹资并没有随着农村税费改革的深入和"一事一议"的广泛推行而增加，与2003年的1.8元相比，2004年人均筹资反而下降了12.9%。不仅筹资筹劳投资农村公共品的目的没有达到，而且"一事一议"本身也形同虚设，绝大多数地方的农村压根就没有为此召开过村民大会（黄坚，2006）。其中，河南省就有95%的农村没有或者基本没有施行"一事一议"筹资筹劳政策（孟昭智，2007）。

2009年暑假在科发村调研时，村干部也反映说"一事一议"是不可能的，现在的老百姓，想让他们出一分钱都很难。以农田灌溉为例，原本应该由村民自己出水费和管理费的，村民都不愿意出，还得由村里想办法解决经费问题。科发村村干部是站在行政村的角度上说"一事一议"不可能的，实际上正如我们在上文已经提到的，在自然湾的范围内，在理事会的带领下，农民正在践行的本身就是一种别具形式的"一事一议"政策。2006年，当时国家还没有针对村民小组的通组公路建设补贴扶持项目，科发村决定由村里自行出资资助一部分，再由新成立的理事会出面筹集一部分，修建通组公路。刚开始的时候，3组组长怕麻烦不愿意带头做，后来当8组将路修起来后，3组的年轻人就站了出来，主动要求成立理事会修建通湾公路。

3组在修建通湾公路的过程中，科发村村两委按照项目总预算支持了40%的资金，剩余部分由理事会召开群众会由每家每户共同出资。后来经过理事会与村两委以及村民的协商，为了修建通湾公路和湾内的主干道，每户出资400元，从主干道到每家每户的门前，由农户自己选择，如果愿意修，就由村里和农户各出一半经费，不愿意修的话，也可以。不过，理事会同时形成的决议是如果农户不出 400 元的份子钱，他家就既不能在原址上拆旧建新，也不能申请新的宅基地。结果是绝大多数农户都出了资，也修了从主干道到家门口的"自留地"。唯一例外的一户，由于家里有一个 80 多岁的老人，和她刚刚出狱的儿子，实在没有钱，理事长就自己垫了 400 元出来。在访谈时，群众说，如果将来老人的儿子要盖房，就应该将理事长垫出来的钱还给本人；如果他家不盖，别户要在这个地址上盖新房，也应该将钱还给理事长。

　　其中的道理在于，通湾公路和湾内主干道是全湾人共享收益的"公路"（实则是"大私"层面的"私路"），村两委出资 40% 的经费部分是由"公家"承担的，剩余的部分按照事先约定就属于"大私"承担的部分，应该由一家一己之"小私"来共同承担。此外，从主干道（门前路）到农户家门前的路就是纯粹的"小私"自享收益的"私路"，也就应该由个体的家庭来承担。自然湾内"公路"与"私路"的区分是农民在访谈时说出来的，显然也已经内化到了农民的心灵深处。在这里，"大公"（或是村两委代表的"小公"）、"大私"和"小私"各自的责任归属是非常明确的，也是能够激发农民的认同的。也就是说，在自然湾之内，由理事会主导，按照"谁出资，谁受益"的原则，实施"一事一议"筹资筹劳政策才具有实施的村庄基础。

## 六　村委会、理事会与公私秩序的表达机制

　　取消农业税费以后，权力已经上移到行政村一级的村社集体迅速丧失了从地方性知识和地方性共识中获取内生治理资源的能力，国家"公权力"认可的最基层的治理主体——村委会与"自己人单位"之间的隔膜迅速加深。虽然从形式上看，村委会人选的确定是由村民选举产生的，好像具备了农民认同的民意根基，但实际上单纯的一张选票并不能解决"农民认同"的问题，票决制的实质是荐举制，仍然

是由不同的"自己人单位"的人数规模、势力大小等内生结构性因素所决定的，村民自治仍然是徒具形式而已。由于农民对村委会缺乏"自己人"的认同感，而村委会所扮演的"公权力"的"代理人"的角色在取消农业税费以后越来越明显，村委会越来越按照现代公共治理规则来行使治理权，村委会离"自己人单位"也就渐行渐远。由此，正式治理体制中，公与私的界限越来越清晰，公私秩序的内在机制已经遭到了根本性的破坏，一方面最基层的治理单位脱离了农民认同的"自己人单位"，整合"大私"力量的能力严重弱化；另一方面村委会的权力失去了农民的认可，呈现"有（国家授权的）合法性，无（农民赋予）认同感"的特征。在笔者看来，这是正式治理体制陷入村治困境的根本原因，与村委会不同，理事会是从房头会中演变而来的，并且在不断的实践改造中改变了房头会的权力特征。如果说房头会利用的是房长的长老权力的话，那么，理事会利用更多的则是同意权力，前者主要是由先赋性地位决定的，先天的色彩比较浓厚，后者则更多是由后天的努力及成就所决定的。同时，理事会是在"公权力"的授权下成立的，具有了"小公"的身份，权力的性质是"合法性与认同感"兼备。并且，由于理事会的理事与镇、村干部在意识形态上保持了相对的一致，都致力于新农村建设，实际上使理事会成为"公权力"在乡村社会的自然延伸，使最基层的治理单位从行政村一级下移到了自然湾一级，重新回归到农民认同的"自己人单位"之上，使公私秩序的内在机制得以在一定程度上恢复，从而相对有效地对乡村社会实施了治理，维持了良性的地方秩序。

张家湾的事例说明，理事会得到"公权力"的授权与村委会得到农民发自内心的"自己人认同感"同样重要。"公权力"的授权有利于使理事会的理事与地方干部共享同一套意识形态，使理事会成为一种建设性的力量，与地方政府一道共同致力于以自然湾为单位的地方建设。同时还说明，如何利用好、改造好理事会，避免理事会被少数别有用心的人所利用，也是一个重要的现实问题。

# 第六章  "村落中的国家"：百年国家政权建设史中的公私定律

本研究在叙述新中国成立以来岳平县农村基层治理实践模式变迁逻辑（包括正式治理与非正式治理两个方面）时，主要涉及了两个方面的内容：其一是农民的公私观念是如何形塑基层治理逻辑，影响不同时段国家政权建设的实践成效，建构地方社会秩序的；其二是60余年来农民的"大私观""小私观""大公观"发生了什么样的变化，最基层的治理主体的权力性质发生了何种历史性的变迁。基于此，本研究将在结论部分首先从"大私"、"小私"、"大公"和村社集体等方面进行总结性讨论，提出一些基本发现，进而来探讨农民公私观念型构地方社会秩序的深层逻辑，论述政权建设的一般规律，并以此为基础重构村庄视域中的百年国家政权建设史。

## 一  "自己人单位"的构建：农民"大私观"的新表达

本研究在第二章建构理解传统中国农民公私观念的理想图式时指出，在"大私"层面，传统小农遵循的是对内的整体主义行为逻辑和对外的特殊主义行为逻辑，农民的"大私观"在"公"与"私"

的不同层面有着不同的表达机制。为此，本研究的第一个结论就是要在前文论述的基础之上对此做出阐释性解答。

### （一）"自己人单位"的解构：俗世生活与超越信仰

在西方社会，人们的俗世生活和信仰世界是分离的，世俗性的东西与超越性的东西彼此之间的界限是清晰的，该是政府和市场的就交给了政府和市场，该是上帝的就交给了上帝。身为创世主的上帝为个体的存在和生命的意义提供了一整套说辞，西方人在世俗的生活之外并不需要在现实生活中追寻"人之为人"之理由，俗世生活的困惑也可以诉之于上帝，以祷告、忏悔的方式来获得救赎。上帝是单列于世俗社会之外超越性、普世性的存在，是所有人的灵魂都应该皈依和可以安放的地方，俗世生活的变迁对之并不能产生根本性的影响，不会影响个体对超越性信仰的意义体验。然而，就中国农村社会而言，就农民的生活来说，中西文化的差异是巨大的，农民的信仰世界并没有"放之四海而皆准"的统一的、唯一的、超越性的"上帝"，生命的意义需要农民自己在现世生活中，在村庄的特定场域中去领悟、去构建，这就必然凸显生活世界在农民生命意义再生产方面的价值。由此，神圣在世俗之中，世俗之中有神圣，二者是内在镶嵌、彼此相依的（许纪霖，2008）。也正因此，农民是归属于宗族、村落的，也是在其中获得生命意义的体验的，这本身就构成中国农民特有的归属体系与意义体验模式（杨华，2010a）。

由于神圣与世俗的共生共存，农民就只能依赖历史感从追溯祖先踪迹，想象死后世界中获得对当下生命价值和生活意义的定义，在现世生活中实现本体性价值和社会性价值的统一（贺雪峰，2008c）。农民本体性价值的核心是传宗接代，在"祖祖辈辈而来"与"子子孙孙而去"中发挥沟通历史与未来的桥梁价值，并为自身寻找安身立命、安放灵魂的地方。受本体性价值的影响，农民生育行为中的男孩偏好就得以彰显，外嫁来的媳妇就会为不能生育男孩而自责、愧疚，没有孙子的老人也会因此而深感生命黯淡、生活缺乏意义。社会性价值依附于本体性价值之上，体现在荣誉、威望、面子、地位、功名等稀缺性资源的竞争上，是彰显祖先荣耀，体现生命价值，获得后世子孙祭奠、缅怀的现世依托。因此，即便一个人在外面世界获得了再大的功名、成就，如果不能"衣锦还乡"，意义也就大打折扣。同样的是，一个人在外有了能耐，就要想办法在家乡得以体现，使乡邻获得"弹冠相庆"的机会，家乡得到实实在在的好处，以"光耀门楣"。因此可以说，传统中国农民的生活面向是向内、瞄向"自己人群体"的，他们的价值不是在遥远的国家里体现，而是在"大私"单位里生发出来的，传统小农只有立足"大私"单位的特殊主义的价值追求而没有超越"大私"的普世性的价值追求。从根本上说，这是农民特殊主义行为逻辑得以锻造的价值基础。

然而，离开时空的具体界定，个体是不能生成价值的。"小私"不能解决的问题只能交给"大私"来解决，"自己人单位"的重要性由此凸显。农民认同的"大私"单位不是抽象的、虚无的，而是具体的、客观的，有着一整套地方性知识和地方性共识作为内在的社会文化基础，价值即蕴含其中。大体说来，地方文化和地方传统涵盖了三个方面的公共规范：一是约束个体与家庭关系，维系家庭内部秩序的规范，依赖的是"父为子纲，夫为妻纲"的儒家伦理和"三从四德"的道德规范；二是约束人与人之间互动关系的规范，是人情、面子等微观权力关系的再生产机制，依赖的是仁、义、礼、智、信的封建礼教思想；三是约束个体与整体之间关系的规范，是农民自发合作达成秩序的社会文化机制，是农田水利供给、村庄安全保障、接"太公"、"打人命"、宗族械斗等集体行动达成的逻辑，依赖的是"为了我们湾子""为了子孙后代""为了姓××的"的整体利益必须"人人皆出一份力"，"小道理"必须要服从的"大道理"。而无论是约束家庭内部成员以及人与人之间关系的规范，还是约束集体行动达成的规范，都是"地方性共识"，都具有"公共性"，都是个体"正心、修身"的重要内容，自然也是沟通个人与社会之间关系的桥梁。进一步地讲，在规则、规矩、规范认同的背后，是一种社会心理文化的"自己人认同"，只有文化上、心理上认同了，才能达致"从俗即从心"的身体无意识的境界。

熟人社会里，个人在基本社会化和再社会化的过程中"习"得了这些规范，就会在耳濡目染之中形成"自己人"的内群体认同意识。受"大私"的遏制，在日常生活中，农民就会以上述规范为行动的指南，不能一味地向"大私"之外的世界寻求行为的合法性，否则就会受到"大私"力量的制裁或纠偏。正是由于"大私"的阻隔，内群体和外群体的界限得以划分，整体主义和特殊主义行为逻辑的区分得以清晰化，农民"有宗族而无国族"的认同格局得以形成。

### （二）"自己人单位"的建构：价值性建构与功能性建构

杨宜音（2008）将人与人之间的关系区分为先赋性和交往性两种类型，并以此为基础来建构"自己人"的形成机制。通过本书上述各章的论述，回到村庄的特定场域中，我们可以看到"自己人"不仅是一个功能性单位，也是一个价值性单位，功能性和价值性构成理解不同类型"自己人单位"建构机制的二维视角。

人民公社时期刘家湾里"湾里的湾外人"的遭遇以及理事会兴起以后"外人当政"引发的风波都充分说明，价值性是"自己人单位"的内核，离开价值基础，"自己人单位"就会显得非常脆弱。这里谈到的价值更多是从本体性的意义上说的，因此价值层面的"自己人"也就主要限定于依托血缘纽带发展起来并由先天性关系界定的"大私"单位上。农民认同的"大私"从价值层面来说具有先天的确定性，个人并没有选择的自由，边界也是非常清晰的。外来的人要想进入这个圈子，男人有两种路径可以选择，即过继给别人做儿子或是上门做人家的女婿，而女人只有嫁给圈内的男人一条路可以选择。至于依靠过继、婚姻等形式与特定的"自己人单位"攀上关系的个人或家庭在功能的意义上讲才具有"自己人"的意涵。因为通过过继、婚姻等形式建构起来的只是外来的个体与圈子内的个体之间的紧密联系，对于整体来说关系并不亲密。因此，在三年自然灾害时期，豫南县齐家庄为了最大限度地维护"自己人"的整体利益，为了保证稀缺的粮食资源不被外来的人所稀释、占用，为了确保范姓人能够获得生存的机会，齐家庄的人对所有外来的人都采取了血淋淋的极端排斥的行为选择。名山村高展飞做书记之后在刘家湾的遭遇也说明，通过拟血缘关系建构起与内群体的关系之后，在日常的关系处理中，内群体的人是可以将之视作"自己人"的，但一旦"外人"和"自己人"的关系紧张起来，"外人"的角色就会被迅速地打回原形，成为"湾里的湾外人"。

生活在以血缘关系为基础的湾子里，"自己人"和"外人"的界限是非常明晰的，"大私"单位里发生的很多事件时不时也在强化着彼此之间的界限。修撰族谱、修缮祖堂、接"太公"都是以价值性"自己人"为单位举行的，"打人命"、宗族械斗往往也是如此。诸如此类的宗族群体性活动，不断地强化着农民的认同界限，区分着"自己人"与"外人"及外群体的关系。在价值性建构起来的"自己人单位"里，一旦涉及群体的利益，个体往往缺乏行为选择的自主性、自由度。虽然在经历革命的打击之后，宗族已经丧失了对个体施用族规家法的合法性，但是如果个体背离群体的决议一意孤行，就仍然有可能会像朱云龙一样被斥之为"不要祖宗的败家子"，被污名化、标签化。因为是基于先天的血缘关系形成的认同界限，在此类"大私"单位里，即便人与人之间没有日常的人情往来，在危机来临，"自己人"必须采取一致行动的时候，应急性的互助合作不但是可能的，而且是任何一个人或家庭都不能缺席的。个体在"打人命"、宗族械斗等事件中的"搭便车"行为是不被容许的，也是注定要受谴责的。由此，农民认同的价值性"自己人单位"就构成农村基层派系势力和派性斗争最为坚实的权力基础。

此外，在村落社会里，个体也可以以己为中心、以人情交往为手段来建构"自己人"的认同圈子。在缺乏强有力的血缘关系连接纽带的杂姓村落，人情就是建构"自己人认同"的基本实践机制。因为是以己为中心，个体的选择性较强，一个人和家庭可以根据自己的经济承受能力以及生活需要来决定圈子的大小。由于在当前的中国农村，国家力量在诸多领域都已经介入到农民的生产、生活领域，农民自发的必需性的互助合作需求并不多，如前文所说，丧事已经成为考量农民常规性互助合作单位大小的风向标，村落生活中功能性的"自己人圈子"的大小往往也就与丧事需要的互助合作单位相差不大。因为依托人情建构起来的"大私"单位具有非常强的功能性，随着互助合作需求层次的降低，个体也就可以根据自身的条件自主决定单位的大小。并且，在宗族性地区，功能性建构的"自己人单位"往往依附于价值性建构起的"大私"单位。所以，在村落里，价值性的"大私"单位可以大于、等于或小于功能性的"大私"单位。在岳平农村的单姓湾子里，后者往往要小于前者。但是在京山等原子化地区的农村，前者就要远远小于后者的规模了。不过，总体来说，价值性的"自己人单位"边界更清晰，个体缺乏选择性，稳定性更强；功能性的"自己人单位"边界模糊，个体选择性强，进入和退出比较容易，稳定性较差。

### （三）"自己人单位"的重构：结构之变及其社会文化土壤

费孝通认为在横暴权力和同意权力之外，乡村社会还存在一种发生于社会继替过程中的教化性的权力（2006a：53）。虽然权力的文化基础是农民的认同，支撑机制是具有公共性的地方规范，传承机制是在熟人社会里发生的后天的习得行为，但是文化规范对于新成员来说则必然是强制性的，个体在基本社会化和再社会化的过程中必须无条件地习得这些规范，因此，对于新成员来说，后天的"习得行为"就是一种教化的过程。教化权力产生效力的基础是社会结构中的长幼有序，长幼分划是中国亲属制度中最基本的原则，有时甚至可以掩盖世代原则（2006a：56）。在传统社会里，人们交往时相互对待的态度是基于长幼有序而来的。因此可以说，传统社会"大私"单位里权力结构的核心特征是差序性的分布格局，而基于这种权力的治理是既非政治民主又非社会民主的长老统治。

与差序性的权力结构特征相适应，传统社会里的道德也是差序性的。"儒家最考究的是人伦……伦重在差别，在《礼记》祭统里所讲的十伦：鬼神、君臣、父子、贵贱、亲疏、爵赏、夫妇、政事、长幼、上下，都是指差等。"（费孝通，2006a：23）在费老看来，伦，也就是差序，既是中国传统社会结构里最基本的概念，又是人和人往来所构成的网络中的纲纪。前文已经提到道德从根本上来说是与权力结构相匹配的，在权力结构稳定的时候，道德诸要素也是稳定的，在权力结构发生剧烈变动的时候，道德要素的更替、调整也就在所难免。乡土社会的权力结构是在长期的历史延展中形成的，已经成为地方文化的主要组成部分，最基本的特征就是稳定有序，自然，与之相匹配的道德要素的核心特征也就是差序。因此，无论是儒家伦理文化思想的基本架构"三纲五常"，还是封建礼教思想对妇女"未嫁从父、既嫁从夫、夫死从子"的"三从"规范以及"妇德、妇言、妇容、妇功"的"四德"规定，都以差序为其核心特征。总而言之，传统社会里，差序性的道德是和差序性的权力结构相匹配的，二者共同支撑着农民认同的"大私"单位长期性的相对稳定的基础性秩序。

然而，近代以来，尤其是新中国成立以后，革命打破了传统的差序性的权力结构的笼罩，否定了差序性的道德结构的合法性，以《宪法》和相关法律为合法性来源确立了法律面前人人平等的公民权。改革开放以后，市场又改变了资源的分布结构，提升了中青年农民尤其是农村妇女的经济地位，他们开始与国家法律形成有效对接，权利意识不断觉醒、彰显，在经过一个短暂的激烈的权力争夺战之后，他们在家庭权力结构和社区权力结构中开始占据优势地位。由此，差序性的权力结构逐步被打破，差序性的道德要素也逐步被废弃、更新，新的平权式的权力结构和与之相匹配的新的道德要素构成机制得以形成，现代性的因素得以渗透，长老统治的基础越来越薄弱，"大私"单位的结构发生了史无前例的变迁。

但是，由于在岳平农村地区，接"太公"、修撰族谱、修葺祖堂、清明祭祖等宗族群体性活动不断发生，"打人命"、宗族械斗等内群体与外群体之间的群体性对抗行为还时有发生，农民的合作需求还比较强烈，忧患意识也有所保留，基于农民认同的"自己人单位"就仍有存在的现实价值。随着房头的复兴，宗族的社会文化网络得以重建，人情、面子、权威等地方文化规则得以恢复，内生秩序的生成能力得以强化，"大私"单位的社会结构得以重构。从后税费时代理事会的兴起机制中可以发现，经过对房头会的利用和改造之后，理事会具有了现代民主制度的影子，如果说长老统治既非政治民主又非社会民主实践的话，理事会的治理之道则被深深地打上了"协商式民主"的烙印，诸多重大事项都由理事会成员共同协商决定、群众会或代表会讨论通过才得以实施。理事会的权力已经不再是长老统治式的差序性的权力，而是基于农民认同的"同意权力"。并且，这种权力得到了复兴中的宗族社会文化网络的支撑，是后税费时代地方内生社会秩序得以生成的关键。因此，如何认识和对待"大私"的传统资源应是今后一个阶段国家政权建设的重要内容。

综上所述，笔者认为在国家不能为农民提供超越性信仰来源，不能解决农民生活世界中的一切难题的情况下，农民就必须依托"大私"单位来追问生命的价值和生活的意义，也必须依托"自己人单位"里彼此之间的互助合作来解决日常生活实践中单家独户所不能解决的公共品供给问题。所以，农民认同的"大私"单位对于农民来说是必要的，也是可能的。并且，"自己人认同"观念的存在对农民村庄共同体意识的培养、村庄社会秩序的形成、乡村"善治"局面的维系都有重要的现实意义。而经过革命和市场的冲击，现代性因素已经渗透进"自己人单位"内部，改变了"大私"单位的基础性结构，使"大私"单位完全有可能从一个保守的、封建的、落后的宗族性单位，转变成一个具有中国农村特色的、积极的、民主的、进步的，能够对社会主义新农村和谐社区建设发挥巨大推动作用且被正式治理体制所接纳的新型的组织性力量。

## 二 被塑造的权利与被规约的权利：
## 农民"小私观"的新表达

传统社会，中国农民遵循的是"以群为重，以己为轻"的群我主义行为逻辑，经过革命和市场的洗礼之后，农民的"小私观"获得了新的表达，主要表现为面向国家的个体农民权利被形塑和面向"自己人"的个体农民权利被规约的特征。

### （一）权利被形塑

新中国 60 余年的革命与建设实践，也是农民权利的被形塑之路。传统小农世代生活在相对封闭的自然村落里，在宗族的庇护下谋取生存和发展的机会。作为个体的农民，拥有的是宗族成员权或村落成员权，个体依附于宗族或以宗族为内在基础的自然村，缺乏自由、平等、民主的意识。在资源有限、机会不均等、自然风险和社会风险都比较大的传统社会里，个体离开宗族的庇护就意味着极大的不确定性，意味着生命随时都有可能遭遇厄运。而一个人拥有了宗族成员的身份，就拥有了诸多的权利，比如在 1900～1942 年的华北农村，按惯例，同族人就具有土地的优先购买权（杜赞奇，2008：72）。不仅如此，宗族成员也具有宗族所有的"公田"的优先租佃权，以及从宗族"公田"收入中获得救济的权利等。当然，农民权利的获得是以让渡个体的部分权利给宗族为前提的，传统农民是义务本位的道义小农，他们必须遵循村规民约、族规家法，以此确保先天获得的宗族成员权的有效性。总体来讲，宗族成员权是一种消极的、保守的、扼杀农民个性的权利，因此族权才会被视作束缚人自由的绳索而被控诉。

新中国成立以后，以土地改革为先导的革命实践将农民从宗族的庇护中拯救了出来，赋予个体必要的政治、经济、社会权利，建立起国家与农民的直接连接机制，农民开始成为国家的主人翁，成为享有平等、自由权利的国家公民。然而，农民公民权的被形塑并没有转化成农民对合作化政策的积极拥护，个体的积极性发挥了出来，但合作的积极性却久久没有得以体现，农民自发的农业合作化实践大多停留在互助组的阶段徘徊不前。为了能够从小农经济中最有效地提取农业剩余，国家试图将个体农户组织起来，转换身份成为初级社、高级社乃至人民公社的社员，变国家与农民直接打交道的办法为间接的办法，将农民"拧成一团"。大公社严重超越了农民认同的"大私"单位，整合能力迅速下降，最终不得不退出了历史舞台。社队模式确立之后，农民开始成为集体的社员，拥有了集体成员权，依托生产队组织和发展生产。由此，国家通过"三级所有、队为基础"的公社建制将农民融入到集体当中，以集体为中介，有效协调国家、集体、个人三者的关系，巩固和强化农民对国家的认同。

改革开放以后，个体获得了土地的承包权，中国农村逐步确立起"以家庭联产承包经营为基础，统分结合的双层经营体制"，农民仍然是集体的成员，从所属的村民组或行政村里获得相应的权利。应该说，在20世纪90年代以前，农民主要并不是以个体的形式出现，而是集体以成员的身份出现，集体作为个体的农民绕不过的中介扮演着与国家打交道的重要角色。但是，从90年代中后期开始，国家确立了依法治国的基本方略，法治建设的进程不断加快。与之相应，中央政府制定实施的国家政策也越来越注重个体农民权利的维护，"轻集体，重个体"的导向越来越清晰。为了遏制基层政权组织腐败行为的扩散，巩固和强化国家在农民心目中的合法性形象，国家试图通过越来越程序化、技术化的法律法规、政策的制定与推行，来形成国家与农民联盟的局势，以此来反制基层干部。在这个过程中，集体的权利被规约，个体的权利被突出、强化，国家赋予了个体农民越来越多的现代公民权。

然而，在农民公民权的发展问题上，作为主体的农民的角色往往是被动的，农民是被裹挟着走上权利不断被形塑的道路上来的。农民权利意识在不断增强，主张权利的行为也在日渐增多，农民的行为逻辑发生了历史性的变迁，但是农民彰显权利的行为也表现出极大的复杂性，呈现诸多不同的面向，给基层治理实践带来了不可忽视的影响。

### （二）面向国家的农民权利：群体的，还是个体的？

近年来，在农民权利启蒙论的话语影响下，维权范式成为主导农民上访研究的主导性框架。李连江等人（2008）提出了"依法抗争"的解释模式，认为中国农民利用中央政府颁布实施的政策、法律和相关文件进行上访的行为中兼有政治参与和政治抵抗的特点，农民正在从传统的臣民向具有现代政治权利意识的公民转化。方江山（2000）则将上访看作农民非制度政治参与的一种形式。于建嵘（2004）更进一步提出了"以法抗争"的概念，认为农民以法律和政策为武器，通过上访来有组织地表达明确的政治权利，旨在宣示和确立农民这一社会群体抽象的"合法权益"或"公民权利"。在最近的研究中，于建嵘（2010）又提出了"抗争性政治"的分析概念，将维权范式提升为中国政治社会学的基本问题。很明显，于建嵘的研究受到了查尔斯·蒂利等人提出的"抗争政治"（2010）的影响，想当然地认为农民上访是为了谋取作为社会群体出现的农民阶层抽象的公民权利，其暗含的研究前提是农民已经"拥有自己独特的信仰、文化价值观和抗争策略，并有明确的目标指向"（2010：4），已经成为一个独立的社会阶层。

应星（2007）和吴毅（2007b）的研究都认为农民上访具有"弱组织性"和"非政治性"的特征，变相地批判了于建嵘等人带有"强烈的情感介入和价值预设"的研究结论。申端锋（2009）则独辟蹊径，开辟了农民上访研究的治权范式，打破了维权范式的垄断地位。本研究承接治权范式的理论资源，分析认为中国农民公民权的形塑是单向度的，是以国家力量为主导的规划性社会变迁的重要组成部分，农民的权利意识被"大私"单位所切割，作为一个抽象的政治社会群体的农民阶层并没有出现，以张家湾农民的上访事件为例，农民的权利诉求是具体的、摸得着的，农民更多的是利用对己有利的政治话语，面向"人民的好公仆"，灵活运用国家政策、法律等现代性规则作为可以借用的上访策略和技术，来尽可能谋取对己有利的上访结果。而西方社会公民权的形塑是一个双向的过程，国家为了从新兴阶级群体中获取财政、兵役等资源，不得不制定越来越多的法律、法规来保证新兴阶级的公民权；新兴阶级也在与国家的讨价还价中强化了自身的公民权地位，明晰了自身应该履行的义务的界限，二者在这个过程中是对抗中不断相互妥协以达成合作的关系。由此来看，中国农民权利的表达更多是个体的而非群体的，是具体的而非抽象的。正是受农民利益诉求的个体化、多元化、正当与非正当的难以区分化，以及夹杂着的谋利性冲动等因素的影响，"新双轨政治"模型僵化，造成了政策反馈渠道的信息淤塞，使基层治理陷入了"维而不稳"的怪圈。

本研究并不否认个别农民通过读书、看报、上网、看电视等手段了解并接受了现代权利启蒙话语的影响，开始有了明确的权利意识，有了对民主政治参与权利的表达诉求，但是对于普遍意义上的农民来说，他们的生活面向仍然是活生生的、现实的、具体的，他们上访更多是想借助于信访制度的责任追究机制寻求更高层级政权的回应，期待诉求对象能够施压于地方政府，从而迫使地方政府不得不解决他们反映的问题，是一种基于对高层政权有着高度政治信任的求援型上访。也就是说，上访是为了解决具体的、现实的问题，而非为了抗争性地表达政治权利的诉求。面对国家之"大公"权力，农民权利的表达是个体化、具体化的。张家湾农民上访就是如此，简单地说就是为了分享国家财政资源，"既然是'公'的，那就应该大家都有份，不能让刘家湾全给占了"。

回到农民的生活世界中来，农民的公民权在面对村委会之"小公"时也有复杂的表现。取消农业税费以后，村委会的行政化倾向越来越明显，逐渐丧失了强制性权力，"统"的能力在迅速下降乃至消失，其扮演的正义之神的守护者角色越来越淡化。面对"小公"

之 "公权力"，农民呈现非均衡的 "权利感有余而义务感不足" 的 "一条腿走路" 的残缺公民观的状态：农村债权锁定政策规定村委会不能强制收取税费尾欠，却并没有规定免去了尾欠户的税款，缴纳尾欠款仍是农民的义务，但几乎没有农民主动履行相应的义务；"一事一议" 筹资筹劳政策规定村委会有权召开群众会讨论社区建设相关问题，并有权组织农民每年收取不高于 15 元的费用用于村庄建设，则面临的是 "有事不能议，议而不能决，决而不能行" 的僵局；国家计生政策规定超生户要交纳社会抚养费，绝大多数超生户严重缺乏积极性，拒绝承担相应的义务；村委会出面组织收取农田水利灌溉用的水费，农民却摆出拒不出资的态度，并在用水时采取 "水在门前过，不用白不用" 的 "搭便车" 行为……权利意识在逐步凸显，义务观念却没有相应地形成，面对 "公权力"，农民只讲权利不讲义务，必然导致村委会主导下的地方社会秩序陷入混乱。

### （三）被规约的农民权利：生活世界中的个体行为取向

与面向 "公权力" 的农民 "小私观" 的表达逻辑不同，如本书第四章所述，在村庄生活中，农民 "私" 权利的表达受到了 "大私" 单位内部规范的阻隔，个体的行为逻辑还要在诸多层面被规范和约束，权利意识不断觉醒的个体农民尚不至于为了个体的利益而置地方规范、道德于不顾。以岳平农村地区的情形来看，农民传统的 "群我主义" 行为逻辑已经发生了质的变化，在 "大私" 单位之内已不再是纯粹的 "以对方为重，以自己为轻" 的行为逻辑表达，而是权利在前、义务相随，权利与义务相对均衡的行为逻辑表达。在家庭内部，差序性的权力结构被均平式的权力结构所取代，差序性的伦理观念被调适后的家庭新道德所覆盖，家庭权力结构和道德新要素之间在新的水平上得以匹配，"婆婆会做婆婆，媳妇会做媳妇"，不孝顺、虐待老人的事情仍然极其罕见，而媳妇享有的与婆婆相对均衡的家庭地位也得到了有效的保障。在涉及 "大私" 单位整体利益层面的事务上，"大道理" 也仍然能够管得住 "小道理"，个人主义没能畅行无阻，农民享有权利与履行义务之间保持着基本的平衡。

通过区域比较，我们已经发现京山农村农民的权利表达与岳平农民具有极大的不同，而与阎云翔笔下的东北下岬村农民有着极大的相似性：随着个人主义的兴起，农民的权利意识得以觉醒，个人的独立自主性日益增加，个人情感与夫妻间的亲密情感日益重要，个人欲望日益强烈，年轻人在家庭权力结构中占据了绝对优势的位置，道德要素的调整无限地滑向私人，"无公德的个人"行为流行。阎云翔认为"无公德的个人"的兴起是集体化时代国家对本土道德世界予以社会主义改造以及非集体化之后商品生产与消费主义的冲击所共同作用的结果。国家在这两个时期出于不同的目的，以不同的方式发起或者推动了家庭的变迁，最终导致了私人生活的转型（2006：261）。缘何"权利觉醒"的现代性过程没有造就高素质、高道德修养的现代公民，而只是带来了畸形的个人主义的泛滥呢？回答这个问题还需要到村庄里面来寻找，正是非集体化时代以来，市场化的生活逻辑和消费主义的现代观念消解了村庄的公共性，而公共生活世界的坍塌和村庄公共性的丧失导致了私人生活的非道德化，引发了"无公德的个人"的兴起（陈柏峰，2006a）。结合本书对岳平农村的论述，正是由于在京山和东北农村，共同体意义上的村庄已经瓦解，"村已不村"使"大公"、"大私"与"小私"的三边关系演变成了"大公"与"小私"，即国家与农民的双方关系，① 在国家权力退出私人领域之后，致使个人主义的兴起失去了制衡的力量，才带来了"无公德的个人"的泛滥。区域对比之下，我们可以清晰地看到，农民认同的"大私"单位具有规范和约束个体权利肆意泛滥的能力，舒缓了社会转型的阵

---

① 阎云翔是在"国家、家庭、个人"的框架里讨论"无公德的个人"兴起之缘起的，只看到了国家权力对私人生活变革的影响，而忽视了宗族、村落对个人主义兴起的影响。阎云翔的问题在于过于重视个案村的经验价值，缺乏区域比较的视野，没有看到中国农村区域之间的非均衡性、差异性。根据华中村治研究学者群体对区域的划分，京山农村和东北农村在文化区类型上同属于中部农村，而岳平农村则属于南部农村（贺雪峰，2009）。

痛，有利于在社会剧烈转型期维持村庄内生秩序的相对稳定。

由此，在宗族性地区，当前农民权利的表达具有多重逻辑：其一是面向国家之"大公"的权利表达。此种权利表达主要是通过农民上访呈现出来的，具有弱组织性、非对抗性、诉求具体化等特征，与其说是政治权利的表达，还不如说是为了向"为人民服务"的政府求援以解决现实的生产、生活难题。其二是面向社区"公权力"的权利表达。随着村委会治权的缺失，"小公"失去了规范、约束"小私"的"统"的能力，农民可以直接从国家政策、法律、法规以及地方规范中寻求并滥用资源以使个体的利益最大化，农民的权利表达具有"残缺公民观"的特征，"权利感有余而义务感不足"。其三是面向"大私"单位的权利表达。受"大私"单位的规范、约束，农民权利在"自己人单位"之内的表达具有了现代公民观的潜质，权利与义务之间保持了相对的均衡。

鉴于以上所述，笔者认为当前社会中国农民的行为逻辑发生了巨大的变化，农民的权利意识不断觉醒，主张权利的行为不断增多，迎法下乡逐步具备了村庄基础。但是，农民的权利表达依然主要是具体的、特殊主义的，而不是抽象的、普遍主义的，阶层或阶级意义上的农民权利观并没有能够形成，"抗争性政治"仍然是水中月、镜中花。而且，从农民面向国家（大公）、村委会（小公）和宗族（大私）等不同对象的多重权利表达逻辑中可以看出，农民的现代公民权利的启蒙并不可能是一帆风顺的，权利在被启蒙的同时也应该受到有效的规范和约束，从而使农民权利的表达与义务的履行能够并行不悖，只有这样才能塑造出具有公共规则意识的现代公民，才能保护更多人应该享有的公民权利，才能维持农村社会的秩序稳定，也才能使"新双轨政治"模型运转起来。

## 三 农民国家观：价值化与去价值化

经过新中国成立 60 余年的国家政权建设，"有宗族认同而无国

族认同"的农民传统国家观已经被打破，农民对国家的认同经历了
一个从无到有、从弱到强、从抽象到具体的演变过程。当前国家政权
建设的困境在于精英主导下的国家观过于偏重政体的完善与发展，去
价值化的倾向越来越明显；而农民的国家观仍然保留着浓烈的社会主
义意识形态的残余，农民对执政党"人民政府为人民"的政治承诺
仍然有着丰富的想象空间，国家的价值性并没有显著退却。自上而下
的精英国家观和自下而上的农民国家观在乡村治理的实践中发生了碰
撞，二者的不协调给基层治理实践带来了相当大的负面影响。

### （一）60 年来农民国家观的流变

在村庄的视域中，新中国的政权建设走上了"打倒族权，建立
国权；破除宗族认同，建立国族认同"的道路。通过新中国成立初
的土地改革运动，国家借助于土地、耕牛、农具、房屋等生产资料及
生活资料的再分配，一下子拉近了国家与农民的距离，使"共产党
打天下为了天下的穷人"的合法性形象在农民的心目中迅速地建立
了起来，赢得了农民的政治认同。土地改革运动打破了族权在乡村社
会的笼罩性地位，从意识形态的高度否定了宗族存在的现代价值，以
废除公田、改造祖堂等方式摧毁了族权发挥作用的物质基础，将农民
从对士绅、地主、房长等宗族性领袖的依附中解脱出来，赋予农民以
法律面前一律平等的公民身份，使农民也成为共和国的主人，从而将
农民拖进了中国整个的现代化进程。

对于新生政权来说，财政供给能力是决定政权建设成败的关键。
在新中国成立之初财政收入主要依赖农业税赋的情况下，国家一方面
拯救了小农，分给农民以土地，给予农民以政治自由民的身份，另一
方面还必须从分散的小农手中提取必要的农业剩余。由此，国家不仅
需要农民的政治认同，而且更需要农民能够在发展生产，增加家庭收
入的同时让渡相应的经济利益，也就是说，需要将农民对国家的政治
认同转化成农民对现代化、工业化发展进程的实质性支援行动，从物
质上、财政上给予国家必要的支持。国家要从农村提取尽可能多的财

政资源，农民又处于分散状态，既不具备与国家力量协商的能力，又不具备低制度成本运作的组织条件，国家就利用革命建立起来的合法性，试图通过农业合作化、集体化运动将农民高度地组织起来。"三级所有、队为基础"的人民公社制度的确立，标志着国家、集体、农民三方关系连接体制的建立，意味着国家在特定的历史阶段找到了与农民打交道的有效办法，实现了从农村汲取农业剩余的目标。

在整个人民公社时期，国家是抽象的存在，集体才是具体的存在。通过将最基层的治理体制建立在生产队上，国家以集体为中介得以完成了对农民的高度整合。抽象的国家依赖社会主义意识形态的宣传教育，重构了村庄内部的人际关联模式，用阶级分析法取代传统的以己为中心的关系建构模式，确立了"亲不亲，阶级分"的政治成分划分标准，通过不断形塑革命小农的基层实践，使社队干部从思想觉悟上与国家的意识形态保持了基本的一致，将国家的统治意志贯彻落实到最基层的治理实践当中，推动了国家基础性权力的发展。而社队集体三级体制的干部队伍，在不断的宣传教育下，在驻村工作队的监控下，被社会主义意识形态所武装，较好地扮演了国家"公权力"代理人的角色，在国家与农民之间发挥了安全阀和缓冲剂的作用。因为有作为中介的社队集体的存在，农民"痛并快乐着"，虽然物质生活长期没有能够得到大幅度的提升，身体长期处于劳作状态，但是农民对社会主义农村的未来有期待、有盼头，精神生活并不贫乏。新中国前三十年的革命与建设实践，不仅重塑了农民日常的生产、生活，而且也试图重构农民的意义世界，赋予日常的劳动实践以超越性价值，让农民能够"将有限的生命投入到无限的为社会主义现代化添砖加瓦的伟大实践当中"来。由此，国家在农民的心目中是有灵魂的，国家的价值性得以生动地体现，崇公抑私不仅成为农民政治生活中的主题，也成为社会生活、经济生活中的主题。

家庭联产承包责任制实施以后，国家之"大公"发生了两个方面的巨大变化：一是从抽象走向具体；二是从价值化走向去价值化。在分田到户的初期，"交足国家的，留够集体的，剩下的都是自己的"，较好地处理了国家、集体与农民三者之间的关系。随着乱收费现象的日益严重，农民负担的不断攀升，三者的和谐、平衡关系被打破，集体成为离间国家与农民关系的"替罪羊"，乡村干部成为被万夫所指的对象。国家开始通过措辞越来越严厉的政策、法规的出台，借助于现代传媒的信息传播能力，试图与农民结盟以反制基层干部。在农民那里，国家的形象越来越具体，国家似乎就等同于中央政府颁布的政策、法规，具有高高在上的合法性，而基层政权组织的形象则持续恶化。与此同时，社会主义教育运动到 20 世纪 90 年代初期之后就在农村社会销声匿迹了，社会主义意识形态越来越不被重视，国家的合法性越来越依赖于经济的发展和农民的增收，超越性的价值构建迅速退色。

取消农业税费以后，国家颁布了一系列的惠农政策、法律法规，实施了积极的财政支农计划，国家的形象进一步具体化。观念中的国家离农民自己的生活不是越来越远而是越来越近了，国家就是中央政府塑造出来的亲民形象，就是中央政府出台的惠农政策，就是"撒胡椒面"式地年复一年地打到农户卡上的支农资金⋯⋯而实体的国家，整个官僚行政体系，尤其是与农民生产、生活紧密相关的乡镇政权和村级组织，却在国家基础性权力建设的过程中被束缚了手脚，掌控资源的能力快速下降，治理社会的能力随之迅速下降，而服务社会的能力也没有能够及时跟上，其扮演的"公权力"的角色与农民的生活实践之间出现了隔膜、断裂的痕迹，乡村社会陷入了"公权力"缺失的无治理状态。如果我们把国家从政体的层面区分为三级：中央政府、中层政府（省、市、县三级）、基层政府（乡镇政府和行政化的村委会），则可以进一步地看到，对农民而言，中央政府离农民的生活实践越来越近，且越来越具体化，基层政府组织则离农民的生活实践越来越远。由此，观念中的国家介入农民生活的能力越来越强，而实体的国家则开始远离农民的生活，在笔者看来，正是"大公"的降临与"小公"的逝去成为乡村社会治理性危机形成之根源。

## （二）两种不同类型国家观的冲突

中国的现代国家建构和西方国家的根本不同在于，西方国家是国族在先、国家在后，而中国在内忧外患的巨大压力下走的是国族建构和国家建构同步进行的道路，国族作为被拯救的对象，和政体国家作为拯救的手段是同步诞生并紧密缠绕在一起的。中国的国家是无数人牺牲生命、多次革命追寻的目标，是完全自觉建构的意识形态，国家观念中的社会性、政治性和道德性密不可分，由此建构出来的是一个"动员型国家"。它倡导激进意识形态，广泛动员群众，国家代表着一系列终极价值，国家本身成为目标（项飚，2010）。如果说"政体主义"讨论的是制度建设，关心的是效用问题的话，"国家主义"论证的则是国族存在的天然性，讲的是意义和归宿问题。中国的国家政权建设肇始之初就是用"国家主义"取代了"政体主义"（汪晖，2009）。也就是说，国家的概念在近代中国不仅是一个政体的概念，更是一个国体的概念。作为"国体"出现的国家概念使公私观念的价值性获得了合法性，使"立公灭私""崇公抑私"具有了超越性的价值和意义，也使构建现代国家成为志士仁人"振臂一呼，应之者众"的奋斗目标。

新中国前三十年的农村改造实践，充分重视社会主义意识形态宣传教育和加强"革命小农"政治思想建设的重要性，国体与政体是相互交融、难以区分的关系。"文化大革命"结束以后，国家政权建设走上了构建"理性国家"的道路，提高物质生活水平成为国家与农民关系的中心，发展绩效成为政府合法性的基础（项飚，2010）。胡鞍钢、王绍光等人（2009）在新世纪伊始提出国家的现代化应该包括两个方面：一是经济的现代化，二是制度的现代化，倡导要搞以国家制度建设为中心的第二次发展转型。他们还将国家基本制度概括为八大机制：强制机制、汲取机制、共识机制、监管机制、协调机制、表达机制、整合机制和再分配机制。国家制度能力建设与国家基础性权力建设从根本上说是殊途同归的，都依赖于国家基础设施的发展与完善。一个基础设施建立不起来或是残缺不全的国家，即便是具有强大的专断性权力，其国家基础性权力也会十分弱小，无法与社会进行协商、沟通，往往造成"强社会，弱国家"（米格代尔，2009），乃至"失败国家"（福山，2007）的局面。因此，对于第三世界国家来说，最主要的任务和挑战是能够建构出一个执行经济政策、提供社会服务和维持公共秩序的国家基础设施（黄冬娅，2008）。

进入中国农村的研究视域中，国家基础性权力建设也好，国家制度能力建设也罢，强调的都是要设立公共服务部门，制定并贯彻落实现代公共治理规则，用国家的普遍主义的规则取代地方上的局部的特殊主义的规则。应该说，从 20 世纪 90 年代以来，国家在乡村社会的基础设施已经越来越完善，税收、警察、司法、国土、教育、公共卫生、银行、民政、计生等管理和服务部门都逐步将各自的制度、人员等基础设施从乡镇政权手中剥离出来纳入自上而下的"条条"中进行管理，国家对乡村社会的渗透和控制越来越直接。国家在乡村社会已经初步完成了最基本的基础设施建设工程（杨华，2010b）。由此，一个科层化、程式化的官僚行政体制逐步在乡村社会得以确立。按照韦伯（2004）的论述，科层化的官僚制具有如下特征：一是各部门有依据法律和行政章程等规则而来的明确的权限；二是有一套明确制定的、官府间上下关系的制度，上级监督下级；三是职务运作以原本草案形式保留下来的文书档案，以及由幕僚与各种书记所组成的部门为基础；四是政府职位全职化，职务活动专业化，以彻底的专业训练为基础；五是业务执行规则化、程序化。沿着韦伯科层制的道路走下去，现代国家的建构就是技术性治理（渠敬东等，2009）的兴起过程，是去政治化的"行政吸纳政治"（康晓光，2002）的实践过程，也是一个"中性政府"（姚洋，2009）的构建过程。

"规则中心主义"的国家政权建设剥离了笼罩在"大公"之上的价值性，强调科层化、程式化、技术化、具体化的公共规则的现代治理价值，试图以程序正义的追求来替代对实质正义的追求，发展到极致就是将所有可能遇到的基层事务都克隆一个编程过的"程式"，公共服务部门要做的就是将农民反映上来的事务都分类输入到"程式"中，按文本规定的"程式"来处理事务并"输出"一个结果。无论这个结果是好是坏，当事人都必须无条件地接受，因为处理"事务"的"程式"是科学的、事先规定好的。问题是转型期农民的利益诉求具有个性化、多样性、繁杂性、多发性等特征，并夹杂着各种非正当的利益诉求，走"程式"化的技术性治理路线，只会使规则越来越细化，越来越失去操作的现实价值，最终造成"积重难返之痛"。如果我们可以把这种高度重视政体建设的制度主义进路的现代国家建构模式称为精英的国家观的话，那么，在基层的治理实践中还潜存着一套普通农民的大众的国家观。

普通人的国家观是朴素的，他们对国家不仅要观其行，而且还要察其言，从国家的承诺出发，看政府是否兑现承诺（裴宜理等，2008）。国家的合法性不在于"首长"是不是人们一票一票地"投"出来的，而在于"首长"所代表的党和政府在革命实践和建国实践中所做出的"人民政府为人民""立党为公，执政为民"的政治承诺能否兑现。既然政府是人民的政府，干部是人民的公仆，人民有了难题找政府，请公仆帮忙解决难道还会有错吗？农民这样想，自然也会这样做。如果政府各个层级之间可以一致地不顾合法性流失，坚持以追求程序正义的现代公共规则来"帮助"农民解决难题，长此以往也许能够改造好农民的思想，促使农民形成新的国家观。可问题是转型之痛能否顺利过去尚不可知。更重要的问题是政治高层同样无法摆脱意识形态的困境，无论是胡锦涛同志提出的"权为民所用，情为民所系，利为民所谋"的三个"为民"思想，还是习近平同志倡导的"权为民所赋，权为民所用"的"权力敬戒观"，都包容着普通农民对国家的政治想象。国家的概念在中国极大程度上仍然是"作为公平的正义"（罗尔斯，1988）的化身而存在的（项飚，2010），国家在老百姓的心目中是"善"的，而不是像西方国家那样在市民阶层看来是"恶"的，是需要市民社会对抗的力量。由此，在中国社会里，普通农民的国家观和政治高层的意识形态话语之间形成了上下呼应的形势，二者汇流形成的合力使社会主义的政治话语仍然具有极强的实践效力。

如此一来，当精英主导的国家观与普通农民践行的国家观发生碰撞的时候，一个追求程序正义、另一个追求实质正义，一个强调公共规则的普适性、另一个强调个性化诉求的合理性，一个去意识形态化、另一个价值性色彩仍然很浓厚，二者的不协调关系必然得以凸显。如我们在取消农业税费以后的乡村社会所看到的，行政化的村委会一方面失去了利用"大私"单位内部通行的特殊主义的地方规则来处理农村纠纷的合法性，另一方面又不能将追求普适性效果的"现代公共治理规则"强制性地贯彻落实到纠纷解决实践当中，迫不得已退出乡村社会的积极治理实践，扮演维持会的角色。

因此，就当前的农村实践来说，找回国家的灵魂是关键。也就是说，要适应转型期农村经济社会发展形势的需要，重塑社会的核心价值观，强化社会的凝聚力，建立国家合法性的社会文化基础。必须认识到社会核心价值观的重构是国家政权建设不可或缺的关键内容，也是国家软实力建设的根本内容。从这个意义上讲，无论是王绍光（2009）提出的加强国家濡化能力建设，还是项飚（2010）提出的执政党应强化思想和理论上的领导力的建议都具有现实的实践价值。

## 四　渐行渐远的"集体"：从退却的集体中发现"社会"

自1962年社队模式确立以来，村社集体就成为最基层的治理主体。在几十年的农村革命与建设实践中，村社集体权力的性质发生了巨大的变迁。取消农业税费以后，集体与农民的日常生活实践渐行渐远。从集体的退却中，我们发现基层社会长期存在的非正式治理具有重要的实践价值，村庄社会的建构是一个重要的理论命题。

### （一）公私关系三部曲：从重叠，经分离，到断裂

整体来看，村社集体之"小公"与农民认同的"自己人单位"

之"大私"之间在几十年的农村变革史中经历了从公私重叠到公私分离再到公私断裂的三个阶段，而不同阶段的农村治理具有截然不同的实践效绩。

大公社体制失败的一个重要原因是最基层的治理单位离农民的生活实践过远，缺乏农民认同的民意基础，激发了农民以瞒产私分等为主要方式的抵抗行为，也使农民失去了对最基层的治理体制的干部的监督力、约束力，导致"浮夸风""大跃进"等不切实际的运动和口号的盛行。以生产队为基本核算单位的人民公社体制，通过将最基层的治理单位——生产队建基到最能整合农民认同的"大私"单位之上，以较低的制度运行成本取得了重大的实践成效。生产队体制成功的奥秘在于实现了公与私的重叠，生产队从本质上看是一个公私结合体，既有国家授权的合法性，又有农民认同的民意根基，打破了公与私的隔离关系，实现了公与私关系的成功结合。

由于生产队建基于"大私"单位之上，生产队的干部就不能不兼顾"自己人"的利益，不能不容忍农民群体性自治行为的发生，从而在最低限度上保证了农民的生存需要，维护了农民的基本权益。为了在新旧制度的博弈中取胜，国家不得不通过长期的、经常性的思想政治教育和社会主义意识形态的宣传，致力于塑造"革命小农"的日常实践，尽可能地保证生产队的干部能够与国家保持相同的意识形态，能够与国家的利益保持基本一致，确保公余粮征收任务的顺利完成。"大私"的利益诉求与"大公"的任务完成，是压在生产队干部肩上的一副担子，必须保持两边基本平衡，如果生产队干部忽视了两边中的一边，就可能被社员投不信任票赶下台去，或者是被上级责罚甚至撤职。所以，生产队干部的素质对于人民公社体制的维系来说至关重要，年轻、当过兵、读过书、革命觉悟高的农民往往成为生产队干部的首选。

人民公社制度解体以后，村民小组一级的权力严重萎缩，最基层的权力主体从原来的生产队一级上移到村委会一级，村社集体的权力重心发生了重大转移。在新的农村权力结构中，村委会凌驾于农民认同的"大私"单位之上，"公权力"开始与"大私"单位分离，作为整体存在的村委会失去了最广大的民意支撑。从表面上看，随着《村民委员会组织法（试行）》的颁布，村委会的干部队伍都是经过农民投票选举出来的，好像已经具备了深厚的民意基础。但是从选举后的结果来看，集体权力的宗族化现象非常严重，村级组织的主要权力往往由占绝对优势的一个大姓氏独享，或是由几个大姓氏所共享，小的姓氏往往没有分享权力的机会。由此，当农业税费征后等具体任务下来的时候，某干部出自某"大私"单位往往就会被派到那个特定的属地单位去执行任务，"谁的领地，谁负责"。如果村委会管辖范围内的若干小的自然湾或村民组没有人当选村干部，村委会就不得不在这样的"大私"单位里指派或推选出一个特定的农民出任组长，由组长协助村干部在湾子里开展工作。由于当选组长在取消农业税费之前是一件吃力不讨好的事情，组长往往很难积极、主动地配合村干部开展工作，从而在乡村社会形成了"两头强，中间弱"的权力格局。一旦一个"大私"单位既没有农民认同的"自己人"出任村干部，又没有村民小组长，这个湾子里的工作就会很难开展。

在20世纪80年代，国家主要关注自上而下层层分解、下达的税费征收、计生政策执行等任务指标的完成，而很少关注到乡村干部在具体政策的执行中采用的治理策略和技术，村干部可以凭借"本子、绳子、秤子"就可以完成相关的政策性任务。到了90年代中期，形势开始发生了变化，国家出台的政策不仅关注任务目标的完成，而且开始越来越多地关注操作程序，逐渐将专断性权力从乡村干部身上剥离出去，正式的治理权力越来越不能应付复杂的农村工作需要。在这种情况下，"大私"单位内部的社会文化网络及地方规则开始发挥出特殊的功能，原本是规范人与人之间交往行为的人情、面子等关系资源，逐渐被应用到正式权力的治理实践当中，"酒瓶子、嘴巴子、脸皮子"等成为新的治理技术创新手段，以此来弥补正式治理权力的不足，以确保任务指标的顺利完成。新的"三子"治理术更加依赖的是村组干部"属地负责"制度的有效性，用的是"大私"单位里的内生社会文化资源。也就是说，在村委会之"小公"与"自己人单位"之"大私"之间出现了公私分离之后，"小公"里的村干部还可以凭借与特定"大私"单位的私人连接纽带，从"大私"单位里汲取治理资源，辅助完成上级下达给"小公"的任务指标。

然而，取消农业税费以后，形势再次发生了变化。村委会与"大私"单位之间不再仅仅是"分离"的状态，而是呈现非常明显的"公私断裂"的特征，"大私"单位里的内部资源很难再被运用到正式权力的治理实践当中，村级组织"去农化"现象越来越明显。如前文所述，伴随农村税费改革推出的债权债务锁定等配套的改革实践政策，越来越追求程序正义的治理效果，打破了农民公平观和社区正义观的均衡状态，普遍主义的现代公共治理规则阉割了特殊主义追求实质正义的地方规则的实践价值，抹黑了村级组织所扮演的"正义守护神"的公权力形象，使村级组织很难再借用地方的社会文化资源去弥补正式权力的不足。在地方社区内部，人情交往的基本原则是互惠，面子交往的基本原则是交换。在农业税费征缴时代，人情、面子可以充当治理资源，一是因为税费尾欠是迟早要交的，早交晚交都是交，现在不交挂在账上，将来还是得交；二是因为在农民看来，今天你来找我求我完成任务，支持你的工作，你就得记住这份人情，记得我曾经给过你面子，将来如果我有事找你帮忙，你也不能说二话。这就叫"有来有往，人之常情"。

但是，取消农业税费以后，曾经积极支持过村干部工作的农民感觉"这下子亏了"，一方面先前的税费尾欠户不用交清拖欠款了，那交清了的农民就产生了心理不平衡感，后悔当时竟然那么"傻"，支持了村干部的工作；另一方面村委会手中可控的资源也越来越少，难以给相关的农民带来实质性的好处了。鉴于此，村干部也不好意思再去利用人情、面子关系找农户协助开展工作了，农户也不愿意再送人情、卖面子给村干部了，干群关系"两层皮"的现象由此开始产生。而此时此刻，国家基础性权力建设推出的公共治理规则又无法有效化解农民在生产、生活实践中产生的多发、繁杂的矛盾，致使"旧

（地方规则）的已去，新（公共规则）的未立"，乡村社会陷入规则混乱的无治理状态当中。①

### （二）斩不断的社会自治史：从集体的退却中发现"社会"

通过前文的论述，我们还可以得到的一个基本结论：在村社集体的正式治理之外，"大私"单位里"自己人"的治理行为从来没有间断过，社会自治的历史一直在延续着。

在三年自然灾害期间，无论是普遍流行的以生产（小）队为单位的群体性瞒产私分现象，还是豫南县齐家湾发生的社员轮流站岗放哨保卫有限的粮食资源的事件，都说明即便是在外来压力空前巨大的环境下，农民为了维护群体的生存权，也会在私底下采取社会自治的办法渡过难关。人民公社制度确立以后，瞒产私分、排斥"湾里的湾外人"，以及各种生活"反行为"等群体性活动始终暗潮涌动，在生产队的名义下，以全体社员共守秘密的形式存在着。新中国前三十年的革命与建设实践，摧毁的是实体性质的宗族，观念上的宗族依然在影响着农民的生活逻辑，支配着农民的日常行为，"自己人"的隐性治理长期与以生产队为中介的国家的显性治理并存。也就是说，虽然在公社时期，国家在农村政治、经济、社会文化生活等领域都建立了普遍的组织网络，构建了超强的控制机制，强化了对乡村社会的控制能力，压缩了农民自由活动的空间，但是由"自己人"组成的社会并没有彻底消亡，依然保持着最低限度的治理能力。

到人民公社制度的后期，宗族的社会文化网络已经开始出现了快

---

① 当前中国农村除了"无治理"的村治状态以外，还有一种正在如火如荼地开展着的"富人治村"的村治实践。富人当选村主要干部之后，利用自身拥有的资源优势，重构了村庄权力，恢复了人情、面子等地方规则的有效性，维持了地方秩序的稳定。但是，富人在培育社会吸纳机制以夯实民意合法性根基的过程中，无形之间却为普通村民参与村庄政治设立了经济实力、道义伦理和社会活动力"三大门槛"，从而将村庄的绝大多数人排除到了公共权力结构网络之外，不利于村庄民主政治的发展（赵晓峰、林辉煌，2010）。

速复苏的迹象，修撰族谱、家庭祭祖等宗族性活动越来越普遍。分田到户以后，重修祖堂、接"太公"、清明祭祖等宗族群体性活动也开始日常化，"打人命"、宗族械斗等宗族间的纠纷事件也时有发生，农民观念上的宗族不断得到强化。随着市场经济的渗透、农民权利意识的觉醒、家庭权力结构的变迁以及社区伦理要素的调整，"大私"单位内部的结构发生了重大的变化，现代法律开始在诸多层面进入农民日常的生活实践当中，"自己人的治理逻辑"发生了悄无声息的变化。但是，由于在岳平地区农民一直保持着相对强烈的"自己人"的认同意识，"大私"单位对个人仍然有着相当强的规范与约束能力，村庄内生的价值生产能力仍然比较强，地方秩序相对还比较稳定。由于在这段时间，国家的意识形态还没有赋予宗族以合法地位，"自己人的治理"长期局限于宗族内部的"私务"层面，基本上不会介入"公权力"涉及的领域。也正因此，由村委会主导下的正式治理才与宗族内部发生的"自己人"的非正式治理相得益彰，共同维持着地方社会的基本秩序。

取消农业税费以后，村社集体与农民认同的"大私"单位出现了公私关系分离的现象，公权力失去了社区内部资源的支撑，正式治理陷入空前的实践困境。这就给"自己人治理"走上历史的前台提供了难得的契机。碰巧的是，宝恩镇政府及时发现了刘家湾理事会在自筹经费修路的事件中所发挥的重大作用，积极吸收了农民的智慧，改造并利用了农民认同的"大私"单位的资源，使房头会经过改头换面之后以新农村建设理事会的名义出现在当地人的视野中，使宗族性的社会自治活动从地下状态钻出了地面，推进了以自然湾为单位的新农村建设的进程。

理事会的兴起给我们提供了一个观察社会的很好的契机。从法律的意义上讲，村委会才是合法的村民自治组织，理事会并不具备相应的资格。然而，从农民的观念层面来看，不仅是普通农民，即便是村两委的干部也认为理事会才是真正的村民自治组织，村委会只能算是乡镇政府的派出机构，是纯粹的"公权力"。以此来看，"选票制民主"并没有从根本上解决村委会自下而上的民众认同问题，村委会的工作实践依然缺乏相应的民意根基，其合法性的主要来源依然是上级政府的认可。理事会本身或是直接建基于农民认同的"大私"单位之上，或是与农民认同的"大私"单位有着紧密的联系，从诞生的那一刻起就不缺乏民意的支撑，是一个真正的群众自治性组织，而国家的授权解决的主要是理事会在意识形态层面的合法性问题。由此来看，中国农民并不缺乏自治精神和自治能力，缺乏的是被发现的机会，是能够识得"千里马"的"伯乐"。

### （三）"社会"的建构：两种不同类型农民政治学的表达

本研究认为中国农村并非没有"社会"，而是缺少发现"社会"的眼光，或者说是缺少发现中国本土"社会"的文化自觉。

自20世纪90年代初期，"国家与社会"的分析框架被引进中国大陆学界以后，市民社会理论就开始兴起。它表明大陆学者试图摆脱"国家本位观"的精英主义的分析路径，放弃一步到位实行民主政治的幻想，开始思考民主政治赖以建立的社会结构性基础问题（邓正来，1994）。由于在西方史学界，"社会"是作为一个与"国家"相对抗的概念出现的，往往被简单地理解为一种"公民领域"。邓正来就提出中国的市民社会是指社会成员按照契约性规则，以自愿为前提和以自治为基础进行经济活动、社会活动的私域，以及进行议政参政活动的非官方公域，进而认为企业家阶层与知识分子是中国市民社会的中坚力量，束缚在土地上的中国农民则难以成为积极的建设性力量（2008：7）。

受市民社会理论的影响，俞可平认为中国历史上的"社会"一直被国家所湮没，在集体化时期"公民社会"被消灭，直到市场经济推动民间组织的兴起以后，公民社会才在中国大陆获得发展，而村民自治被视作公民社会兴起的重要表现。但随后的研究证明中国并没有独立存在的"市民社会"，中国的社会具有官民双重性（2002：189～222）。总体来看，"国家与社会"框架的引入和市民社会理论

的兴起在中国并没有达到发现"社会"的目的（刘金志、申端锋，
2009）。

中国农村研究领域中的"社会"没有被发现，与研究者的理论
旨趣有关。西方的"社会"是伴随着资本主义市场经济的发展，中
产阶级开始崛起，不断向国家讨价还价争夺权利的过程而诞生的，对
抗是双方关系的主旋律。由此，西方的"社会"是一个对抗性的概
念，也是一个阶层或阶级的概念，其底色是抗争的政治学。所以，生
搬硬套西方的"市民社会"理论，不仅不能发现中国本土的"社
会"，而且还会误导对本土社会现象的解读。由此，虽然学界在引入
市民社会理论时，将乡土中国中的"村落"定义为"社会"，并将之
作为研究对象是一件顺理成章的事情（杨念群，2004），但是研究的
结果是"难以产出的村落政治"（刘伟，2010），村庄里的农民并没
有政治生活的实践，自然也就没有抗争性政治学意义上的"社会"。
此外，误读更多还发生在对农民上访的研究中，维权范式与市民社会
理论之间是息息相通的关系。随着维权范式将农民上访的研究从个体
维权推向群体维权，支撑维权范式的理论框架与经验基础之间的张力
也就越来越大。应该说，经过新中国成立 60 多年的发展，中国农民
的行动逻辑发生了巨大的历史性变迁，但是农民仍然主要是生活在村
庄里的农民，作为阶层和阶级意义上的整体性的农民概念还没有在大
众心目中形成，抗争性政治在绝大多数时候依然是"无源之水，无
本之木"。

本研究认为，无论是公社时期农民的群体性自治行为，分田到户
后的宗族性自治行为，还是取消农业税费以后房头会变身成理事会的
事实，都说明社会自治行为至少在中国的部分农村始终存在，"社
会"有着顽强的生命力。但是，中国农村的"社会"与西方理论意
义上的"市民社会"有着根本的不同。中国农村的"社会"在新中
国成立以后就被剥夺了意识形态上的合法性，"公"的色彩已经退
却，基本上成为一个"私"的领域。公与私的分离，使"社会"失
去了合法性、正当性，压缩了"社会"的存在空间，使之走进了地

下，难以被外界所窥视到。理事会的兴起才使公与私重新结合在一起，从而使"社会"显露在公众的视野当中。

中国农村的"社会"本质上讲是一个"大私"的单位，是农民俗世生活和超越信仰的双重寄托场域。而"社会"的性质又与农民的政治学有着紧密的关系。中国农民的政治学是生活的政治学①，政治与农民的日常生活实践息息相关。在传统社会里，宗族为作为个体

---

① 随着后现代理论的兴起，当代西方政治学研究呈现越来越多样化的发展特征，政治学研究开始逐步分化，典型的特征是从宏观政治学的研究中延伸出了一个新的微观政治学的研究范式。当西方学者将政治学的研究推延到微观层面之后，生活政治的重要性就逐步显示出来，鲍曼、贝克、吉登斯、福柯等欧洲学者对此都有论述。其中，吉登斯是在全球化时代和后现代社会来临的大背景下，基于对传统政治模式的反思提出来要实现从"解放政治"到"生活政治"的跨越，以便从全新的角度来面对当代世界共同面对的政治问题（郑伟，2004）。在吉登斯看来，"解放政治"和"生活政治"并不是相互替代的关系，而是相互补充、合作共赢的关系，只有结合两种视角，才能兼顾宏观与微观，更好地认识现代社会的政治问题。福柯关于生活政治的思考，根源于他的权力理论。福柯（2007）反对"国家中心论"的支配型权力观，着眼于疯癫史、监狱史、临床医学史、性经验史等边缘化的、非中心的社会现象，将权力看作非中心的、多元的、分散的、无处不在的关系存在，关注权力的微观运作和技术问题。在福柯的研究视野中，精神病院、监狱、医院、家庭等，无处不存在权力的运作，无一不体现着政治的运作逻辑，所以他将他的研究自视为"日常生活政治学"（1999：169）。日常生活政治学与微观政治学有着紧密的关系，是在反思与解构传统政治学研究范式的过程中出现并蓬勃发展起来的。然而，国内学界迄今对"生活政治"尚缺乏必要的关注，对微观政治的研究还没有有效展开（赵丽江等，2010）。问题是，如果不能正确理解人们的日常生活政治及微观政治实践，也就很难厘清普通民众与宏观政治之间的关联，而只有理解了微观政治才能更有效地认识和把握民众参与宏观政治行为的实践机制。生活政治学是后现代理论发现的产物，但这并不意味着人们生活政治中的诸多政治现象在传统社会就不存在，只不过长期以来没有人来过多地关注这些话题，才在客观上屏蔽了生活政治的重要性。所以，当前的乡村政治研究，一个重要的分支方向应该是将研究重心继续下沉，关注农民生活世界里日常的权力运作、农民行为抉择等微观的政治社会现象，理解农民生活政治的实践逻辑，以及微观政治与宏观政治活动的承接与转换机制，进而去理解中国语境下的农民与政治关系。本研究所指的生活政治学不是在后现代的意义上讲的，而是指与农民日常的生产生活实践紧密相关的政治学，它以结构中的行动者为研究对象，关注的是行动者在特定的权力结构和权威结构约束下的日常政治抉择行为和日常政治生活品性的生成逻辑（赵晓峰，2011）。

存在的农民及其家庭提供了庇护，从一定程度上降低了自然风险和社会风险对个体的破坏力，相对有效地维持了农民的生存权。因为农民的生产、生活主要是依托宗族在村落里展开的，皇权远离了农民的日常实践，才导致了农民"有宗族认同，无国族认同"的政治信任上的两极分化格局。当然，由于农民的政治学是生活的政治学，所以，一旦宗族无法解决个体农户的生活难题，为个体农民提供庇护，个体农民就自然会在宗族之外寻求更高层级力量的庇护，为此不惜拦"御驾"，告"御状"。但是从其诉求来看，与其说他们是为了维权，还不如说他们是为了向更高层级的力量求援，以解决生活中面临的难题。

人民公社时期，国家的基层政治学是要塑造"革命小农"，以有效地从小农经济中提取农业剩余，保证国家的财政供给能力。而农民的政治学是要维护自身的生存权，乃至尽可能对己有利的发展权。所以，在这一时间段内，对外隐蔽、对内公开的群体性自治行为在地方社会也就具有了合理性，成为农民必须共守秘密的"政治正确"。分田到户后，无论是修撰族谱、重修祖堂，还是接"太公"、"打人命"、宗族械斗等涉及"大私"整体利益的宗族性自治行为，也都蕴藏着农民的生活政治哲学。在这些社会自治性活动中，国家之"公"并没有赋予其合法性，但是农民必须遵循"大道理要管小道理"的地方性的"政治正确"，个体并没有随心所欲的自由。取消农业税费以后，村社集体失去了"社会"内部资源的滋养，公与私的分离使其不得不退出"社会"，盘踞在"社会"之上沦为维持性组织。集体的退出，理事会的兴起，使"社会"得以以真实的面目呈现，农民的生活政治学也得以浮出水面。

宗族和以宗族为底蕴的自然村落是农民生活政治学的锻造场和实践场。受宗族和村落的阻隔，农民迄今为止并没有形成阶层或阶级的认同意识，虽然现代性因素已经深深地影响到农民的生产、生活，改造了"大私"单位的社会结构，使差序性的权力结构和差序性的伦理结构都转向了平权式的结构，但是农民基本的生活面向仍在村庄里面，即便是常年在外打工的农民，一旦在家乡定居下来，其生活的基本场域也是村庄。在"大私"认同没有解体的地方，社会自治就会或明或暗地延续，农民的政治学也不会一夜之间转变成抗争的、阶级的政治学。农民的生活政治学是适应农民日常实践需要的保守的政治学，如果"社会"能够化解个体农户和单个家庭不能化解的实践难题，"大道理"能够管得住"小道理"，农民就难以将诉求的对象直接指向国家。如果"社会"或社会中的个体遇到了"社会"自身无法解决的问题，如张家湾农民上访事件所呈现的那样，农民就会转而向自认为可靠的"人民公仆"上访、求援以寻求问题解决之道。这样，农民的生活政治学就转而以面向"为人民服务"的政府的"求援的政治学"的面貌出现了。① 从中可以看出，农民的生活政治学既具有儒家思想的传统，更具有社会主义新文化的传统，是儒家政治哲学和社会主义政治哲学的融合、延续。

由此来看，与西方的"市民社会"相比，中国农村的"社会"具有非契约性、非组织性、非阶层性、非对抗性等特点，是一个保守性色彩浓厚的游离在"公"与"私"之间的"社会"。而农民的生活政治学、求援政治学是与中国农村"社会"的性质相适应的，二者之间具有相当强的自洽性。

## 五 公私秩序：村庄社会秩序维系机制的深层逻辑

前文分别从农民"大私观"、"小私观"和"大公观"，以及最基层治理单位的变迁逻辑等视角对农民公私观念的理解图式进行了总

---

① 申端锋在河南省汝南县和平乡调查时发现从 1978 年到 2008 年共有上访案例 467 件，其中从 2005 年到 2008 年就有 280 件，占总上访量的 60%，而因基层组织治理无效导致上访的案例占了绝大多数（请参见申端锋，2009）。桂华对中部某县 2007 年、2008 年两年的农民上访案例进行了统计，发现在总共 549 件上访案例中，因治理缺位引发的农民求助型上访共 350 例，占 63.8%；抗争型上访仅有 1 例。请参见桂华（2011）。

结性探讨，初步分析了农民公私观念与村庄社会秩序之间的关联。接下来，本研究将结合前文的论述，剖析村庄社会秩序的维系机制，回应百年来中国农村基层治理模式变迁的一般规律这个重大的理论问题，并尝试从中提出一个新的分析概念：公私秩序。

### （一）私域里的秩序机制

私域①，指的是承载农民超越信仰和俗世生活的"小私"与"大私"的实践场域，是持续锻造农民特殊主义行为逻辑的生活世界。当然，这里的私域指的也是不同于西方市民社会概念范畴的有中国农村特色的"社会"，是宋以来绵延不断的社会自治史的上演场地，是百余年来国家政权建设的社会基础。

私域是由各种关系交织融合而成的农民的生活世界。既然是生活世界，不可避免就会因纷繁复杂的由头滋生矛盾、产生纠纷。有了纠纷，自然就会产生调解的需求，否则就难以在私域里生成相对稳定的社会秩序。然而，调解并不是一件容易的事情，调解的当事人必须从"单位正义"出发，按照私域里通行的规则、规范来进行调解。如果调解的结果可以使纠纷双方的当事人都能找到"常识性正义衡平感觉"（滋贺秀三，1998：13），矛盾就会暂时得以化解，否则，矛盾就会不断累积、激化。在乡村权威看来，调解是一门艺术，调解的策略往往是将双方当事人先"各打五十大板"，再去根据具体情况界定双方各自的责任归属，最后提出双方都能接受的调解办法，而不是过

---

① 本研究认为中国文化中的"公"与"私"并不能用英文"public"与"private"来替代解释其丰富的概念意涵。这里要讨论的"私域"和"公域"也不是指西方政治社会科学研究领域中的"公共领域"和"私人领域"，而是在中国语境中具有逻辑自洽性的两个概念。鉴于本章上述四节所述，本研究认为西方经典政治社会科学研究中的"国家"与"社会"两个概念并不切合中国农村基层治理的实践逻辑，"国家与社会"的分析框架在中国乡村治理实践研究中有效性不足，解释力有限。为此，本节试图从农民公私认同的视角出发，自下而上地构建一个"私域与公域"的分析框架来解释中国农民的行动逻辑和日常政治生活的品性，进而来理解国家政权建设的实践逻辑。

分地去追求绝对意义上的对与错。

由此，在村庄生活的互动中，"磨牙生气"就是常见的社会现象（陈柏峰，2007）。通常来说，因为有"气"，就会有"气"的释放，以及"气"的隐忍。从农民的生活实践出发，"气"的释放不能肆意，必须适可而止，毕竟狗急了也会跳墙的。而"忍气吞声"也是有限度的，一方的过度释放就有可能导致另一方的"忍无可忍，就无须再忍"的反抗。所以，在私域里，人与人之间、家庭与家庭之间，以及不同的"自己人单位"之间，一旦发生纠纷，双方都必须掌握火候，在调解人的调解下实现双方"气"的平衡。实际上，不仅弱势的一方不得不"忍"，而且强势的一方也必须要懂得"忍"，并控制"气"的释放强度和烈度。

中国人"忍"的品性之形成，很大程度上得益于他们深刻领悟到的"时""运"观，知道"时来运转"的无限可能性。"三十年河东，三十年河西""不是不报，时候未到""多年的媳妇熬成婆"等俗语都时刻提醒着人们"忍"就有翻身的机会。农民的时运观使他们能够忍得一时之气，能够寄托长远，长时段地韬光养晦。即便是这一辈子没有办法翻身，农民也会默默地积蓄力量，期待在"子子孙孙而去"的某一个后代身上获得爆发的机会。正是在这里，农民传宗接代的价值观获得了宗教般的意义，农民不但要以眼前的、一时的利益作为日常行为抉择最为重要的考量因素，而且要以长远的甚至是个体、家庭和宗族生命的无限延续为背景来做出行为选择。只要香火不断，只要血脉可以延续，一切皆有希望。所以，长期以来，宗族都对农民的生儿育女行为持鼓励的态度，农民也将"绝后"看作人生最大的恐惧。因此可以说，"'时'的介入导致了中国人可以放弃对现实不平等的不满，而把一切寄托于后代"（翟学伟，2010）。一旦后代有了"出息"，强与弱之间发生了力量对比上的地位转换，隐忍的"气"就会寻找新的释放机会，纠纷就有可能再次发生。周而复始，就有可能形成世仇，像刘家湾与杨家湾那样，演变为宗族与宗族之间"世代不通婚"的习俗，沉淀为历史记忆。

气、忍、时运、社会记忆……无时无刻不在再生产着社区的正义观，再生产着地方社会秩序。我们可以看到，无论是农民追求的"常识性正义衡平感觉"，还是地方文化和地方传统里暗含着的"单位正义"，都遵循的是地方"小传统"里特殊主义的规则与规范。如果说传宗接代、子孙繁衍生生不息是生成农民特殊主义行为逻辑价值基础的话，乡村社会里不同农民之间地位高低，不同派性、派系之间势力大小等地域社会里的结构性因素的存在则是生成农民特殊主义行为逻辑的社会基础。在前面我们已经讲过，传统社会里的权力结构是差序型的，道德规范也是差序型的，由差序型的社会结构再生产出来的农民的行为逻辑自然也是特殊主义的。说到底，约束农民行为逻辑的规范是与个体或宗族所处的社会地位高低，个体所在派系势力的强弱等乡村社会的权力结构相匹配的。因此，只有"不识时务"的个体或宗族才会一味地去追求绝对的公平与正义，大多数时候，个体或宗族寻求的只是与自身势力相匹配的纠纷解决办法。

除了价值基础和社会基础以外，我们在私域里还能够找到锻造农民特殊主义行为逻辑的心理认同基础。"忍"的本质是"克己"，"克己"的功能在于"复礼"，如能做到"非礼勿视，非礼勿听，非礼勿言，非礼勿动"，依孔子之见就能"成仁"。而这就是"忍"的最高境界，追求原则的"修养之忍"（陈少明，2007）。有原则的"忍"与"克己"是再生产单位正义和农民的"常识性正义衡平感觉"的基本机制，是乡土社会礼治秩序得以自动生成的内在基础，是人在社会化过程中要达到的基本目标。而"气"的平衡和"忍"的限度，都是农民在日常生活中领悟到的实践哲学，是农民"正心，修身"的基本内容。进一步地讲，农民在实践中对特殊主义逻辑的地方规则的把握之所以能够达到"从心所欲不逾矩"的境界，就来源于农民对地方规则的深深认同。这就是锻造农民特殊主义行为逻辑的心理认同机制，只有农民在心中"内化"了、认同了规则，才会在身体无意识之中去遵守规则，才能在村庄生活中按照"自己人"的行为逻辑来待人处事。

综上所述，私域为农民特殊主义行为逻辑的锻造提供了价值基础、社会基础和心理认同基础，是农民生活政治学的实践场域。农民的生活政治学是发生在地方社会里，关于微观权力技术运作的，与农民的生产生活实践息息相关的微观的政治学。受制于此，无论是个体的农民、单个的家庭，还是以整体形式出现与外群体发生关系的"大私"单位，在私域里的行为逻辑都必须与自身在地方社会权力结构中所处的位置相适应，只要能够在日常生活实践中维持正义的相对均衡，就不会向私域以外、农民缺乏认知的世界寻找"公"的力量的救济。所以，在传统乡土社会里，私域是一个无须法律救济的"无讼"（费孝通，2006a：45）的世界，农民与官方很少发生直接的联系，自治是地方社会的常态，这就在客观上中断了农民对国家政治社会认同感的培养，使农民"有宗族认同而无国家认同"的政治信任格局得以形成和维持。即便是在现代性已经进村的当前社会，私域里的自治活动也仍然有存在的空间和实践的价值。

### （二）公域里的秩序机制

公域是相对于私域而言的，是"大公"的实践场域。公域里的政治是宏观的政治，关注的是官僚行政体系的设置、普遍主义的法治规则的治理效力等。在传统的乡土社会里，"皇权不下县"的一个重要表现形式是代表皇权至高无上性的"王法"自上而下地止于县级政权。也就是说，"王法"主要是公域里官僚阶层的行为约束规范。虽然"王法"无可辩驳地对私域里的平民百姓同样也有约束力，但是在"民不告，官不究"的基层政治潜规则的约束下，"王法"在农民的生活世界里往往就会被伦理规范所自动替代。更何况，在传统社会里，法律制度并不像现代社会那样越来越健全，法律不及的空白之处尚有不少，这就必然需要法律之外的地方性力量来补充。如果在公域里面讨论公与私的价值性，那么崇公抑私的实践合理性在于：一是要抑制大私，遏制朋党势力的发展，避免出现可能会危机王权的朋党之争；二是要将体现王权权威性、神圣性的普遍主义的"王法"推及整个官僚行政体系里面的公职人员，作为其日常行政的基本规范，以遏制官员的贪污腐败行为，巩固政权的合法性根基，维护政权的相对稳定。因此，公域里面的秩序机制是追求绝对正义、绝对公正等价值内涵的普遍主义法治的规则之治。

此外，王权的合法性不是来自农民的授权，而是在"王侯将相宁有种乎"的意识形态影响下，来自战争发动与势力较量中的"胜者为王，败者为寇"的竞争法则。虽然统治者都会强调"君权神授"的神圣性，但是都无法从根本上改变君权合法性来源的本质内涵。对于农民来说，王权是否合法在于王权做出了什么样的政治承诺，又在当政过程中兑现到了什么样的程度。而农民对国家政治缺乏认知，对公域里通行的普遍主义的法治规范缺乏了解。公域对农民而言，就是一个与自己的日常生活不相干的、陌生的领域。所以说，公域远离了农民的生活，超越了农民的认知界限，不能承载普通大众对生命价值的终极追问，也不能为农民提供超越性信仰的来源。所有这些，农民都只能以宗族和自然村为界在私域里得以实现，而农民传宗接代的生育观念和光宗耀祖、光耀门楣、荣归故里、告老还乡、落叶归根的桑梓之情也是在私域里久经酝酿生成的地方文化和地方传统。因此，在公域和私域的割裂下，为国争光、报效祖国等将人生价值直接指向国家的观念是在现代国家建构过程中才出现的，并且更多还只是社会中的精英群体才会有的实践行动指南。

### （三）私域与公域之间秩序的承接与转换机制

通过上文的论述，我们可以看到私域与公域是二元对立的，私域里通行的是特殊主义的农民行为逻辑，公域里倡导的是普遍主义的法治逻辑；私域里的秩序机制贴近农民生活，以农民的认同感为基础，而公域里的秩序机制则远离农民的生活，以国家授权为合法性基础。因此，要想实现国家对乡村社会的有效治理，就必须打破私域与公域之间的隔膜，使国家的治理目标能够转换成农民认知的符号，从而在国家的普遍主义法治逻辑与农民的特殊主义行为逻辑之间能够形成高效的沟通、对接与转换机制。

在传统的乡土社会里，私域与公域之间的承接与转换是通过"准官员"来实现的。"准官员"既包括乡保、乡约，也包括牌长、村长，还可把董事、管事等宗族性权威囊括在内。不管这些"准官员"是由士绅所组成，还是由地方精英所构成，他们大多都受过儒家思想的教育，与皇权在意识形态上保持了高度的一致。正是借助于这套精巧的制度设计模式，国家在乡村社会达到了间接治理的良好效果。在自上而下的轨道上，国家将政策目标和任务指标层层下达到县级政权，县级政权再传达到"准官员"那里，由"准官员"负责将之进一步地分解、转换，使之成为农民认可并遵守的"土政策"。而在自下而上的轨道上，农民在生活世界中出现的矛盾、纠纷，如果在私域里没有得到满意的调解结果，诉之于公域向"县官"求救，其结果大多是"县官"受案后再转交给"准官员"按照地方性规则去处理。以"准官员"为中介，公域的任务可以借用私域里的资源来完成，这就是"集权的简约治理"及"实体治理"的内在逻辑。

鉴于此，我们可以将私域与公域在规则的承接与转换之中生成的秩序称为公私秩序。理想状态的公私秩序是指国家通过授权，将私域里自然生成的宗族性权威合法化为体制所承认和接纳的"准官员"，使之兼具"国家授权的合法性和农民赋予的认同感"的双重权力属性，使公域里的政策、法律、制度等普遍主义的规范能够被私域所承接，并转换成地方上农民所熟悉的特殊主义的规范，从而使国家的治理目标能够在乡村社会得到实现，使村庄内部的社会秩序得以维系。在笔者看来，公私秩序是解读中国农村基层半正式与非正式治理实践的一个有效的分析框架。

然而，近代以来的国家政权建设要在乡村社会实现资源提取、权力渗透、规则统一、社会监控、民众治理等目标，长期以来都致力于把公域里的普遍主义的规则推到私域里，以瓦解农民特殊主义的行为逻辑并取而代之。目标导向的国家政权建设属于传统宏观政治哲学的范畴，"它习惯于抽象掉内在于社会生活各个层面和日常生活世界之中的多态化的、多样性的、边缘性的、微观的权力结构和控制机制，把中心化的、宏观的权力运作和国家制度安排等宏观政治活动，以及周期性的经济活动机制，即一种理性化的政治权力和经济权力放大为人类社会历史运动的普遍的、绝对的规律和力量"（衣俊卿，2006）。在村庄的视野里，无论是权力渗透论，还是权利启蒙论主导下的国家政权建设都倾向于把西方社会的发展经验绝对化为人类社会的普遍规律，主张以宏观的政治架构取代微观的地方秩序机制，树立普遍主义的现代公共管理规则在乡村社会的统治地位。但是，通过前述几章对新中国成立以来中国农村基层治理实践的论述，我们可以看到社会自治行为始终不曾断绝，公域与私域之间秩序的承接与转换机制仍然在发挥着重要的治理作用。更重要的是，如果公域里的政策、法律、制度不能转化成私域里农民接受的规范，或是正式治理不能借用到私域里人情、面子、关系等社会文化资源，中国农村社会的正式治理就有极大的可能会陷入实践困境。

因此，尽管经过百余年的国家政权建设，中国的革命和建设实践从意识形态上摧毁了宗族存在的合法性，以废除"太公种"的办法瓦解了宗族存在的物质基础，但是观念上的宗族还没有被彻底消灭，私域里的社会仍然有较强的自治能力，锻造农民特殊主义行为逻辑的价值基础、社会基础和心理认同基础仍然存在。换句话说，虽然公域在不断地向前推进，私域存在的空间在不断地萎缩，但是公私秩序形成机制中的道理依然有效。如果目标导向的国家政权建设试图脱离公私秩序的约束，不能兼顾政权建设的社会基础，从当前和今后一个相当长的历史阶段来看，中国农村基层治理体制的变革都有可能达不到理想的改制效果。

## 六 从公私秩序到公私定律：百年 国家政权建设史的重构

我们在上文讨论了村庄社会秩序的维系机制，回应了一个重大的理论问题——国家政权建设过程中农村基层治理模式变更的一般规律，即政权建设的社会基础问题。下文将要依托上文的结论，采用公私秩序的分析框架，在村庄视域中重构实然状态的国家政权建设史，以此来进一步验证政权建设的规律性问题，并试图回应一个重大的现实问题——国家与农民的关系问题，在本研究中就是指国家应如何建构最基层的治理组织载体，以保证在实现国家基本的治理目标的同时，能够维系乡村社会相对的"善治"局面。

### （一）公私定律的提出：村庄视域中国家政权建设史的重构

本研究认为，虽然国家政权建设的目标在不同的历史阶段具有不同的内容要求，但是政权建设的基本路径应是将最基层的治理主体建基于最能够整合农民"自己人认同"意识的"大私"单位之上，改造中利用农民认同的"大私"力量，进"私"为"公"地将农民认同的村庄内生权威合法化为正式的体制性权威，使基层治理主体兼具"国家赋权的合法性和农民自发的认同感"，赋予基层治理主体以适当的自治权限，并为之配置一定的治理资源，以之作为国家与农民关系的中介组织，为适应不同时期国家战略形势的发展需要，稳定农村基本社会秩序的稳定提供强有力的保证。新中国成立 60 余年的国家政权建设史说明，不管任何时候背离了这一路径，基层治理都会陷入困境，政权建设都会遭遇挫折。因此，公私定律指的就是在不断推进的国家政权建设的过程中，要将最基层的治理主体与"社会"连接起来，打破"公"与"私"的隔膜关系，使国家之"公"与农民之"私"衔接起来，使"小公"和"大私"能够成为一体，以建构最有效的基层治理模式。接下来，本研究将通过历史的重构来检验公私定律的实践解释力，并提出关于基层政治接点问题的新看法。

关于近代中国革命的问题，可以概括为"同一个困惑，两种不同的解法"。"困惑"即孙中山先生提出的中国人"有宗族认同，无国族认同"的"一盘散沙"问题。不同的解法表现为，孙先生期待以宗族为基础，一级一级地改造、联合，直到成就一个国族："中国国民和国家结构的关系, 先有家族, 再推到宗族, 再然后才是国族, 这种组织一级一级的放大, 有条不紊, 大小结构的关系当中是很实在的; 如果用宗族为单位, 改良当中的组织, 再联合成国族……合各宗族之力来成一个国族以抵抗外国, ……结合容易而且坚固, 可以成就极有力量的国族。更令各姓的团体……都结合起来, 便可以成一个极大的中华民国的国族团体。"(1985: 239) 而毛泽东同志则要推翻祠堂族长的族权以解放农民, 建立农民的绝对权力 (毛泽东, 1991a)。造成国共两党一败一胜的原因很多, 但就农村基层社会来说, 一个关键的原因是国民党政权始终没有能够将农民动员起来, 激发出农民革命的积极性, 取得农民的支持。而共产党则将农民视为中国革命的主力军, 将农民的命运与中国革命的前途紧密地关联在一起, 走"农村包围城市"的道路。认识的不同, 客观上决定了路径的不同, 也在很大程度上决定了革命结果的不同。

自 1927 年中国共产党开始建立人民军队以来, 党在农村的政策长期以来都是通过输入阶级分析法, 打破村庄里温情脉脉的人际关联模式, 新建"亲不亲, 阶级分"的农民阶级分类标准, 打倒封建地主、士绅的权威, 摧毁宗族与农民之间的庇护与依附关系, 将农民从族权的束缚下"拯救"出来, 建立农民对共产党的政治信任, 使"共产党就是为了全天下的穷人打天下"的观念深入人心, 最大限度地赢得农民的支持, 获得源源不断的兵员补充。因此, 在这一历史时期, 党在农村的基本政策导向就是要打倒宗族, 摧毁"大私", 解放"小私", 动员农民, 以建立农民对党的政治认同。

新中国成立后, 党在新解放区的农村土改政策中延续了"立'大公', 破'大私', 救'小私'"的基本方针, 将建立农民对党和新生政权的政治信任摆在了首要位置。为了能够从农村汲取必要而又可能的财政资源, 从农业合作化运动开始, 直到家庭联产承包责任制的实施推广, 国家逐步调整了农村政策的导向, 确立起"立'大公', 破'大私', 抑'小私'"的政权建设新路径的主体地位。借此, 国家试图进一步打破村庄内生结构性力量的屏障, 通过社会主义新传统的意识形态改造，将农民的个体利益与国家的长远利益绑定在一起，以村社集体为组织中介，组建新的"小公"与"大私"的结合体，从世俗生活和超越信仰两个层面来教育和改造农民，在保证农民基本生存需要的前提下，使农民能够且必须为国家的现代化、工业化进程提供原始积累资本。

人民公社制度解体以后，国家政权建设的基本路径又发生了新的变化，逐步演变为"立'大公'，抑'大私'，重'小私'"。从分田到户开始，农民的个体权益保护工作逐步得到发展，维护农民权利成为新的社会各阶层普遍认同的"政治正确"，而宗族的社会文化网络虽然出现了普遍的复兴，却始终没有取得存在和发展的合法性，"大私"的作用只能默默地在单位内部得到体现。从20世纪90年代中后期开始，国家越来越重视保护农民的个体权利工作，逐步形成了国家试图与农民结盟的态势。在这个过程中，"大私"单位里的差序性权力结构和差序性伦理秩序都被平权式的新结构所替代，"大私"已是今非昔比，单位性质发生了巨大的质的变化，私域已经被注入了诸多现代性的元素。

然而，"立'大公'，重'小私'"的结果是一步步收缩了村社集体的治理权限，使村社集体呈悬浮状态，瓦解了村社集体"统"的能力，使基层正式治理实践陷入困境。在新的形势下，宝恩镇政府创造性地在改造中利用了农民认同的"大私"力量，赋予改头换面后的"大私"以"小公"的名义合法性，使之拥有了介入"公域"的权限，缓解了基层的治理危机。很明显，宝恩镇政府的治理技术创新实际上是将政权建设的路径调整成了"立'大公'，重'大私'，平'小私'"。具体来讲，就是通过合法性的授予，揭开了农民社会自治行为的面纱，将之从地下状态转到了地上，重视并利用农民认同的"大私"的力量，以之为中介来平衡"小私"的利益诉求和个体的权利主张行为，使"大道理"能够管得住"小道理"，进而推进了以自然湾为单位的社会主义新农村和谐社区建设的进程。

由此来看，在四个不同的历史阶段，政权建设对"小私"先后采取了四种不同的政策导向，其中，"救'小私'"和"重'小私'"都在客观上忽视了"社会"之"大私"的作用，虽然有利于建立农民对国家的政治认同，树立或改善国家在农民心目中的合法性形象，但是在失去了对"小私"利益的平衡、约束之后，却既不利于有关国家现代化建设的政策目标的实现，又不能为农民日常的生产、生活提供基本的公共品和相对稳定的社会秩序。而"抑'小私'"和"平（衡）'小私'"，从根本上说都是通过将最基层的治理主体建立在农民认同的"大私"单位之上以实现"立'大公'"的目标的，只不过前者发生在国家亟须从小农经济剩余中提取资源的时代，而后者发生于"工业反哺农业，城市支援乡村"的新历史阶段，具有阶段的特征性和合理性。

综上所述，只要农民认同的"大私"单位没有从他们的意识中彻底消退，只要私域仍有存在的空间，公私秩序中的一般规律就将持续生效，而国家政权建设无论阶段性目标如何，都不得不重视公私定律的实践价值。接下来，我们以此来回应基层治理中的政治接点问题。

徐勇（2009）认为"县政"是政治体系各部分的"政治应力"最为脆弱的部分，提出"县政"构成承上启下的"接点"，县域政治即为"接点政治"。从传统的"双轨政治"模型来看，"皇权止于县"，"县"是理解皇权官僚行政体系的一个关键环节。但是经过百余年的国家政权建设，国家的行政体系不仅下延到乡镇一级，而且从农民认同的角度上来讲，已经延展到村一级，"县"并不能构成国家与地方政治的"接点"。通过村庄视域中百年国家政权建设史的历史性重构，本研究认为政治体系的"接点"存在于农民认同的"自己人"的边界之上，存在于"公权力"与"私权力"的交界地带，存在于农民将"生活政治学"转化为"求援型政治学"的边缘性敏感地带。由于在当前全国不同区域的农村，农民认同的"大私"单位有着不同的表现形式，政治的"接点"自然也应有不同的边界。按照贺雪峰（2009b）对全国农村的类型划分，南方农村是整合的，北方农村是分裂的，中部农村是分散的。用在本研究中就是，南方农村的社会以自然村为单位，"接点"也发生在乡镇（或行政村）与自然村之间；北方农村的社会在自然村内部，"接点"也在自然村内部；而中部农村的社会建构是功能性的，边界比较模糊，"接点"也比较模糊。所以在中部农村，"公权力"就显得特别重要，如果离开了"公权力"，依靠农民自发合作解决地方秩序问题就会不断上演当地水利合作中出现的"不怕饿死的不会饿死，怕饿死的才会饿死"的悲痛故事。因此，行政村、自然村、村民小组都可能构成政治体系中的"接点"，都可能构成一个地方的"社会"。而在本研究中，自然湾既构成社会自治的一个单位，也是地方政治体系中的"接点"。

### （二）公私定律的实践价值：重构"公权力"与"私权力"有机衔接机制

本研究认为农民的公私观念是地方社会文化网络的重要组成部分，是型构地方社会秩序的重要力量，而在农民公私观念的理想图式中，农民的"大私观"表现得尤为重要。实体的宗族可以在短期内被摧毁，但观念上的宗族，农民认同的建构性力量却不会在短期内消亡，仍会在相当长的一个历史时期影响甚至决定着农民日常的行动逻辑。而百年来的国家政权建设史，以及千年来的农村宗族发展变迁史也说明，正确认识和利用农民认同的观念力量于国于民都有重要的现实价值。由此，笔者认为当前的国家政权建设不是要将制度主义路径的、公共规则导向的国家基础性权力建设进行到底，直接对接数以亿计的分散小农，而是要重构国家行政权和农民自治权的有机衔接机制，以公共规则约束、监督行政权，而将自治权真正赋予农民，在最能整合农民"自己人认同"意识的"大私"单位之上建构一个独立的"社会"，培育农民的自治精神和自治能力，平衡个体农民之间的权利与义务关系，进而维持一个稳定、和谐、有序的地方社会秩序，为国家的现代化、城市化、工业化进程提供一个稳固的大后方，使农民能够过上一个体面的、有尊严的、有超越性意义体验的、充满欢声笑语的生活。

为此，国家应着力构建一个农民自治权的"包容性增长"机制。学界习惯用"上面千条线，下面一根针"来形容县及县以上的政权与乡村两级组织之间的运作状态，套用这一比喻，我们可以用"上面一根针，下面千种伤"来比喻最基层的治理主体与分散小农之间的关系。进而，我们可以发现，如果将制度主义路径的国家政权建设思路推开来讲，就是"上面千条线，中间千根针，下面千种伤"，"一线、一针、一伤"是一一对应的关系，"一针"配"一线"只能治理"一种伤"。然而，专业化、技术化的"西医"疗法，用在自然科学领域也许是合适的，但是用在社会科学领域，应用到基层治理实践当中则具有明显的不适用性。"一线、一针、一伤"的疗法，其效果往往是"一伤未愈，而多伤又发"，矛盾进一步复杂化。因此，合适的办法是"上面千条线，中间一根针，下面千种伤"，用针灸的"中医"疗法来治疗社会失调的创伤，使失调的社会有机体达到新的平衡。同时，将上面的"千条线"止于"社会"之上的行政层次当中，汇成"一条线"穿进"一根针"里面，以监控"针"的治疗行为。具体来讲，就是国家对地方社会的领导，应该是社会核心价值观层面思想上和政治理论上的领导，是通过与"社会"里的乡村领袖共享同一套意识形态实现的高水平、高层次的领导。至于具体的治理实践，应赋予农民充分的自治权，只要不违背国家《宪法》等基本法的精神，不损害农民最基本的人权，有利于大多数农民的利益，有利于地方社会秩序的维护，就应该予以保护和支持。套用胡锦涛同志提出的"包容性增长"的分析概念，就是要尽可能地减少国家行政权对农民自治权的干涉行为，保护"社会"与国家的协商权。如果上级政府制定的政策不符合农村的实际，"社会"里的大多数人不认同相关的政策，而不执行相关政策又不会给单个"社会"以外的其他"社会"带来溢出的负面效应，"社会"就有权向上级政府申诉撤销或重新修订相关政策，否则"社会"有权拒绝履行相关政策。对于"社会"的不配合行为，国家不应简单地予以暴力性制裁，或不容分说地粗暴地去纠偏，而应给予必要的保护。

而要达到这一点，关键是要真正贯彻落实党的群众路线。1943年，毛泽东（1991c）在《关于领导方法的若干问题》中提出，在我党的一切实际工作中，凡属正确的领导，必须是从群众中来，到群众中去……将群众的意见（分散的无系统的意见）集中起来（经过研究，化为集中的系统的意见），又到群众中去做宣传解释，化为群众的意见，使群众坚持下去，见之于行动，并在群众运动中考验这些意见是否正确。然后再从群众中集中起来，再到群众中坚持下去。如此无限循环，则必然是一次比一次更正确、更生动、更丰富。作为中国共产党"三大优良传统"之一的"群众路线"后来被表述为："一切为了群众，一切依靠群众，从群众中来，到群众中去"。对于"群众路线"，王绍光（2010）认为其与目前流行的各种公共参与模式相比，强调决策者必须主动到人民大众中去，而不是坐等群众前来参与，是一种独特的"逆向政治参与模式"。笔者认为，要赋予农民真正的自治权，构建自治权的"包容性增长"机制，就必须打破现有压力型体制下的"迎检的游戏"模式，倡导决策者走到民间去、走到农民生活实践中去的工作方法，在实践中发现问题，在协商中解决问题，使自上而下的政策输入渠道和自下而上的政策反馈渠道能够在信息畅通中并行不悖，使"双轨政治"能够运转起来。

此外，笔者认为在新的历史时期，应该逐步区分出两种类型农民的生活政治学：一是在价值性建构和功能性建构起来的地缘性"自己人单位"里发生的政治学；二是以利益关联性为纽带建构起来的农民合作组织里发生的政治学。前者是为了解决农民日常的生产、生活难题，为地方村落提供稳定的社会秩序而存在的，是基础性的农民政治学；后者是随着市场经济的发展，农民的经济社会分化而逐步发展起来的政治学，是转型的、发展的农民政治学。因此，当前的国家政权建设，一是以村庄为基础，在农民认同的"大私"单位之上，构建国家行政权与农民自治权的有机衔接机制，赋予农民真正的自治权，使社会自治行为合法化；二是培育并发展农民的合作组织，增强农民的自我发展能力。其中，前者是基础，后者是补充。

# 参考文献

〔英〕安东尼·吉登斯，1998，《社会的构成：结构化理论大纲》，李康、李猛译，三联书店。

〔俄〕A. 恰亚诺夫，1996，《农民经济组织》，肖正洪译，中央编译出版社。

薄一波，1991，《若干重大决策与事件的回顾（上卷）》，中共中央党校出版社。

陈安，2010，《1994 年税制改革以及对中国农村财政结构的影响》，载于黄宗智主编《中国乡村研究》（第 7 辑），福建教育出版社。

陈柏峰，2006a，《现代性、村庄与私人生活》，《学术界》第 4 期。

陈柏峰，2006b，《村落纠纷中的"外人"》，《社会》第 4 期。

陈柏峰，2007，《"气"与村庄生活的互动》，《开放时代》第 6 期。

陈柏峰，2009，《代际关系变动与老年人自杀》，《社会学研究》第 4 期。

陈柏峰，2011，《乡村江湖：两湖平原"混混"研究》，中国政法大学出版社。

陈春会，2004，《春秋战国社会转型与"私"观念的发展》，《人文杂志》第 5 期。

陈独秀，1984，《陈独秀文章选编》（上册），三联书店。

〔美〕查尔斯·蒂利，2007，《强制、资本和欧洲国家》，魏洪钟译，上海人民出版社。

〔美〕查尔斯·蒂利、西德尼·塔罗，2010，《抗争政治》，李义中译，译林出版社。

常建华，1998，《宗族志》，上海人民出版社。

曹锦清，2000，《黄河边的中国》，上海文艺出版社。

曹锦清、张乐天、陈中亚，2001，《当代浙北乡村的社会文化变迁》，上海远东出版社。

曹锦清，2006，《历史视角下的新农村建设》，《探索与争鸣》第 10 期。

曹锦清，2010，《如何研究中国》，上海人民出版社。

陈弱水，2006，《中国历史上“公”的观念及其现代变形》，载于许纪霖主编《公共性与公民观》，江苏人民出版社。

曹树基，2008，《国家形象的塑造——以 1950 年代的国家话语为中心》，《上海交通大学学报（哲学社会科学版）》第 3 期。

陈少明，2007，《忍与不忍——儒家德性伦理的一个诠释向度》，《学术月刊》第 1 期。

陈周旺，2010，《从“静悄悄的革命”到“闹革命”——国共内战前后的土改与征兵》，《开放时代》第 3 期。

邓宏琴，2009，《反省：集体化时代塑造乡村干部群体的运作机制——以山西长治张庄为考察中心》，《开放时代》第 12 期。

邓正来，1994，《中国发展研究的检视——兼论中国市民社会研究》，《中国社会科学季刊》第 8 期。

邓正来，2008，《国家与社会——中国市民社会研究》，北京大学出版社。

董磊明，2007，《村将不村——湖北尚武村调查》，载于黄宗智主编《中国乡村研究》第 5 辑，福建教育出版社。

董磊明，2008，《宋村的调解——巨变时代的权威与秩序》，法律出版社。

董磊明、陈柏峰、聂良波，2008，《结构混乱与迎法下乡——河南宋村法律实践的解读》，《中国社会科学》第 5 期。

〔美〕杜赞奇，2006，《文化、权力与国家：1900—1942 年的华北农村》，王福明译，江苏人民出版社。

冯尔康，2005，《18 世纪以来中国家族的现代转向》，上海人民出版社。

方江山，2000，《非制度政治参与——以转型期中国农民为对象分析》，人民出版社。

〔法〕福柯，1999，《必须保卫社会》，钱翰译，上海人民出版社。

〔法〕福柯，2007，《规训与惩罚》，刘北成、杨远婴译，三联书店。

〔英〕弗里德曼，2000，《中国东南的宗族组织》，刘晓春译，上海人民出版社。

〔美〕福山，2007，《国家构建——21 世纪的国家治理与世界秩序》，黄胜强、许铭原译，中国社会科学出版社。

费孝通，1999，《费孝通文集》第 4 卷，群言出版社。

费孝通，2006a，《乡土中国》，上海人民出版社。

费孝通，2006b，《中国绅士》，中国社会科学出版社。

裴宜理，2001，《重访中国革命：以情感的模式》，载于刘东主编《中国学术》第 8 辑，商务印书馆。

裴宜理、于建嵘，2008，《中国的政治传统与发展》，《南风窗》第 20 期。

〔美〕吉尔兹，2000，《地方性知识》，王海龙等译，中央编译出版社。

桂华，2009，《鄂南县 X 村村治模式报告》，未刊稿。

桂华，2011，《基层治理视域中的农民上访问题研究——对中部省份一个农业县农民上访的考察》，《战略与管理》（内部版）第 1~2 期。

郭亮，2009，《从村社本位到个人本位——农地制度的实践演变》，《中共福建省委党校学报》第 5 期。

高王凌，2006，《人民公社时期中国农民"反行为"调查》，中共党史出版社。

郭于华、孙立平，2002，《诉苦：一种农民国家观念形成的中介机制》，载于刘东主编《中国学术》第12辑。

胡鞍钢、王绍光、周建明，2009，《第二次转型——国家制度建设》（增订版），清华大学出版社。

黄冬娅，2008，《比较政治学视野中的国家基础权力发展及其逻辑》，《中大政治学评论》第3辑，中央编译出版社。

黄光国，2004，《人情与面子：中国人的权力游戏》，载于黄光国等主编《面子——中国人的权力游戏》，中国人民大学出版社。

黄坚，2006，《村级"一事一议"：目标冲突与政策定位》，《调研世界》第2期。

黄克武，2004，《从追求正道到认同国族：明末至清末中国公私观念的重整》，载于《国学论衡第三辑——甘肃中国传统文化研究会学术论文集》。

韩敏，2007，《回应革命与改革》，江苏人民出版社。

贺雪峰，1999a，《论村民自治对国家层面民主的贡献》，《理论与现代化》第11期。

贺雪峰，1999b，《村民自治的功能及其合理性》，《社会主义研究》第6期。

贺雪峰，2000，《论半熟人社会——理解村委会选举的一个视角》，《政治学研究》第3期。

贺雪峰、仝志辉，2002，《论村庄社会关联——兼论村庄秩序的社会基础》，《中国社会科学》第3期。

贺雪峰，2004，《熟人社会的行动逻辑》，《华中师范大学学报（人文社会科学版）》第1期。

贺雪峰，2005，《论村级负债的区域差异——农民行动单位的视角》，《管理世界》第11期。

贺雪峰，2006，《公私观念与中国农民的双层认同——试论中国传统社会农民的行动逻辑》，《天津社会科学》第 1 期。

贺雪峰，2007a，《乡村的前途——新农村建设与中国道路》，山东人民出版社。

贺雪峰，2007b，《乡村治理中的常规性权力》，未刊稿。

贺雪峰，2007c，《农民行动逻辑与乡村治理的区域差异》，《开放时代》第 1 期。

贺雪峰，2007d，《试论 20 世纪中国乡村治理的逻辑》，载于黄宗智主编《中国乡村研究》第 5 辑，福建教育出版社。

贺雪峰，2008a，《税费改革的政治逻辑与治理逻辑》，《中国农业大学学报（社会科学版）》第 1 期。

贺雪峰，2008b，《乡村体制改革系列评论》，未刊稿。

贺雪峰，2008c，《农民价值观的类型及相互关系——对当前中国农村严重伦理危机的讨论》，《开放时代》第 3 期。

贺雪峰，2008d，《什么农村，什么问题》，法律出版社。

贺雪峰，2009a，《村治的逻辑——农民行动单位的视角》，中国社会科学出版社。

贺雪峰，2009b，《村治模式》，山东人民出版社。

贺雪峰，2009c，《农村老年人为什么选择自杀——湖北京山农村调查所感》，载于王晓明、蔡翔主编《热风学术》第 3 辑，上海人民出版社。

贺雪峰，2010a，《地权的逻辑——中国农村土地制度向何处去》，中国政法大学出版社。

贺雪峰，2010b，《乡村社会关键词——进入二十一世纪的中国乡村素描》，山东人民出版社。

贺雪峰，2011，《论乡村治理内卷化——以河南省 K 镇调查为例》，《开放时代》第 2 期。

贺雪峰、刘岳，2010，《基层治理中的"不出事逻辑"》，《学术研究》第 6 期。

胡先晋，2006，《中国人的脸面观》，载于翟学伟主编《中国社会心理学评论》第二辑，社会科学文献出版社。

黄宗智，2000，《长江三角洲小农家庭与乡村发展》，中华书局。

黄宗智，2003a，《中国的"公共领域"与"市民社会"——国家与社会间的第三领域》，载于黄宗智主编《中国研究的范式问题讨论》，社会科学文献出版社。

黄宗智，2003b，《中国革命中的农村阶级斗争——从土改到文革时期的表达性现实与客观性现实》，载于黄宗智主编《中国乡村研究》第 1 辑，商务印书馆。

黄宗智，2007，《集权的简约治理：中国以准官员和纠纷解决为主的半正式基层行政》，载于黄宗智主编《中国乡村研究》第 5 辑，福建教育出版社。

〔美〕J. R. 麦克法夸尔、〔美〕费正清，1990，《剑桥中华人民共和国史——革命的中国的兴起（1949~1965 年）》，谢亮生等译，中国社会科学出版社。

强世功，2001，《权力的组织网络与法律的治理化——马锡五审判方式与中国法律的传统》，载于强世功主编《调解、法制与现代性》，中国法制出版社。

金耀基，1999，《从传统到现代》，中国人民大学出版社。

金耀基，2002，《金耀基自选集》，上海教育出版社。

金耀基，2006a，《"面"、"耻"与中国人行为之分析》，载于翟学伟主编《中国社会心理学评论》第二辑，社会科学文献出版社。

金耀基，2006b，《人际关系中人情之分析》，载于杨国枢主编《中国人的心理》，江苏教育出版社。

康晓光，2002，《未来 3~5 年中国大陆政治稳定性分析》，《战略与管理》第 3 期。

〔美〕罗伯特·C. 埃里克森，2003，《无需法律的秩序——邻人如何解决纠纷》，中国政法大学出版社。

李东、温铁军，2010，《综合农协："三农"、"三治"脱困之路》，《中国乡镇企业》第 7 期。

吕德文，2008，《在"钉子户"与"特困户"之间——重新理解税费改革》，《中国农业大学学报（社会科学版）》第 1 期。

吕德文，2009，《治理钉子户——农村基层治理中的权力与技术》，博士学位论文，华中科技大学社会学系。

李国庆，2005，《关于中国村落共同体的论战——以"戒能—平野论战"为核心》，《社会学研究》第 6 期。

林辉煌，2009，《盘龙村村治模式》，未刊稿。

卢晖临，2003，《革命前后中国乡村社会分化模式及其变迁：社区研究的发现》，载于黄宗智主编《中国乡村研究》第 1 辑，商务印书馆。

卢晖临，2006，《集体化与农民平均主义心态的形成——关于房屋的故事》，《社会学研究》第 6 期。

吕红平，2001，《农村家族问题与现代化》，河北大学出版社。

李怀印，2008，《华北村治——晚清和民国时期的国家与乡村》，中华书局。

李建斌，2008，《非事件性的"老年人自杀"问题》，未刊稿。

刘金志、申端锋，2009，《乡村政治研究——回顾与前瞻》，《开放时代》第 10 期。

李连江、欧博文，2008，《当代中国农民的依法抗争》，载于吴毅主编《乡村中国评论》第 3 辑，山东人民出版社。

李金铮，2006，《土地改革中的农民心态——以 1937~1949 年的华北乡村为中心》，《近代史研究》第 4 期。

李里峰，2007，《土改中的诉苦：一种民众动员技术的微观分析》，《南京大学学报（哲学·人文科学·社会科学版）》第 5 期。

李里峰，2008，《经济的"土改"与政治的"土改"》，《安徽史学》第 2 期。

李立志，2002，《土地改革与农民社会心理变迁》，《中共党史研究》第 4 期。

〔俄〕列宁，1986，《列宁全集》第 41 卷，人民出版社。

李巧宁，2007，《建国初期山区土改中的群众动员——以陕南土改为例》，《当代中国史研究》第 4 期。

廉如鉴、张玲泉，2009，《"自我主义"抑或"互以对方为重"——"差序格局"和"伦理本位"的一个尖锐分歧》，《开放时代》第 11 期。

刘少奇，1985，《刘少奇选集》（下卷），人民出版社。

刘伟，2010，《难以产出的村落政治》，中国社会科学出版社。

梁漱溟，2005，《中国文化要义》，上海世纪出版集团。

林文勋、谷更有，2005，《唐宋乡村社会力量与基层控制》，云南大学出版社。

李文治、江太新，2000，《中国宗法宗族制和族田义庄》，社会科学文献出版社。

陆学艺，1997，《社会结构的变迁》，中国社会科学出版社。

罗兴佐，2002，《第三种力量》，《浙江学刊》第 1 期。

林语堂，1990，《吾国与吾民》，中国戏剧出版社。

林语堂，2000，《中国人》，学林出版社。

刘燕舞、王晓慧，2009，《农村已婚青年女性自杀现象研究——基于湖北省大冶市丰村的个案分析（1980～2000)》，《青年研究》第 1 期。

陆益元，2006，《革命与乡村——建国初期农村基层政权建设研究：1949～1957（以湖南省醴陵县为个案)》，上海社会科学院出版社。

刘泽华、张荣明，2003，《公私观念与中国社会》，中国人民大学出版社。

逢先知、金冲及，2003，《毛泽东传（1949～1976)》，中央文献出版社。

钱杭、谢维扬，1995，《传统与转型：江西泰和农村宗族形态》，上海社会科学院出版社。

〔美〕米格代尔，2009，《强社会与弱国家——第三世界的国家社会关系及国家能力》，江苏人民出版社。

莫宏伟，2005，《新区土地改革时期农村各阶层思想动态述析——以湖南、苏南为例》，《广西社会科学》第 1 期。

莫宏伟，2006，《苏南土地改革后农村各阶层思想动态述析（1950～1952）》，《党史研究与教学》第 2 期。

〔英〕迈克尔·曼，2007，《社会权力的来源》（第二卷·上），陈海宏等译，上海人民出版社。

孟昭智，2007，《对农村"一事一议"制度的反思》，《中州学刊》第 3 期。

满永，2010，《政治与生活：土地改革中的革命日常化》，《开放时代》第 3 期。

毛泽东，1977，《毛泽东选集》（第五卷），人民出版社。

毛泽东，1991a，《毛泽东选集》（第一卷），人民出版社。

毛泽东，1991b，《毛泽东选集》（第三卷），人民出版社。

毛泽东，1991c，《毛泽东选集》（第四卷），人民出版社。

那瑛，2007，《梁启超的公私观》，《史学集刊》第 5 期。

欧阳静，2010，《策略主义与维控型政权——官僚化与乡土性之间的乡镇》，博士学位论文，华中科技大学社会学系。

秦晖，2004，《传统十论》，复旦大学出版社。

渠敬东、周飞舟、应星，2009，《从总体支配到技术治理——基于中国 30 年改革经验的社会学分析》，《中国社会科学》第 6 期。

申端锋，2007，《农村生活伦理的异化与三农问题的转型》，《中国发展观察》第 10 期。

申端锋，2009，《治权与维权——和平乡农民上访与乡村治理 1978—2008》，博士学位论文，华中科技大学社会学系。

史凤仪，1999，《中国古代的家族与身份》，社会科学文献出版社。

苏力，2004，《法治及其本土资源》，中国政法大学出版社。

宋丽娜，2009，《熟人社会的性质》，《中国农业大学学报（社会科学版）》第 2 期。

孙立平，2010，《"软硬兼施"：正式权力非正式运作的过程分析——

华北 B 镇收粮的个案研究》，载于谢立中主编《结构—制度分析，还是过程—事件分析？》，社会科学文献出版社。

孙中山，1981，《孙中山选集》，人民出版社。

孙中山，1985，《孙中山全集》（第 9 卷），中华书局。

〔法〕涂尔干，2000，《社会分工论》，三联书店。

田先红，2008，《乡村农技服务：在改革中沉沦》，《中国农业大学学报（社会科学版）》第 1 期。

田先红，2010，《从维权到谋利：农民上访行为逻辑变迁的一个解释框架》，《开放时代》第 6 期。

田先红，2012，《治理基层中国》，社会科学文献出版社。

仝志辉，2004，《选举事件与村庄政治》，中国社会科学出版社。

〔德〕韦伯，2004，《支配社会学》，广西师范大学出版社。

王沪宁，1991，《当代中国村落家族文化——对中国社会现代化的一项探索》，上海人民出版社。

汪晖，2009，《文化与政治的变奏——战争、革命与 1910 年代的"思想战"》，《中国社会科学》第 4 期。

王建革，2009，《传统社会末期华北的生态与社会》，三联书店。

王铭铭，2004，《溪村家族——社区史、仪式与地方政治》，贵州人民出版社。

武如英，1976，《三定桩》，人民文学出版社。

王朔柏、陈意新，2004，《从血缘群到公民化：共和国时代安徽农村宗族变迁研究》，《中国社会科学》第 1 期。

王绍光，2010a，《祛魅与超越》，中信出版社。

王绍光，2010b，《不应淡忘的公共决策参与模式：群众路线》，《民主与科学》第 1 期。

温铁军，2006，《合作社实践中形成的三个基本经验》，《人民论坛》第 9 期。

温铁军，2009，《"三农问题"与制度变迁》，中国经济出版社。

温铁军，2010，《村社理性：破解"三农"与"三治"困境的一个新视角》，《中共中央党校学报》第 4 期。

吴毅，2002，《村治变迁中的权威与秩序》，中国社会科学出版社。

吴毅，2007a，《记述村庄的政治》，湖北人民出版社。

吴毅，2007b，《小镇喧嚣——一个乡镇政治运作的演绎与阐释》，三联书店。

吴毅、吴帆，2010，《传统的翻转与再翻转——新区土改中农民土地心态的建构与历史逻辑》，《开放时代》第 3 期。

王跃生，2000，《十八世纪中后期的中国家庭结构》，《中国社会科学》第 2 期。

〔美〕西奥多·W. 舒尔茨，2006，《改造传统农业》，梁小民译，商务印书馆。

薛波，2003，《元照英美法词典》，法律出版社。

项飚，2010，《普通人的"国家"理论》，《开放时代》第 10 期。

许纪霖，2008，《世俗化与超越世界解体》，载于许纪霖主编《世俗世代与超越性精神》，江苏人民出版社。

肖唐镖，2010，《宗族政治——村治权力网络的分析》，商务印书馆。

夏勇，2004，《权利哲学的基本问题》，《法学研究》第 3 期。

徐勇，1993，《市民社会：现代政治文化的原生点》，《天津社会科学》第 4 期。

徐勇，2000，《中国民主之路：从形式到实体——对村民自治价值的再发掘》，《开放时代》第 11 期。

徐勇，2003，《村民自治：中国宪政制度的创新》，《中共党史研究》第 1 期。

徐勇，2006，《"回归国家"与现代国家的建构》，《东南学术》第 4 期。

徐勇，2009，《"接点政治"：农村群体性事件的县域分析》，《华中师范大学学报（人文社会科学版）》第 6 期。

杨国枢，2004，《中国人的心理与行为：本土化研究》，中国人民大学出版社。

杨国枢，2008，《华人社会取向的理论分析》，载于杨国枢、黄光国、杨中芳主编《华人本土心理学》（上册），重庆大学出版社。

〔美〕约翰·罗尔斯，1988，《正义论》，何怀宏等译，中国社会科学出版社。

杨华，2008a，《从农民的日常算计看税改政治逻辑的得失》，《中国农业大学学报（社会科学版）》第1期。

杨华，2008b，《家族、公私观念与村庄主体性建构》，《开发研究》第2期。

杨华，2009，《自己人的调解——从农村纠纷调解过程中的"举例说明"谈起》，《中国农业大学学报（社会科学版）》第2期。

杨华，2010a，《隐藏的世界：湘南水村妇女的人生归属与生命意义》，博士学位论文，华中科技大学社会学系。

杨华，2010b，《乡村治权、国家基础权力与中国现代国家建构》，未刊稿。

衣俊卿，2006，《论微观政治哲学的研究范式》，《中国社会科学》第6期。

于建嵘，2004，《当前农民维权活动的一个解释框架》，《社会学研究》第2期。

于建嵘，2010，《抗争性政治——中国政治社会学基本问题》，人民出版社。

俞可平等，2002，《中国公民社会的兴起与治理变迁》，社会科学文献出版社。

杨念群，2004，《"地方性知识"、"地方感"与"跨区域研究"的前景》，《天津社会科学》第6期。

鄢庆丰，2008，《现代化视野下的市场、国家与税费改革》，《中国农业大学学报（社会科学版）》第1期。

袁松、王德福、余练，2009，《房头记忆下的村庄》，未刊稿。

应星，2007，《草根动员与农民群体性利益的表达机制》，《社会学研究》第2期。

姚洋，2009，《中性政府——对转型期中国经济成功的一个解释》，《经济评论》第 3 期。

应小丽，2008，《关于人民公社制度变迁动力和机制的探讨》，《中共党史研究》第 4 期。

阎云翔，2006，《私人生活的变革：一个中国村庄里的爱情、家庭与亲密关系（1949—1999）》，龚小夏译，上海书店出版社。

杨宜音，1999，《"自己人"：信任建构过程的个案研究》，《社会学研究》第 2 期。

杨宜音，2005，《"自己人"：一项有关中国人关系分类的个案研究》，载于杨宜音主编《中国社会心理学评论》第一辑，社会科学文献出版社。

杨宜音，2008，《关系化还是类别化：中国人"我们"概念形成的社会心理机制探讨》，《中国社会科学》第 4 期。

杨中芳，2005，《中国人真是"集体主义"的吗？——试论文化、价值与个体的关系》，载于杨宜音主编《中国社会心理学评论》第一辑，社会科学文献出版社。

邹谠，1994，《二十世纪中国政治》，牛津大学出版社。

〔日〕滋贺秀三，1998，《中国法文化的考察》，载于《明清时期的民事审判与民间调解》，法律出版社。

张静，2007，《基层政权——乡村制度诸问题》，上海人民出版社。

赵丽江等，2010，《生活政治学的发端及关注的问题》，《华中科技大学学报（社会科学版）》第 6 期。

张乐天，2004，《村队场景：革命表象下演绎的传统——以 70 年代浙北联民村为例》，载于周晓虹主编《中国社会与中国研究》，社会科学文献出版社。

张乐天，2005，《告别理想——人民公社制度研究》，上海人民出版社。

〔美〕詹姆斯·C. 斯科特，2001，《农民的道义经济学——东南亚的反叛与生存》，程立显译，译林出版社。

〔美〕詹姆斯·C. 斯科特，2007，《弱者的武器》，郑广怀等译，译林出版社。

张荣明、王文涛，2003，《〈晋书〉中的"私"观念》，载于刘泽华、张荣明等著《公私观念与中国社会》，中国人民大学出版社。

张思，2005，《近代华北村落共同体的变迁——农耕结合习惯的历史人类学考察》，商务印书馆。

郑伟，2004，《从解放政治到生活政治——吉登斯政治观管窥》，《理论学刊》第 1 期。

钟霞，2007，《集体化与东邵疃村经济社会变迁》，合肥工业大学出版社。

赵旭东，2003，《权力与公正——乡土社会的纠纷解决与权威多元》，天津古籍出版社。

赵晓峰，2008，《嵌入型秩序与享受型生活逻辑——湖北京山村治模式》，未刊稿。

赵晓峰，2009a，《税改前后乡村治理性危机的演变逻辑》，《天津行政学院学报》第 3 期。

赵晓峰，2009b，《房头与村庄政治——湖北岳平县村治模式》，未刊稿。

赵晓峰，2010a，《"心有余而力不足"的农民生育观》，《中国改革报》1 月 11 日。

赵晓峰，2010b，《重读税费改革：国家、集体和农民关系的视角》，《人文杂志》第 3 期。

赵晓峰，2010c，《税费改革的四重逻辑》，《中共福建省委党校学报》第 1 期。

赵晓峰，2011，《论农民的生活政治学》，未刊稿。

赵晓峰、李宽，2009，《农村土地流转缘何出了问题?》，《调研世界》第 1 期。

赵晓峰、林辉煌，2010，《富人治村的社会吸纳机制及其政治排斥功能》，《中共宁波市委党校学报》第 4 期。

翟学伟，2001，《中国人行动的逻辑》，社会科学文献出版社。

翟学伟，2004，《中国社会中的日常权威》，社会科学文献出版社。

翟学伟，2005，《人情、面子与权力的再生产》，北京大学出版社。

翟学伟，2010，《中国人的"大公平观"及其社会运行模式》，《开放时代》第 5 期。

朱晓阳，2003，《罪过与惩罚》，天津古籍出版社。

朱晓阳，2007，《"语言混乱"与法律人类学的整体论进路》，《中国社会科学》第 2 期。

郑有贵，2000，《土地改革是一场伟大的历史性变革》，《当代中国史研究》第 5 期。

# 索　引

# 后 记

走上学术道路，并得以在博士论文的基础上撰写出本书，首先要感谢我的导师贺雪峰教授。大学本科阶段的社团生活和乡村建设经历，使我与贺老师早有神交。正是被他脚踏实地做学问的精神和观点独到、切中时弊的乡村建设思想所深深感染，当我决定要继续求学读研的时候，我选择了华中科技大学，选择了社会学。多年来，贺老师高屋建瓴的学术思想、为国为民的家国情怀、不遗余力的育人精神，深深地感染、激励着我，促我前行。这本书稿，从灵感的来源、选题的确定、调研的安排，到分析框架的设计、核心论点的凝练，以及写作修改，无不凝聚着贺老师的心血。

当然，在我的事业发展道路上，我还必须要感谢两个团队，感谢那些一路伴我前行的同事们、朋友们。首先，我要感谢河南大学三农发展研究会。这是一个理想主义旗帜高扬的学生社团，这里汇聚着一批批有理想、有抱负、能吃苦、肯付出的"三农人"。我要感谢邢保振、李德锋等人，没有他们，我就不会有幸加入这个足以改变我人生轨迹的学生社团。我也要感谢那些当年在工作中给予我帮助和支持的朋友，更要感谢那些将"三农人"精神和社团核心价值观不断传承下来的师弟师妹们：贾西稳、贾林州、邹冲、魏程琳、陈高争、刘成良、王奎……

今年的 5 月 19 日是河南大学三农发展研究会成立 10 周年的纪念日。回到母校，忆及昔日的社团生活，诸多感人的情景仍历历在目。自然，在这里我也必须要感谢那些当年给予我和社团以支持的老师们。我要感谢温铁军教授、何慧丽副教授、刘湘波老师，特别要提出感谢的是何慧丽老师。10 年来，何慧丽老师给予我和社团始终如一的支持，指导着一批又一批的"三农人"茁壮成长。我也要感谢河南大学的马树功教授、袁庆濮副教授、赵连文教授、张顺利主任、周保平书记、陈岷江书记，感谢他们当年给予我的支持和帮助。

其次，我要感谢的自然是由贺雪峰教授所带领，以中国社会科学的本土化为高远目标的中国乡村治理研究中心。我所在的这个研究团队，不仅是一个学术共同体，也是一个精神共同体。多年来，我在团队里收获的不仅仅是学术能力的增长，还有一份份珍贵的友谊、一串串美好的回忆。我要感谢我的老师们，他们是贺雪峰、吴毅、董磊明、罗兴佐、王习明，以及曹锦清、李昌平、李远行、吴重庆、王启梁、熊万胜、仝志辉、陈文胜等，我从他们身上不仅学到做学问的技艺，还深深领会到身为学者的责任和情怀。当然，我也要感谢我的师兄师姐、师弟师妹们。在中心举办的集体调研、硕博论坛、读书会等活动中，我从他们那里吸收了很多的具体知识和学术灵感，也真切地感受到了团队作战的激情和精神家园的美好情愫。

感谢西北农林科技大学人文学院以付少平院长、王亚平书记为代表的学院领导为我创造了良好的教学和研究环境，感谢社会学教研室和农村社会研究中心的诸位同事和朋友给予我的各种帮助。

感谢朱苏力教授、朱炳祥教授、赵旭东教授、董磊明教授、孙秋云教授、石人炳教授、谭明方教授，他们在论文外审或答辩时给我提了很多有益的建议。

感谢社会科学文献出版社的童根兴、单远举、刘荣等诸位老师，他们为本书的出版付出了智慧和辛劳。

我在岳平农村调研期间，很多干部和群众给了我很大的帮助。我要感谢那些为我的调查提供过帮助的人们，他们的名字我将铭记在心。

　　最后，我要感谢我的家人。我要跪谢已经逝去的父亲，他是朴实、善良的中国农民中的一分子。生活的艰辛压垮了他的脊梁，使他不堪重负，选择了离我们而去。我更要由衷感谢我的母亲，在我的心目中，她是一位伟大的女性，她用她的宽容之心、爱子之情，长期以来默默地支持着我，而她直面生活的坚强和勇敢则成为我不断前行的无限动力。尤其要感谢我的妻子刘威，我们在支农路上、社团工作中相遇相知，在退出社团之后相爱、相伴。多年来，她理解我、支持我，给予我力量，伴我前行。因为有她，我的生命中充满了乐趣，生活中也有了很多美好的回忆，这些乐趣与回忆让我感到自己是一个如此幸运而又幸福的人。

　　谨以此书献给所有给予我帮助和支持的人们，我将满怀感恩之情在追求学术真理的道路上继续前行。

赵晓峰

2013 年 5 月 22 日

**图书在版编目（CIP）数据**

公私定律：村庄视域中的国家政权建设/赵晓峰著.
—北京：社会科学文献出版社，2013.6
（新社会学文丛）
ISBN 978 – 7 – 5097 – 4602 – 8

Ⅰ.①公⋯　Ⅱ.①赵⋯　Ⅲ.①政权 – 建设 – 研究 –
中国　Ⅳ.①D62

中国版本图书馆 CIP 数据核字（2013）第 097771 号

·新社会学文丛·
**公私定律：村庄视域中的国家政权建设**

著　　者 / 赵晓峰

出 版 人 / 谢寿光
出 版 者 / 社会科学文献出版社
地　　址 / 北京市西城区北三环中路甲 29 号院 3 号楼华龙大厦
邮政编码 / 100029

责任部门 / 社会政法分社（010）59367156　　责任编辑 / 单远举　刘　荣
电子信箱 / shekebu@ ssap. cn　　　　　　　　责任校对 / 岳中宝
项目统筹 / 童根兴　　　　　　　　　　　　　责任印制 / 岳　阳
经　　销 / 社会科学文献出版社市场营销中心（010）59367081　59367089
读者服务 / 读者服务中心（010）59367028

印　　装 / 三河市尚艺印装有限公司
开　　本 / 787mm×1092mm　1/20　　　印　　张 / 18.4
版　　次 / 2013 年 6 月第 1 版　　　　　字　　数 / 328 千字
印　　次 / 2013 年 6 月第 1 次印刷
书　　号 / ISBN 978 – 7 – 5097 – 4602 – 8
定　　价 / 59.00 元